THiNKr
新思

新 一 代 人 的 思 想

# THIS MORTAL COIL

# 人类死亡史

## ·从瘟疫到癌症·

## A HISTORY OF DEATH

Andrew Doig
[英] 安德鲁·多伊格 • 著
项冶 • 译

中信出版集团 | 北京

图书在版编目（CIP）数据

人类死亡史：从瘟疫到癌症 /（英）安德鲁 · 多伊格著；项治译 . -- 北京：中信出版社，2023.12
书名原文：This Mortal Coil: A History of Death
ISBN 978-7-5217-6008-8

I. ①人… II. ①安… ②项… III. ①死亡－文化史－研究 IV. ① B086

中国国家版本馆 CIP 数据核字（2023）第 171941 号



人类死亡史：从瘟疫到癌症
著者：　　[ 英 ] 安德鲁 · 多伊格
译者：　　项　治
出版发行：中信出版集团股份有限公司
（北京市朝阳区东三环北路 27 号嘉铭中心　邮编　100020）
承印者：北京盛通印刷股份有限公司

开本：880mm×1230mm 1/32　　印张：11　　字数：295 千字
版次：2023 年 12 月第 1 版　　印次：2023 年 12 月第 1 次印刷
京权图字：01–2023–4981　　书号：ISBN 978–7–5217–6008–8
定价：58.00 元


服务热线：400–600–8099
投稿邮箱：author@citicpub.com

献给彭妮（Penny）、露西（Lucy）和萨拉（Sarah）

因为，我们一旦撒手尘寰，究竟会在死亡的长眠中遇到怎样的梦境，这必定会令我们心生犹疑。

——威廉·莎士比亚，

《哈姆雷特》，创作于1599年至1601年间

# 目 录

导　言

# 锡耶纳的天启四骑士

*许多人死去，所有人都以为这就是世界末日。*

——格拉索的阿尼奥洛·迪·图拉（Agnolo di Tura del Grasso），

《锡耶纳的鼠疫：一部意大利编年史》，1348 年

在法兰克人、哥特人、萨克森人以及其他的入侵者将西罗马帝国摧毁 600 年后，他们的领地已然发展成为我们今日依然能够辨识的国家：法国、英国、西班牙和德国。在公元 1000 年至 1300 年间，这一地带的气候变得温暖，森林被伐倒并转化为农田，城市纷纷建立起来，耕作方式也得到了改进。纸张、指南针、风车、火药和眼镜这些新的发明，以及更好的船只和机械钟表等驱动了经济和贸易的增长。在更多财富的资助下，许多新的大学、辉煌的哥特式大教堂，还有文学和音乐涌现出来。饥荒依然时时发生，但是由教士、战士和劳工构成的中世纪三层社会结构却依然坚如磐石。直到 14 世纪 40 年代黑死病灾难性地冲击欧洲之时，这一切才抵达崩溃的边缘。

1347 年时，锡耶纳还是意大利中部最富庶和最美丽的城市之一，它的繁荣建立在放贷、羊毛贸易和军事力量的基础之上。此时若有客人造访此地，应该会对政府所在地共和宫以及一座修建中的宏伟大教堂过

目难忘，按照在建工程的设计思路，这座教堂的建筑规模还将扩大一倍以上。到了13世纪时，锡耶纳已经可与佛罗伦萨比肩。佛罗伦萨坐落在锡耶纳北边30英里[①]处，这个城市共和国的规模正稳步扩张着，它是锡耶纳的强大竞争者。

格拉索的阿尼奥洛·迪·图拉是一名鞋匠兼收税人。他根据自己的观察，参考公共档案和个人经验，写作了一部编年史，记载了1300年至1351年的锡耶纳史事。当时的鼠疫曾是祸害人间的最致命的疾病，而这部著作中的相关记载是当时诸多记载中最好的之一。

鼠疫是1348年1月通过比萨的港口传入托斯卡纳的。它历经两个月逆流而上传播至佛罗伦萨，然后一路向南抵达锡耶纳。迪·图拉告诉读者："[1348年]5月锡耶纳开始有人死亡。这真是残忍而又恐怖……受害者几乎立马就死掉了。他们的腋窝和腹股沟下面会肿起来，正说着话人就倒下来死掉了。父亲抛弃孩子，妻子不要丈夫，手足情断。"[1]

大规模的死亡让正常的基督教葬礼无法举行。找不到人来埋葬死者。遗属不得不将他们的尸体丢到沟渠或者运至大坑，埋葬的时候也常常没有神父主持仪式。可怜的迪·图拉失去了所有的孩子："而我……亲手埋葬了我的5个孩子。有的尸体因为上面覆盖的土太薄，被狗拽了出来，整个城市到处都是被啃过的尸体。没有人为死亡哭泣，因为大家都在等死……药物或任何防卫措施都毫无作用。"

迪·图拉估计仅仅5个月锡耶纳城和近郊就有3/4的人口死亡，死者达到8万人，整个社会都崩溃了：

> 那些幸存者就像发了狂，基本失去了感情。高墙大院之类的豪宅大多遭到抛弃，目之所及，锡耶纳地区现有的所有银矿、金矿和铜矿上都没人了；在农村，死掉的人更多，许多土地和村庄遭到荒

---

① 1英里约等于1 609米。——编者注

弃，到处都阒无人烟。狼群和其他野兽啃食被草草掩埋的尸骨，这样的残酷情形我更是不愿多写了。锡耶纳城看起来像没有居民的空城，因为在城中找不到一个人。然后待到疫情稍稍有所缓解，所有幸存下来的人就纵情享乐：修士、神父、修女以及世俗男女都尽情享乐。没有人为大肆挥霍和赌博活动感到担忧。所有人都觉得自己富有，因为自己已经死里逃生，将人生重新把握在手中。[2]

锡耶纳的疫情故事和阿尼奥洛·迪·图拉的证言将疫病所造成的浩劫生动地展现出来。尽管黑死病是一种极端的例子，但自从人类开始从事农耕并住进城市以来，算起来在这过往的数千年里，由各种传染病所造成的突然死亡本来就是很稀松平常的事情。谢天谢地，现在这种情况已经十分罕见了。尽管我们对流感、肺炎或者新型冠状病毒感染抱有合情合理的担忧，但它们的威力却远比不上霍乱、天花或者鼠疫。不过锡耶纳历史的细节中还揭示了死亡的其他两个主要诱因，那就是饥馑和战争，这两个问题在很大程度上也已经被现代人克服了。

1346年托斯卡纳收成不好，冰雹又摧毁了来年的庄稼收成。[3]饥饿、营养不良的人从乡下跑到城市里来，寻找食物、工作和救济。随着疾病在拥挤、肮脏的社区间迅速传开，他们的生活状况将加重黑死病的影响。饥馑主要是通过促进传染病的流行和加剧传染病带来的威胁造成死亡，所以说，鼠疫原就是在锡耶纳经历了两年的饥荒，正当最脆弱之时来袭的，无怪其竟如此之凶猛。

意大利城邦国家的强大邻国，像法国、西班牙还有奥斯曼帝国，经常互相攻袭。战争在意大利和欧洲其他地方都是地方性难题。不过意大利的战争并不是以自己的公民作为兵源，而是使用雇佣兵作战，这些人参与围城，靠掳掠果腹，蓄意破坏敌境的庄稼、牲畜和建筑，让农民陷入赤贫和饥饿。军队还利用鼠疫，专门等城市里恶疾暴虐之时，前去攻占它。

在注定不幸的 14 世纪 40 年代之前，锡耶纳在数百年的战争中大体上比较成功，还将城邦扩展到了海岸。鼠疫给一切来了一个急刹车。工业、建筑、农业和政府直接停止运行了。待到该城政治活动勉强恢复的时候，市政委员会的规模缩小了 1/3，因为太多的城市精英死掉了。高草蔽野，茂林侵田，托斯卡纳到处是被遗弃的建筑，一片鬼城模样。[4] 1355 年，统治锡耶纳 68 年的寡头体制被推翻了，这导致接下来一个世纪政府不稳定局面和革命反复发生。[5] 收不到款的雇佣兵团体掌控了乡村，到处恐吓劫掠。利用这一新的形势，竞争对手们开始蚕食锡耶纳。1555 年这场战乱终于到了尽头，共和国向西班牙的腓力国王投降，而腓力则立马将锡耶纳交给了与它积怨颇深的竞争对手佛罗伦萨。直到 20 世纪，锡耶纳的人口才回升到鼠疫之前的水平，不过这也是它那美丽的中世纪城市中心风貌得以保存的原因之一。那座大教堂则一直没有完工。

长此以往，瘟疫、饥荒和战争加之死亡本身，成为中世纪基督教传说中带来末日浩劫的四大“天启骑士”。今天人们的死亡原因与当时完全不同，主要是心力衰竭、癌症、中风和痴呆。曾几何时，不论身份或者年龄，任何人都有可能被疾病或者暴力击倒并死去，一茬到两茬歉收就会造成饥荒，而如今，许多国家竟然不是因粮食匮乏而受害，反而是被食物过剩困扰，60 岁之前死掉就会让人觉得这人死得未免太早了点儿。历史上人类生活方式所发生的变化不胜枚举，而这一点也同样反映在人类死亡的方式中。本书就是要揭秘这种变化是如何发生的。

现代世界中最主要的死亡原因有哪些呢？2016 年一共有 56 873 804 人死亡。这些人中有些是因为恶性肿瘤死在了医院的病床上，他们死前用吗啡来止痛，还有亲友相伴最后一程。许多人则是因为得了传染性疾病，其免疫系统无法击退致命的微生物。另一些人则是因为先天缺陷、基因异常或者产伤，所以在出生之后只勉强活了几个小时。还有人是因交通事故、溺水或是火灾而丧失性命。也有一些人用武器或者药品自我了断，自以为结束了一切尘世烦扰。目前来说，全球致死率最高的因素是冠心病，我们一般就简单称之为心脏病发作。中风是排名第二的致死因素。接下来，就是肺病，包括肺气肿和肺炎等。致命的癌症则分成多种类别，但是如果把这些分类都归拢一下，癌症致死的人数就可以与心脏病相提并论了。

目前这样的情况，即人们主要死于像癌症这类非传染性疾病，是一种全新的局面。为什么人类的死亡原因发生了这么大的变化呢？因为我们这个物种已经进化了，回望当年，人类曾以小群体的方式在危险而暴力的世界中生活，在这样一个世界中，许多人死于事故或者遭遇其他人的毒手。农业和最早一批政权的建立带来了安定，但同时也使人们付出了可怕的成本：为了让绝大多数人存活下来，人们必须终生投入艰苦繁重的单调工作，同时还要承受慢性营养不良这样的代价。此外，人类在数千年间与动物发生密切接触，这就意味着许多致病生物跨越了物种屏障，给我们带来了新的疾病，并由此引发了人类瘟疫。人口密度高和缺乏卫生措施导致疾病不断流行，于是传染病竟成了人类的头号死亡原因。

对抗传染病的成功缘于对传染病发生过程和原因的了解。传染性的微生物会传播疾病，这一发现直到 19 世纪晚期才最终被世人接受，进而推动了不受致命微生物、害虫和寄生虫污染的干净的水、住所和衣物的供应。一些人把对传染病真实原因的了解与科学方法相结合，给人类带来了疫苗和药物研发计划。结果自 19 世纪中叶之后，传染病的发病率出现巨幅的下降，同时人类的预期寿命则不断延长。

尽管随着预期寿命的延长，心脏病、中风、肺病、糖尿病和癌症的影响必然会变得更加突出，但人类生活方式的变化也诱使了这些疾病的发生。现在我们吃得太多了，特别是吃了太多垃圾食品，还有滥用药物、吸烟、酗酒以及逃避锻炼等不良习惯。不过人类的寿命还是延长了，这又导致了神经系统变性疾病日益流行。类似帕金森病、阿尔茨海默病以及其他形式的痴呆在老年人中变得司空见惯了。

在仔细研究了人类当前生存与死亡的种种方式之后，我们也要展望未来，着眼人类将如何进入下一次医疗保健革命。在这样的一场革命中，我们可以使用像干细胞、器官移植、基因改造这样的新科技，应对更多目前造成人类死亡的因素。因此，本书对人类死亡的种种原因以及人类如何克服其中许多死因的描述，既与医学知识之增长和社会组织之改善有关，也体现了人类的成就、对未来的展望和对美好前景的期许。

# 第一篇

# 死亡原因

……对这些被置若罔闻的文件进行一番思考之后，我从中发现了一些真相，还有一些不常被人信服的观点，于是进一步琢磨起来这类知识将会给这个世界带来什么益处……从这些轻飘的花朵中结出一些真正的果实。

——约翰·格朗特（John Graunt），

《关于死亡记录表的自然和政治考察》，1662 年[1]

第 1 章

# 何为死亡？

1989 年 4 月 15 日，利物浦足球队要在英格兰足总杯半决赛上与诺丁汉森林队比赛，地点在谢菲尔德星期三俱乐部的希尔斯堡球场。拥挤缓慢的交通导致许多利物浦队的球迷迟到，于是在开球之前，好几千人还滞留在场外，他们焦急地想要入场。警察就打开了一组大门，大门通向水泥梯台的中段，这里本来就已经够拥挤了，观众都想站着看比赛。梯台和球场之间装有高高的铁护栏，以防止有人跑到赛场上去。这些屏障太过结实了。于是当后来的观众冲向看台后面的时候，前面的球迷被推挤，压在了护栏上面。最终这场事故导致 96 人死亡，766 人受伤。

托尼·布兰德是一位 18 岁的利物浦球迷，他和两位朋友一同前来观赛。他的肋骨被压断了，肺部被刺穿，这中断了其大脑的氧气供应。缺氧对托尼的高级脑神经中枢造成了严重的和不可逆转的损害，使他陷入持续的植物人状态，他无法看到、听到或感触到任何事物。但他的脑干却依然运作着，维持着其心脏、呼吸和消化系统的运行。从当时的法律视角来看，这意味着他还活着，尽管毫无康复的希望。只要他通过一根管子进食并获得医疗保障，他的身体就能在接下来的许多年里一直存活下去。托尼的医生和父母都认为，继续这样的医疗护理毫无意义，因此人工喂养和其他维持他身体存活的措施都应该终止。但是他们担心这样会构成刑事犯罪，特别是在一位法医说在他看来拔掉进食管就意味着谋杀之后。这个案子被送到高等法院以寻求司法意见。

在斟酌了该案所提出的道德和伦理问题之后，法官们同意：

> 责任医师可以完全合理地做出推论，为了维系安东尼·布兰德①的生命所采取的侵入性医疗措施继续下去并无肯定的益处。有了这样的结论，他们就既无权力也没有义务继续此类治疗。因此，即使终止此类治疗，他们也不会背上谋杀的罪名而担负罪责。[1]

1993 年 3 月 3 日治疗停止了，托尼当时年仅 22 岁。

足球场那些致命的固定屏障后来被拆除了，场地也被改造成全座席体育场，危险的梯台被拆掉了。而与希尔斯堡有关的诉讼还在继续。问题在于：托尼·布兰德在死亡之时究竟是多大岁数？18 岁还是 22 岁？他是死于事故当天的伤害还是因放弃治疗而死的呢？

死亡曾经被定义为呼吸和心脏跳动停止。为了判断一个人是否还活着，人们可以将一面镜子摆放在此人的鼻子下——来查看镜面是否起雾——以检测非常浅表的呼吸。或者，如果一个人还活着的话，一束光照射到其双眼中会引起其瞳孔的收缩。压迫甲床会引起疼痛和某种反应，把生洋葱放在鼻子下面也会让人醒来。大小便的排空也被视为一个坏的信号。还有一些更古怪的方法被用来判断某人是否死了，包括“往嘴里倒醋和盐或者热的小便”、“在耳朵里放些昆虫”以及“用剃须刀片划破脚掌”。[2]掐乳头也曾是一种流行的办法。

但这些方法没有一个是万无一失的，这使许多人对被活埋怀有极度恐惧。这倒不完全是非理性的担忧。在明显的活埋事件被爆出超过 100 例之后，伦敦预防过早埋葬协会于 1896 年成立了。这就为进行相关改

① 此即上文的托尼·布兰德。——编者注

革造出了声势，这样的改革要确保入土者确实已经死亡。一种颇受欢迎的避免悲剧的方法就是使用安全棺材，这种棺材里面有一根拉绳，尚存活的人可以从棺材里面拉动警铃。

尽管设计各异的安全棺材生意兴隆，但尚未有记载说有被活埋的人因为使用了安全棺材竟从坟墓里重见天日了。鉴于焚化之后再复活绝无可能，火葬而非土葬倒是一种可能的替代办法。但是教会和习俗传统强烈反对火葬，因此直到 1884 年火葬才在英国合法化。

失误也可能单纯因为搞错身份就会发生。2012 年，一位巴西来的 41 岁洗车工出现在他自己的守丧仪式上。此人名叫希尔韦托·阿劳霍，被谋杀的人其实是他的一位工友，只是此人相貌看起来很像他。警方找来阿劳霍的兄弟到停尸房辨认尸体，结果他这位兄弟竟然搞错了。当阿劳霍从一位朋友那里得知关于他本人的葬礼之后，他觉得必须出面向大家澄清棺材里的人不是他，这才有了上面的戏剧性场面。[3]

急救课程教人在有他人心脏跳动或呼吸骤停之际，比如在溺水之后，如何实施心肺复苏。在这种情形下，你要不停地给这个人做心肺复苏，一直持续到专业医疗人员到达并接管此事。有许多人错误地断定某人已死，于是过早停止了口对口人工呼吸或胸部按压。其实没有受过医疗培训的人，根本无法判断某人是不是已经死了，甚至当你确定他们已经很长时间没有呼吸也没有心跳之后，你也无法判断。口对口人工呼吸或用手按压心脏部位仍然能够保持大脑存活。

现代的死亡定义是以脑死亡的概念作为核心的，而不是以呼吸、心跳以及对疼痛的反应停止或者瞳孔放大为核心的。只有在缺氧持续了足够长的时间，造成了不可逆的脑损伤后，失血过多或者不能呼吸才会引起死亡。这一过程一般需要 6 分钟。大脑是人的意识和思想的基础，因此它是唯一不改变自我认同就无法进行移植的器官。脑死亡可以被定义为神经元活动的不可逆的终止，而以不可逆的昏迷、无脑干反应和呼吸停止作为判断指标。[4]急救者显然无法诊断脑死亡，这就是为什么他们不应当过早停止实施心肺复苏。

这条原则有一个罕见的例外，那就是万一某人脑袋与躯体分了家，这时哪怕是一位差劲的业余医疗人士也能够自信地得出结论说，这位病人已经去向造物主报到了。但是在法国大革命期间有记载说，在断头台上被砍下来的一颗脑袋明显能够存活大约 10 秒。[5]

那为什么是脑干而不是大脑的其他部分被挑出来作为死亡的判断指标呢？脑干位于大脑底部的中心位置。运动和感觉神经元穿过脑干联系着上脑和脊髓。它协调着大脑向身体发送运动控制信号，对意识警觉和激发过程来说是必要的，并且控制着像呼吸、血压、消化和心跳频率这类基本的维生要素。如果脑干功能失常，人就会没有意识，或者不能维持基本的身体功能。有 10 条重要的脑神经直接与脑干相连。因此脑干的活动可以通过观察由这些脑神经作为中介的种种反射活动是否正常来搞清楚。举例来说，眼睛中的瞳孔应该对光亮或黑暗的刺激做出收缩或扩张的反应，触碰眼中的角膜会引起眨眼动作，将头快速从一侧转向另一侧将引起眼睛的转动，戳小舌会引起作呕或者咳嗽反应。所有这些反射活动只要脑干正常就能发生，并不需要它处在有意识的控制之下，所以仅是想想并不能让你的瞳孔放大或者缩小。脑死亡可以通过使用磁共振成像（MRI）技术检查到大脑内部没有血液流动来加以确认，通过使用脑电图探查到脑电波活动停止也是可以的。

使用脑死亡和脑干活动来判断某人是生是死也不是没有问题的，因为大脑有明显分区。如果有些部分还在运作，另一些部分不行了，那该如何？如果一个人处在有意识和完全没有大脑活动两者的中间状态，那么判定生死就不是那么简单了。

昏迷是一种无法被唤醒的意识状态。在这种情况下睡 / 醒循环失灵了，而身体不会对语言或痛苦这样的刺激产生回应。意识要求大脑皮质和脑干功能正常。大脑皮质承担语言、理解、记忆、注意、感知等高级思想功能。导致昏迷的可能诱因包括醉酒、中毒、中风、脑外伤、心脏病发作、失血、低血糖，以及其他许多情况。在遭遇这些损伤后，人体进入昏迷状态，使自身有机会复原。昏迷也可以是利用药物促进脑损伤的康复而故意造成的。昏迷通常持续几天或几个星期，尽管病患也可能要到多年后才会康复。

处在植物人的状态中，有些人是清醒的，但并无知觉。这就意味着他们可以有基本的机能活动，像睡觉、咳嗽、吞咽和睁眼，但是没有更多复杂的思想过程。他们不会用视线追随移动的物品，也无法答话或者表现出情绪。这有可能是脑损伤造成的，也可能是存在像阿尔茨海默病这样的神经退化情况。[6] 从长期的植物人状况中康复的可能性是很低的。

闭锁综合征是一种可怕的病，病人除了眼睛外身体其他部位无法有任何运动，但他们依然有意识。尽管唑吡坦这种治疗失眠症的药物已经显示出一些促进康复的潜力，但这种病一般还是无法治愈的。[7] 在最糟糕的案例中，病人甚至连眼睛都无法转动。这种情况的原因就在于脑干有损伤，而不是上脑（包括大脑皮质）有损伤。它很容易被误诊为昏迷，但是病人的体验完全不同，因为他们清醒而无助。彻底的闭锁综合征可以利用现代脑成像方法加以识别。举例来说，如果我们让某位闭锁综合征患者想象一下打网球，那么显示器上他的大脑的某个特定部位就会变亮。

判定患有这类疾病的人的生存状态是一个持续而艰难的辩论主题，涉及法学、伦理学和医学。托尼·布兰德的死亡判定只是这一类棘手问题的一个实例。

第 2 章

# “死亡记录表”提供的洞见

1592 年 12 月鼠疫在伦敦再次暴发，导致 17 000 人撒手尘寰，其中包括威廉·莎士比亚的三个姐妹、一个兄弟和他的儿子哈姆内特。在之前的 1 000 年里，鼠疫是欧洲最恐怖和最致命的疾病。它的传染性如此之强，以至于除了经常无效的隔离措施，当时还真没什么预防方法。同时也无药可医。

1592 年伦敦的市政部门开始模仿若干北意大利城市的先例，对每个星期有多少人死于该病的确切数字进行登记，并以“死亡记录表”之名进行公布。[1]这些数据是死因统计记录的基础，而死因统计记录则是了解公共健康状况的关键措施。它们的引入标志着现代欧洲公共健康记录的诞生。

1592 年，以下法规获得市议会通过，并由伦敦市长签署，该法规“适用于伦敦市及其自治地区发生鼠疫传染期间”：

> 应该在每个教区之内或者为每个教区任命两位持重的老妇人，让其起誓作为被传染后将死之人身体的见证人。一旦有事，这些妇人应当立刻就其所目睹，依其誓言，将这些人在什么地方被传染或其死在了什么地方向该警区的巡官如实报告。[2]

这些“持重的老妇人”被人们称为“死亡调查队”。她们由伦敦教区任命，负责查看每个尸身，记录死因，听从钟声召唤。在英格兰她们承担公共健康记录这项核心任务长达250年。她们记录的数据被用来编写记录死亡地点并列出死因的“死亡记录表”。鉴于鼠疫的症状和表征差异极大，且不容易被识别，要将一起死亡归因为鼠疫而非其他疾病（如天花或者斑点热）可并不容易。这就意味着调查员需要仔细检查每一具肿胀和腐败的尸身，寻找能够说明问题的淋巴结炎症状。

被确诊为鼠疫可能会给患者带来可怕的影响，因为一旦确诊，教区官员就会将染疫者的住房用木板封死，将屋内所有居民困在屋中，直到28天没有人感染上该病，才会将房屋解封。染疫者住房的房门上被标上红色的十字和“愿主怜悯我们”的字样，还有看守在外站岗，以阻止任何人进出。不幸的是，染疫的耗子并不识字，也不知道它们也应当待在被封禁的屋内。检疫措施对于一家子所有成员来说常常就是一份死亡判决，调查员因此承受着极大的压力，尽量不去将一户人家标记为染疫户。还有其他类似的情况，家属们也会尽量施压或者贿赂调查员，让他们不要记载自杀或者梅毒这样不光彩的死亡原因。

由于调查员反复接触尸体，她们自己也有很高的传播疾病的风险。因此她们被要求在工作的过程中要带着一根红色手杖，以警告旁人远离。她们还要远离人群，上街要沿着废水渠行进。她们不仅遭人回避，而且，鉴于她们中大部分都是监视邻居们的老寡妇且用神秘的方式做着生死决断，她们还有很高的风险被指控为施展巫术的妖人。做死亡调查员一定是史上最不愉快的工作之一。但是鉴于她们是按尸取酬，鼠疫的新暴发正好提供了可观的现金奖励。

调查的结果被交给每个教区的执事，他们负责收集数据。调查员的医疗训练很少或者根本就没有，她们记录上的不一致和她们的无知遭到那些想要使用她们数据的人的大肆批评（像约翰·格朗特——后来对他本人的批评就更多了——就曾说“在啤酒杯上的泡沫消失之后，或者收了 2 格罗特[①]贿赂，而不是 1 格罗特之后”，调查员就没法准确地搞清楚死亡原因了）。

伦敦城当局使用记录表追踪鼠疫流行，并相应采取对策。举例来说，当鼠疫死亡人数一周超过 30 人时，剧场就要关闭，因为在拥挤的观众席中人们很容易相互传染。[3] 1592 年之前，记录表似乎只在高死亡率时才会被制作出来，这样统治者就能够追踪鼠疫的发展。1593 年周记录表开始在每周四印制，而且很畅销。读者可以用这些数据来判断去伦敦的公共场所是否安全，这就好比我们今天会参考天气预报来决定明天去爬山是不是一个好主意。1665 年，约翰·贝尔（John Bell）在他的《伦敦事纪》（*London Remembrancer*），即一部分析“死亡记录表”的作品中写道：“‘死亡记录表’非常有用……它提供了对鼠疫的总体评估，还有一份相应的记录染疫地点的特别台账，目的是使人远离和回避这类地点。”[4] 一开始记录表上只列举受洗和被埋葬的总人数，对因鼠疫而死还是有其他的死因做了区分。但自 1629 年以后，死亡原因就被按照 60 个标题分别计数了，总的受洗数和死亡数也做了性别区分。你还可以核查总体状况（参阅 1664 年 2 月 21 日至 28 日的“死亡记录表”上的数字），当今世界卫生组织的死亡原因量化数据就可以追溯至这些“死亡记录表”。

1664 年 2 月 21 日至 28 日的“死亡记录表”展示了相当好的一周，在 130 个教区，没有一个人因鼠疫死去。表中只记录了一些英国国教派的洗礼仪式，并非所有的出生都有记录，所以举例来说，这些数字中并不包括贵格派、非国教派、犹太教或罗马天主教的洗礼仪式。这样一来，伦敦大约有 1/3 的人口就被漏掉了。此外，许多新生儿家长也没有向当局报告孩子的出生情况，以此避免支付生育费。表上记录的 393 例死亡是在有时颇令人迷惑的种种情况下发生的。表 1 列举了“死亡记

① 格罗特（groat），4 便士银币，2 格罗特就是 8 便士。——译者注

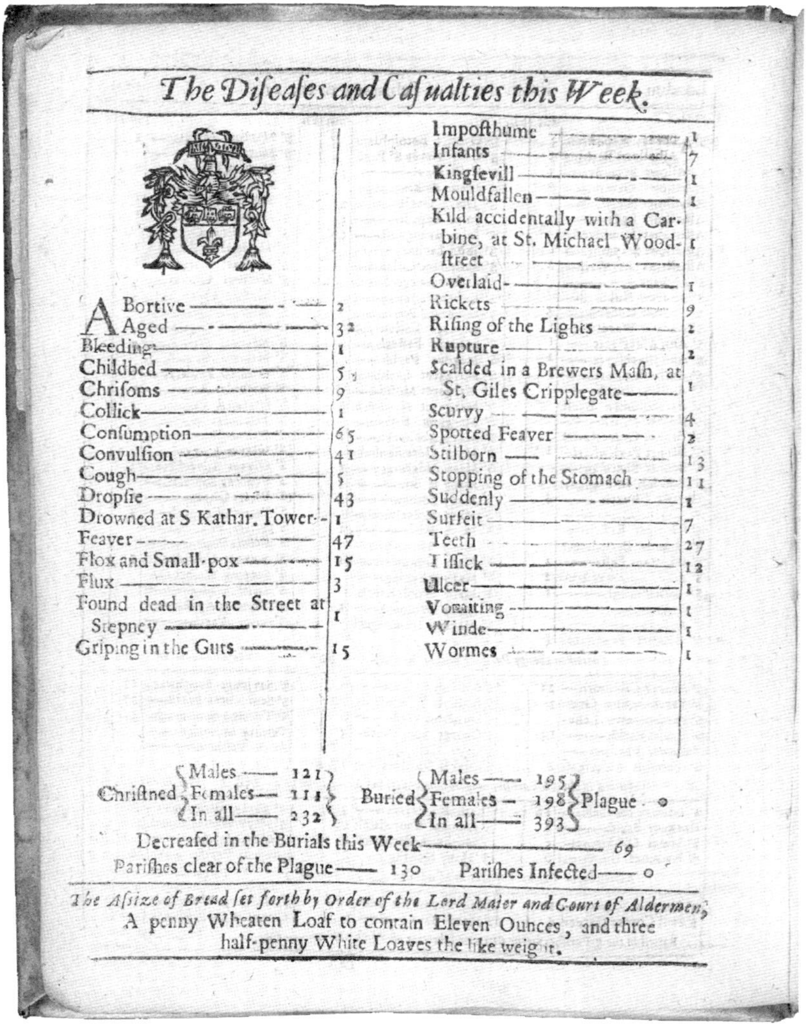

The Diſeaſes and Caſualties this Week.

| | | | |
|---|---|---|---|
| Abortive | 2 | Impoſthume | 1 |
| Aged | 32 | Infants | 7 |
| Bleeding | 1 | Kingſevill | 1 |
| Childbed | 5 | Mouldfallen | 1 |
| Chriſoms | 9 | Kild accidentally with a Carbine, at St. Michael Woodſtreet | 1 |
| Collick | 1 | Overlaid | 1 |
| Conſumption | 65 | Rickets | 9 |
| Convulſion | 41 | Riſing of the Lights | 2 |
| Cough | 5 | Rupture | 2 |
| Dropſie | 43 | Scalded in a Brewers Maſh, at St. Giles Cripplegate | 1 |
| Drowned at S Kathar. Tower | 1 | Scurvy | 4 |
| Feaver | 47 | Spotted Feaver | 2 |
| Flox and Small-pox | 15 | Stilborn | 13 |
| Flux | 3 | Stopping of the Stomach | 11 |
| Found dead in the Street at Stepney | 1 | Suddenly | 1 |
| Griping in the Guts | 15 | Surfeit | 7 |
| | | Teeth | 27 |
| | | Tiſſick | 12 |
| | | Ulcer | 1 |
| | | Vomiting | 1 |
| | | Winde | 1 |
| | | Wormes | 1 |

Chriſtned: Males 121, Females 111, In all 232. Buried: Males 195, Females 198, In all 393. Plague 0

Decreaſed in the Burials this Week 69

Pariſhes clear of the Plague 130 Pariſhes Infected 0

The Aſſize of Bread ſet forth by Order of the Lord Maior and Court of Aldermen, A penny Wheaten Loaf to contain Eleven Ounces, and three half-penny White Loaves the like weight.

图 1 1664 年 2 月 21 日至 28 日的“死亡记录表”

录表”中所记的部分死因。实际上，这些死因中有许多究竟所指为何是很难确定的。这也并不仅是因为调查员的医疗知识颇为不足。今天要基于当时的描述来识别古代的疾病总是困难重重。要么是对症状的描述不够精准，要么是文本难以解读，病原体也可能会非常快地变异，并造成症状的改变。

表 1 “死亡记录表”上记载的死亡原因的实例

| 死亡原因 | 可能的含义和评论 |
|---|---|
| 年老 | 死于“年老”通常并不是死亡证书上可接受的措辞。超过60 岁或 70 岁就算“年老” |
| 受惊吓 | 吓死的。可能是压力引发的心脏病发作或中风? |
| 中风 | 内部器官出血（内出血） |
| 产褥症 | 产褥感染。分娩后感染 |
| 洗礼布[①] | 未活到满月洗礼的孩子 |
| 肺痨 | 结核病 |
| 切除结石 | 胆石 |
| 分神 | 也许他们在飞驰的马车前乱走 |
| 水肿 | 由于清水样液体的积聚而引起的身体的异常肿胀。经常是由肾脏疾病或者心脏病造成 |
| 瘰疬 | 可能是国王病（淋巴结结核） |
| 晕厥 | 癫痫? |
| 摔倒病 | 癫痫 |
| 发热 | 引起高体温的任意感染 |

① 洗礼布，基督教国家为幼儿举行洗礼仪式时作为纯洁象征的白色包裹布或袍子。——译者注

（续表）

| | |
|---|---|
| 肠澼 | 痢疾。感染性的腹泻病。有时被称为“血澼” |
| 肠痉挛 | 肠胃突然剧痛，阑尾炎？ |
| 早夭 | 一个小孩。可能死于传染病 |
| 国王病 | 淋巴结结核。脖子和淋巴结的结节。被认为国王将手放在患者身上便可治愈。许多君主花费很长时间想用这种方法治疗国王病 |
| 忧郁 | 抑郁症 |
| 浊气 | （错误地）被以为是会污染空气和引起疾病的毒雾。应该是某种传染病 |
| 压覆 | 母亲导致的婴儿窒息。假定是意外，不过也很可能是谋杀不想要的孩子 |
| 颅内疼痛 | 脑膜炎？脑出血？ |
| 麻痹 | 瘫痪 |
| 撞霉星 | 突发的严重疾病或者瘫痪，也许是因当天特别不好的星图占卜。当时用占星术占卜是一项非常严肃的工作 |
| 紫皮症 | 由于皮下自动流血产生的皮疹。可能是多种严重疾病的症候，像细菌性心内膜炎或脑脊髓膜炎 |
| 肺涌 | 恨不得把肺咳出来的病症的一种相当诗意的命名。有可能是哮吼，一种气管或喉部的感染，症状特点是咳嗽声沙哑、尖厉（似犬吠声），同时呼吸困难。老话中用“轻下水”（lights）[①]代表肺，老式的肉店依然在用这个名字 |
| 在圣贾尔斯·克里普门的酿酒作坊被麦芽浆烫伤 | 显而易见 |
| 啸嘶 | 可能是哮喘吧？ |
| 精神低落 | 抑郁症？ |

① “lights”，肺，字面意思为“轻的”，动物被屠宰后，其内脏被放入水中洗涤时，心肝下沉，唯肺轻而上浮，“轻下水”也。——译者注

（续表）

| | |
|---|---|
| 胃停滞 | 阑尾炎？ |
| 暴毙 | 这就没法推测了，太模糊了。心脏病发作？中风？内出血？ |
| 出汗症 | 15 世纪影响英格兰的传染病，而且通常是致命的疫病。究竟是什么病尚不清楚 |
| 牙 | 出牙时死亡的婴儿 |
| 扰攘和压迫 | 这么致命，有点惊人 |
| 西班牙病 | 梅毒。脏病、丑病常常被算在其他国家头上 |

显然，这个星期中死于痴呆、癌症、心脏病的不止一人，尽管这些病症可能是用其他的术语记录下来的，比如“年老”或者“暴毙”什么的。无论如何，传染病无疑是最主要的死因。在 1664 年 2 月 21 日至 28 日的数据记载之后仅仅过了约 18 个月，1665 年 8 月 15 日至 22 日编制的“死亡记录表”就表明周死亡总人数已经从 393 人跃升至 5 319 人，疫情致死则从 0 例增加到 3 880 起，影响到 130 个申报教区中的 96 个。这次有了关于癌症的记载，但是只有 2 例。

比较这两张“死亡记录表”，其差异性也展示出调查员和教区职员故意进行捏造的证据。被归因为模糊的“发热”的死亡人数从 47 人增加到了 353 人——表明很有可能发生的是鼠疫。调查员和教区官员经常遭受到压力，被要求将记录从鼠疫改成别的什么病，以避免强制性的住所封闭。仅把这两张“死亡记录表”进行对比，就揭示了鼠疫间歇发作、起落无时的特点。它一般时候休眠无害，却又不时猛烈地传播开来，每个星期都导致成千上万人死亡。从现存的 1560 年到 1665 年之间的数据来看，鼠疫这种大部分年份导致的死亡人数极少而偶尔几年大流行的模式十分明显。[5]

正如塞缪尔·佩皮斯（Samuel Pepys）在其著名的日记中所描述的那样，伦敦遭受重大鼠疫暴发的最后一年是 1665 年。当时大约有

10万人死亡——在18个月内，该城人口损失了1/4。能逃离伦敦城的人都逃走了，例如查理二世就搬去索尔兹伯里住了。车夫从街道穿过的时候会喊“把你家死人搬出来”，这可是真事，他们要清运成堆的尸体。第二年城市的大部分毁于伦敦大火。重建后城市的环境不太适合老鼠生存，这可能无意中确保了鼠疫自1665年之后对伦敦不再构成大问题。

将近100年里，“死亡记录表”所列举的信息除了被用于追踪鼠疫暴发，并没有起到太大的作用。但到了1662年，一切却要发生变化了。

精算师处理财务部门相关的风险管理，比如说计算出人寿保险的成本。为了做到这一点，能够估算买保险的人的预期寿命就是一件重要的事情了。约翰·格朗特是第一位进行此类计算的人，他使用了“死亡记录表”的数据，将对数据的分析发表在他著名的而且可读性在今天看来依然绝佳的作品《关于死亡记录表的自然和政治考察》中，这部作品于1662年首次出版。[6]

格朗特的正职是缝纫用品店老板，他从父亲那里继承了一片布店（现在位于伦敦金融街区之内）。他也是一伙士兵的兼职头领。我们并不确切知道是什么促使格朗特开始对“死亡记录表”进行分析。他谈到自己最初的兴趣所在时说，“我也不知道是什么凑巧让我对此事如此上心”，后来他又说自己曾“长时间认真地阅读所有这些记录”。[7]

17世纪的城市和国家在运作的时候对于到底有多少人生活在城市和国家里是毫不了解的。显然，当时对于一座伦敦这样的主要城市而言，在不了解这种最基础信息的条件下，市长和国王也能够统御无忧。格朗特与好几位“阅历非凡的人士”交谈，他们认为伦敦的人口大概在600万到700万之间。格朗特认为这不可能是正确的，因为每年只有15 000人被埋葬。如果人口达到600万，那么这意味着每年只有1/400的人死亡。格朗特非常确信预期寿命要少于400年。于是他着手寻求更加精确的估算。

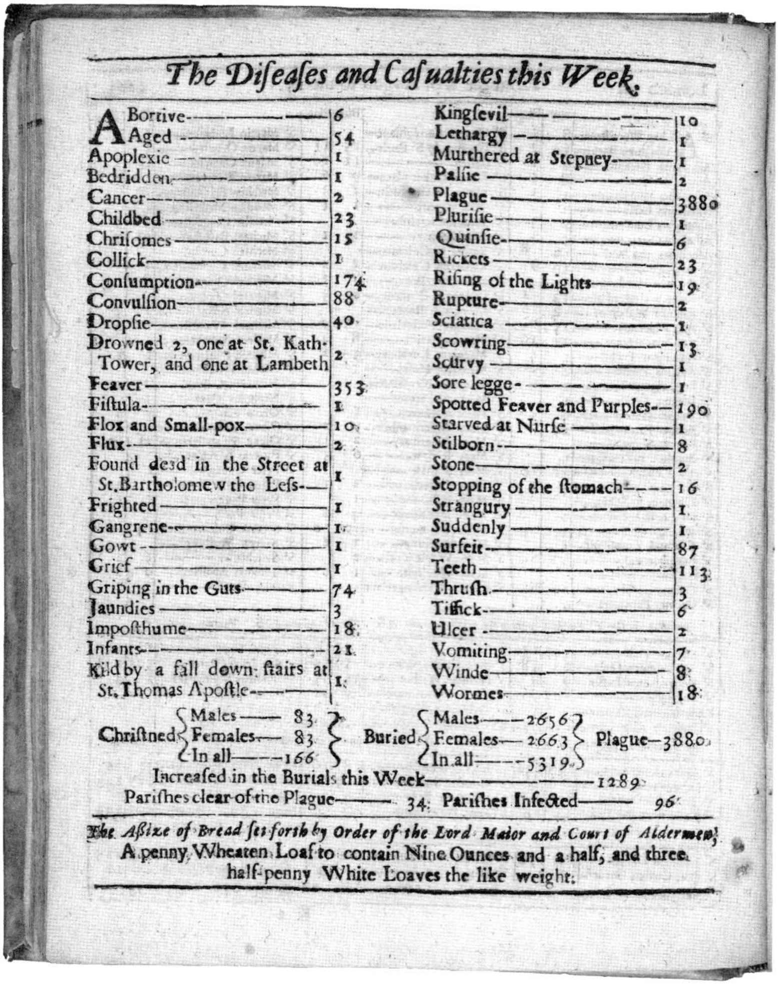

The Diseases and Casualties this Week.

| | | | |
|---|---|---|---|
| ABortive | 6 | Kingsevil | 10 |
| Aged | 54 | Lethargy | 1 |
| Apoplexie | 1 | Murthered at Stepney | 1 |
| Bedridden | 1 | Palsie | 2 |
| Cancer | 2 | Plague | 3880 |
| Childbed | 23 | Plurisie | 1 |
| Chrisomes | 15 | Quinsie | 6 |
| Collick | 1 | Rickets | 23 |
| Consumption | 174 | Rising of the Lights | 19 |
| Convulsion | 88 | Rupture | 2 |
| Dropsie | 40 | Sciatica | 1 |
| Drowned 2, one at St. Kath-Tower, and one at Lambeth | 2 | Scowring | 13 |
| | | Scurvy | 1 |
| Feaver | 353 | Sore legge | 1 |
| Fistula | 1 | Spotted Feaver and Purples | 190 |
| Flox and Small-pox | 10 | Starved at Nurse | 1 |
| Flux | 2 | Stilborn | 8 |
| Found dead in the Street at St. Bartholomew the Less | 1 | Stone | 2 |
| | | Stopping of the stomach | 16 |
| Frighted | 1 | Strangury | 1 |
| Gangrene | 1 | Suddenly | 1 |
| Gowt | 1 | Surfeit | 87 |
| Grief | 1 | Teeth | 113 |
| Griping in the Guts | 74 | Thrush | 3 |
| Jaundies | 3 | Tiffick | 6 |
| Imposthume | 18 | Ulcer | 2 |
| Infants | 21 | Vomiting | 7 |
| Kild by a fall down stairs at St. Thomas Apostle | 1 | Winde | 8 |
| | | Wormes | 18 |

Christned { Males 83, Females 83, In all 166 }　Buried { Males 2656, Females 2663, In all 5319 }　Plague 3880

Increased in the Burials this Week — 1289

Parishes clear of the Plague — 34　Parishes Infected — 96

The Assize of Bread set forth by Order of the Lord Maior and Court of Aldermen, A penny Wheaten Loaf to contain Nine Ounces and a half, and three half-penny White Loaves the like weight.

图 2　1665 年 8 月 15 日至 22 日的“死亡记录表”

首先，他考虑到每个育龄妇女每两年会分娩一次。如果每年有 12 000 次的分娩，那就意味着有 24 000 名所谓的“丰产妇女”。如果半数的成年妇女丰产，每个妇女生活在 8 人家庭中（“丈夫、妻子、3 个娃以及 3 个仆人或寄宿者”），那么我们就得到了这样一个人口数：24 000 × 2 × 8=384 000。

其次，通过一项个人调查，格朗特发现 3/11 的家庭在上一年办过丧事。所以总死亡人数 13 000 乘以 11/3，最后再一次得到了约 48 000 个家庭这个结果。每个家庭 8 人就是 48 000 × 8=384 000，这和前面的总人口数计算结果是一样的。

最后，格朗特还使用了伦敦地图，从住房的数量来计算人口数，结果也大致相同。因此格朗特知道了伦敦大概有 40 万人，这比之前预计的少得多。这意味着国王现在可以计算有多少潜在的“战斗人员”可供军队招募。尽管这一数据有些粗糙，但在缺乏任何人口普查的情况下，与之前的胡乱猜测相比，上述这些计算却是一项巨大的进步，而且使用多种方法来展开同一项工作并得到令人放心的相同答案，也是一种非常卓越的做法。

格朗特把人口估计放进他的《关于死亡记录表的自然和政治考察》一书中时非常不安，因为开展人口普查是“大卫之罪”。根据《旧约 · 历代志（上）》第 21 章，魔鬼撒旦诱惑大卫王清点百姓人数。大卫得知在以色列和犹太生活着 157 万名士兵。上帝对大卫此举非常生气，他给了大卫三个选择，作为对大卫所犯罪行（由于莫名其妙的原因）的惩罚：要么 3 年饥荒，要么败在敌人面前且被追杀 3 个月，要么遭受 3 天的瘟疫。大卫无法决定，所以上帝替他选了瘟疫，于是 7 万人死于瘟疫。因此格朗特“在尝试统计这个人口密集的地方的人口时，担心像大卫一样遭到误会，被这个先例吓得要死”。但他最终还是克服了自己的恐惧，将他的人口调查结果放到了《关于死亡记录表的自然和政治考察》一书里面。

格朗特发明了生命表，它成了人口研究和实际工作中的关键工具。生命表展示了每年有多少人死去。表 2 展示了格朗特整理的数据，我们今天如果要整理的话，也是一样的。生命表从 1661 年出生的 100 名婴儿开始。其中，64 人会活到 6 岁，只有 10 人会活到 46 岁。他们出生时预期寿命只有 15 年，36 岁时的预期寿命是 13 年。从 6 岁到 56 岁，每年的死亡概率大约是 4%。在这个年龄范围之外的话，概率还要更高一点。由此可见人们为什么要生许多孩子，因为只有 1/4 的人有望活到 25 岁左右。

表 2　约翰·格朗特的第一张生命表

| 年龄 / 岁 | 年龄范围之内的死亡概率 | 在年龄范围起点处存活的数量 / 人 | 年龄范围之内的死亡数 / 人 | 在年龄范围起点处的预期寿命 / 年 |
|---|---|---|---|---|
| 0—6 | 0.36 | 100 | 36 | 15 |
| 6—16 | 0.38 | 64 | 24 | 16 |
| 16—26 | 0.38 | 40 | 15 | 15 |
| 26—36 | 0.36 | 25 | 9 | 14 |
| 36—46 | 0.38 | 16 | 6 | 13 |
| 46—56 | 0.40 | 10 | 4 | 10 |
| 56—66 | 0.50 | 6 | 3 | 7 |
| 66—76 | 0.67 | 3 | 2 | 3 |
| > 76 | 1.00 | 1 | 1 | 5 |

住在伦敦无疑是很不健康的。格朗特指出在以 1603 年为起点的 40 年里，生命表记录了 363 935 次葬礼、330 747 次洗礼。尽管葬礼多于洗礼意味着伦敦人口一定会下降，但是似乎事实与分析截然相反，因为“新地基上的建筑逐日增加，而如宫殿般空旷的大屋变成了廉租公寓”[8]。

但格朗特有一个解释，“因此，必然的推论就是乡村向伦敦输送了人口”[9]。在 17 世纪，城市人口的健康状况要比乡村人口的健康状况更差（“最是烟雾重重，腥臊烂臭”[10]），但是成千上万的人还是要搬过来。

格朗特发现男女出生比例是 14:13。他主张这是因为更多的年轻男子遭遇横死（在战争中被杀、因意外事件死亡或在海上被淹死），被处死，移民国外或者成为大学里不结婚、不生孩子的研究人员。当涉及适婚人口时，这些因素可能会将人口数字修正至均衡。表 3 给出了格朗特按他的术语和分组方法对伦敦 20 年间 229 250 例死亡所做的详细分类。它与如今的统计数字之间的相似点很少（参见表 5）。到目前为止，表 3 最大的类别是“5 岁以下的儿科病”。

格朗特也注意到佝偻病在 1634 年之前根本没有记载，而自那以后记录数开始出现并一直增长。因此他得出结论，佝偻病是一种新疾病。今天人们知道佝偻病可能是缺乏维生素 D 造成的，经常是因为孩子们没有得到足够的日晒。这样一来，它就不太可能首次出现在 1634 年。相反，佝偻病记录数的增长表明要么调查员因为更加关注这种病，所以更频繁地上报该病，要么就是随着伦敦变得烟雾迷蒙，更多的孩子患上了这种病。随着泰晤士河污染的加重，人们对富含维生素 D 的油性鱼的消费也下降了。不过，重要的一点是格朗特报告说可能会出现新的疾病，它们的数量还会波动。

通过将总人口数按性别、地点、职业等指标详细分类，现在科学家能够分析这些因素对人类健康的影响，并由此创建了流行病学。流行病学研究疾病的分布和成因，以及与健康相关的状态。格朗特由此被认为是统计学、人口学、精算学和流行病学——所有这些都来自区区一卷内容——的奠基人之一。他的研究表明，我们尽管无法预测一个个体身上所发生的事情，却可以就一群人可能遭遇的经历展开推断并得出可靠结论。这是一个有争议的问题，因为一些人可能认为就人类行为做出预测否定了自由意志。

表 3　17 世纪早期伦敦英格兰圣公会 20 年间葬礼中死者的死因分析表

| 死亡原因 | 死亡数 / 人 |
| --- | --- |
| 5 岁以下的儿科病，如鹅口疮、惊厥、佝偻病、牙病和寄生虫病，因为流产而亡、未满月（洗礼布）、二龄前、肝肿大、压覆 | 71 124 |
| 天花、猪痘、麻疹和寄生虫病 | 12 210 |
| 体疾（癌症、瘘管、痛疮、溃疡、肢体损伤或瘀青、脓肿、瘙痒、国王病、麻风、头癣、猪痘、脂囊瘤） | 4 000 |
| **恶疾** | |
| 中风 | 1 306 |
| 结石切除手术 | 38 |
| 癫痫 | 74 |
| 横死街头 | 243 |
| 痛风 | 134 |
| 头疼 | 51 |
| 黄疸 | 998 |
| 昏睡 | 67 |
| 麻风 | 6 |
| 疯癫 | 158 |
| 压覆和饥饿 | 529 |
| 麻痹 | 423 |
| 疝气 | 201 |
| 结石和淋证 | 863 |
| 坐骨神经痛 | 5 |
| 暴毙 | 454 |
| **事故** | |
| 出血 | 69 |

（续表）

| | |
|---|---|
| 烧伤和烫伤 | 125 |
| 溺水 | 829 |
| 过量饮酒 | 2 |
| 受到惊吓 | 22 |
| 哀痛症 | 279 |
| 上吊 | 222 |
| 多种事故致死 | 1 021 |
| 谋杀 | 86 |
| 下毒 | 14 |
| 闷死 | 26 |
| 枪杀 | 7 |
| 饿死 | 51 |
| 呕吐死 | 136 |

格朗特的同代人对其《关于死亡记录表的自然和政治考察》一书的印象极为深刻。[11] 一个月内他就被提名并获准进入英国皇家学会，这是英国那时，也是英国迄今为止最权威的科学协会。接下来的 14 年里，《关于死亡记录表的自然和政治考察》一书在英格兰和欧洲其他地方接连出了五版。在格朗特方法的启发下，荷兰大议长约翰·德威特将生存概率用于人寿保险的成本分析。按照约翰·格朗特的用法，生命表数据一直是多种未来预测的基础。

要做有关公共卫生需求的决策，并理解随着时间流逝人们的死亡原因所发生的变化，人们就需要对死因进行分类。19 世纪公共卫生官员的努力推动了死因分类的标准化工作。威廉·法尔（William Farr）就是一例，他是英格兰和威尔士总登记办公室的第一位医学统计学家。1842

年他撰文指出“死亡记录表”的不足之处：

> 不管多么不完美，一套统计学命名法的优越之处是非常明显的，因此令人惊讶的是，死亡表中却没有对此给予任何注意。在许多例子中，每种疾病都被用三四个名字来标示，而同样的术语又被用于标示众多不同类的疾病：用了一些模糊、不便的名字或者登记的是并发症而不是原发疾病。在这种调查工作中，命名法的重要性堪比物理学中的重量和度量单位，这一问题应该毫不迟疑地加以解决。[12]

由于这样一些主张，1853 年在布鲁塞尔举行的第一次国际统计学大会请威廉·法尔和日内瓦的马克·德斯皮纳博士起草一套国际通用的统一死因分类法。两年后，法尔和德斯皮纳按照不同的原则提交了独立的表单。法尔的分类使用了五大组别：流行病、体质（一般）疾病、按照发病部位定义的局部疾病、发展性疾病和由暴力引起的疾病。德斯皮纳按照疾病的性质进行分类（例如，感染血液）。由于这两种方案都很合理，它们被结合起来形成了一张包含 139 条死因解释的表单。

与“死亡记录表”中由调查员兴之所至给定的死因分类相比，虽然新的死因分类表是一项确定无疑的进步，但国际统计学大会的这份表单却一直存在争议，也因此仍然没有得到普遍的使用。因此，国际统计学会在其 1891 年的维也纳会议上，指定了一个委员会来准备一套新的死因分类体系。这个委员会的主席是巴黎市统计服务处处长雅克·贝蒂荣（Jacques Bertillon）。1893 年，贝蒂荣在芝加哥提交了报告。他的提案基于巴黎市使用的分类法，使用的是法尔的原则，并综合了法国、德国和瑞士的最佳做法。贝蒂荣死因分类法后来被称为《国际疾病分类》（ICD），这个分类方案在这次会议上得到了批准，并被许多国家和城市采用，例如加拿大、墨西哥和美国就于 1898 年采用了该分类法。[13] 由此起步，我们就有了超过 120 年的可靠的死因数据。而在此之前人类死因的诊断和记录肯定都是靠不住的。

此后《国际疾病分类》大约每10年修订一次，以吸收新的医疗知识，它现在由世界卫生组织负责修订。我们现在使用的是2019年颁布的《国际疾病分类第十一次修订》(ICD–11)。[14] 当今最常见的20种死亡原因见表5。我们之所以能够知道这些数字，是因为世界卫生组织持续地记录死亡数字并与各国的信息开展核对工作。[15] 5 500万的死亡人数被归入数以千计的类别。其中令人一目了然的是，非传染性疾病，像心脏病、中风、癌症、痴呆和糖尿病占主导地位，不过传染病仍未消失。

《国际疾病分类》的代码已经确定，这样世界任何地方的人都可以使用同样的分类。举例来说，第2类意味着癌症，而2E65则是乳腺癌；第8类是神经系统的疾病，而8A40则是多发性硬化。[16]

在英国，大部分人死在医院、收容所或者家里，这是毫无悬念的。当这件事到来的时候，在他们最后一次生病期间为他们诊断的医师会出具一份死亡原因医学证明书(MCCD)。我们中的许多人都很熟悉死亡证明书，它上面也有一个死因栏，不过死亡原因医学证明书要更复杂一些。它包含以下部分：

## 死亡原因

1. (a)直接导致死亡的疾病或情况

______________________________

(b)如果有的话，其他导致(a)的疾病或情况

______________________________________________

（c）如果有的话，其他导致（b）的疾病或情况

____________________________________

2. 其他促成死亡但与导致其疾病或病况没有联系的重要情况

____________________________________

假设有位大夫有一名人类免疫缺陷病毒（艾滋病病毒）呈阳性的患者确诊了艾滋病，病毒急剧地削弱了患者的免疫系统。之后这名患者被一种叫作隐球菌（*Cryptococcus*）的真菌感染，其血液中出现了一种糟糕的真菌。在这一病例中这种感染导致了死亡。而病人又是一位烟民，吸烟导致了肺气肿，这又使他更容易被隐球菌感染。[17] 这位医生在这张死亡原因医学证明书中对这些信息做了如表 4 所示的记录。

表 4　死亡原因医学证明书的国际格式

| 死亡原因 | | 发病至死亡的大概间隔时间 |
|---|---|---|
| 1.<br>直接导致死亡*的疾病或情况 | （a）隐球菌败血症 | 3个月 |
| | 由于（或作为……的后果） | |
| | （b）艾滋病 | 2年 |
| 前因<br>任何引起上述病因的病况，把根源性病况陈述在最后 | 由于（或作为……的后果） | |
| | （c）艾滋病病毒感染 | 8年 |
| | 由于（或作为……的后果） | |
| | （d） | |
| 2.<br>其他促成死亡但与导致其疾病或病况没有联系的重要情况 | 吸烟 | 25年 |
| * 这里并不是指临死方式，如心力衰竭、呼吸衰竭，而是指引起死亡的疾病、创伤或者并发症。 | | |

注：死于艾滋病的某病患的死亡原因医学证明书示例

表 5　2019 年世界上排名前 20 的死亡原因[18]

| 死亡原因 | 死亡人数 / 千人 |
| --- | --- |
| 缺血性心脏病 | 8 885 |
| 中风 | 6 194 |
| 慢性阻塞性肺疾病 | 3 228 |
| 下呼吸道感染 | 2 593 |
| 新生儿状况 | 2 038 |
| 气管癌、支气管癌、肺癌 | 1 784 |
| 阿尔茨海默病和其他痴呆症 | 1 639 |
| 腹泻疾病 | 1 519 |
| 糖尿病 | 1 496 |
| 肾病 | 1 334 |
| 肝硬化 | 1 315 |
| 道路伤害 | 1 282 |
| 结核病 | 1 208 |
| 高血压心脏病 | 1 149 |
| 结直肠癌 | 916 |
| 胃癌 | 831 |
| 自伤 | 703 |
| 摔伤 | 684 |
| 艾滋病 | 675 |
| 乳腺癌 | 640 |

尽管这种做法看起来似乎足够简洁明了，但许多问题还是会让情况复杂化。首先，在各种自然原因导致的死亡中，并非每一种死因对医生来说都一目了然。当死亡原因被归结为非自然死亡，执法部门就需要派

法医介入。非自然死亡是指由暴力、中毒、自伤、疏于照顾、某种医疗程序或者工伤造成的死亡。如果死因未知或有疑点，如果死亡发生在监狱里，或者死者无法辨认，法医也要展开调查。法医可以安排由病理学家进行死后检查（尸体解剖）。经过家属同意后，医生偶尔也可以申请做死后医学检查。举例来说，医生可能想要调查为什么疾病造成的死亡如此迅速，或者想要发现其他他们未曾知晓的病况。

如果法医要求勘问，那就会涉及法律事项。这么做的目的不是审讯某人，而是判定一个人的死亡原因。不过程序运作起来就像审讯一样，法医代替了法官、证人还有（偶尔情况下的）陪审团。结论可能是自然死亡、意外死亡、自杀或谋杀等。如果死亡被判定是谋杀或者疏于照顾所导致的，那么可以提起刑事诉讼。

疑似自杀总是由法医来处理。这种情况下，就像在刑事审理中一样，如果排除了合理怀疑，他们将只会做出这样一个结论，即死亡原因就是自杀。对更多证据的需求以及对自杀的社会污名化意味着许多死亡被当作事故——比如中毒或车祸——来记录，实际上这些数字背后很可能是自杀。因此上报的自杀数字会偏低。医生也会报告不同方式造成的死亡。最有争议的是死亡原因医学证明书上的第 2 部分，即促成死亡的现存状况。如果一位超重的烟民死于心力衰竭，有些医生会将肥胖症或者吸烟作为促成因素填写，而其他一些医生为了照顾死者家属的敏感情绪，就未必会这样做。如果亲人们认为逝者过早死亡是逝者自己造成的，他们恐怕会很难过。

在英国，一旦死亡原因医学证明书被签发，家属就必须到登记处登记死者信息，并获得一张死亡证明书。在英国这一死亡登记数字会被发往国家统计局，在那里经过核对，再被发往世界卫生组织。有了这项工作，成千上万的现代约翰·格朗特就能够比较不同地方的死亡原因之异同，并利用在对死亡原因达成的共识基础上构建起来的公共健康数据，从而进一步发现预防和治疗疾病的各种方法。

# 第 3 章

# 福寿绵长

预期寿命是一般福利最重要的指标。纵观历史，人类的预期寿命变化很大，从古代和中世纪的 30 来岁到当今最健康和最富足国家中的 80 来岁。预期寿命的重要变化肇因于人们生活方式的重大变迁，譬如工业化、大规模战争、饥荒、瘟疫或者解决一种类似天花那样的重大疾病。因此历史事件可以引起预期寿命短期或长期的变化。下面我们将回顾一下过往千年之中全世界预期寿命所发生的变化，思考人类健康领域的最广泛的变迁。

人均生时预期寿命是指平均而言如果当前死亡率不发生变化的话，一位新生儿预期能活多久。在 2015 年，英国男性平均生时预期寿命为 79.2 岁，女性为 82.9 岁。这是一个西欧国家的典型值，在世界排行表上英国以这样分值排在第 20 位。[1] 排在首位的是日本，男性为 80.5 岁，女性为 86.8 岁，后面依次是瑞士、新加坡、澳大利亚和西班牙。东亚和欧洲的富庶国家以及加拿大、澳大利亚和新西兰均跻身前 25 名。男女平均下来，美国排在第 31 位，是 79.3 岁，处在哥斯达黎加和古巴之间。中国人均生时预期寿命为 76.1 岁，排在第 53 位。俄罗斯是 70.5 岁，排在第 110 位。而印度则以 68.3 岁排在第 125 位。垫底的 37 名几乎都是撒哈拉以南的非洲国家，只有一个例外——这唯一的非洲之外的国家便是阿富汗。最后一名是塞拉利昂，它的男性生时预期寿命是 49.3 岁，而女性则是 50.8 岁。

当然，预期寿命只是一个数字。更能说明问题的是任一年龄的人死亡的可能性。图 3 展示了不同年龄段男女的死亡人数。它简洁地展示了男性与女性相比是多么容易早死，而新生儿与 60 多岁的老人有着相似的亡故风险。完整的数据在本书附录表 A1 中，该表展示了这些数字可以如何被用于计算任何年龄段人口的预期寿命，而不只是被用于计算人均生时预期寿命。

然而我们却很难了解过去的人们能活多久，因为精确的信息很难留存下来，而且经常的情况是根本没有留什么记录。墓碑是生卒年最明显的信息源，但通过它们获得的数据会偏向那些负担得起它们的人，而且甚至在有钱人的家庭里，幼儿的死亡也很可能不以这种方式来记录。天

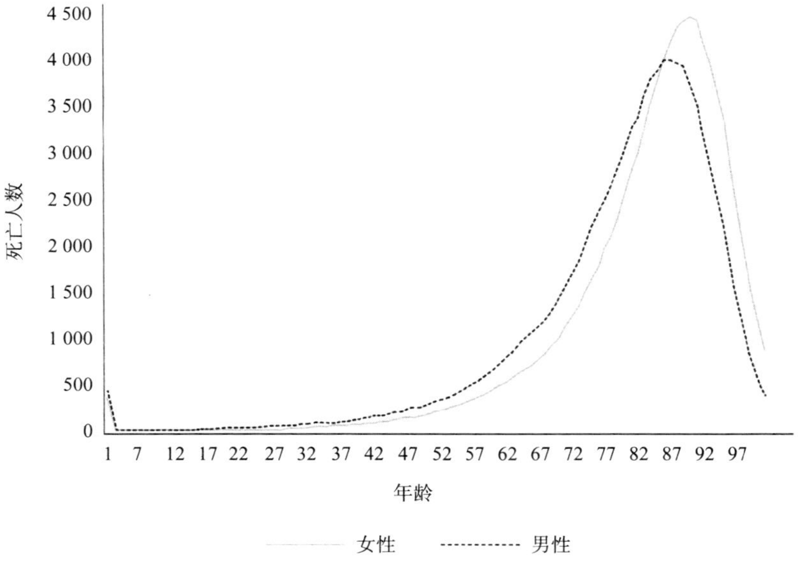


图 3 英国 2014 年至 2016 年一组由 10 万名男性和 10 万名女性构成的人口中各年龄段的死亡人数[2]

气也有可能侵蚀墓碑的铭文。在缺失手写（或雕刻）记录的情况下，留给人们作为主要信息源的就只有骸骨了。从潜在的可能来说，一座墓园可以被用来重建整个城市的人口面貌，提供每个年龄段的死亡人数、性别、出生率、死亡率、家庭规模、人口规模，还有营养状况、疾病和身体消耗情况。一些与健康相联系的情况很容易就从骸骨上探知到，例如身高、关节炎和骨裂。由生产导致的骨盆变化能够测定一个妇女是否生过孩子。如果我们假定我们手头掌握了居住在墓地附近的所有人的骸骨信息，那我们就能够得到一个关于整个社区的准确概貌。[3]

我们可以看一下过去预期寿命的四个案例，之所以选择它们，部分原因是它们的数据比与它们同时代的其他地方的数据更精确。它们分别是古希腊、罗马帝国、中世纪的英国贵族和 1816 年以后的法国。

古典时代的希腊有两个最大的城邦：雅典和科林斯。20 世纪的研究人员对这些公元前 650—前 350 年的城邦的坟墓的发掘揭示了如表 6 所示的数据。

表 6　公元前 650—前 350 年古希腊城邦的生命表

| | |
|---|---|
| 男性平均死亡年龄 / 岁 | 44 |
| 女性平均死亡年龄 / 岁 | 36 |
| 成年女性平均生育数 / 人 | 4.5 |
| 性别比，男比女，儿童 | 145:100 |
| 性别比，男比女，成年人 | 129:100 |

男性过多的情况令人困惑。[4] 也许是数据有偏向，因为成年女性的骨骼比男性腐烂得更快一些。出现男女比例过高的另一个可能原因是当时实行了杀婴，女婴比男婴有更大的可能被杀死。更有可能的原因是男性的骨灰会被用骨灰瓮装起来，安葬在那些特别的墓地里，而女性的骨

灰则不会被装在骨灰瓮中安葬，除非她们有较高的社会地位。1/3 的坟墓中葬的是年龄低于 15 岁的小孩子，所以高生育率和早婚对于保持人口实为重要。

估算罗马帝国的人口结构十分棘手，因为缺乏有质量的数据。然而还是可以试一试的。图 4 的数字展示了古罗马男性和女性在公元 1 世纪和 2 世纪的存活率曲线，这里使用的是密歇根大学的古典学教授布鲁斯 · 福里耶（Bruce Frier）的模型生命表，[5] 它是通过多种数据来源（如书面记载和墓志）汇编而成的。一些关于罗马帝国普通臣民的最好现存数据保存在 300 份人口统计表中，其中包括了为 1 100 多人所设的条目，是在公元 1 世纪到 3 世纪之间在罗马治下的埃及记录下来的。埃及人的人均生时预期寿命当时在 22 岁到 25 岁之间。[6] 2016 年的英国数据作为参照也被收录在图 4 中。我们从 10 万人开始，然后标画出每个年龄段的存活人数。这样可看出，古罗马女性中的 50% 活到了 12 岁，而 50% 的罗马男性只活到了 7 岁。在现代世界，大部分人会活到 80 岁。而古罗马时代，只有小部分人能活这么久。

图 4 所描绘的数据表明当时的人均生时预期寿命低得惊人，女性为 25 岁，而男性为 23 岁，与古代雅典和科林斯的数据相差较大。婴儿死亡率极高。如果一个孩子能活到 5 岁，他们此时的预期寿命就会一跃达到女性 40 岁，男性 39 岁。这些曲线只能算是粗略估算，在整个帝国范围和不同的时段应该有很大的差异。我们的确有一张来自古代世界的生存率表，它叫作乌尔比安的生命表。[7,8] 表 7 展示了乌尔比安的数据，它被用来制作图 4 中的生存率曲线。虽然这些数字非常有趣，但我们却并不清楚它们的确切含义。预期寿命可能是余生的平均年数（即均值），也可能是年数的中间值（即半数的人会活到的那个年纪）。我们同样不清楚的是，该表的用途到底是什么。它可能被用于计算继承遗产的税额。[9] 奴隶被当作财产来计算，奴隶的价值取决于你期望从他们身上榨

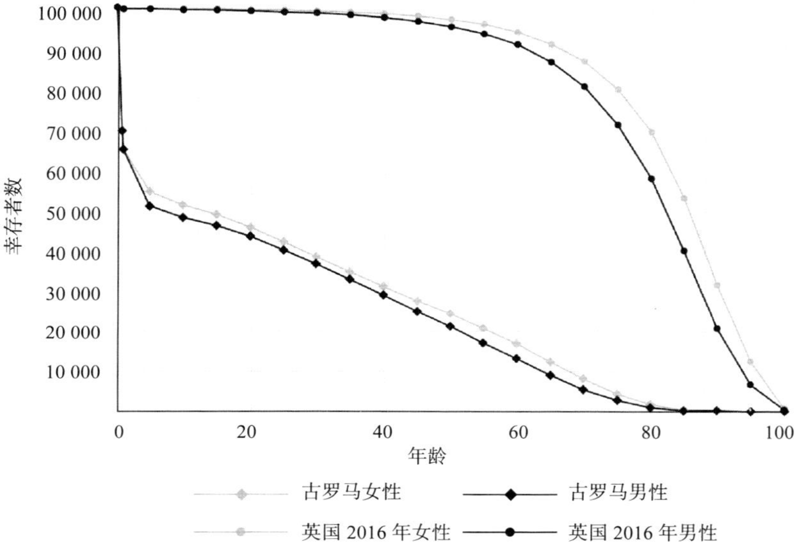


图 4　罗马帝国的存活率与 2016 年英国之比较

表 7　乌尔比安的生命表

| 年龄 x/ 岁 | 年龄 x 时的预期寿命 / 年 |
|---|---|
| 0—20 | 30 |
| 20—25 | 28 |
| 25—30 | 25 |
| 30—35 | 22 |
| 35—40 | 20 |
| 40—50 | 59 − x |
| 50—55 | 9 |
| 55—60 | 7 |
| 60+ | 5 |

取的工作年数。因此这些数字也许提供了奴隶的预期寿命。由此，鉴于27岁的奴隶还有25年的预期劳动时间，而65岁的奴隶就只有5年的预期劳动时间了，拥有一名27岁的奴隶所应付的税款将会是拥有一名65岁奴隶的5倍。在罗马帝国里，自由的普通民众要比奴隶活得更久一些，但也可能并非如此。比如说，一位富有的奴隶主会期望让自己的“财产”活着，但是一个生病的或者饥饿的自由人却只好靠自己活下去。奴隶的生活质量之间也会有极大的差异。富贵人家的一位受过教育的抄书吏可能会受到善待，并因而有很好的机会得享高寿，而在西班牙银矿的工人就不会如此幸运了。

古罗马的死亡率如此之高，是有多种原因的：

- 古罗马医药在传染病面前无效，这些传染病导致大部分人死亡。
- 人口的主体部分营养不良，这使他们抵御感染的能力下降。
- 尽管古罗马工程师擅长建造高架引水渠、下水道等建筑，但这些仍然不足以阻止水源疾病的传播。在非常受欢迎的公共浴室，人们所共用的水一点都不干净。
- 著名的连接着大城市的罗马大道，加之地中海上的商船，导致任何一种新疾病都会快速扩散。
- 罗马政府为减少疾病暴发采取的针对措施（如强制性隔离和根治害虫等）非常之少。[10]

实际上在下一个千年里，欧洲也没有为解决这些问题而认真采取过什么措施。

我们有一些关于中世纪家族（主要是贵族）的书面记录。看下面这个例子：1254年爱德华·金雀花与卡斯蒂利亚的埃莉诺结婚，当年他

15 岁，而女方 13 岁。次年埃莉诺生下了一个死胎，是女婴。埃莉诺于 1290 年去世，时年 49 岁。她的葬礼行进路线从林肯郡通向伦敦的查林十字街，这条漫长路线上有 12 个以埃莉诺的名字命名的路口，这一点似乎表明，尽管两人的婚姻是政治安排，而且这对夫妇很年轻，但双方却深深爱上了对方。[11] 埃莉诺和爱德华总共生育了至少 16 个孩子。埃莉诺这样的贵族妇女会有奶妈来给孩子们哺乳。母乳喂养需要避孕，而有奶妈就意味着埃莉诺能够比当时的大部分妇女以更短的年龄间隔来生育子嗣。在埃莉诺死后，爱德华娶了法国的玛格丽特为妻，与她又生了 3 个孩子。表 8 列出了爱德华的孩子们。死胎或者早夭的婴孩数还有些不确定。埃莉诺也可能有过未曾被记录下来的流产情况。

表 8　英王爱德华一世的子女

| 与卡斯蒂利亚的埃莉诺所生 | 生活的年份 | 死亡年龄 / 岁 |
| --- | --- | --- |
| 女儿，姓名未知 | 1255 | 死胎 |
| 凯瑟琳 | 1261—1264 | 3 |
| 琼 | 1265—1265 | <1 |
| 约翰 | 1266—1271 | 5 |
| 亨利 | 1268—1274 | 6 |
| 埃莉诺 | 1269—1298 | 29 |
| 朱丽安娜 | 1271 | <1 |
| 琼 | 1272—1307 | 35 |
| 阿方索 | 1273—1284 | 11 |
| 玛格丽特 | 1275—1333 | 58 |
| 贝伦加丽娅 | 1276—1278 | 2 |
| 女儿，姓名未知 | 1278 | <1 |
| 玛丽 | 1279—1332 | 53 |
| 儿子，姓名未知 | 1281 | <1 |
| 伊丽莎白 | 1282—1316 | 34 |
| 爱德华 | 1284—1327 | 43 |

（续表）

| 与法国的玛格丽特所生 | 生活的年份 | 死亡年龄 / 岁 |
| --- | --- | --- |
| 托马斯 | 1300—1238 | 38 |
| 埃德蒙 | 1301—1330 | 29 |
| 埃莉诺 | 1306—1310 | 4 |

爱德华·金雀花就是英格兰安茹王朝国王爱德华一世，他在 1272 年到 1307 年间统治英格兰。除了在战场上攻打苏格兰人和法国人，国王的关键责任就是生出一个儿子来继承王位，从而避免各种潜在灾难，比如天下无主和无政府状态，或由于继承人不明或者幼主执政而引发的内战。爱德华一世和埃莉诺生了 5 个儿子 11 个女儿。其中只有排行 16 的第 5 个儿子爱德华活到了成年并成为爱德华二世。这样一来埃莉诺就要怀孕生产至少 16 次，才能生出一个能活过儿童期的儿子。在她做到这一点之前，她的 10 多个孩子都死了，其中包括最早生的 5 个。爱德华一世的 19 个孩子平均寿命大概仅有 18 岁，只有半数活到了 6 岁。爱德华一世和埃莉诺拥有当时最佳的生活条件。举例而言，他们不用面对经常困扰大部分人的食物匮乏问题。可是尽管有钱有势，对于子女的死亡他们却一而再，再而三地束手无策。深深的悲痛一定是一种常态，一旦有孩子感染新的疾病，父母就生活在恐惧之中。

历史学家们将所有的数据汇集到一起后，达成的共识是中世纪的人均生时预期寿命在 30 岁到 40 岁之间。[12] 这还是在黑死病到来之前的情况，我们会看到，黑死病使得情况大大地恶化了。

直到 19 世纪，一个国家的公民的人口（包括寿命）才开始有严格的统计。图 5 的数字展示了法国的人均生时预期寿命从 1816 年到 2016 年间的变化过程，法国保存了 200 年的可靠数据，是一个典型的发达国家。在此期间，女性的人均生时预期寿命从 41.1 岁增加到 85.3 岁，男性的人均生时预期寿命则从 39.1 岁增加到 79.3 岁，翻了一番还多。

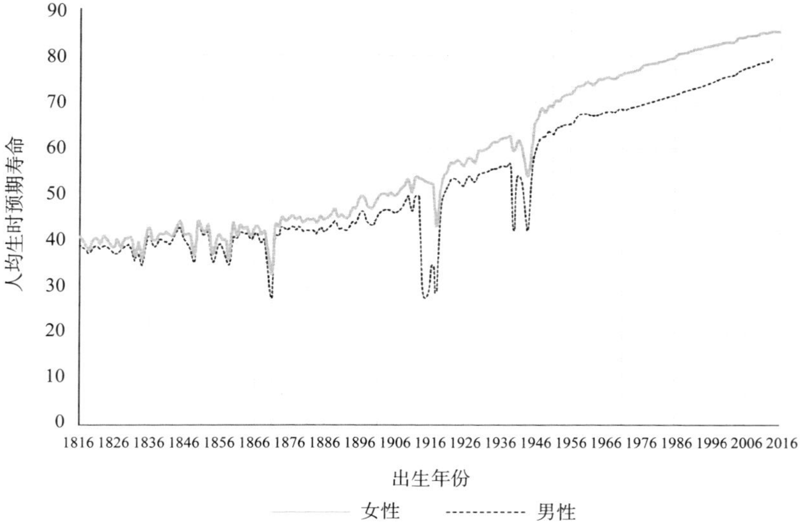


图 5　1816 年至 2016 年间法国的人均生时预期寿命 [13]

看待这个问题的另一个角度是，法国人的预期寿命自从 1816 年以来平均每天延长了 5 个小时。所以每一天，一个法国人的死亡日期都是随着时光流逝以 24 小时在不断逼近，而由于医药、营养、卫生设施、良政、贸易、和平等因素，又向后推了 5 个小时。繁荣的 21 世纪初成为历史上最健康的时间段。后文中我们将更加细致地回顾这些成就是如何取得的，但是我们可以识别出若干影响预期寿命的历史事件（如表 9 所示）。有害的因素，比如战争，会导致突然的下降，而有益的因素，比如抗生素的使用，则会导致持久的增长。

表 9　自 1816 年以来影响法国人预期寿命的历史事件

| 年份 | 事件和评析 |
|---|---|
| 1816—1865 | 总体没什么变化。1832 年的霍乱等流行病，造成了短暂的下降 |
| 1870—1871 | 普法战争。在法兰西帝国和以普鲁士为首的德意志邦国联盟之间发生的一场为期 6 个月的战争。法国大败，巴黎被围，导致德国在普鲁士国王领导下实现统一，法国皇帝拿破仑三世被推翻，阿尔萨斯和洛林两省被法国割让给德国（为未来的纠纷埋下了伏笔） |
| 1871—1940 | 主要由于青少年接种儿童疫苗和得到了更好的营养等改进措施，预期寿命增加了 |
| 1914—1918 | 第一次世界大战。法国军队付出 140 万人伤亡的惨重代价。全国只有一个村庄没有死人（诺曼底的蒂耶维尔）。男性死亡人数比女性多很多，导致几乎一整代女人没有丈夫 |
| 1918—1919 | 西班牙流感。历史上最致命的大流行病之一。H1N1 型流感病毒在全球范围导致 5 000 万到 1 亿人死亡。由于这些逝者中年轻人比例很高，所以西班牙流感对人均预期寿命产生了特别严重的影响。在许多国家，战争导致的多年营养不良问题使得人们在面对病毒的侵袭时格外脆弱 |
| 1929 | 华尔街崩盘引发了大萧条。失业和无家可归的人数量激增 |
| 1939—1945 | 第二次世界大战。1940 年和 1944 年法国出现了两次最小的下降。1940 年德国人侵法国并击败了法国军队，所以此时被杀的大部分是男性。1944 年，在以艾森豪威尔为总司令的盟国远征军在“作战行动发起日”实施诺曼底登陆之后，法国遭到大规模轰炸，成为第二战场。男性伤亡数字仍然比女性高，因为许多男性追随夏尔·戴高乐的自由法国军队等部队参战并牺牲 |
| 1946—1955 | 实物配给制结束，营养得到改善，以青霉素为代表的抗生素的引入使人均预期寿命快速提高 |
| 1955—至今 | 人均预期寿命增加主要是因为老人寿命延长，心脏病、癌症和无数的其他疾病得到了更好的治疗，盛行的吸烟习惯也减少了 |

我们可以将法国历史上的人均预期寿命与当今不同国家的人均预期寿命加以比较。法国的人均预期寿命在 1910 年达到 50.1 岁，这正相当于今天塞拉利昂的人均预期寿命。由此可见，当今世界人均预期寿命最低的国家，与 100 年前世界上最富有的国家之一的情况相似。1946 年法国达到今天阿富汗的水平（60.5 岁）。由于政府失能、内战、恐怖活动、美国入侵导致的严重破坏，今天的阿富汗被大家视为一个失败的国家。但它仍然比 20 世纪 30 年代的法国有着更高的人均预期寿命。法国在 1958 年达到今天伊拉克的水平（68.9 岁），在 1961 年达到朝鲜的水平（70.6 岁），在 1986 年达到伊朗的水平（75.5 岁）。今天最贫穷的国家与不久前的富裕国家相比，也有着不错的人均预期寿命。与 19 世纪的任何一个国家相比，当今所有这些贫穷国家的人都要更健康一些。

人均预期寿命多年来发生的这些重大变化是人口转变现象的一部分。在前工业化社会生活的女性结婚早而生子多，一生中怀孕 20 来次，一两年就生一个孩子是常事。尽管有这么高的出生率，但在慢性病、营养不良，还有时不时发生的毁灭性饥荒和瘟疫的遏制下，人类的数量只在缓慢增长。婴儿死亡率很高，儿童众多而老年人甚少，人均预期寿命仅有 30 岁左右。高出生率和高死亡率造成了基本稳定的人口数。

而数百年之前在北美和欧洲，人类终于开始要克服那些最主要的致命因素了。贸易、财富、新的食物和更好的耕作方法让人口能够增加并且使这种增加不会引发饥荒。改善了的住房条件、更好的营养和卫生条件降低了传染性疾病的发病率和死亡率。这导致欧洲人口激增，以及数以百万计的欧洲人口移民海外。

如果人们预料到自己的孩子会夭亡，他们就会要很多的孩子。一旦人们有信心养活孩子，相信自己在老年也能得到照料，大部分人就会选择只养两个。生育率的下降也和女性受教育程度的提高以及获得避孕手段等情况相关联。我们由此就能观察到从高生育率兼高死亡率的社会向低出生率兼低死亡率的社会的转变。而死亡率下降会远在生育率下降之前发生。典型的情形是这样的，有那么一个世代女人们像她们的母亲一样生养很多孩子，而且这些孩子都活到了成年。于是下一个世代生养的孩子就会少得多。死亡率下降和生育率下降之间的这样一个时差造成了在这一人口变化发生过程中人口数量的巨大增长。[14]

这种人类生育的方式变化就是一种被称作人口转变的现象。[15]这跟你住在哪里并没有特别的关系，所有国家显示的变化都很相似，差别在于转变的起点和所用的时间长度。

大部分的国家现在都已经完成了人口转变。其人口的预期寿命都超过 74 岁，婴儿死亡率（幼儿在 1 岁前就死亡）非常低，老年人的数量不断增长，同时每个妇女平均生育少于两个孩子。这样一来，有些矛盾的是，高的预期寿命最终却引起了人口数量的下降。在表 10 中，日本、巴西和埃塞俄比亚三国的数据展示了人口转变的不同阶段。

日本是在 50 多年前经历其人口转变的。它优异的医疗保健系统带来了世界上最高的生时预期寿命和非常低的婴儿死亡率，人口的主要死亡原因包括冠心病、癌症、中风、肺病和自杀。日本的生育率仅有 1.4，它也没有什么移民，因此其人口现在每年下降 0.2%，整体上看人口趋向老龄化。大部分欧洲国家就像日本，生育率低于 2，仅仅是靠着相当数量的移民才避免了人口的下降。

巴西是在 1960 年和 2017 年间经历人口转变的，人口在此期间出现了巨大的变化。健康状况出现了巨大的进步：婴儿死亡率从每五个婴儿中有一个在出生后的头一年死亡，急剧下降到 1.5%，预期寿命增加了超过 20 年。现在巴西人的主要死亡原因是冠心病、癌症、中风、肺病和糖尿病，这与大多数国家是一样的。与日本相比，巴西暴力致死者和车祸罹难者更多，但是自杀人数则少一些。一般人们对于确保健康的回应是少要些孩子，所以巴西现在 1.7 的生育率并不比日本高太多。而巴

表 10　1960 年和 2017 年日本、巴西和埃塞俄比亚的人口数据[16,,17]

| 国家 | 日本 | | 巴西 | | 埃塞俄比亚 | |
|---|---|---|---|---|---|---|
| 年份 | 1960 | 2017 | 1960 | 2017 | 1960 | 2017 |
| 婴儿死亡率 / 每千次生育 | 30.4 | 1.9 | ~170 | 14.8 | ~200 | 41.0 |
| 生时预期寿命 / 岁 | 67.7 | 84.1 | 54.2 | 75.5 | 38.4 | 65.9 |
| 人口 / 百万 | 92.5 | 126.8 | 72. 2 | 207.8 | 22. 1 | 106.4 |
| 生育率 / 每个母亲生育的孩子数 | 2.0 | 1.4 | 6.1 | 1.7 | 6.9 | 4.1 |
| 人口数的年变化率 | +0.9% | -0.2% | +2.9% | +0.8% | +2.2% | +2.7% |

西人口自从 1960 年以来已经增长 2 倍，生育率的下降意味着人口必然走向稳定，之后从 2030 年左右就会开始下降。[18] 亚洲、北非和美洲的大多数国家现在都像巴西一样，已经经历了人口转变，处于一个低生育率、低死亡率、高预期寿命的阶段，并即将迎来人口数的峰值。

除了阿富汗和也门这类的“失败国家”，撒哈拉以南非洲国家的人均生时预期寿命最低。即便如此，人口转变已经在多数非洲国家发生了。埃塞俄比亚就是一个例子。1960 年，它还处在一个高生育率兼高死亡率的状态，人均生时预期寿命低于 40 岁。2017 年婴儿死亡率已经降到原来的约 20%，而预期寿命则增加到 65.9 岁。因此，生育率也在下降中，2017 年降到 4.1，而人口总数仍然在快速增长，但是在随后的几十年里增长速度应该会大幅下降。与巴西人和日本人相比，许多埃塞俄比亚人如今正因为传染病，特别是流感、肺炎、腹泻病、结核病、麻疹和艾滋病而死亡，尽管冠心病、癌症、中风也一样普遍。[19] 埃塞俄比亚看起来就像是 20 年前的巴西，其人口状况也在慢慢地转向类似日本那样的状况。

表 11 展示了全球范围的一些数据。我们可以观察到自 1960 年以来的巨大进展，特别是最近 20 年的进展。整个世界的人口变得更加平衡，不再像之前的模式那样，一个国家要么已经发达要么处在发展中，国家之间存在着巨大的健康和财富方面的差距。

表 11 1960 年到 2017 年间的世界人口数据[20, 21]

| 年份 | 1960 | 1997 | 2017 |
|---|---|---|---|
| 婴儿死亡率 / 每千次分娩 | 126 | 58 | 29.4 |
| 生时预期寿命 / 岁 | 52.7 | 66.9 | 72.2 |
| 人口数 / 百万 | 3 032 | 5 873 | 7 511 |
| 生育率 / 每个母亲生育的孩子数 | 5.0 | 2.8 | 2.4 |
| 出生率 / 每千人 | 31.8 | 22.7 | 18.7 |
| 死亡率 / 每千人 | 17.7 | 8.7 | 7.6 |

这些趋势看起来会扩展和加速。大部分国家的生育率降到远低于 2.1，意味着全世界的人口将在 2064 年达到峰值，略低于 100 亿。人口结构会变得头重脚轻，许多老人和退休人士将由数量不断下降的年轻劳动力来扶养。中东、北非特别是撒哈拉以南非洲地区的人口将占据世界总人口的较大部分，而欧洲和东亚的人口则会骤降。[22] 我们以中国人口为例来说明这种变化，它将会从峰值几乎下降一半，降到 7 亿人，而尼日利亚人口则将增长 4 倍，达到 8 亿人，排在它前面的将只有印度。

这些数据表明，在这一转变过程中死亡原因发生了深刻变化，全球范围的公共卫生状况取得了引人注目的进步。这一切是如何实现的？正如我们所见，如今的世界总体上有着更好的政府管理。政府按照人民的利益来行动，提供公共卫生服务和医疗保健，避免战争和饥荒，而一切都建立在不断增加的财富的基础上。婴儿从这些变化中受益最多。

为什么当今各国有着不同的人均预期寿命？美国社会学家塞缪尔·普雷斯顿（Samuel Preston）在1975年最早给出了一个关键性的分析，他将预期寿命与以国内生产总值（GDP）测量的一国或一个地区的财富做描线对比。图6是使用2015年的数据制成的普雷斯顿曲线。趋势线显示出财富和健康之间的平滑关系。曲线总是增长，所以富庶的国家或地区的人民往往更健康。但是这是一个对数曲线，并不是一条直线。曲线的左方部分十分陡峭，小幅的财富增长会带来预期寿命的大幅延长。预期寿命达到70岁需要人均GDP达到7 100美元，而要想延长到75岁则需要人均GDP巨大的增长，得翻1倍多达到15 700美元。

个别国家或地区的数据被标出来了。那些超过了趋势线的国家或地区做得很好，它们的财富带来了良好的健康水平。最令人印象深刻的是尼泊尔，人均预期寿命是81岁，而人均GDP却仅为1 268美元。许多做得差的国家和地区在中东，原因在于遗传病、肥胖症和糖尿病。

普雷斯顿的研究是否就直接表明了更富裕的国家或地区提供了更好的医疗保健呢？这取决于钱花在什么东西上面，以及由谁受益。一个国家或地区有可能很富有，同时却决定不在健康方面花太多钱。这些钱也可能花得没有效率，比如说都花在给医疗保险公司打广告和解决法庭诉讼案件上，而不是花在照顾病人身上。富有至少给提供广泛的医疗保健带来了机会。因此，一个更有意义的做法是，将人均预期寿命与人均医疗保健的花费做描图对比，而不是将人均预期寿命与包含了所有经济活动的GDP进行对比。图7展示了2013年部分国家或地区的健康支出与人均预期寿命是如何关联起来的。如图7所示，在保健方面花费更多的确有利于健康，但是有很多的异常值。要达到75岁的人均预期寿命需要每年人均花费1 000美元，达到80岁则需要每年人均花费3 200美元。而让一个国家或地区的人均预期寿命达到70岁则不同，花费很少而效益很大。正如之前的数据所示，曲线走势趋于平缓，所以此后花更多的钱却只能获得更小的收益。西班牙、日本和韩国都属于高性价比的保健

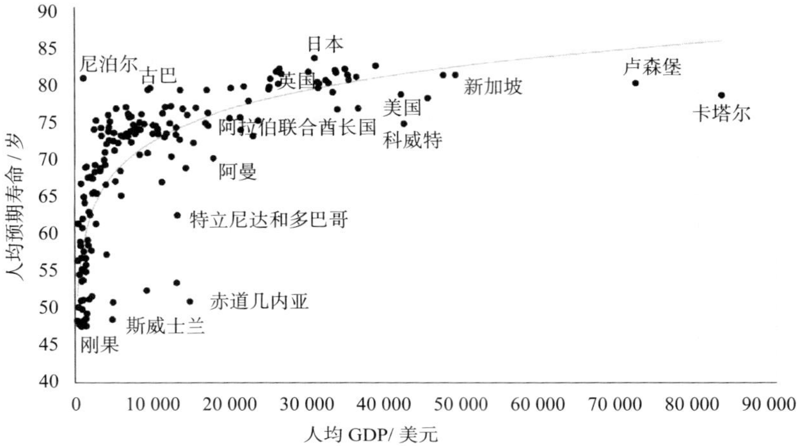


图 6　2010 年人均预期寿命和人均 GDP 的关系

数据来源于《世界统计报告：GDP 和预期寿命》[23]

趋势线方程为：$y = 6.273\ln(x) + 14.38$

花费国，这部分受益于其健康的膳食。低于曲线的异常值国家有俄罗斯和美国，而南非的数值则因为艾滋病格外低。

为什么美国的健康支出比其他国家的健康支出多得多，而它的人口预期寿命却很糟糕呢？[24] 美国的保健支出是每年每人 8 713 美元，智利只有 1 623 美元，但两国的人均预期寿命却一样（78.8 岁）。美国医疗系统业绩惨淡有若干原因。因为容易获取枪支，与其他富裕国家相比，美国的杀人率和自杀率居高不下。美国还有超高的婴儿死亡率和生产死亡率，这些导致了年轻人的高死亡率，对于人均预期寿命有着不成比例的影响。美国的保健支出显得特别不平等。[25] 几乎所有富裕的国家都提供了覆盖全民的医疗保险，而美国有 10% 的人仍然没有任何医疗保险。

尽管这些对比图似乎表明更多的财富会带来更好的健康水平，特别是如果理智地花费金钱的话，但是情况并没有这么简单。如果支出是唯

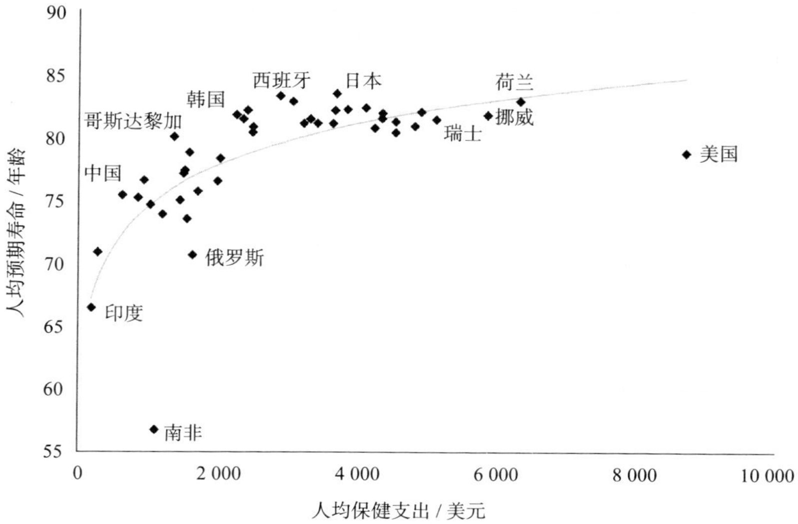


图 7　2013 年人均预期寿命与人均保健支出对比[26]
趋势线方程为：$y = 4.73\ln(x) + 41.84$

一重要的问题，那么过去 150 年里人均预期寿命的增加就仅仅是由于 GDP 的增长了。显然存在着更多的关键因素：如果治疗方法根本不存在，那么无论雇用多少医生也没有办法治好病。1800 年之前人均预期寿命仅为 30 岁，原因并不在于那时没有医生。医生有的是，但不幸的是，他们做的几乎所有事情都是无用功，且不说还有可能是纯粹的伤害呢。糟糕的做法包括放血、催吐、使用各种泻药，甚至是接诊完一个病人没盥洗就开始接诊另一个病人，因此传播了疾病。一份严肃的分析指出，在 1930 年至 1960 年间，至少 75% 的健康状况改善是由于收入增长之外的因素，像公共卫生干预措施，以及广泛使用的医药创新（如第一批抗生素）。[27, 28, 29]

随着时间流逝，普雷斯顿曲线会向上抬升，这意味着即使收入没有增加，健康水平也会提升。举例来说，在 20 世纪 30 年代，400 美元

（1963 年的美元）的人均年收入带来 44 岁的人均预期寿命。在 20 世纪 60 年代，同样的收入带来的人均预期寿命是 66 岁。[30] 也许这表明根本没有必要通过增加总体财富来改善健康——由于医学上的进步，改善无论如何都会发生。接种疫苗是很便宜的。

收入和健康水平之间的相关性对于个体是真实的，对于国家同样如此。富人可能能够购买更好的医疗保健服务，虽然如此，还有一个可能性是健康水平受到人们心态的影响，即人们如何看待社会中的自己。处在底层的人们可能会感到巨大的心理压力，这些压力恶化了他们的免疫系统，导致了有损健康的行为，例如吸毒嗑药。[31, 32] 如果这一点属实的话，那么社会不平等越严重，人民总体健康状况就越差。我们要想让健康水平来一个总的提升，就需要为更加平等的社会而奋斗。[33]

# 第二篇

# 传染病

预防疾病所要求的全部内容就是对做饭和饮食，还有排污及供水给予十分密切的关注，这在任何时候都是值得去做的。

——约翰·斯诺（John Snow），

《关于霍乱的传播方式》，1849 年[1]

# 第4章

# 黑死病

在人类历史的大多数时间里，人均预期寿命大约是30岁。250年之前它才开始上升，首先是在欧洲和北美，现在扩展到了所有国家。截至2016年，世界范围的人均预期寿命比罗马时代已经增长了大概2倍，达到了72岁。[1]这是到目前为止人类所拥有过的最高的人均预期寿命。这些简单的统计数字反映出人类健康的种种深刻变化。最重要的是，迄今为止历史上最大的人类杀手就是传染病。略举一二的话，就像鼠疫、天花、伤寒、霍乱和疟疾，这些疾病中的每一种都带走了数以亿计的人，而且常常是没什么警示，在短短几天的病程之后病人就完了。

在我们从鼠疫出发来审视人类如何应对传染病，进而在很大程度上将其击败之前，我们首先需要对从事狩猎采集活动的人类的生活和死亡情况进行仔细审视，并以此来设定分析的情境。在人类生存于地球的绝大多数时间里，这一物种的生存方式一直是狩猎和采集活动，而在此期间传染病并不是一项很大的问题。从事狩猎采集活动的人们通过寻觅植物和狩猎动物来获取食物，并且常常过着游猎的生活。他们在大家庭和临时聚落中生活，采取平等主义的社会结构，分享财产，没有什么持久的领导者。时至今日，这种狩猎采集型的生活方式只在少数几个地方，如西南非洲的沙漠地带、亚马孙雨林以及北冰洋高纬度地带还存在着。尽管有人可能会质疑，既然今天的狩猎采集者倾向于生活在不适合农业生产的边缘地带，那么他们又能在多大程度上代表旧石器时代的典型特征，但这些社群确实可以为我们提供深入了解人类此前生活方式的契机。在接触过其他社会之后，现代狩猎采集者的生活方式也可能已经发生了重大的变化，比如说，从贸易中获得了生产工具。然而，我们通过观察当代狩猎采集者的生活方式，应该还是可以获得古代人类生活和死亡方面的一些信息。不仅如此，对旧石器时代的骸骨和考古遗迹的研究也能揭示出古代狩猎采集者的健康状况和死亡情况。

狩猎采集者们的膳食大部分是蔬菜、水果、坚果和根茎，而奶制品、加工油脂、盐、酒精或咖啡因都很少甚至没有。唯一的糖食全部来自水果或蜂蜜。人类祖先使用了大量令人惊叹的植物作为食物和材料——人们在 12 000 年前狩猎采集者定居的叙利亚小村阿布・胡赖拉的遗址就发现了超过 192 种东西。[2] 多样的膳食和忙碌的生活方式意味着狩猎采集者的身体十分健康，与现代人相比他们不会矮太多。肥胖症非常罕见。但是婴儿死亡率很高，当无法将婴儿从一个居住地带到另一个居住地时，以及为了控制人口规模的时候，杀死婴儿的做法有可能存在。因缺乏动物奶而延长的哺乳期起到了避孕的作用，有助于拉开两次分娩的时间间隔。事故成为死亡的普遍诱因，包括摔落、骨折、溺水、动物咬伤，这些常常是在狩猎过程中发生的。狩猎采集者会染上已知的疾病，例如水污染、伤口或动物咬伤导致的细菌感染。也有许多人的确活到了老年，他们因此可能会遭到癌症、神经退行性变性疾病和关节炎的困扰。

在大约 1 万年前，人类生活方式最重大的转变开始了，农业带来了新石器时代。不再是采集各种各样的野生植物，土地开始被用来种植有限的农作物——其中最重要的是小麦、大麦、玉米、水稻和黍类。作物经过选择，具有更多对人有用的特征：可以在犁过的田地里密集地生长，可长期贮藏，种子硕大，地理分布广泛，容易收获，等等。农夫会反复播种最好的种子，所以经过了数千年的这种选择过程，耕种的植物最终看起来与它们的野生表亲差异很大。动物们不再被猎杀，而是被捕获、圈养并保护起来。人们通过养殖绵羊、山羊、牛和猪来获得食物和衣物，而马匹、骆驼、美洲驼和驴子则被用于运输。人类驯养的家畜被用来生产更多的肉食、奶或毛，它们变得更加温顺、亲和人类并且多产。人类也做出了适应，他们的牙齿变得更小了，一些基因突变使他们能够饮用更多的酒精与牛奶。

农业在大约 10 个地方独立地发展起来，其中包括中东、巴基斯坦的印度河谷、中国的黄河流域、安第斯山脉和中美洲，然后扩散到这颗星球的大部分地方。位于今日伊拉克南方的苏美尔可能是最早发展出农业的地方。1 万年前，它并不像今天这样干燥，而是一片水草丰美的泽国，树木繁茂，野物众多。人类在湿地之上的丘岗上定居。

现在随着一些土地被专门用于生产食物，每平方英里①的食物产出量有了巨大的增长，这又使得人口密集度相应增加。新的社会阶级和更大的社区赋予了领导人财富和权力。在商人、手艺人、士兵、教士和其他人之间出现了劳动分工。然而大部分人大部分时间都在从事农业劳动，对他们而言，从狩猎和采集活动到农业的转变对于健康而言却是一场灾难。

与捕鱼、狩猎动物或采集植物相比，农活简直让人累断腰，常常要花费一天中比过去多得多的时间。如果没有持续的保护，庄稼就会在杂草、啮齿动物、真菌和昆虫的侵扰下被糟蹋。可以看出阿布・胡赖拉的人类已经在公元前 9000 年前转向了农业，因为妇女们的骸骨显示出了变形的膝盖和弯曲的脚趾，而这种现象是长时间一直跪着研磨谷物制造面粉所导致的。[3] 人们当时主要消费的是主食作物，没有多样化的膳食，而主食作物缺乏人体所需的营养物质。富含蛋白质、油脂和铁元素的肉类则可能完全匮乏。人长得更瘦小了，骨骼和牙齿展现出营养方面的问

① 1 平方英里约等于 2.59 平方千米。——编者注

题——尤其是贫血，因为他们食用的谷物中缺乏吸收铁所需要的脂肪酸。[4]以碳水化合物为主的膳食缺少蛋白质和维生素。即便吸收了足够的卡路里，像糙皮病、脚气病、夸希奥科病等与营养不良相关的新型疾病还是产生并且有所增加了。营养不良还导致男人和女人出现不育症。

关于古代流行病的记载非常稀少，其中许多病仅仅通过骸骨是无法查明的，而且一旦所有的记录人死亡，留下来讲述病况的人就没有了。然而，尽管发明了农业，但公元前10000年的400万世界人口到公元前5000年只增长到了500万，[5]这一点还是十分惊人的。因为在我们看来，农业应该会比狩猎和采集提供多得多的食物。此外，如果长期定居在一个地方的话，女人应该能够生育更多的子女。游牧部落需要将他们的生育时间间隔拉开，因为他们不能携带太多的婴儿。如果农夫生产出了相当多的食物，而且女人又生育了多得多的婴儿，那么为什么没有出现一场人口大爆炸呢？

原因可能是在营养问题的基础上出现了一系列新疾病。侵害人类的传染病有1 000多种，其中大部分是由微生物引起的，这些微生物过去曾经生活在动物之中，在过去的1 000年中的某个时间点上跨越了物种屏障。[6]举例而言，麻疹是来自牛群中的牛瘟病毒，而流感则来自禽类。与动物密切地生活在一起，甚至有可能生活在同一间建筑中，意味着感染动物疾病和寄生虫的风险更高了。一旦成千上万的人口挤在城市里一起生活，一种新疾病的一个病例就很容易将疾病传播出去。大约5 000年前，在美索不达米亚——位于如今的伊拉克境内——最初的城邦中，人们就已经对接触性感染重视起来，并且采取了一些措施，如通过回避染病者及其使用的杯子、餐刀还有亚麻床单来阻止疾病的传播。[7]然而，一旦染病，有效的疗救之法却并不存在。

当时的考古记载和文献表明最早的城邦经常崩溃，出现大规模的人口损失、住地被破坏或遗弃等现象。[8,9]尽管这些灾祸无疑有时是因为恶劣天气造成的收成不好，有时是因为外敌袭击或洪水侵袭，但其中许多情况也很有可能是传染病造成的。最早遭遇新型疾病的人类是不会有自然抵抗力的，所以整个城市就可能毁于一旦。结核病、斑疹伤寒和天花似乎就是属于那些由于农业影响而出现的最早的疾病。[10] 少数带有正确基因的幸运儿可能会对这类疾病有耐受性，所以他们和他们的子女能够幸存下来。这样一来，自然选择就会让那些能够使人类抵抗疾病的基因扩散开去。如果人口规模够大，一种疾病就会变成一种高传染性儿童期疾病。这就会使适应了该病的群体对其他之前未曾遭遇这种疾病的群体形成潜在的致命威胁。

以这种方式，在数千年的时间里，农业社会的人们最终获得了他们的伴生疾病，这些疾病与他们和他们的养殖的动物共存。一旦社区之间通过贸易、扩张或移民联系起来，灾难就会袭来。这种情况在 2 000 年前就曾发生过，那时中国、印度、中东和罗马帝国第一次建立起稳定的贸易联系。人们在交换丝绸和银子的同时，也可能感染了彼此的各种疾病，并触发瘟疫。公元 165 年，罗马军队向东推进，进攻它的对手帕提亚帝国，并且将底格里斯河上的塞琉西亚（位于今天的伊拉克）包围。在那里罗马军队染上了一种新型的致命疾病，这种疾病被称作安东尼瘟疫，他们将这种病带回了罗马。这场瘟疫害死了罗马约 1/4 的人口，摧毁了罗马军队。中国的汉王朝也在同一时间遭到了一轮又一轮瘟疫的侵袭，这引发了叛乱和王朝最终的覆灭。安东尼瘟疫很可能就是天花，但其性质尚不能确定。[11] 无论如何，这已经足以算作跨越亚洲的新贸易联系带来疾病交换和触发瘟疫的例子了。

大量的畜群让相互感染变得更加容易，这就使得牲畜也会被疾病侵袭。在古人养殖的少数几个物种中，只要有一个物种消失就会引起饥荒，因为这种情况可能会使该社群的主要肉食、衣物或能量的来源消失。与之相似的是，一旦一种新的疾病或病害摧毁了主要粮食作物，原本只依赖这种作物来获得大部分卡路里的城市，也将会面临很高的饥荒风险。

卫生条件对于游牧社群来说并非重大问题，因为他们可以将垃圾一路丢弃。但是，终生在一个地方过日子造成了全新的污物处置难题，因为污物会污染水源并且引起痢疾。举例来说，苏美尔唯一的饮用水源就是河流，但是它们都被所有位于上游的城邦污染了。

新型疾病的侵袭会反复摧毁人类的聚落，这可能就是新石器时代的5 000年里人口停滞的主要原因。人类花了这么长的时间才获得免疫，这样他们就能够以很高的密度带着家养动物一起生活。[12]新石器时代是人类历史上最致命的时期，这很大程度上要归因于传染病。[13]

转向以农业为基础的国家是人类生活方式最深刻的变化，对人类的健康产生了巨大的影响。除非你是一个国家的精英人士，否则游牧的狩猎采集生活从健康、膳食和劳动的角度来看要好得多。[14]美国的博学家贾雷德·戴蒙德主张发展农业是人类这个物种历史上最糟糕的失误。[15]农业的回报是将所有的土地用于种植被选择出的作物，以生产出更多的食物，其他回报还包括增加人口规模，并允许各种职业和社会经济团体分化出来。人口规模的扩大只能够通过农耕来维持。于是，从狩猎和采集转向农业成了一次单向的旅程，除非是国家完全崩溃，出现了大规模的人口损失。（这确实发生在中美洲的玛雅，在公元900年的时候玛雅人的城市被遗弃，而玛雅文明的消失则很可能是由于一场漫长的旱灾。[16]）

当专业科学家、文员、医生、工程师、政客和其他各种人才推动人类生活标准取得真正进步，同时将大部分传染病加以预防或治愈之后，拥有不同的社会阶级、技术进步和财富创造所带来的优势终于获得了回报。这让人类回到甚至超越了旧石器时代人类所享受的良好的健康状态。不幸的是这一过程花费了1万年之久。

鼠疫是侵袭人类的最厉害的传染病，具有传染性极强、致病迅速且致命等特点。两种鼠疫菌株通过独立的传递从啮齿动物跨越到人类群体中，引起了人类历史上最严重的流行病，即6世纪的查士丁尼鼠疫和14世纪40年代的黑死病，后者我们在讲到锡耶纳那里时已经提到过。尽管各种鼠疫微生物的DNA（脱氧核糖核酸）序列不同，但它们造成的症状与致命性却很相似。每一种都杀死了它们侵害的土地上大约1/3的人口。我们将会看到鼠疫流行对历史产生了深刻的影响，塑造着迄今为止的人类世界。尽管在17世纪末鼠疫可以通过检疫隔离得到控制和预防，但直到19世纪，新的疫情仍然会在城市中肆虐不息。最近对导致鼠疫的鼠疫耶尔森菌的DNA研究表明，人类与鼠疫的关系可以追溯到远在查士丁尼之前，它们对人类文明的破坏冲刷已经进行了数千年了。

527年，世界上最有权力的人是东罗马帝国（拜占庭）的查士丁尼大帝。他从君士坦丁堡（今天的伊斯坦布尔）统治着欧洲、土耳其、叙利亚和埃及。君士坦丁堡是罗马帝国皇帝君士坦丁于公元330年在古希腊城市拜占庭的原址上新建的首都。君士坦丁大帝投入巨资修建这座大都会，将它修建成此后800年里欧洲最富庶和最大的城市。

在代表自己的文盲舅舅查士丁卓有成效地管理帝国多年之后，查士丁尼45岁时继承了皇位。他改革了罗马法律系统，开展了新的建设项目，建设高潮是著名的圣索菲亚大教堂。圣索菲亚大教堂是当时世界上最大的建筑，迄今仍然矗立在离伊斯坦布尔的苏丹宫殿不远的地方。尽管它遭受了十字军和土耳其人的劫掠和故意破坏，但它依然将它那惊人的内部空间、高耸的墙壁、拱门、大理石板、半圆顶、各种窗户和镶嵌在巨大穹顶上的马赛克图样等建筑样式保存了下来，令人震撼不已。

尽管当时的拜占庭帝国容纳着全世界2亿人口中的2 600万人，[17] 但它的规模依然不过是原来的1/2。约100年前（476年），在匈人、哥特人、汪达尔人和其他蛮族部落的长时间攻击下，罗马帝国的西半部分已经崩溃。这些蛮族部落跨过莱茵河与多瑙河边界，在法国、西班牙、意大利、北非和不列颠建立起新的王国。更加富裕、人口更多的帝国东部经受住了这些冲击。充满活力、聪敏多识且野心勃勃的查士丁尼渴望实现自己的梦想，即重新占领罗马帝国失去的西半部分，使得地中海所有的领土都在他的领导下回归唯一的真正信仰。

查士丁尼并不是一个将军，他像一个国际象棋大师一般从君士坦丁堡的宫殿里调遣自己的舰队和陆军。第一场胜利是在突尼斯取得的，汪达尔人的王国迅速被查士丁尼的大将贝利撒留征服，贝利撒留得到了当地人的帮助，因为他们憎恨新的主人。到 541 年在贝利撒留和宦官约翰的率领下，查士丁尼的军队已经从哥特人的手里重新夺取了意大利的大部分地区。查士丁尼的梦想稳步推进。但这一状况并没有持续很久。

541 年，埃及出现一种致命新型疾病的消息传到了君士坦丁堡。第二年运输埃及谷物的船只便将鼠疫带到了这座城市，当时日均死亡人数高达 5 000 人。死亡来得如此之突然，人们开始戴上名牌以便自己的尸体能够被识别出来。在仅仅 4 个月中君士坦丁堡的人口可能死掉了 40%。查士丁尼本人也染病了，但是他活了下来。尽管鼠疫肆虐欧亚两大洲，但关于它的后果的最佳记录还是来自君士坦丁堡的作者，所以这场鼠疫便被以查士丁尼的名字命名了。关于这场流行病的最终影响我们很难确切了解，但它经由军队和商贸活动扩散，大概导致了 5 000 万人和几乎半数的欧洲人口不幸死亡。

人口损失造成的帝国的削弱产生了可怕的长期后果。缺乏劳动力意味着许多农场被撂荒，这又引起了持续八年之久的饥荒。谷物产出的减少引起了粮食价格居高不下，税收岁入下降。这并没有阻止无情的查士丁尼继续向他治下变得贫穷的人口征收同样水平的税，以保证他的军事和建设项目。意大利的战事还在拖延，但帝国的胜仗变少了。经过这样重大的人口损失，帝国只能派出更小规模的军队。意大利的战役变成了维持局面的行动，即设法巩固先前取得的征服成果。经过 20 年的战争后意大利被摧毁，意大利北方在 565 年查士丁尼死后很快就落入了日耳曼族的伦巴第人之手。

查士丁尼的梦想被他不能预见、不能理解和无法阻止的“敌人”击败了。历史学家常常猜想，从长期来看，要是拜占庭帝国和波斯帝国没有反复发生鼠疫流行并因此遭受人口损失，后来阿拉伯人于7世纪和8世纪在新宗教伊斯兰教的影响下，对埃及、北非、叙利亚和波斯的征服活动就不可能发生[18]——尽管将阿拉伯人的征服归结为仅仅一个原因差不多破坏了分析的可信度。阿拉伯人在674年到678年间围困了君士坦丁堡，但其最终目的并没有实现。如果君士坦丁堡陷落，那么很有可能整个帝国就会崩溃，并被阿拉伯人占领。实际情况是，拜占庭帝国延续了大约1 000年，最后才在1453年被土耳其人征服。波斯人的萨珊王朝也被鼠疫摧毁，并在651年被阿拉伯人占领，这导致了琐罗亚斯德教慢慢地被伊斯兰教替代，尽管波斯的文化和语言还在延续。叙利亚、埃及和利比亚的许多地方至今仍未能从查士丁尼鼠疫中恢复过来，之前耕种和浇灌的农田被荒弃，变为牧场甚至沙漠。[19]

在第一次出现之后，查士丁尼鼠疫在接下来的200多年里时不时地重新暴发，直到最后在750年暴发并消失，瘟疫变得更加地方化并变得不那么致命了，也许这是幸存者抵抗力增强的结果。鼠疫在后面的600年里没有回到欧洲，当它再次来袭时，它变成了黑死病。

鼠疫是什么？许多作者留下了对这种致命疾病的可怕描述，为我们提供了下面典型的关于腺鼠疫病程的描述，这些也是与查士丁尼鼠疫和黑死病最为类似的症状。

首先是出现严重的头疼，然后在几个小时以后，就会出现发烧和疲劳。发烧开始之后的那一天，患者精疲力竭，以至于无法离开床铺。他们的背、胳膊和腿感到疼痛，伴随恶心导致的频繁呕吐。次日，硬邦邦的、刺痛的和灼热的肿块开始在脖子、大腿内侧和腋窝生长起来。这是新症状，表明这种恶疾绝非普通疾病。肿块生长到橘子般大小就会变黑。有时候肿胀处的皮肤还会溃破，释放出难闻的脓水和血。而家人只能眼睁睁地守着，是上前安慰剧痛中的患者，还是离远些以避免感染，他们不得不在两者之间痛苦徘徊。病人全身上下内出血，呕吐物、小便、粪便和两肺都带血，皮肤下出血时，皮肤上会出现黑色疖子和斑点，身体各处都经受着无穷无尽的痛楚。手指、脚趾、嘴唇还有鼻子都会变黑，出现肌肉坏死，即使患者幸免于难，也经常会失去这些身体的末梢组织并被永久毁容。所有的体液都臭不可闻，令人反胃。在感染后仅仅一个星期，在第一次症状出现后几天，患者就会陷入精神错乱和晕厥状态，旋即死亡。而此时，家中所有的同居者可能都已经染上了恶疾。他们也不大可能幸免于难。即使在今天，有了现代的医学水平和抗生素，死亡率也可能会达到10%，如果不进行治疗，则会高达80%。那些被称作腹股沟腺炎的黑色肿块，是由细菌聚集在淋巴系统所引起的，淋巴系统将液体带到全身。因此其学名便叫作腺鼠疫。

腺鼠疫无疑是很可怕的，但是情况还可能会更糟糕。一种不那么寻常，却更致命的类型是肺鼠疫，其特点是细菌侵害双肺，通常是患者吸入了感染的人或动物咳出的微小液滴所致。发烧、头疼、虚弱和恶心很快就会发展为呼吸困难、胸痛和咳血。只要不用抗生素治疗，这种很像肺炎的阶段便会持续2~4天，然后就是呼吸衰竭和无法避免的死亡。败血症型鼠疫的特点则是细菌进入血液循环，造成血液凝结、皮肤出血和组织坏死。它几乎总是致命的，有时甚至在症状显露的当天就会造成死亡。

引起鼠疫的鼠疫耶尔森菌生活在小型啮齿动物（如老鼠、松鼠、兔子、草原犬鼠和花栗鼠）中，现存于非洲、亚洲和美国的农村地区。鼠疫耶尔森菌有多种途径可以传播给人类——要么是被感染了细菌的跳蚤叮咬，要么是在处理患病动物时皮肤上刚好有创口，要么是吸入了患病动物或人类咳到空气中的微小液滴。

1346年，可怕的流言传到了欧洲，称东方正在经历一场鼠疫大流行。后来被称为黑死病的这场鼠疫一开始是从啮齿动物（可能是土拨鼠）传给生活在中亚草原的人类。1338 年生活在吉尔吉斯斯坦的聂斯托利派基督徒的墓碑上有关于鼠疫的记述。丝绸之路穿过中亚，连接中国与欧洲，商人在这条路上往来了数千年。蒙古人也长途跋涉跨越了他们庞大的新帝国。尽管人类被当地的啮齿动物感染可能已经有数千年之久，但哪怕一个家族的成员全部死亡，只要没有其他人经过漫长的旅程前来，这种疾病就更可能会留在当地。但是往来频繁的商队和蒙古骑兵却在东西方之间传播新的疾病。中国关于这一时期的记载十分简略，也没有得到充分的研究。中国在 1330 年到 1360 年间遭受了重大的人口损失，除了流行病的部分影响，还有饥荒、自然灾害、政治动荡和战争的影响，这是伴随着蒙古人主政的元朝垮台并被明王朝代替发生的。令人惊讶的是，直到几百年之后，鼠疫似乎并没有到达过印度，尽管北印度是由苏丹统治的，但他们却与波斯和中亚进行贸易。[20] 鼠疫有可能跨过了撒哈拉沙漠向南传播，在黑死病时期，加纳、布基纳法索和埃塞俄比亚都出现了突然的人口损失迹象。[21]

1347 年，船只将染疫的老鼠和人带到了地中海的港口，如墨西拿、比萨、热那亚和威尼斯的港口，引发了侵袭欧洲的最致命的一场流行病。鼠疫的一个入口是位于克里米亚的城市卡法，它坐落在黑海沿岸，由意大利商业城市热那亚占有。卡法城被一支克里米亚鞑靼人的军队围攻，这些人与蒙古人和土耳其人有关系，其头领是可汗贾尼贝格。基督教一方的军队被困在城市里将近三年，直到鞑靼人突然罹患恶疾。

从热那亚附近的皮亚琴察来的加布里埃尔·德穆西描述了疫情发生时的情形，他声称每天有数千人死亡。“一切医嘱和注意措施都毫无用处，只要疾病的症状一出现在他们身上，鞑靼人就死掉了：体液的凝聚引起腋窝和腹股沟肿胀，随之而来的便是一种会令患者呕吐的发热症状。”[22]

随着军队的迅速灭亡，可汗贾尼贝格被迫放弃围困。但他对热那亚人进行了临别一击：将尸体安置在投石机上，抛进城里。由于尸体数量极多，尽管热那亚人试图将其丢进大海，但空气和水还是被污染了："……恶臭逼人，数千人中几乎没人能够躲过鞑靼军队的尸体。感染的人将疾病传给其他人，似乎单靠眼神就能把病传给众人甚至多个地方。没有人知道，也没有人能够找到一种防治的办法。"

逃离卡法前往热那亚或威尼斯的船只也带去了鼠疫。

> 当水手们到达这些地方并与当地人混居起来，就好像他们带来了恶灵：每一座城市，每一个聚落，所有地方都被传染病毒害了，当地的居民，不分男女突然就死掉了。当一个人得上了这个病，在他倒下死掉之际，他又会毒害自己的整个家庭，所有那些准备埋葬他尸体的人，也以同样的方式死去。[23, 24]

这些城市整体的死亡率各有不同。在佛罗伦萨、威尼斯和巴黎，有一半的人口死亡，而米兰、波兰和巴斯克地区的死亡率则稍微低一些，这些地方并未遭受重创。死亡率如此之高，以至于尸体只能被合葬在大坑中，腐烂的尸体就躺在家里和大街上。医生、僧侣和牧师受到的影响尤其严重，因为他们更有可能接触到病人。从 1347 年起，鼠疫从地中海的港口席卷欧洲。它向北传到法国、德意志、英国和斯堪的纳维亚，然后向东，于 1353 年到达莫斯科。从黑海和君士坦丁堡而来的船只也在 1347 年将鼠疫带到了埃及的亚历山大港。不到两年它又扫荡了中东地区的城市，包括安条克、麦加、巴格达和耶路撒冷。

尽管黑死病导致的总死亡人数很不确定，但显然数字很高，高达 60% 的欧洲人口死掉了。[25] 一座城市经常是在第一个病例出现后的半年里，就会有超过一半的人口死亡。这是欧洲最严重的自然灾难。在意大利、西班牙、法国南部等人口稠密的地带，鼠疫可能持续了整整四年，人口损失竟然高达 80%。[26] 到 1430 年，欧洲的人口已经低于 1290 年的人口，接下来好几百年都未能恢复到原来的水平。鉴于鼠疫在1350年的时候又卷土重来，新的流行病每年都会在欧洲的一些地方发生，一连400多年皆是如此。举例来说，在1361年到1528年间瘟疫在威尼斯暴发了22次，然后又在1576年到1577年间害死了5万人——几乎是当时威尼斯总人口的1/3。

欧洲中世纪社会经此一疫，变得支离破碎。村庄、产业和田地被抛弃。幸存下来的农民发现社会对他们的劳动需求大涨，所以他们的工资、社会流动性、法律权益和生活标准都提高了。许多人搬到城里去。在笃信宗教的社会中，转向上帝成了幸免于疫的主要策略。上帝一定是着实太生气了，才采用极端手段，给人间送来了黑死病：人们把所有的钱都捐给了教会，停止了有罪的行为，当众鞭笞自己，还谋杀犹太人。但是这些都没什么用。基督教的信誉由此遭到了冲击。

鼠疫是致命流行病的标准案例。从6世纪查士丁尼鼠疫的第一次出现算起，经过了800年人们才找到第一种能有效控制它的措施。意大利政府和医生们率先采取措施，应对诱发鼠疫的各种情况：肮脏的物品、糟糕的住房、脏水和贫困。政府修建了医院来隔离鼠疫患者，安排了许多组织来清理街道和公共厕所，在城门和山口安排了守卫，以阻止鼠疫的传播，甚至还在欧洲、亚洲的部分地区和非洲的部分地区建立间谍网络来通报任何新的鼠疫暴发消息。亚平宁半岛由此在1650年成为第一个消灭了鼠疫的地方，给其他国家树立起了可效法的典范。[27]尽管当时鼠疫的成因始终是一个谜，而且治愈方法还没有被找到，但黑死病催生出了一项能够阻止它扩散的新系统，那就是检疫隔离。

显然鼠疫可以从染疫的病患处传播。由此，访问过病患的医生和牧师有着特别高的死亡率。许多城市通过隔离健康人和病人来阻止鼠疫的扩散。举例来说，在意大利城市雷焦，染上鼠疫的人被带出城，被带到田野中，只有在痊愈（不太可能的情况）之后，才被允许返回城里。[28]

这时，拉古萨（克罗地亚的美丽城市杜布罗夫尼克）作为一个大海港，与地中海周边的其他港口做贸易。这自然使得它面临着很大的引入鼠疫的风险。该城的首席医官帕多瓦人雅各布建议在城墙外面建设一个地方，把病人送到那里去。外面想要进入拉古萨但是又有染病嫌疑的人，也得待在那里。[29]不过这些措施还是不够，未能防止新的鼠疫暴发。其中一个问题就是，人们可能在出现任何明显症状之前，就已经染上了疾病且具有传染性。于是在1377年，城市大咨议会决定建设一个更强大的系统，设置一个30天的隔离期——被称为特伦蒂诺（trentino），这个词来自意大利语的30。新的法令宣布说：

1. 鼠疫流行地区的来访者需要隔离30天，然后才能获准进入拉古萨城。

2. 拉古萨城人一律不准前往隔离区。他们如果去了，就要在那里隔离30天。

3. 除了大咨议会派去照顾那些被检疫隔离者的人之外，任何人一律不可以访问被隔离者，不可以给他们带食物。对未获准的访问的惩罚同样是在隔离区隔离30天。

4. 破坏规定要处罚款和30天的隔离惩罚。

终于，一个能够防止鼠疫扩散的系统到位了。不久之后，类似的法律被引入马赛、威尼斯、比萨和热那亚。隔离期也延长到40天，名字也从特伦蒂诺变成了夸兰蒂诺（quarantino），它来自威尼斯方言中的“quaranta”一词，意思是“40”。由此就有了英文的“quarantine”这个词。[30]

不幸的是，当检疫隔离管制一放松，鼠疫还是会卷土重来：第二次鼠疫大流行（以黑死病为起点）的最后一场暴发就是这种情况。那是在1720年的法国地中海港口马赛港。[31]马赛是一个有着2 000年历史的大港，由希腊殖民者创立，与黎凡特地区有很多的贸易往来。黎凡特是地中海东部沿岸城市，包括了现在的黎巴嫩、叙利亚和以色列。本来1348年马赛就已经成为黑死病传到法国的入口。城市的统治者们充分意识到了这样一种风险，即船只会从更远的东方带来疾病，因此建立起了缜密的检疫隔离程序，以使风险最小化，同时维持着使城市发财致富的贸易活动。一艘新到的船上的船员和乘客首先要被检查是否有患病症候，船的航行日志被用来核对最近是否访问过任何其他有鼠疫的港口。看上去没有载有病患，但是去过高风险港口的船只，也有义务在主要港口之外的岛屿等候。船只一旦被怀疑存在感染，就会被打发到更孤远的岛屿待上60天，以确认是否有鼠疫出现。最后船员可以进入城市售卖货物和准备下一次的出海。

尽管有这些预防措施，1720年鼠疫还是传到了这个城市，再一次重演了常见的模式，即从一艘染疫的船开始扩散。这一次是“大圣安托万号”，它从黎巴嫩的西顿起航，先去了士麦那、的黎波里和鼠疫猖獗的塞浦路斯。有一个土耳其乘客在船上死掉之后，好几个船员也病倒了，其中包括船上的外科医生。这艘船在意大利的里窝那港没能入港，所以就开到了马赛。尽管城里的商人很着急想要拿到船上值钱的货物，给港口当局施加了压力，但港口当局还是将“大圣安托万号”安排到城外进行检疫隔离。

尽管该船还在检疫隔离中，但只过了几天时间疫病就在城里暴发了，这场瘟疫可能是通过从船上卸下的被跳蚤污染的布匹扩散的。[32] 为了将疫情暴发控制在当地，当局发布了命令，任何在马赛与普罗旺斯其他地方之间流动的人都将被处以死刑。今天还能看到当时为了阻断疫区交通而建立的2米高带岗哨的隔离墙：鼠疫墙。尽管该城已经为防治鼠疫建设了配有全职医师与护士的公共医院，可是病患数量太多了，这让医护人员难以应付。无论如何，能开展治疗的医师们常规偏好使用催吐剂、利尿剂和泻药，这类疗程的典型后果便是随之而来的脱水所引起的死亡。[33]鼠疫坑很快就填满了尸体，城市周边堆满了成千上万具尸体。马赛9万总人口中的5.5万人在接下来的两年中死去，附近的地区病亡数字也与之差不多。但鼠疫并没有进一步扩散，这表明检疫隔离系统能够控制疫情暴发。对于进港船只的检疫隔离和检查此后便得到了加强。

中国西南的云南省毗邻缅甸和越南。在18世纪晚期，数百万汉族人从中国的其他地方迁徙到云南，在该省资源丰富但是鼠疫猖獗的群山中挖矿。尽管云南已经有偶发的地方性鼠疫出现，但在19世纪50年代，住在染疫老鼠附近的人大幅增加，加上大量人口的迁移还有城镇的扩大，这些因素共同触发了一场新的流行病。当时清政府已经开始失去对农村的控制。太平天国运动为疫情的扩散创造了理想的条件。在这场运动中，一个名叫洪秀全的人自称耶稣基督的弟弟，他与清政府展开了一场战斗。有可能是鸦片商人将鼠疫带到了广州等沿海城市，1894年这儿有6万人在几个星期内死去，香港则在几个月之内死了10万人。1896年，印度鼠疫暴发。一如既往，它开始是出现在港口城市，然后传到整个地区的农业地带。在接下来的30年里印度共有1 200万人死亡。英国殖民统治者拼命用检疫隔离、隔离营地和旅行限制等办法控制流行病。在得到控制之前，鼠疫从东亚开始，一路抵达遥远的旧金山、澳大利亚、南美洲、俄国和埃及，传遍了整个世界。也正是这第三次鼠疫大流行使得科学家有机会运用新的微生物学手段研究鼠疫的成因。

亚历山大·耶尔森1863年出生于瑞士，后来入了法国国籍。他在巴黎跟随路易·巴斯德一起工作，帮助他研制狂犬病疫苗，同时还与德国微生物学家罗伯特·科赫共事。当时没有比这更好的细菌学教育了。巴斯德和科赫是发展和倡导细菌致病说——特定的微生物是感染的原因——的先驱者。巴斯德揭示了果酒和啤酒变成醋是因为微生物，并且提出微生物可能会造成疾病。科赫是一位德国医生，他在发现许多传染病特别是结核病与霍乱的致病原因方面起到了引领作用。后来人们用他的方法发现了许多其他疾病——包括伤寒、白喉、破伤风、麻风、淋病、梅毒、肺病以及脑膜炎——的病原体。科赫不仅发现了这些疾病的致病原因，而且提出一套法则，用于验证是否某种特定的微生物引起了某种特定的疾病：

1. 该微生物一定出现在该疾病的每个病例中，但是不出现在健康有机体中。

2. 该微生物一定能够从患有该病的寄主身上分离出来并且在纯培养环境中生长。

3. 通过向健康的易感有机体引入该微生物的纯培养物，必定能够复制该疾病。

4. 一定能够从实验感染寄主中重获该微生物且其显现出与原病原体同样的特点。[34]

1894 年耶尔森和日本细菌学家北里柴三郎被派往香港调查鼠疫。他们独立工作，但是都使用了科赫法则作为确认鼠疫病原的策略。北里柴三郎也是科赫的学生之一，曾在柏林与其共事，帮助科赫研究破伤风和白喉的抗毒素。在香港工作了仅几个月之后，北里柴三郎和耶尔森成功将细菌从鼠疫患者尸体的腹股沟脓血中提取出来，并在肉汤培养基中进行繁育。将其注入小鼠后，细菌迅速繁殖，导致小鼠死亡。1894 年 6 月北里柴三郎和耶尔森都宣布成功分离和培养了鼠疫细菌。尽管北里柴三郎首先完成，但他的培养体疑似遭到其他菌种的污染，而耶尔森的描述要更详细。因此，鼠疫病原体在 1970 年被以耶尔森的名字命名为鼠疫耶尔森菌。

至少 1 000 年来，人们一直怀疑鼠疫和老鼠之间的关联。耶尔森也确实注意到香港的街道上有很多的死老鼠并且怀疑它们也是死于鼠疫。保罗-路易 · 西蒙德是巴黎巴斯德学院的另一位资深研究人员。1897 年他被派往孟买继续耶尔森的工作。西蒙德发现鼠疫患者的腿上和脚上有很多小水疱，里面充满了鼠疫细菌。他怀疑这些水疱是患者被最近在染疫老鼠身上吸过血的跳蚤叮咬的结果，鼠疫就是这样从老鼠身上传到人类身上的。他还注意到在刚死的老鼠身上跳蚤特别密集。[35]

西蒙德设计了一场聪明的实验来验证自己的假设。首先，他从一位染疫病患的家中抓住了一只感染鼠疫的老鼠（勇敢地冒着自己可能会被跳蚤咬中并染疫的风险），他往老鼠身上放了一些从一只猫身上抓取的跳蚤，以确保这种寄生虫的数量。老鼠被放在一只大的玻璃瓶里。等到它进入遭受疫病折磨的最后阶段，西蒙德就挂上一只铁笼子，里面关着一只健康的老鼠，笼子被悬吊在铺沙的瓶底上方。这只笼中老鼠不能直接接触到病鼠以及瓶壁和沙子。生病的老鼠第二天就死了。西蒙德让老鼠尸体在瓶中保存了 24 个小时，以便跳蚤被迫离开这具鼠尸，寻找一个“新家”。尸检确认死老鼠身上满是鼠疫耶尔森菌。5 天后，笼中的第二只老鼠患病并死亡，死因也是鼠疫。西蒙德确认这种病一定是通过那些跳到笼中鼠身上的跳蚤，从一只老鼠身上传到另一只老鼠身上的。西蒙德自然十分激动，他写道：“1898 年 6 月 2 日这一天，一想到我发现了一个自从鼠疫现身世界之后就一直祸害人间的秘密，我感到一种无以言表的激动。”

西蒙德还正确地推断说，鼠疫不仅可以通过对染疫人类进行治疗加以预防，还可以通过对老鼠和寄生虫的消杀加以预防。[36] 现在我们认识到在人类鼠疫大暴发之前啮齿动物的数量会有一个突变。一旦老鼠开始大量死亡，失去了啮齿动物寄主的染疫跳蚤就会寻求其他血源，这种过程就像西蒙德实验所演示的那样。

鼠疫细菌的发现过程很不幸，其悲剧之处就在于花的时间太长。能够看见细菌大小的物体的显微镜自从 17 世纪就已经现世了，而疾病是由细菌传播这种想法甚至更早就已经存在了。举例来说，瑞士医生费利克斯·普拉特（Felix Platter）就在其 1597 年和 1625 年发表的文章中认真地主张，鼠疫和梅毒是由接触感染扩散开的，病菌感染是疾病发生的一个基本条件。[37]然而即便实验工具都已经有了，这种想法在200多年里却并没有得到实验工作的适当验证。

为什么鼠疫耶尔森菌感染破坏性这么大，它是怎么躲避和暗中破坏免疫系统的，它的演化过程是怎样发生的，现在我们对这些问题已经有了很多的了解了。[38]基因序列分析是一种绝佳的工具，尤其是在分析类似鼠疫耶尔森菌这样的细菌时，它可以被用于比较不同的有机体的菌株及其演化。一般而言，细菌的每个基因都有一个复制基因。当细菌繁殖的时候，它们直接一分为二，每一个都含有与母体一样的DNA。在适宜的条件下，细菌也可以在1小时以内繁殖，每年的繁殖数量极大。它的DNA每次复制的时候，基因序列中就会有一定机会出现变化，这种变化将会传递到所有该细胞的后代身上。由此我们可以追溯细菌菌株的扩散情况，因为每个菌株有着独特的基因序列。这就使得DNA序列比较在理解鼠疫的起源和扩散方面极其有用。如果我们足够幸运，能够找到保存很好的样本，我们还可以对古代DNA进行测序分析，直接分析杀死了成千上万人的细菌。

1349年在黑死病肆虐的巅峰时段，伦敦每天死亡200人，多得教堂墓地都埋不下。城市外面的坟地，如坐落在泰晤士河边、伦敦塔东首的东史密斯菲尔德便成为替代选择。伦敦博物馆的考古学家在20世纪80年代发掘了这个遗址。他们发现了558座坟，大部分坟主年龄在5岁到35岁之间，这表明鼠疫很不寻常，与大多数疾病不同，它能害死健康的年轻人而不仅仅是害死老人或者婴儿。根据基督教习俗，尸体被自东向西摆放，大多数被堆成五层，埋入集体坟墓，上面覆盖着木炭，以吸收从尸体中渗出的腐臭液体。

2011年，研究者对从东史密斯菲尔德遗址的46份牙齿和53份骨头中提取的古代DNA进行了分析，在其中的5份牙齿样本中发现了鼠疫耶尔森菌的DNA。研究者将这些发现与17份现代鼠疫耶尔森菌菌株的 DNA 序列进行了对比。这些现代样本中有一份是存活在田鼠身上的，还有生活在土壤中的该细菌的近亲假结核耶尔森菌（*Y. pseudotuberculosis*）。东史密斯菲尔德的菌株展现出与所有这些与鼠疫有关的现代菌株的密切关联性，这表明黑死病的菌株是所有当今鼠疫耶尔森菌致病菌株的祖先。所以黑死病根本没有真的远离我们（尽管可能已经变异了）。这就提出了一个问题，与今天相比，为什么它在过去那么致命呢？鼠疫的暴发并不仅仅是因为一种病原体发生了某种变异从而变得特别致命，还需要其他的条件，比如没有发展出抵抗力的合适的人类寄主、气候、动物数量、疫病扩散的便利性、与老鼠和跳蚤共居、社会条件以及与其他疾病的相互作用。就在黑死病之前，欧洲还存在与食物供应相关联的人口过剩的情况，加上频繁的饥荒，导致人口营养不良，无法抵御新的疾病（正如我们在锡耶纳所见，在第 11 章中我们还要对此展开讨论）。[39]

2013 年，德国一个墓地出土了 1 500 年前鼠疫患者的两颗牙齿，相关的 DNA 研究也发现了鼠疫耶尔森菌的踪迹，这证明了两件事：查士丁尼鼠疫的确是腺鼠疫，它向北扩散，越过了拜占庭帝国的边境。尽管古代历史学家在记载中早已对鼠疫耶尔森菌的作用持怀疑态度，但其他人猜测它可能是完全不同类型的疾病，可能是流感或者炭疽。专家们将两种新的 DNA 序列与来自黑死病大流行中的 131 份鼠疫耶尔森菌菌株的序列数据库进行了比对。两种查士丁尼鼠疫菌株样本相互有着紧密联系，但与黑死病菌株差异较大。据我们所知，查士丁尼鼠疫菌株现在已在人类中灭绝了。因此查士丁尼鼠疫和黑死病起源于两起独立的细菌由啮齿动物传给人类的事件。这就有助于解释为什么鼠疫的症状每次都有轻微的不同。鼠疫耶尔森菌也有可能生活在不同的鼠类物种之中。

查士丁尼鼠疫菌株的近亲现在寄生在中亚的吉尔吉斯斯坦山脉中的土拨鼠身上。[40, 41] 古代的丝绸之路连接着中国与西方，穿过吉尔吉斯斯坦。在 1 500 年前，查士丁尼鼠疫菌株从啮齿动物身上跳到人群之中，然后沿着丝绸之路穿行，也许是通过阿提拉王和他的匈人，才最终在拜占庭帝国的人口中引发了灾难性的瘟疫大暴发。[42]

今人用现代 DNA 测序方法对古代生物样本进行的分析表明，人类在查士丁尼鼠疫之前的数千年里就已经遭遇了鼠疫的侵袭。6 000 年前，拥有多达 2 万名居民的人口稠密的市镇出现在乌克兰、摩尔多瓦和罗马尼亚，被称为特里波耶文化——以今天当地一个城镇的名字命名。这些是欧洲当时最大的聚落，是新的陶艺技术、畜力耕作、轮子和铜基冶炼术支撑了它们。人们种植小麦、大麦、小扁豆，饲养牛、绵羊、猪和山羊。贸易网络将数千英里外的人口联系起来，尽管我们尚不清楚在这么大的区域中人们使用什么语言。

建造通过商人联系起来的大型市镇为大灾难铺设了舞台，尽管那些人并不知道这一点。特里波耶文化在 5 400 年前崩溃了。市镇被抛弃，被烧成赤地，人口骤减，在接下来的 1 500 年里一直保持较小规模。关于新石器时代这场大衰败的诱因的猜想，主要集中在环境破坏、森林砍伐、气候变化、地力耗竭或者入侵者的进攻几个方面。[43] 但最近的古代 DNA 研究却提出，在新石器时代文化的崩溃过程中，鼠疫也是诱因之一。

在 5 000 年前瑞典弗拉尔瑟嘎登（Frälsegården）的新石器时代聚落的一处合葬墓地中，人们发现了 78 个被埋葬的人的尸骨。考虑到瑞典当时人口总数较低，这里被埋起来的人可真不少。骸骨上没有伤痕表明他们是被流行病而不是大屠杀害死的。于是在 2019 年，研究者们对在弗拉尔瑟嘎登墓葬中发现的牙齿所携带的 DNA 进行了测序，以寻找可能的病原体。测序工作在两个 20 岁年轻人——一男一女——的样本中发现了鼠疫耶尔森菌的古代菌株，将其命名为 Gok2。对 Gok2 菌株的测序分析揭示出它在青铜时代是独一无二的。[44] 好几种其他的鼠疫耶尔森菌菌株也出现了，并且紧随 Gok2 之后扩散到西伯利亚、爱沙尼亚、波兰和亚美尼亚，[45]这与新石器时代欧洲人口的衰减是同时发生的。在发明这项能够分析古代 DNA 的技术之前，我们在很大程度上要依赖于书面材料所描述的症状来将鼠疫作为病因加以确认，所以查士丁尼鼠疫先前被认为是第一场鼠疫大流行病。现在古代 DNA 测序可以探测没有留下任何文字的文化的人类遗体上是否有鼠疫的踪迹。看起来，特里波耶文化只不过是毁灭性的鼠疫大流行的又一个受害者。

图 8 展示了过去 6 000 年里鼠疫耶尔森菌菌株的家族谱系。青铜时代菌株尤其是 Gok2 引起了新石器时代的文化衰败。而它们在 3 000 年前就已经灭绝。在它们的下面，我们看到现代鼠疫的谱系出现在数千年之前，而在今天依然存在。查士丁尼鼠疫是由两个叫作 DA101 和 A120 的菌株——现在也灭绝了——引起的。最底下的一支，从查士丁尼鼠疫的菌株中分化出来，包括了所有的现代鼠疫耶尔森菌菌株，黑死病菌株就在其中。

DNA 测序技术引发了考古学领域的革命。之前考古学者需要使用像陶器这样的物品来确认古代的人类，现在我们可以通过直接分析他们的 DNA 序列来追溯人口流动、年龄和亲缘关系。[46]将这些从人类和鼠疫耶尔森菌中所得到的关于古代的 DNA 发现与考古学相结合，便可揭

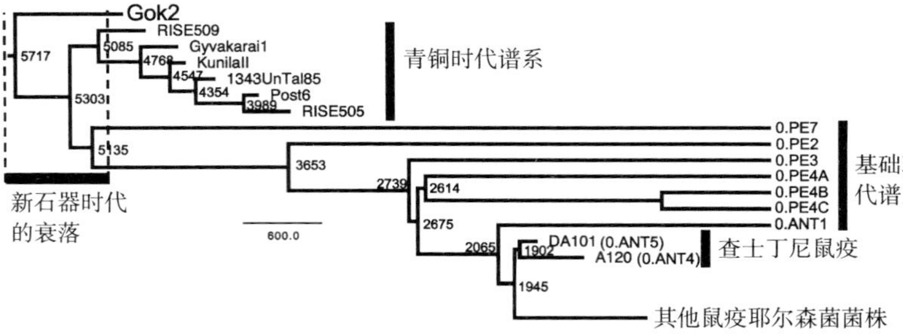


图 8　古代鼠疫耶尔森菌菌株（图中数字表示的是距今年数）[47]

示出新石器时代文化的崩溃可能是如何发生的。[48] 特里波耶超大聚落有着很高的人口密度并与动物有着密切的联系。人口过密和地力耗竭引起一场以营养不良和饥荒为特征的危机，削弱了人类抵抗疫病的能力。正当此时，新的鼠疫菌株引发的第一起病例出现了，一只在聚落中染了病的老鼠身上吸过血的跳蚤跳到了人类的身上。这并不是第一次有人从啮齿动物身上感染上鼠疫。然而，现在它能够在几个星期中感染数万人，因为他们住得很近。惊恐的人们沿着熟悉的商道逃离聚落，于是将疫病扩散到整个欧洲和亚洲。这种超大聚落一般只能够维持 150 年左右，然后就会被抛弃、焚烧并且由于我们所未知的原因又得到重建。也许这些就是想要阻止鼠疫的极端措施。这种大规模的人口减少为后来从东部草原而来的移民铺平了道路，这些人说的原始印欧语言正是几乎所有欧洲语言的祖先。一旦鼠疫将新石器时代的文化摧毁，它就从人类中灭绝了。因此后来的鼠疫大流行就从新一轮来自啮齿动物的传染开始。

作为一种啮齿动物及其寄生虫的自然感染，鼠疫今天依然存在于世界的许多地方。美国每年都要出现一些人类病例，这是因为他们与染病的野生啮齿动物或它们身上的跳蚤发生了接触，偶尔是因为他们与其他染疫的野生动物，如短尾猫、郊狼和兔子，或者染疫的家畜（猫和狗）发生了接触。尽管大部分都是个案，但如果老鼠与人类共同居住并且它们身上的跳蚤染上了细菌，鼠疫流行病依然可能发生。在非洲、亚洲和南美洲，农业区的人们会从啮齿动物那里染上细菌，如果他们搬去城市地区，特别是当社会秩序由于战争而崩溃、卫生系统失灵以及人口大规模流动时，瘟疫大流行还是有可能出现的。鼠疫通过抗生素可以被治愈。但是鼠疫耶尔森菌的一些菌株现在显现出对抗生素的抗药性。偶尔有一种细菌会发生基因突变，让它能够不被某种抗生素杀死——也许它有一种可以攻破药物化学结构的酶或者有一种能够将药物泵出细胞的转运蛋白。当这种情况发生时，所有其他的细菌都将被抗生素杀死，变异的幸存者就会进行复制，创造出新的菌群，使得抗生素失灵。这就是自然选择在起作用，每一种抗生素最终都要失去有效性。至少有三次，新的致命菌株已从啮齿动物那里跳到人类身上，这一事实提示我们这种情况会轻而易举地再次发生。该病不太可能被彻底消灭，因为除了澳大利亚和南极洲，它几乎存在于每个大陆，而且存在于不同种类的啮齿动物寄主体内。

鼠疫疫苗是有的，但是一般只给那些感染风险特别高的人使用，这些人中大部分显然是保健工作者或活体鼠疫耶尔森菌的研究者。研制鼠疫疫苗有两种策略。第一种，用死细胞制成的疫苗是通过加热或化学处理从而使鼠疫耶尔森菌菌株失去活性生产出来的。这些疫苗安全而且提供针对腺鼠疫的免疫保护，但是对肺鼠疫动物模型却无效。第二种，新的非致命的鼠疫耶尔森菌菌株可以通过长期的菌群培养开发出来，然后被用作疫苗。这种疫苗针对腺鼠疫和肺鼠疫都能够起到很好的防护作用，但是它们总是带有风险，即引入活的细菌会使得新的菌群在人类身上复制。尽管到目前人类中尚未出现相关的致命风险，但是在接种了活体疫苗的实验室动物和非人类的灵长类中已经出现了许多死亡案例。我们还是需要更好的鼠疫疫苗。[49]这一领域的研究并不容易，因为故意用鼠疫菌株感染人类并不太符合伦理——因此，我们缺少用于测试潜在治疗方案的测试对象。

时至今日，鼠疫已经不是一个主要的致死原因。全世界从 2010 年到 2015 年只记载了 3 248 个鼠疫病例，其中有 584 例死亡，而刚果民主共和国、马达加斯加和秘鲁是风险最高的国家。但是只要最致命的传染病还在戕害人类，我们就不能满足于当下。鉴于鼠疫耶尔森菌生活在全球许多不同种类的啮齿动物中，这种细菌不太可能灭绝。人类总是会被跳蚤叮咬。细菌演化迅速，新的致命菌株可能会出现。我们知道鼠疫耶尔森菌可以通过实验室中的基因操作被转变为新型的菌株，并带有抗生素耐药性，[50]而且抗生素的耐药性实际也已经在野外出现了。[51]一种被故意研制出来用于抵抗抗生素的新的菌株，很有投入生化战争的潜力，它会将人类送回类似 1346 年的卡法之围的恐怖情境中。

尽管有了现代医学惊人的力量，但我们仍然处在大流行病的威胁之中。新型的致命菌株和毒株可以很容易就演化出对抗生素和其他疗法的耐受力。通过空气传播，它们可能会扩散到整个地球，并且其致死速度远远快于我们设计和实施任何治疗方案或研制疫苗的速度。2020 年的新冠大流行只是这一无法避免的后果的最新案例而已。毕竟，从细菌和病毒的视角来看，79 亿人只不过是广大的潜在食物来源而已。

## 第 5 章

# 挤奶女工的手

天花是通过咳嗽和打喷嚏传播的感染性较高并且常常会致命的一种传染病。共用被污染的衣物或铺盖也能导致感染。正如查尔斯·狄更斯在长篇小说《荒凉山庄》(*Bleak House*)中所写，可怜的埃丝特·萨默森发现，她因为一次善举，就染上了这种病。得病的人中有 30% 病亡了。而幸存者一旦从大面积的水疱中痊愈之后，身上也总是会留下久久不褪的瘢痕。嘴唇、耳朵和鼻子也无法幸免。作为角膜瘢痕的结果，失明也是常有的事，天花迄今仍无药可医，尽管每个人一辈子可能只会得一次。

天花是由天花病毒引起的，该病毒最有可能是从一种非洲的啮齿动物病毒演化而来，并在 1 万年前传给了人类，当时农业在非洲东北部开始起步。[1, 2] 与天花瘢痕相似的瘢痕出现在古埃及第十八王朝至第二十王朝时期的木乃伊的脸上，包括拉美西斯五世法老的头上。[3] 公元前 1122 年中国历史记载了看起来像是天花的病例，在大约相同时期，印度的古代梵文文献中也有提到类似的情况。

天花在 1 500 年前抵达了欧洲，尽管一开始它只是许多儿童疾病之一。在 17 世纪早期，出于不知名的原因，它也开始变成成人中的流行病。[4] 在 18 世纪的欧洲，每年有 40 万人死于天花，而且 1/3 的幸存者变成了盲人。[5] 致死率在成人中在 20% 到 60% 间变化，而婴幼儿的情况更惨，在伦敦的婴幼儿中高达 80%，而在 19 世纪晚期柏林的婴幼儿中则达到惊人的 98%。[6] 财富和权力也无法保护病患：法国的路易十五、英国的玛丽二世、俄国的彼得二世、中国的顺治皇帝和奥地利的玛丽亚·特蕾西亚都是死于天花。约瑟夫·斯大林 7 岁的时候得了天花。当统治整个苏联的时候，他让人修改照片以隐藏他的瘢痕。英国女王伊丽莎白一世在 29 岁的时候得了天花，与斯大林相似，自此之后，她就化上了浓妆，戴假发，并且讨好画师以隐藏自己的瘢痕和脱发。

防止天花的一种古代方法是人痘接种术，即将天花病毒故意传给无免疫的个体。具体做法是用一把刀将从一颗成熟的疙瘩中获取的新鲜物质传递到接种者的胳膊或腿上，使之获得免疫。人痘接种术似乎在欧洲、非洲、印度和中国各自独立发展过好几次。[7] 在 1670 年，来自伊朗以北高加索山脉以西的切尔卡西亚的商人将人痘接种术介绍给了奥斯曼帝国。切尔卡西亚人的家庭常常热衷于让女儿在伊斯坦布尔的苏丹后宫里得到一个位置，以此过上慵懒奢华的生活，这个女儿还有可能成为下一任苏丹的母亲，所以他们实行人痘接种术以避免天花留疤。这番操作使得高加索妇女以美艳闻名于世。

玛丽·沃特利·蒙塔古夫人是 1717 年英国驻奥斯曼帝国大使的妻子。在观察到人痘接种术之后，她让她的幼子们成功地用同样方法得到治疗。蒙塔古夫人回到英国后，将这一程序在 6 个死囚犯人身上进行了实验。故意染上天花之后，幸运的囚犯们都安然无恙并获得了自由。人痘接种术于是在英国和少数几个欧洲国家（如俄国）广为流传。俄国的叶卡捷琳娜大帝同她的儿子沙皇保罗一世都由一位英国医生在 18 世纪晚期进行了接种。法国国王路易十五在 1776 年 5 月死于天花。一个月之后，他的继承人和曾孙路易十六就接种了疫苗。

尽管人痘接种术很成功，但人们仍然需要一种更好的替代疗法，因为它有两大缺点。第一，植入活的天花病毒是一种有风险的操作：活疫苗的受种者中有 2% 的死亡率，而且其他的疾病可能会通过血液传播。第二，尽管接种了的个体要好多了，但人口中其他人却并非如此，因为他们会从这些新的携带者身上染上天花。更好的主意是安排一场温和的疾病，这样就会带来一种针对不同的且更致命的重症的防护力。

在 18 世纪的英格兰，挤奶女工以美丽和性感而出名，[8] 经常被用作艺术家的模特，因为她们的工作似乎让她们对天花及其遗留的瘢痕免疫了。举一个例子，请欣赏托马斯·庚斯博罗的《风景与挤奶女工》（*Landscape with Milkmaid*）。1796 年一位名叫萨拉·内尔姆斯的挤奶女工来找格洛斯特郡的乡村医生爱德华·詹纳，她的右手上起了皮疹。萨拉告诉詹纳，她的一只叫作荣荣的格洛斯特奶牛最近感染了牛痘。詹纳知道挤奶女工们在工作中接触感染牛痘的奶牛乳房后，手上经常会长水疱。萨拉的手接触到牛乳房的部位长的小疱最多。[9] 人们普遍认为，挤奶女工因为接触牛痘，所以从来不会得天花，但是詹纳决心直接来检验一下这一传言。他从萨拉手上的水疱中抽取了一些液体，将其注入了他园丁的儿子、8 岁的詹姆斯·菲普斯的身体，使菲普斯获得一种温和的牛痘病毒。菲普斯后来多次被故意注射了天花活疫苗。幸运的是，他安然无恙。

詹纳在取得这一有希望的结果之后，继续在 100 多个其他的孩子和自己身上进行了实验，也获得了彻底的成功。1798 年，詹纳在一本名叫《一项对牛痘病毒的原因与效果的探索》（*An Inquiry into the Causes and Effects of Variolae Vaccinae*）[10] 的书中发表了他的发现，并将他的操作依照拉丁文奶牛的名字“*vacca*”取名为“疫苗接种”（vaccination）。收集、运输大量的牛痘液并使其保持活性的工作十分棘手，所以他研究出了用来保护干燥物料的方法，使物料可以被运送给国内外的医生。英国政府奖励了詹纳一大笔钱——给了他 3 万英镑（等于今天的 400 万英镑）。甚至拿破仑，一般而言他远非英国人的热情“粉丝”，也给詹纳送去了敬意与礼品。

詹纳并非第一个尝试疫苗接种的人，在1796年詹纳第一次实验之前，至少有6个人已经使用牛痘来防治天花，然而没有一个产生很大影响。第一个人可能是英格兰西南部多塞特郡的一个农民，名叫本杰明·杰斯蒂，[11]杰斯蒂知道有两个挤奶女工照顾过患有天花的亲戚，但是二人都没有得病。为了保护他的家人，他展示出非凡的自信，使用编织用的针和从邻居染有牛痘的奶牛那里搞来的接种材料，给自己的妻子和儿子们进行了接种。他并没有给自己接种，因为他知道自己已经得过天花了。这次接种之后，男孩的胳膊上出现了疙瘩，而杰斯蒂太太的胳膊也出现了发炎症状，使她生了一场病。然而他们都康复了，尽管他们数十年后又暴露在病毒环境中，但他们都再也没有得过天花。杰斯蒂的做法在多塞特郡并不受欢迎，他遭到了奚落、嘲弄和侮辱。可以理解的是，他并不愿意凭借自己的想法而出大名。但是在1805年，听说詹纳的工作以及他得到了何等的回报之后，斯沃尼奇的校长安德鲁·贝尔写信给伦敦的原始牛痘研究所，告诉他们杰斯蒂才是首位疫苗接种者。这封信促使杰斯蒂在1805年前往该研究所，他到那儿之后，研究所请人给他画了肖像以示尊重。[12]

由于有其职业的训练和作为医生的信誉加持，詹纳比杰斯蒂受到更加认真的对待。更重要的是，他被广泛翻译的著作、数量众多的书信和分发疫苗的努力使得他成为第一个推广大范围疫苗接种的人。在科学领域，成果发表是至关重要的——如果无人听闻，那么这些发现就毫无用处。詹纳在格洛斯特郡的可爱的住所现在成了一座博物馆，[13]花园里当年他给当地孩子接种疫苗的棚子一如往昔。

疫苗接种在西班牙得到快速的采用，成千上万的人在1801年年底前完成了接种。在中美洲和南美洲广大的领地上，西班牙人也急切地采用了疫苗接种，在这些地方，一半的感染人口会死亡，而且检疫隔离措施并未被强制推行。不幸的是，在热带气候中的长时间运输导致疫苗质量下降，所以需要一种使牛痘能横越大西洋的新方法。他们采取的解决方案是将疫苗放在人体中，特别是3~9岁的孤儿体内运输过去。每9~10天，就用从牛痘中提取的物质将疫苗输入一对之前未曾感染的男孩身上。这样的传播链条确保了疫苗的活性和长达2个月的运输的可行性。远征队在1804年抵达了委内瑞拉加拉加斯，为此进行了疯狂的庆祝。招募的新人接种了疫苗，然后团队分头行动，使疫苗可以被带到墨西哥、秘鲁、智利和古巴。在对墨西哥的10万人——其中大多数是儿童——实施了免疫接种之后，弗朗西斯科·哈维尔·德·巴尔米斯医生使用26个墨西哥男孩作为疫苗载体，带着一支使团穿过太平洋抵达菲律宾。在中国，巴尔米斯将疫苗带到了澳门。1805年，在英国水兵和西班牙水兵在特拉法尔加海战中互相杀戮的同一天，巴尔米斯与英国东印度公司合作在中国建立了一个疫苗接种中心来拯救生命，后来他回到西班牙，得到了奖励和荣誉。总而言之，在詹纳发现疫苗接种法之后的10年中，在像巴尔米斯这样义无反顾的人的努力下，还有政府和社会的支持以及数十位年轻的疫苗传递人的帮助下，天花疫苗传遍了世界。[14, 15]

1807年巴伐利亚第一个实行强制性疫苗接种。1840年，英国实行了强制性牛痘疫苗接种，而天花人痘接种成为非法行为。尽管如此，进入20世纪还是出现了少数的病例，这是牛痘疫苗接种操作不规范造成的，或者是因为染疫的船只上的乘客将天花重新带回到英国的港口。疫苗接种项目属于各国的责任，所以实施起来可能很不规律，甚至根本就没被实行，这样病毒就会继续肆虐。全世界需要一个协调的方案以应对这种疾病。1959年，世界卫生组织启动了一个要在全世界消灭天花的计划。一开始这场奋战缺少资金、人手、承诺和疫苗。1966年天花仍然很常见，造成南美洲、非洲和亚洲疫情反复暴发。

世界卫生组织的强化根治项目（Intensified Eradication Program）在1967年开始，采用了数量多得多、质量也更高的冻干疫苗，引入了新型的注射针以及探测和调查病例的监视系统，并发起大规模的疫苗注射运动。截至此时，天花已经于 1952 年在北美洲、1953 年在欧洲被消灭了，剩下南美洲、亚洲和非洲（天花在大洋洲一直不多见）。到1971年，天花从南美洲消失，之后是亚洲（1975 年），最后是非洲（1977 年）。孟加拉国的 3 岁小女孩拉英玛·巴努是亚洲最后一个得活性天花的人，时间是 1975 年。她的病例是由一个 8 岁的小姑娘报告的。拉英玛被隔离安置，她的住所外设置了 24 小时岗哨，直到她不再有传染性。在她居住的岛屿上，离她家 1.5 英里半径之内的每个人都立刻接种了疫苗。5 英里之内的每个家庭、学校以及其他聚集区域的人和治疗师都有天花根治项目的团队成员面访，为的是排除更多病例。结果什么都没发现，最后拉英玛也完全康复了。

阿里·马奥·马阿林是索马里马尔卡的医院厨师和保健工人，他是最后一个自然感染天花的人。他是在 1977 年陪同两位病人从医院到当地天花防治办公室的一段 10 分钟的行程中得上的。索马里当时是一个疾病防治工作做起来异常困难的地方，因为它的大部分人口过着游牧生活。相关部门采用了强劲措施以控制马尔卡潜在的疫情暴发：马阿林接触过的 161 个人被识别出来，其中有 41 个人没有接种疫苗。所有人都接种上疫苗，连带他们的家人，并且接受了持续 6 周的监测。马尔卡医院对新病人关闭，它的员工全员接种了疫苗，而且现有的病人都在院留观。马阿林所居住的城区的居民也都接种了疫苗，检疫人员对全城进行了搜索，以寻找其他的病例。警察禁止任何人离城，新进城的人只要最近没有接种疫苗，现在都要接种。在马阿林确诊后的两个星期里一共有 54 777 人接种了疫苗。最后一个死亡的人是一个名叫哈比巴·努尔·阿里的 6 岁女孩，她是马阿林所接触的家族群体中的一员。防控努力起作用了，在 1978 年的 4 月 17 日，世界卫生组织终于得以宣布："搜查完成，没有发现病例。阿里·马奥·马阿林是已知世界上最后一个天花病患。"两年后，大约是詹纳之后 200 年，世界卫生组织宣布全世界已经清除了天花，这也许算是国际公共卫生领域最伟大的成就。

2018 年，美国食品药品监督管理局批准了第一种治疗人类天花的药物，名为 TPOXX。[16] 但是，既然天花现在已经消失了，为什么一个医药公司要费劲为它研发一种治疗药物呢？原因在于，令人恐怖的是，天花很可能会回来。首先，因为该病毒的 DNA 序列处在公共区域，所以使用现代的化学技术合成和大规模制造这种病毒是可能的——就像惊悚文学中的常见题材那样。甚至还有可能通过基因工程将它变得更加致命。其次，这种病毒依然存在。我们知道它被存放在位于佐治亚州亚特兰大的美国疾病控制和预防中心，以及位于新西伯利亚附近的俄罗斯国家病毒学和生物技术研究中心。也许还存在其他的秘密储藏地。病毒有可能意外感染一位中心的工作人员（就像在 1978 年英国的伯明翰，一位实验室工作人员在不小心接触病毒后死亡），或者被故意释放出来。最后一点，在北极的冻尸中可能还会存在完好无损的病毒。与最近化冻的尸体的密切接触可能会引起再感染。所有这些都表明对于一种曾经杀死过千百万人口的恶疾，我们绝不能完全放松警惕，误以为高枕无忧。

对一种需要获批的药物而言，通常需要证明它与使用安慰剂的对照组相比对于感染的人类是有效的。既然 40 年来没有人类感染天花而且故意使任何人感染来检验药物是否起效是不可能符合道德的（至少可以这么说），这种药物便从未在人类身上测试过。因此美国食品药品监督管理局采取了很罕见的步骤，当 TPOXX 只是在感染了有关的猴痘和兔痘的猴子和兔子身上显现有效时，就批准了此药物。

天花防治的经过极其重要，原因有以下几个方面。最明显的是，一种在 20 世纪里害死 4 亿人的可怕疾病现在灭绝了。世界卫生组织强化根治项目的成功表明，整个世界如果合作起来，是有可能消灭一种致命疾病的。不过，人类只在天花这一种疾病上实现了这样的成就，尽管在小儿麻痹症方面也很接近了——现在它只在阿富汗和巴基斯坦有出现。[17]

最终，它证明了疫苗接种策略的重要价值，即让某人接触一种温和形式的疾病或者传染性微生物、病毒的某些部分，会刺激抗体的产生，从而使人体做好抵御未来感染的准备。一旦一种疫苗被研制出来，大规模生产和管理这种疫苗就会变得既便宜、方便，又十分高效。

尽管有了杰斯蒂和詹纳的出色工作，但这种成就在超过 55 年的时间里一直是绝无仅有的特例。通过得一场病来防止得上另一场病，这样的想法看起来并没有被推广到治疗牛痘和天花之外的疾病。直到 19 世纪 70 年代法国微生物学家路易·巴斯德进一步研发了使用灭活或减毒的病原体的技术来防范炭疽和狂犬病。到目前为止，最伟大的疫苗发明者是美国微生物学家莫里斯·希勒曼。他的团队研发了超过 40 种疫苗，大部分是在他们为美国制药公司默克（默沙东公司）服务的时候研制出来的，其中包括 8 种最为重要的疫苗，迄今仍然被用于对付麻疹、流行性腮腺炎、甲型肝炎、乙型肝炎、水痘、脑膜炎、肺炎和流感嗜血杆菌。他的策略一般是在培养细胞中培育一种病毒，直至它变异产生一种减毒的、不危险的但仍然能够产生免疫反应的版本。希勒曼的疫苗目前每年能拯救超过 800 万人。总的说来，他是 20 世纪拯救人类生命最多的人。

表 12 展示了一些数据，将美国的 10 种疾病在引入疫苗接种法之前和之后的死亡率加以比较，用数据说明了疫苗是多么有效。疫苗带来的巨大利益十分明显。不过，有些人不断地反对疫苗接种，有时候甚至发表伪造的科学论文以寻求财务收益，[18] 而危言耸听的新闻媒体则煽动教唆，为虎作伥。[19]

疫苗理念究竟能得到怎样的普遍应用？我们是否能发明预防任何疾病的疫苗呢？我们已经发现了数十种高效的疫苗，而且会持续发现更多，比如 2019 年的埃博拉疫苗 [21] 和 2020 年的新冠疫苗。这种技术已经成熟，毕竟许多今天使用的疫苗都已经问世数十年了。

表 12　2017 年美国疫苗接种前后因传染病死亡的人数对比[20]

| 疾病 | 20 世纪疫苗接种前的年度死亡人数 / 人 | 2017 年的年度死亡人数 / 人 | 百分比的下降 |
|---|---|---|---|
| 白喉 | 21 053 | 0 | 100% |
| 流感嗜血杆菌 | 20 000 | 22 | >99% |
| 天花 | 29 005 | 0 | 100% |
| 先天性风疹综合征 | 152 | 2 | 99% |
| 麻疹 | 530 217 | 122 | >99% |
| 流行性腮腺炎 | 162 344 | 5 629 | 97% |
| 百日咳 | 200 752 | 15 808 | 92% |
| 小儿麻痹症 | 16 316 | 0 | 100% |
| 破伤风 | 580 | 31 | 95% |
| 风疹 | 47 745 | 9 | >99% |

然而不幸的是，有些疾病特别难通过接种疫苗来防治。有时免疫效应持续时间不长，而我们要寻找的是一种效果能够持续一生或长达几十年的疫苗。有些病原体变异速度非常快，快到新的菌株或毒株已经不能被疫苗激发的抗体识别。细菌和病毒会在几个小时内复制，每年产生成千上万的世代，并在这样的过程中发生基因突变。使用 RNA（核糖核酸）而不是 DNA 作为遗传物质（如艾滋病病毒）的病毒，更加容易发生变异。因此，抗体所识别的一些有机体成分会发生变化，这是一些纯粹随机的变化，这使得它们可以逃避免疫系统。

流感病毒是一种造成超大流行病的头号备选病原体，它造成的破坏可以让新冠病毒的冲击相形见绌。每年它都在变异，改变表面的蛋白，使抗体不能黏合，以此逃避疫苗防治。1918 年春天和 1919 年年初之间发生了历史上传播范围最广的一场大疫。在这段短短的时间里竟有惊人的 5 000 万人死亡，还有数亿人染病。感染分为三轮横扫全球。最早的病例可能是 1918 年年初在堪萨斯的哈斯克尔县出现的。这次流感大流行以西班牙流感之名闻名于世，尽管美国流感或者堪萨斯流感可能是更加准确的名字。一个月之后，它抵达了西欧，是美军带过来的，这些美军被大量送往欧洲战场。到了 6 月它以惊人的速度扩散到了中国、澳大利亚、印度和东南亚。同样在 6 月，50 万德国士兵染上了这种新型流感菌株，使得德国在西线的继续推进变得毫无可能。由于多年营养不均衡的膳食习惯，他们的抵抗力要比相对来说吃得更好的协约国部队低一些，175 000 名德国公民在战争的最后几个月里因此死于西班牙流感。8 月，一轮新的疫情出现在法国，它迅速抵达了遥远的阿拉斯加、西伯利亚和太平洋岛屿。这一菌株的特别凶险之处在于它对年轻的成年人（如士兵）的侵袭尤其严重。一般来说，流行病对婴幼儿和老年人侵害最甚。而西班牙流感正相反，也许是因为老一辈人从上一次的流感暴发中获得了某种抵抗力。[22] 战争让这场流感变得更加严重，便利了它经过海路，以及通过感染在军营、集会和演讲会中聚集起来的人群，从而在全球范围内快速传播。

那么西班牙流感又起源于哪里呢？现代基因测序方法已经对我们对病毒演化的认识产生了革命性影响。病毒的快速变异使得比较不同的毒株成为可能，所以我们可以检视它是如何逐年扩散的。现在已经有了数以千计的流感 RNA 基因组序列。流感病毒不仅感染人类，还影响了鸡和猪。整个过程似乎是这样的，在大约 1905 年的时候，有一种叫作 H1 的流感毒株出现在鸟类中。正是这种新型的 H1N1 毒株会致人死亡。然后人类将其传给猪，经过几年之后 H1N1 毒株再次变异成一种不那么致命的形态，这使得西班牙流感只是危害一时。[23]

1957 年另一场大流感在香港暴发，感染了 25 万人，眼看第二次大危机就像 1918 年西班牙流感一样袭来。莫里斯·希勒曼负责研究这次的病毒，他怀疑造成大规模感染的是一种新的流感毒株。他拿到了感染了后来被命名为亚洲流感的患者的血液样本。他的团队将香港病毒毒株进行了纯化，并使用从全世界其他地方的人的血液中获取的抗体进行测试。全球的血液样本中几乎没有任何抗体能够识别这种新型的病毒。因此一场世界范围的大流感似乎即将发生，因为很少有人对这种新毒株有免疫力。由于全球的旅行活动和流感的高传染性，它从香港开始大暴发似乎只是一个时间问题。

希勒曼敲响了警钟，必须马上研发一种新的疫苗。因此他将病毒送给若干疫苗制造商，这样他们就可以在鸡蛋里培养病毒。随着时间的推进，病毒开始适应新环境，发生了一些变异，使其更适合在鸡身上生存，而不再那么适合在人类身上生存。最终，这种病毒演化成了一种传染给人类时已经不那么危险的毒株。然而，在人类体内所产生的对来自鸡的流感毒株的抗体也能够识别原来的亚洲流感病毒。因此病毒的这种鸡毒株就成了他们所寻找的疫苗了。当亚洲流感于 1957 年在美国暴发时，疫苗制造商已经开发了 4 000 万剂的流感疫苗，所以能够及时保护最脆弱的人群。到 1958 年年底之前，美国有 69 000 人死于亚洲流感。要是没有希勒曼和他的团队的迅速行动，这个数字必定会飙升。[24] 新型流感毒株一定会再次袭来。如果我们不能够以足够快的速度创造、研制和分发疫苗，数以百万计的死亡将会重演。

疫苗依赖于提前接触病原体所产生的对未来感染的免疫反应。对于一些有机体来说，这种措施根本就不起作用。举例来说，淋病是由淋球菌引起的，能够通过抗生素治疗，但是耐药性是一个日益严重的问题。[25] 一些人尽管之前已经得过了淋病，还是可能会反复地感染。人类的免疫系统无法产生对淋球菌的免疫力：对于这种细菌来说，抗体需要识别的细菌表面是高度可变的，由此淋球菌就暗中破坏了正常的免疫反应过程。病原体经常采用狡猾的方式来躲避人类的免疫系统。它们可能会压制免疫反应，使自己不被清除，并且能够展开复制过程。因此，尽管疫苗毫无疑问成了一种防治多种致命传染病的绝佳方式，但它却无法应对所有的传染病。人类与传染病的战争将永远不会结束。

# 第6章

# 死于贫民窟

拥挤的城市自从文明起步以来一直是疾病的渊薮。获得干净的水源用于饮用、做饭和洗涤以及处置人类排泄物是城市居民要解决的特殊难题，这使他们依赖河流和雨水。尽管对于人口不超过数万的城市而言，水源的获取和垃圾处置也许还能解决，但一旦城市人口稠密且绝对人数开始飙升，依赖自然水道可能就根本不足以解决问题了。在第一批工业化城市的贫民窟中，那些经济社会地位低下的人贫穷，营养不良，居住得十分拥挤，在他们当中，疾病特别是伤寒和斑疹伤寒广泛流行。

英国是最早经历工业革命的国家，人们使用蒸汽动力、工厂里的机床以及生产铁和化学品的新方法改造了乡村。由此英国成为最好的历史案例，展示了作为工业化后果的未成年人死亡率的激增是怎么发生的，以及像伤寒、斑疹伤寒这样的传染性疾病是如何逐渐被控制住的。在由农业经济向工业经济发生转换的过程中，最早在英国涌现的问题经常会出现在其他一些有同样经历的国家。兰开夏郡的两座城市——利物浦和曼彻斯特——提供了特别丰富的相关事例，因为它们在19世纪的上半叶是世界上最先进的制造中心和港口城市。

1801年英国开展了第一次精确的人口普查工作，记录的数据包括人口数、职业、受洗情况、婚姻状况、丧葬和住房。总人口数是

10 942 646，其中 30% 居住在城镇。[1] 大部分人是农民，一如往昔，但是他们的生活方式已经开始发生剧烈的变化了。

纺织业是兰开夏郡主要的发展动力。新的发明增加了棉花和羊绒产品的产量，使得在家中进行手工制造的工作（实打实的家庭手工业）转变为机械化的工厂。什罗普郡的柯尔布鲁克代尔用煤代替木柴进行钢铁的生产，最终成果是 1779 年在塞文河上架设了第一座铸铁桥。在最早的一批工厂里，水力被用煤驱动的蒸汽机代替。

在工业革命之前，各家各户都常常纺线织布，制作自己穿或对外销售的衣物。这些传统的做法是无法与曼彻斯特这类城市中所开创的新的制造方法相竞争的。乡村的工作衰落后，人们大批进城。曼彻斯特从 1801 年的 75 000 人增加到 1901 年 645 000 人。在曼彻斯特西边，港口城市利物浦的人口增长速度更快。利物浦面向大西洋，地理位置十分理想，可以开展对北美和西印度群岛的贸易，向这些地方出口曼彻斯特和其他城市的产品。世界的第一座系船船坞于 1715 年建于利物浦，可以处理 100 艘船。利物浦成为奴隶贸易的主要枢纽，首艘贩奴船在 1699 年启航，之后 100 年，利物浦的奴隶贸易发展到占全球奴隶贸易的 40%。人口从 1700 年的 4 240 增加到 1800 年的 80 000，成为伦敦之后英国的第二大城市。它占据了这个位置 60 年之久，直到后来被格拉斯哥取代。1721 年一条连接利物浦和曼彻斯特的运河建造完成，1830 年世界上第一条城际铁路建成。到 19 世纪中叶英国已经主导世界贸易，利物浦独占鳌头。这场经济繁荣虽然创造了巨大的财富与权势，但也带来了巨大的健康和社会难题。

1801 年到 1901 年，利物浦的人口再次飙升，从 82 000 人涨到 704 000 人。最大的增长出现在 19 世纪 40 年代后期，当时大量的人口穿过爱尔兰海逃避爱尔兰马铃薯饥荒。大约 30 万爱尔兰人在 1847 年这一年到达利物浦，到 1851 年时，在爱尔兰出生的人口占利物浦总人口的 25%，这塑造了独特的利物浦口音。当时的英国政府认为它没有义务给公民提供卫生、教育和一般福利。政府的两个主要功能是保卫王国和执行司法。为搬到这个新城市工作的数量巨大且走投无路的人提供住房不在政府的职权范围之内。当地政府也不太关注像提供排污设施和饮用水这样的公共卫生措施。1848 年,《经济学人》杂志批评了想要改善公共卫生条件的努力，它写道："苦难和邪恶是大自然的警告，它们是无法根除的。想要用立法将它们从世上驱除的那些出于慈悲为怀的急切尝试……总是更多地造成邪恶而非好事。"[2]

对住房条件的需求是由剥削人的贫民窟房东满足的，他们以可怕的条件收容了许多家庭。在 1800 年的利物浦，7 000 人生活在地窖里，这些地窖从来就不是为了给人住而建造的，还有 9 000 人住在围起来的"场屋"（在阴暗、狭窄的庭院中建造的狭小住所），没有或者只有一点卫生设施。排水设施——如果有的话——按设计只是为了将雨水从地面排掉，而不是把人类的污水从家中清除。这些污水被另外排到桶中或者地下室的化粪池里，并由大粪工（通常是女的）倾倒。大粪工推着装满屎尿的手推车，前往农村将其卖作肥料。这些大粪工要收费，而贫民窟的居民常常没有钱支付。这些大小便就经常被直接倒进场院里或者大街上，抑或是小孩玩耍的地方。而一些家庭可能会居住的地窖，就常常积聚了很多未处理的污水。

1847 年，威廉·邓肯受命成为利物浦（和英国）第一位负责卫生的医疗主管。安排一个兼职岗位来处理整个城市的卫生需要，不就够了吗？当时的普遍认识就是这样。邓肯认为疾病是通过污浊的空气传播的。尽管这是误会，但是这种信念的确将他带向了正确的方向，即改进卫生状况和整洁市容以促进公共健康。在视察了贫民窟的住房之后，邓肯报告说利物浦是英格兰卫生最差的城市。生活在场屋之中的居民多至 55 000 人，每个居所的居民平均超过 5 个人。有时五六十个人会共享一座四室房屋。另有 20 168 人居住在 6 294 个地窖中，没有水、卫生设施或新鲜空气。仅仅 4 英里长的排水沟服务着 20 英里长的工人阶级街道。

他描述了有一个地窖盛满一池 4 英尺[①]深的污水，污水上方就是一家人的床铺。[3]

200 年前的农村生活十分艰苦，常常极度贫困，但是与城里生活相比还是要健康得多。在贫苦人家，面包是主要食物，任何一种肉都很罕见。典型的晚餐可能就是用面粉和水做成的疙瘩，其他什么也没有。与之形成鲜明对比的是，有钱人主要吃肉，特别是牛肉或者羔羊肉。奶制品和绿色蔬菜被忽略，而根茎蔬菜只是给农民的饲料。[4] 因此营养不良情况比比皆是。1843 年，社会改革家埃德温·查德威克（Edwin Chadwick）报告了利物浦、曼彻斯特以及拉特兰郡农村地区人口的平均死亡年龄（参见表 13）。[5] 尽管富裕是好事（哪怕在今天这话也还是对的），但对你的健康更有益的是生活在乡村而不是生活在一座工业城市。拉特兰郡的农业劳工也比利物浦的绅士们更长寿。

表 13　1843 年英国部分地区人口的预期寿命

| 地区 | 预期寿命 / 岁 | | |
|---|---|---|---|
| | 职业人员 | 商人 | 劳工 |
| 拉特兰郡 | 52 | 41 | 38 |
| 利物浦 | 35 | 22 | 15 |
| 曼彻斯特 | 38 | 20 | 17 |

表 13 的这些数字当然不是说利物浦所有的工人阶级成员只能活到 15 岁，而是说这么惊人的低预期寿命（与瘟疫和饥荒频仍的 14 世纪相比）源自儿童的死亡数，超过 20% 的儿童死于 1 岁之前。

这些生活在第一批工业化城市中的人当然算是英年早逝，但是他们

---

① 1 英尺等于 30.48 厘米。——编者注

死于什么原因呢？绝大多数都是死于传染病，主要的致命因素包括：结核病、猩红热、肺炎、霍乱、伤寒、天花、麻疹、百日咳、斑疹伤寒和产褥感染。下面的表 14 展示了自 1840 年（数据得到精确记录的第一年）到 1910 年死于这些疾病的人数。这个表中排除了霍乱，因为它发生在四次严重的大流行中，而除了这几次它在大部分年度里并没有出现。斑疹伤寒和伤寒有着同样的症状，直到 1869 年才被区分开来。

表 14　1840 年至 1910 年间英格兰和威尔士的传染病[6]导致的死亡人数和预期寿命[7]

| 疾病 | 年份 | | | | | | | |
|---|---|---|---|---|---|---|---|---|
| | 1840 | 1850 | 1860 | 1870 | 1880 | 1890 | 1900 | 1910 |
| 天花 | 10 876 | 4 753 | 2 882 | 2 857 | 651 | 16 | 85 | 19 |
| 斑疹伤寒 | | | | 3 520 | 611 | 151 | 29 | 5 |
| 伤寒 | 19 040 | 15 435 | 14 084 | 9 185 | 7 160 | 5 146 | 5 591 | 1 889 |
| 猩红热 | 21 377 | 14 756 | 10 578 | 34 628 | 18 703 | 6 974 | 3 844 | 2 370 |
| 百日咳 | 6 352 | 8 285 | 8 956 | 12 518 | 14 103 | 13 756 | 11 467 | 8 797 |
| 麻疹 | 9 566 | 7 332 | 9 805 | 7 986 | 13 690 | 12 614 | 12 710 | 8 302 |
| 肺炎 | 19 083 | 21 138 | 26 586 | 25 147 | 27 099 | 40 373 | 44 300 | 39 760 |
| 结核病 | 63 870 | 50 202 | 55 345 | 57 973 | 51 711 | 48 366 | 42 987 | 36 334 |
| 产褥感染 | 3 204 | 3 478 | 3 409 | 4 027 | 3 492 | 4 255 | 4 455 | 2 806 |
| 预期寿命（男） | 40 | 40 | | 41 | 44 | 44 | 48 | 51 |
| 预期寿命（女） | 42 | 42 | | 45 | 47 | 48 | 52 | 55 |

表 14 显示天花和斑疹伤寒在 20 世纪初之前就基本上被消灭了，猩红热和伤寒也有这样的趋势。实际情况可能比原始数据所揭示的更好一

些，因为这一时期人口快速增加了，所以平均死亡率甚至下降得更快一些。这一点反映在 11 岁男性和 13 岁女性的预期寿命有了大幅的增长。

维多利亚时代的人们是如何战胜传染病的呢？天花、斑疹伤寒、伤寒和产褥感染在 19 世纪都得到了成功的解决，尽管采用的是不同的策略。

斑疹伤寒是感染了一种叫作立克次氏体的微生物及其近亲所引起的。它通过一种人体寄生虫虱子进行人际扩散。虱子会在衣物的缝隙处产卵，刚刚孵化出的幼虫就会吸食人血。它们失去人血就会死亡。如果一只虱子吸食了带有立克次氏体的人类的血液，那么这只虱子就感染了立克次氏体。立克次氏体会进入虱子的内脏，并随着其粪便被排放出来。当这只虱子转移到一位新的寄主身上后，一旦寄主抓挠虱子叮咬的瘙痒处，并将虱子的排泄物擦入创口，疾病就被传给了之前未曾感染的这个人。感染后的一到两个星期，相关症状就开始出现，包括头疼、发热、咳嗽、皮疹、严重的肌肉酸痛、寒战、低血压、昏迷、对光线敏感、胡言乱语，不加医治的话，该病会有 10% 到 40% 的病亡率。

斑疹伤寒在极端贫贱困苦的情况下（如在监狱和战争中）反而会肆虐，因为这种情况下虱子大量滋生，非常普遍。营养不良、人口拥挤、缺乏良好的卫生条件为斑疹伤寒的传播提供了条件。拿破仑 1812 年从莫斯科的灾难性撤退摧毁了当时欧洲有史以来最大规模的军队，而在这场撤退中，斑疹伤寒害死的法国士兵比战争中死亡的法国士兵还要多。因为这些法国士兵长途跋涉回来，饥寒交迫，精疲力竭，所以他们特别容易感染疾病。

抗生素和斑疹伤寒疫苗在 19 世纪还没有问世。不过，斑疹伤寒的问题可以通过改变人们生活的悲惨状况来解决，让在肮脏的衣物中生活的虱子不再相互传播疾病。举例来说，因为数以千计的爱尔兰人蜂拥而至，1847 年利物浦有将近 6 万人得上了斑疹伤寒。病患被安置在巨大的棚屋、货栈和医院船中。这些病患中，有一些人是在穿越爱尔兰海运输移民的拥挤的船只上感染的，而其他的人则是在拥挤不堪、肮脏的新居住地染上疾病的。[8] 如果他们唯一的住所是肮脏地窖里的一方地板，他们哪有什么机会换洗衣物。

1832 年，爱尔兰移民凯蒂·威尔金森开设了利物浦的第一家贫民洗衣处。她拥有附近唯一的烧锅炉，所以邀请那些怀疑衣物和铺盖被感染的人来使用，每星期收 1 便士的钱。将水煮沸并使用氯化石灰杀死病菌，衣物和铺盖得到清洁。她对于保洁在战胜疾病方面的重要性的认识得到了公众的支持，他们在利物浦资助建立了一家公共浴室和洗衣处。巨大的需求导致更多的洗衣房和浴室很快都开张了。城市的贫苦妇女现在有了每个星期洗衣服的去处。凯蒂也成了著名的“贫民窟的圣人”。[9] 到 19 世纪末，由衣物不洁导致的疾病（如斑疹伤寒）已几近消失。

虱子猖獗和斑疹伤寒之间的联系最早是由法国的细菌学家夏尔·尼科勒（Charles Nicolle）提出的。[10] 他认识到病人如果有热水浴并且换洗衣服，就不会再感染，所以推理出是他们的衣物或者更精确地说是生活在其中的寄生虫在传播这种疾病。1909 年，他用斑疹伤寒感染了一只猩猩，然后仅使用虱子就将该病传播给了另一只健康的猩猩。虽然尼科勒没有成功研制出一种疫苗，但他的发现促成了第一次世界大战中西线灭虱站的建立，在那里人们可以用杀虫剂消灭士兵制服上的虱子。东线的生活严峻得多，肮脏的制服要一连穿几个月之久，士兵们想办法将衣缝中的虱子卵烧死。在这里，在冲突的最后两年里，以及在布尔什维克革命和俄国内战期间，根据记载，因斑疹伤寒而死亡的人数有 250 万之多。

第一次世界大战之后，波兰生物学家鲁道夫·魏格尔研发出一种疫苗，方法是提取被感染的虱子的内脏并将其磨碎成为糨糊，这是一道危险的工序，因为那些做此工作的人有很高的被感染的风险。魏格尔自己也感染了斑疹伤寒，不过痊愈了。1939 年 9 月德国人入侵了波兰，随后又撕毁了《苏德互不侵犯条约》，在这之后，德国人让魏格尔在他的研究中心继续工作，这样他就可以大规模生产这种疫苗，从而服务于与苏联作战的德国国防军了。魏格尔厌弃纳粹，所以他和他的团队悄悄地制作了不那么有效的疫苗给德国军队，同时偷运了3万剂全效疫苗给华沙和利沃夫的犹太人聚居区。[11] 10年后，美国人赫勒尔德·考克斯（Herald Cox）通过在蛋黄中培养立克次氏体发明了一种更安全的疫苗。[12]而今天，斑疹伤寒用抗生素就能轻而易举地加以治疗了。

伤寒长期被与斑疹伤寒混为一谈，因为它们的症状非常相似。的确，伤寒这个疾病名称的意思就是"与斑疹伤寒的特点相似"。但它的病因、传播方式、病理和治疗方法并不一样。伤寒是由沙门菌引起的，染病是通过食用或饮用受污染的食物或者水，而不是通过滋生虱子的衣物。有急性病的人可能会通过排泄物污染周围的供水，因为这些排泄物中含有高浓度的这种细菌。水中的细菌就可能扩散到食物当中。细菌的携带者也可能毫无症状。因此，像利物浦这样的城市里的伤寒是一种水污染造成的疾病。既然场屋居所的条件恶劣如斯，斑疹伤寒和伤寒很普遍也就不足为奇了。

尽管缺乏好的疾病治疗方案，但利物浦这样的城市的人口死亡率还是实现了大幅度的下降。[13]在19世纪40年代，威廉·邓肯发表了他对利物浦贫民窟恶劣的生活条件的分析报告之后，人们开始采取行动。1846年，利物浦（自治市镇，直到1880年才正式获得城市地位）的市议会通过了一项改善利物浦污水处理系统和排水系统的法案，第一次设定了住宅建设最低标准。在没有排水系统或厕所的地窖或住房中居住是被严令禁止的。之前只是为了应付排放雨水而建设的公共下水道，也被允许连接到住房暗沟。在这些新的权力与作为负责卫生的医疗主管的地位的支持下，邓肯开始改善住房条件。到1851年时，他已经通过检查并使用该法案将居民从1万座地窖里搬出来。从1847年到1858年，利物浦的下水道系统从30英里延长至146英里。市议会买下了3家私人水务公司，以便改进洗涤、做饭和下水道的设施供应。这些措施立刻获得了明显的成功，因为当1854年霍乱卷土重来之际，它带来的死亡威胁要比5年前低太多了。邓肯博士开拓性的和孜孜不倦的工作为人们树立了一个榜样，让人知道应当怎样去改善穷人的生活，也由此改变了利物浦。

今天，到伤寒高风险地区生活和工作的人可以接种伤寒疫苗。但它们通常是无效的，因为该细菌存在各种不同的菌株而疫苗无法抵御所有的菌株。[14] 因此抗生素治疗或许也是必要的。令人欣慰的是，引发伤寒的沙门菌菌株与大部分细菌不同，它们只能在人体中生存。这提高了彻底消灭伤寒沙门菌（*Salmonella typhi*）的可能性，只要我们能够将它从每一个人类身上消除。目前，印度伤寒病例的数量是最高的。世界卫生组织正效仿天花防治的办法，在伤寒高发地区开展疫苗接种计划。尽管这种做法是有用的，但它本身并不足以消灭这种疾病，因为还要阻止它从感染的人类身上扩散。不管怎样，人类已经成功地将像伤寒和斑疹伤寒这样昔日猖獗肆虐的传染病减少到了只剩一丁点儿。

第 7 章

# 蓝死病

霍乱是 19 世纪最可怕的疾病，它是由抵达东北部港口城市森德兰的船只于 1831 年首次传入英国的。尽管霍乱折磨了印度人数千年之久，但直到它抵达欧洲之后，研究人员才采取了关键的举措来揭开其病因。自 1816 年起霍乱从孟加拉地区扩散，形成七次浪潮。第一次的霍乱在四年的时间里横扫印度，然后传播出去，远至爪哇、里海和中国，到 1826 年才逐渐消退。随着世界范围的旅行增加了，第二次霍乱大流行在 1829 年至 1851 年间展开，传播得更远，害死了加利福尼亚淘金热中的矿工、麦加的朝圣者以及爱尔兰马铃薯饥荒的幸存者。最近的一次霍乱大流行到 1975 年才结束，但每年仍然有 10 万人感染这种病，还有小几千人濒临死亡。近期最糟糕的一次暴发是在 2010 年海地地震之后，疫病毁灭了首都太子港。结果有大约 70 万人感染了霍乱，将近 1 万人死亡。[1] 霍乱总是引起极大的恐惧，这不仅是因为它所造成的死亡人数。在 1832 年大流行的巅峰中，它所造成的死亡人数也只占英国总死亡人数的 6%，而结核病所造成的死亡人数高居榜首。令人恐惧的是高死亡率和极短的病程——从健康到死亡也许只需要 12 个小时。1831 年之前，人们就知道它传播到英国只是时间问题。而当不可避免的事情真的发生时，医疗界和大众媒介更是将它讲成一种无法阻止的和致命的新疾病，以此来吓唬公众。[2]

我们现在知道霍乱是由一种叫作霍乱弧菌（*Vibrio cholerae*）的细菌引起的。它的常规居所是咸水，而且它特别喜欢居住在甲壳纲动物（如螃蟹和虾）的壳上。因此霍乱弧菌可以通过寄主饮用被污染的水，或者食用未煮好的或生的甲壳动物进入人体。我们平时吞入大量的细菌，但是几乎所有的细菌都在强酸性的胃中被消灭了。不过霍乱弧菌比一般的细菌顽强得多，少量的霍乱弧菌能够在胃中存活足够长的时间，以进入小肠的内部空间或管腔。一般而言这里是另外一个对细菌不利的环境，因为这里有胆汁酸和人体自带的自然抗体。为了逃离管腔，霍乱弧菌穿透一层厚厚的黏稠的黏液，然后到达肠道内的上皮细胞。在那里它通过附着在那些上皮细胞上面从而找到一个新家。只有很少的细菌设法穿越了所有的防线，但是那些开始复制并在上皮层形成菌落的细菌，只需要遗传自一个细胞。[3]

霍乱弧菌在人类小肠的内膜上只能繁殖一小段时间，而几天之内人类的免疫系统就会识别出入侵者，动员起来将其消灭。因此，细菌需要逃跑出去。它们的逃脱策略是释放一种有毒的蛋白[4]，这种蛋白能够进入上皮细胞。一般来说，人体细胞中分子的浓度是受到严格控制的，以使我们的器官和组织以最佳方式运作。可是霍乱毒素通过将一种氯化物转运蛋白锁定为长期激活状态，来劫持我们的调控系统。氯化物、钠、钾和碳酸氢盐从细胞里面泵出，进入肠管腔，使它变得非常咸。[5]盐有非常强的亲水性，于是水被吸到管腔之中，每个小时高达 2 升，每天能到 20 升。这样巨量的液体涌进肠道，只有一个地方可以去，结果就是造成突发的腹泻，将大量的水和盐分，连带一些霍乱弧菌排出体外，从而可以感染其他人。[6]造成巨量的腹泻只是霍乱弧菌生命周期的一部分，因为它要寻求新的含水体并在其中生活。它的临时人类寄主是生是死对于细菌而言，根本不重要。

粪便一般是棕色的，因为它们含有死去的红细胞。难闻的气味是包含硫的分子造成的。与之形成鲜明对比的是霍乱造成的腹泻排泄物是白色的，非常稀，很像淘米水，也可能散发出鱼腥味。胃痉挛、恶心和呕吐也可能发生，增加了体液的流失。随着脱水过程的持续，病患会易怒、无精打采、眼窝深陷、唾液减少、皮肤干枯，而且（并不令人惊讶）极度口渴。除此之外，还会出现血液酸化、小便停止、血压下降、心跳不稳。血液里盐分的丢失引起肌肉痉挛和休克，血压降低十分危险。在肌肉痉挛时，患者尖叫翻滚，然后精疲力竭地垮掉。[7]缺少血液意味着缺少氧气，这会造成致命的威胁。在最后阶段，皮肤变为蓝灰色，这就是“蓝死病”这一名称的缘起。

当然所有这些科学结论在 19 世纪中叶还不为人所知。当时，人们围绕这种流行病的起源及其扩散方式经常发生争论，在 1845 年至 1856 年间，伦敦一地所出版的相关论著就超过了 700 部。[8]最广为接受的观点是“瘴气说”，它声称该病是由污秽的物质（像尸体或下水道产生的恶臭气体）引起的。持续暴露于受污染的空气中，最终会使身体被疾病击倒。这种不无道理的信念有助于推动卫生条件的改善，正如我们在前一章里所见，提供干净的街道和住房、新鲜空气、清洁用水以及下水道系统，促进了空气和人类健康的改善。政治家喜欢瘴气说，因为这意味着不必针对到英国港口来的入境船只采取不受欢迎的检疫隔离措施。[9]

然而，并非所有医生都服膺瘴气说。1850 年英国卫生总委员会发表了一篇关于 1848 年到 1849 年间霍乱流行的报告。[10]该病已经在亚洲、欧洲和北美洲害死了数百万人，在英格兰也有超过 5 万人罹难。报告得出的主要结论是关于卫生条件改善的一般建议：街道和住房要更干净，空气要更洁净，垃圾处置措施要更到位。但在报告的一份附加内容中，委员会的一位名叫约翰·萨瑟兰的苏格兰医生揭示出水有可能起到了关键作用。他使用索尔福德希望街霍乱暴发的数据，指出病例只出现在使用一个特定的水泵的住房里。在布里斯托尔的疫情中也有相似的证据。萨瑟兰因此提出受污染的水使得霍乱更加容易滋生，但他没有说这可能是唯一的病因。在他看来，“缺水和有毒的水”是若干诱因之一（就像膳食不够好、过度劳累、贫穷、住房条件太差、通风不好和酗酒）。[11]

有一个人走得更远，他确信并决心揭示受污染的水是主要的霍乱传播途径。此人是约翰·斯诺，他是约克郡的一名医生，由于倡导使用麻醉剂（如乙醚和氯仿）已经很有名了。1853 年，他为维多利亚女王进行氯仿麻醉，当时女王在生产她的第八个孩子利奥波德王子。1867 年他还用它做了 867 次牙齿拔除手术，以及 229 例乳房肿瘤摘除。氯仿不是理想的麻醉剂，如果注射太多，太容易引起不省人事甚至死亡，但还是比没有麻醉剂好得多。

斯诺的另一项主要的职业兴趣就是研究霍乱。他是在做医生学徒的时候在纽卡斯尔遇到这种疾病的，然后他在 19 世纪 30 年代搬去了伦敦。在 1849 年，约翰·斯诺发表了《论霍乱的传播模式》一文。[12] 根据对他所目睹的无数案例的观察，他开始确信霍乱是一种水传播疾病，“霍乱毒素”通过口腔进入人体，然后在肠胃中大量繁殖。这种毒素也在霍乱病人的腹泻排出物中被发现，它污染了供水。[13] 因此，通过严格的清洗以及阻止毒素从下水道进入饮水源就可以预防此疫。不过他还需要更强有力的论证来说服同事和当局。如果他能够揭示一场疫情暴发中的病患都与某个单一的水源地相关联，他的理论就能得到证实。

五年后，斯诺的机会来了。在 1854 年 8 月 31 日的晚上，斯诺称之为“王国里发生过的最可怕的霍乱暴发了”，这次主要是在伦敦一个叫作苏豪的贫困地区暴发的。斯诺对当地非常了解，他从伦敦市中心的家走过去要 10 分钟，而且他一度还住得更近些，从那里得以认识许多当地人。斯诺开始上门拜访病患，这是一个英勇的行为，因为如果霍乱真的能通过不良气体扩散的话，他是一定会病倒的。不过很有可能，他在登门造访中回避了饮用茶水的邀请。

接下来的三天里，布罗德街周边有 127 人病亡，大部分住家都遭此劫难。一个星期之后，几乎所有的幸存者都逃离了该地区，又有超过 500 人死亡。但是到这时斯诺已经确信他掌握了原因，即“布罗德街的人们频繁使用的街道水井存在一些污染”。斯诺在 9 月 3 日取了水样，发现它包含着“小小的、白色的絮状微粒”，但单凭这一点并不能说服别人。一位居民告诉他，这水最近变了味道。斯诺从登记总局要了一份死者姓名和地址的清单。名单上有 89 人，他核对了地址，立刻发现几乎所有的死亡病例都发生在靠近布罗德街的水泵附近。斯诺也能够解释他的理论中的一些异常情况：五位住得离苏豪区远的病患的亲戚告诉他，这些人总是走远路来布罗德街打水，因为他们喜欢这味道。有两个在布罗德街附近的学校上学的小孩病死了，他们可能很容易在上学的路上停下来喝一口街上的水。附近的一家济贫院几乎没有受到影响，虽然它离得很近，但斯诺发现它有自己的水井。在 9 月 7 日的晚上，斯诺将他的证据提交给了当地的治安委员会。第二天布罗德街的水泵把手就被拆除了。9 月 12 日又增加了一例死亡病例，但到 9 月 14 日就再也没有此类死亡病例了。[14]

一个星期之后，疫情过去了，但斯诺继续为他的水传播传染说搜集证据。与此相关的一个谜团是，一位住在汉普斯特德区的女人和她住在伊斯灵顿区的外甥女都死于霍乱，但两个人都有很长时间没有到过苏豪区了。斯诺与这位寡妇的儿子进行了交谈，发现她过去住在布罗德街，而且非常喜欢那口井井水的味道，她让一个仆人每天从那儿取水。最后一瓶是在 8 月 31 日取的，当她的外甥女来访之际，两个人都饮用了此水。除此之外，布罗德街的啤酒厂的工人们无一死于霍乱。斯诺发现他们由于整天喝啤酒所以从不碰布罗德街的井水。如果霍乱能够通过不良空气引发，那么疫情就不会放过啤酒厂和济贫院。

斯诺在这个地方的地图上记录了他的发现，标注了水井的位置，并将每个死于霍乱的人用黑杠标示出来（见图 9 的黑杠叠放部分）。在图 10 中，死亡病例集中分布在布罗德街道水泵附近是非常直观清楚的。

1854 年，一位名叫亨利·怀特黑德的当地牧师将这场流行病记录在《贝里克街的霍乱》中。怀特黑德倾向于瘴气说，完全没有提到布

图 9　约翰・斯诺的霍乱地图[15]

每个黑杠标记着一个死亡病例。啤酒厂和济贫院也被标出来了，还有其他几个水泵。布罗德街水泵在正中位置

罗德街的水井。斯诺完成了他的著作《论霍乱的传播模式》[16]，给了怀特黑德一本。怀特黑德不相信斯诺的说法，为了证明斯诺是错误的，他决定自己去调查。他与当地人交谈，其中很多人他早已认识，因为他们都是他教区的居民。他记载了每个死于霍乱的人的名字、年龄、居住的房屋的布局、卫生设施条件，以及他们是否从布罗德街水泵饮水和疾

病发作的确切时间。[17]

令怀特黑德惊讶的是，他的数据竟然证实了斯诺的推断。在 1855 年 6 月，他写了一份报告，名为《布罗德街的特别调查》，[18] 里面写道（值得高度称赞），“慢慢地，我会不太情愿地加上一句”，他得出的结论是，布罗德街水井的水“与疫情的持续暴发有联系”。不仅如此，怀特黑德还成功确认了该疫情的最初源头。一个 5 个月大的名叫弗朗西丝·刘易斯的小女孩生活在布罗德街 40 号，她因腹泻在 8 月 24 日被收治，死于 9 月 2 日。她的尿布被扔到一座修建得很糟糕的化粪池，而化粪池离布罗德街水泵只有 3 英尺远。被污染的水能够很容易地从化粪池中渗透到供给水泵的水源之中。弗朗西丝的父亲托马斯·刘易斯警官在 9 月 8 日感染了霍乱，11 天之后死亡，丢下寡妇萨拉·刘易斯和两个孩子。[19] 而最初婴儿弗朗西丝是如何被感染的则一直是个未解之谜。

约翰·斯诺可能已经令人信服地展示了霍乱通过水来传播，但是他的推理过程仍然存在着巨大的缺环。最重要的是，他不知道霍乱毒素确切是什么。他也并不知道，在同一时期，一场在佛罗伦萨暴发的疫情中，一位名叫菲利波·帕奇尼（Filippo Pacini）的意大利医生也在研究着霍乱。帕奇尼对霍乱患者进行尸体解剖，在肠壁上发现了细小的逗号形状的细胞。他正确地指出这些细胞就是霍乱的病因，[20] 并将它们命名为霍乱弧菌。当时微小的细菌细胞可以引起疾病的观点是具有很大的争议的。在于 1865 年到 1880 年之间发表的一系列文章中，帕奇尼发展了自己对霍乱的想法，正确地指出，该疾病的病理是由于细菌影响了肠道的黏膜（即包裹肠管腔的那层组织）而引起的大量体液和盐分流失。帕奇尼认为霍乱弧菌是霍乱的致病因子，这种疾病具有传染性。[21] 关于治疗严重病例的方法，他建议用盐水进行静脉注射。很遗憾，帕奇尼的作品没有人注意（相当重要的一点是它是用意大利文撰写而成的），主流观点还是坚持瘴气说。在 1874 年的一次国际卫生会议上，21 个政府的代表一致投票主张，“周围空气是霍乱致病因子的主要载体”。[22]

帕奇尼的工作在30年后由罗伯特·科赫重复进行，此人我们已经在关于发现鼠疫病因的叙述中讲到过了。到1883年，科赫已经因为发现了引起炭疽和结核病的细菌而出名了，因此得到了资源可以带领一个团队去调查埃及和印度的霍乱疫情。和帕奇尼一样，他在肠道黏膜中发现了一种细菌，它只存在于霍乱患者身上。尽管这很有启发意义，但科赫知道关键的实验工作是将这种有机体分离出来，培养它，然后将培养的细菌在一只动物进行实验。在人身上能引发霍乱会更具决定性意义，但从詹纳用天花病毒在一个男孩身上进行实验以来，医学伦理已经迈步向前了。科赫一开始拼命想要培养一种纯粹的细菌培养体，但一直没有成功，后来是在加尔各答取得了成功，他的团队长途跋涉跑到那里，追踪这种疾病。科赫报告说这种杆菌呈逗号形状，总是在霍乱病人身上出现，而从未在没有感染霍乱的病人身上出现过，即使他们有腹泻症状，此外，它还出现在霍乱患者腹泻排出的白色排泄物中。他仍然无法让这种细菌在任何动物身上诱发霍乱病，但他准确地指出，没有一种动物易患这种疾病。这种推理（和科赫的威信）足够令人信服，他的结论在1884年被德国人接受，但最初并没有在法国人和英国人那里被承认。[23]帕奇尼死于1883年，而斯诺则在1858年就过世了，所以两人都未曾活到见证自己的研究结论被科赫确证。

幸运的是，目前霍乱的治疗方法十分简单、便宜而且可靠。因腹泻流失的体液和盐分必须迅速补充。最好是采用预包装的口服补水剂，其中含有糖和盐分。遇到任何的严重腹泻时都可以通过大量饮用这种制剂来进行治疗。如果饮用流体还不够，也可以使用静脉滴注的方法。只要补水治疗迅速实施，死亡率会低于1%。抗生素治疗也可以帮助抵御这种细菌，[24]尽管一般人的免疫系统可以自己完成此事。霍乱导致的高死亡率将只会在医疗系统崩溃之后发生。

斯诺的工作不仅让当局认识到提供清洁水源至关重要，而且也说明了谨慎使用数据的力量。他对于苏豪区霍乱暴发的分析和他那决定性的论证——单一的水源是致病的全部原因——现在看来，是流行病学领域一项经典的开创性研究，流行病学就是研究疾病如何及为何会在不同的人类群体中发生的学问。流行病的信息现在对我们认识每一种疾病都极其重要。比如说，它可以被用来制定防治疾病的策略，管控疾病暴发，辨识哪种类型的病人是最脆弱易感的。后面我们还将看到流行病学在揭示吸烟与肺癌之间联系方面的经典应用。

# 第 8 章

# 分　娩

对于人类女性而言，分娩向来是一种高风险而又很痛苦的过程，这不仅是因为婴儿可能会卡在产道中，也是因为感染的概率较高。在众多的感染中，由分娩过程中或分娩之后不久细菌感染所引起的产褥感染尤为突出。当分娩开始在疾病丛生的母婴医院完成时，产褥感染成为 17 世纪欧洲妇女的主要死因。匈牙利人伊格纳兹·塞麦尔维斯的卓越工作不仅展示了如何阻止母亲们感染产褥感染，更展现出保持干净的无穷好处，尤其是对医生来说——他们经常将感染从病患传给新生儿的母亲。我们今天日常卫生所使用的个人防护装备、除菌剂和消毒环境都可以直接追溯到塞麦尔维斯在维也纳所做的开创性的流行病学研究。

我们的祖先在大约 500 万年前成为两足动物，只用两个下肢直立行走，将胳膊留作他用。我们为什么会迈出这样一步还是一个谜，因为很少有动物这么走路。德国演化生物学家卡斯滕·尼米茨（Carsten Niemitz）在 2010 年的一篇报告里就直立姿态的演化动因做了回顾，报告中说目前至少有 30 个假设被提出。这些理由包括能够看得更远、解放双手将其用于行走之外的其他目的、够取长在高处的食物、栖息地——如湖泊、森林或热带稀树草原——变化，还有调整体温。[1]

不管确切的理由是什么，双足直立行走造成了无数的问题。四足奔跑要比两足更快，因此双足行走使得逃避掠食动物和狩猎更加困难。直立行走更容易因摔倒而受伤，因为大脑更高了，所以保持平衡变得更加困难。直立姿态还需要更多的能量来维持。之前适应四足运动的关节变得能高度承压，由此落下了背痛和关节炎的病根。更重要的是，分娩这种本来对动物来说不太困难、自己就能搞定的事情，变成了漫长、痛苦和危险的经历。

婴儿的脑袋在穿过骨盆的行程中，能自由挪动的空间非常之小。婴儿颅骨的骨片尚未凝固，所以大脑可以受压，这使得穿越稍微容易一些。因此婴儿出生的时候头顶留有菱形的囟门，在头 18 个月的生长中，它们会随着骨骼的生长最终完全闭合。

婴儿要通过的女性骨盆的通道很紧，因为骨盆的形状是直立行走和生娃两种需要的妥协。在分娩过程中，婴儿比起其他灵长类动物幼崽要沿着更加复杂的轨迹前进，要旋转调整其头和肩部以通过产道以及骨盆的最窄位置。因此女人分娩需要帮助，而不像所有其他单独分娩的动物那样。与其他大部分动物的新生后代相比，人类新生儿也特别无助。一匹小马在出生后只需 30 分钟就能够站立行走。[2] 与之相比，人类婴儿需要一整年才能行走。婴儿生下来时很小、很脆弱，而且完全依赖于成年人，假如他们继续在子宫内生长，他们的脑袋就会长得太大以至于无法穿过产道。此外，一个 9 个月大的胎儿留在妈妈身体中将会带走过多的能量，这也使得胎儿继续留在妈妈体内生长不再可能。

鉴于通过产道的行程是这么棘手，总是有可能造成孩子被卡住，特别是如果孩子是脚先出来（臀位）的话。现在大部分臀位的孩子是通过剖宫产接生。在中世纪，如果一个孩子不能顺利被接生出来，那么有三种选项：什么都不做，妈妈和孩子都可能死亡；尝试（不施麻醉药）进行剖宫产，那么母亲几乎必死；杀死婴儿救下母亲，方法是挤压婴儿的头部，将其扯出，有时候也会先把婴儿的身体切开。当时的产婆带着的尖锐钩子——被称为产钩（crochet），就是为此种目的而准备的。

18 世纪产钳开始被广泛应用，拯救了许多妈妈和婴儿的生命。产钳是在16世纪由外科医生世家钱伯伦氏所发明，他们专精于助产，在巴黎和伦敦执业。不光彩的是，钱伯伦家族对他们的发明实施保密，以使其在助产士行业里独占竞争优势。钱伯伦氏在保守产钳的秘密这件事上特别能表演。他们带着一只巨大的，看起来很重的盒子，在被召唤到临产的富贵女人家中之后，便将其从马车上搬到房子里，让旁观者相信他们马上要操作某种复杂的装备。然后钱伯伦氏将自己锁在婴儿马上要出生的房间里，遮上临盆女人的双眼，这样她就不能发现他们在使用什么装备，然后敲响铃铛和制造其他的噪声来欺骗倾听的亲人们。一旦婴儿顺利出生，工具就被收走，被偷运回马车上，让旁观者不知道他们究竟做了什么。这些做法很有效——产钳的秘密在这个家族中被保守了一个多世纪。[3]

产钳有时候会伤害到孩子或母亲，特别是落在没经验和无能的医生手中的话。因此产钳基本上被更柔和的吸宫器取代了。吸宫器是一种杯型的吸器，看起来像一个迷你的马桶皮搋子，可以被按到婴儿脑袋上。

按照传统，孩子一直是在家里被接生的，没受过正式训练却经验丰富的女人们会协助接生，母亲在家中成功分娩后死亡是非常罕见的事情。在100年前的欧洲，当医疗职业参与进来之后，分娩导致死亡的可能性反而增加了。以前基督徒医师们对女人分娩所遭的罪根本不太同情，将其看作女人因为夏娃在伊甸园中所犯罪孽而遭到的惩罚。举例来说，19世纪费城医学院的产科学讲师查尔斯·梅格斯（Charles Meigs）强烈反对施行麻醉分娩，认为道德上“医师所设置的任何处置措施，如果违背神规定我们（us）所要享受或遭受的自然的和生理的力量运作，便具有可疑的性质”。[4] 梅格斯这里使用“我们”这个词来指代妇女。如果他自己要分娩的话，想必他会有不同的观点。

17世纪，欧洲许多城市建立了母婴医院。尽管设立它们的意图是好的（像提供产钳什么的），但是将女人送到医院去分娩却导致了死亡人数巨增，这些死亡是在染上了一种叫作产褥感染的疾病之后发生的。分娩后胎盘连接处马上就成了裸露的伤口，非常容易被细菌感染。在母婴医院中，大夫和助产士用脏污的手、衣物和器械，将感染从一个母亲身上传到另一个母亲身上。最早的病例是1646年在巴黎的主宫医院被记录的。当时新生儿母亲的死亡率骤然飙升，1/4的死亡率变得稀松平常。记录上说1830年至1831年间有一位助产士接生了30位妇女，其中竟有16人死亡。

产褥感染是一种特别残忍的疾病，在母亲们已经逃过了分娩的危险之后再给她们以重击。它导致千百万的家庭被毁掉，许多幼小的孩子最后进了孤儿院。新晋妈妈产褥感染发作首先出现的症状就是发颤、脉搏加快并伴随着发烧。大部分的病例进一步出现了由腹膜炎造成的剧痛，这种腹部的剧烈疼痛堪比阑尾穿孔造成的疼痛。该病如果在分娩后很快就发生，则死亡率会高达80%。从1700年到1900年间英格兰死于产褥感染的妇女可能高达50万人，使之成为当时15岁到44岁女性的第二大死因，仅次于结核病。[5]

第一份提出产褥感染是由医生引发这一观点的论文是1795年苏格兰医生亚历山大·戈登（Alexander Gordon）发表的，他注意到只有当一位执业医师或护士刚刚访问过感染该病的病人，然后再访问一位新晋妈妈，这个妈妈才会出现产褥感染。他甚至大胆和诚恳地承认，“我自己就是将细菌带给很多妇女从而使其被感染的一个途径”。[6]这些在当时引起激烈争议的主张，被美国教授奥利弗·文德尔·霍姆斯（Oliver Wendell Holmes）采纳。1843年，他在名为《产褥感染症的接触性传染》一文中，拿出了大量的证据揭示医生正是使这种致命传染病在病人间传播的途径。[7]他敦促接触了产褥感染病例的医生要净化他们的器械，烧掉接生期间穿过的衣服，远离怀孕的妇女至少6个月。[8]手要定期使用氯水清洗，衣物要经常更换。这些在当时都是崭新的做法，当时医生会经常穿着沾染血痂的外套去走访病患。霍姆斯的论文在医疗行业并没有受到欢迎。对于那些说他们可能会给病人带来伤害的主张，许多医生感到非常愤怒。

关于产科大夫对分娩的不良影响，最有说服力的数据来自匈牙利人伊格纳兹·塞麦尔维斯的著作，他自 1846 年起在维也纳总医院工作。[9] 该医院有两个母婴门诊，为贫穷妇女提供免费服务。两个门诊使用同样的设施，开展相同的医疗服务，因为它们交替接收妇女病患，所以在接收的病患的类型上两家也没有不同。唯一的差异是第一家门诊被用于培训医学生，而第二家被用于培训助产士。去哪家门诊对感染产褥感染的概率具有重大影响——在第一家门诊，10% 的母亲生命垂危，而在第二家门诊，死亡率低于 4%。这在维也纳是众所周知的。临盆的妇女会恳求不要被第一家门诊收治，为此有些人甚至会选择在大街上生孩子。

塞麦尔维斯对于在大街上分娩竟然比去第一家门诊分娩还要安全感到惊讶，他决心找到原因。这两家门诊提供了评估医生影响的绝佳条件，因为它们接诊的病患是一样的，不会有其他差异的干扰。一位医生不小心被在一场尸检解剖过程中用过的手术刀划伤之后，出现与产褥感染相似的症状并死亡，塞麦尔维斯意识到这意味着源自死尸身上的物质传播了感染。医学生训练的部分内容包括经常要处理尸体，然后带着不洁净的双手直接去接诊怀孕的妇女。于是塞麦尔维斯引入了一套严格的策略，要求接诊者在解剖尸体后使用氯水洗手。这一策略起作用了。死亡率下降了 18 个百分点，降到每个月不到 5%。有些月份甚至一个死亡病例都没有。

塞麦尔维斯发表了自己的结论，并且给欧洲各地的同事写信，尽其所能倡导清洁。遗憾的是，他的观点被医师们嗤之以鼻。这些人认为这些主张是对他们的冒犯，并且嘲笑看不见的微粒会引发疾病这一说法。对他观点的这种敌意导致他被解雇，并被送入了精神病院，最后他就死在了那里。直到去世后 20 年，他的相关著作被重新发现，塞麦尔维斯才作为一位被不公正地遗忘的天才人物，获得了迟来的声誉。[10]

直到 19 世纪晚期细菌致病理论和手术中使用除菌技术的价值被接受后，人们才最终认可了清洁在分娩中的重要性，而除菌技术也使剖宫产成为常规手术。助产士也必须经过正规的训练。1902 年英国议会通过了《助产士法案》。该法案规定，从 1910 年起，参加接生的女性必须持有资格证，经过课程学习并且通过了口试和书面考试，参加过规定数量的分娩手术。这些措施加上卫生和营养条件的总体改进，产褥感染造成的死亡率最终被成功地降低了（参见表 14），婴儿的死亡率也从 1840 年的 39‰ 下降到 1903 年的 12‰。[11] 彻底战胜产褥感染则是在 20 世纪 30 年代引入了磺胺类药物后才实现的，之后又有了青霉素。这些药物能够杀死该病的真正致病细菌。在短短 20 年里，产褥感染几乎完全消失了。谢天谢地，现在分娩中的死亡病例已经非常稀少了。

# 第 9 章

# 致命的动物

每年有 100 万人因动物而死，其中大部分是被它们传播的传染病害死的，加起来约占到总死亡人数的 1%。[1,2] 而在这些因疾病而亡的人当中，超过 80% 又是被蚊子传播的疾病害死的。少数其他的无脊椎动物也是重要的疾病载体：白蛉传播利什曼病，接吻虫（这么称呼它们是因为它们在人睡着的时候咬人的脸）引起美洲锥虫病，采采蝇引起昏睡病，淡水螺引起血吸虫病（又称裂体吸虫病）。许多动物能够以毒致命，例如许多种类的蛇，还有蝎子、蜜蜂和水母。少数大型动物也很危险——鳄鱼每年夺走大概 1 000 人的性命，河马、大象、熊、水牛、狮子和老虎也都不是好惹的主。被狗咬伤会造成狂犬病，在公路上撞到动物，特别是鹿，会引起车祸。人类的许多最深层的恐惧都源自动物，但是这些恐惧经常找错了对象：2016 年全世界被狼咬死的人仅有 10 个，鲨鱼害死了 6 个人，而蜘蛛害死的人则为 0。

除了通过叮咬螫刺伤害人类的动物，还有一些在人类身体上寄生从而给人类造成伤害的动物。即使是在今天，如果有人携带某种形式的寄生虫也不算罕见，大多数寄生虫的危害很小。举例而言，有 1/3 的人与刚地弓形虫（*Toxoplasma gondii*）一起生活，这种寄生虫会在免疫系统较弱的人身上引起弓形体病。[3] 由于喜欢吃没断生的牛排，法国人刚地弓形虫的感染率最高，达到 86%。英式菜系造成的感染率只有 22%，因为寄生虫很少能够在充分焦化的食物中存活下来。[4] 通常在造成负累的寄生虫和像肠道菌群那样能帮助消化的有益共生体之间有一条清晰的界限。一般而言，让寄主生病并不符合寄生虫的利益。患病的寄主提供更少的食物，甚至会死，这样的话寄生虫就会失去对它来说幸福的家园。然而，有些寄生虫的确会引起疾病，特别是原生动物门的单细胞生物，如各种疟原虫、肠虫（各种蠕虫），以及吸血的节肢动物如各类蜱虫、跳蚤、虱子和螨虫。这些虫附着在皮肤上或者在上面打洞，在里面生活数月之久。有时候仅这一点就能够引起疾病，比如疥疮，但更严重的是，这些节肢动物作为疾病载体传播斑疹伤寒、莱姆病、鼠疫、利什曼病和美洲锥虫病等许多疫病。了解寄生虫和病原微生物之间的联系使得人类能够瞄准其生命周期的弱点来阻截疾病威胁。

作为一种非常罕见的例子，即人类已接近于完全消灭的一种感染，几内亚龙线虫病是当前寄生虫学领域所取得的成就中一个很好的例子。几内亚龙线虫是一种圆虫（线虫），直到不久前还祸害着数百万人，特别是在非洲。作为人类寄生虫，它有一个令人厌恶的生命周期。圆虫幼体生活在水下名为桡足类动物（水蚤）的小型甲壳纲动物之中。如果有人饮用了感染圆虫幼虫的水，这些桡足类动物就会被胃酸杀死从而释放出圆虫幼体。这些幼体穿透胃肠壁，在腹腔里生活与成长。成虫在人体内交配后，雄性死亡而雌性会生长约一年。一旦圆虫长度达到 1 米或差不多的尺寸，粗细大约和意大利面差不多时，它们就向下穿过身体，引起剧痛，并因此获得“火蛇”的绰号。这种虫会在皮肤通常是在脚上引起水疱，几周内，它们会从水疱里孵化出来。为了减轻疼痛，人们会经常将有水疱的脚放在水中。与水的接触将触发圆虫释放出数以千计的幼体，以便幼体被桡足类动物吞噬，以此完成其生命周期。[5] 尽管并不常致命，但几内亚龙线虫感染会引起长达数月的痛楚，所造成的残疾可能会永久不愈。

从 1981 年开始，世界卫生组织与联合国儿童基金会、美国疾病控制和预防中心、由美国前总统吉米·卡特领导的卡特中心[6]，还有其他一些组织共同开发并实施了一套消灭几内亚龙线虫病的策略。这种疾病的几个特点使其成为被根治的好目标：容易诊断（圆虫肉眼可见），幼体只生活在水中，阻断疾病的措施简单便宜，公民患有该病的各国政府同舟共济。在任何一时间点打断其生命周期都足以让人摆脱几内亚龙线虫病。有两种方法可以实现这一点：要么阻止人们饮用被桡足类动物污染的水，要么阻止新的幼体进入供水系统。被怀疑含有桡足类动物的水可以用尼龙网过滤以确保安全。桡足类动物作为一些游动的白色斑点经常可以被肉眼看见。此外，当圆虫从水疱中出来时，患者可以把脚或者腿放到水桶里，这样后面就可以安全处理掉这些被污染的水了，将其倒在干燥的地面上，龙线虫的幼体就会死亡。这样一来，供水就没有污染了。

自从 20 世纪 80 年代以来，几内亚龙线虫根治项目取得了巨大的成功。项目一开始人们就将所有存在几内亚龙线虫病例的地点在地图上标记出来，并上报每一个案例。有风险的社区让驻村的卫生工作者参与到新的治虫策略中来。1985 年，20 多个国家里发生了 350 万个新病例。1989 年上报了 892 055 个病例，不过缺失乍得、中非共和国、塞内加尔、苏丹的数据。2020 年，只有 19 座村庄上报了 27 个病例，病例分布在 6 个国家（喀麦隆、埃塞俄比亚、马里、乍得、安哥拉和南苏丹）。[7] 从 350 万降到 28 是一个令人惊叹的 99.999% 的降幅。由此几内亚龙线虫病已接近成为第一个被根治的寄生虫病，也是天花之后所有人类疾病中第二种即将得到根治的。[8] 而这项工作的实现却并非通过使用药物或者疫苗来治愈或者预防此病。仅需要切断圆虫的生命周期，但是要做得彻底，在每一个预估存在风险的地点都要如此。结束几内亚龙线虫病将成为一项杰出的成就，它为国际团队如何以低成本阻遏精心挑选出来的各种疾病指明了道路，条件是受影响的各方都坚定地参与该项目。看起来目前情况还不错，有的昆虫比所有其他动物加起来害死的人还要多，这种害虫该怎么对付呢？

1513 年，西班牙探险家瓦斯科·努涅斯·德·巴尔沃亚成为第一个穿越巴拿马地峡并抵达太平洋的欧洲人。巴尔沃亚一手举剑，一手举着圣母马利亚的旗帜，踏入海中，用堂而皇之的征服者风格，以西班牙君主的名义，宣布占有了整个海洋和一切毗邻的土地。如果你认真考虑这个宣示（西班牙人很大程度上还真是这么认为的），那么斐迪南国王现在拥有了半个地球。巴尔沃亚在美洲的西边意外发现的海洋让西班牙人憧憬是否存在一个海峡，能让船只在加勒比海和太平洋之间航行，而不用航行数千英里绕过南美洲的南端。人们进行进一步的探索后发现并不存在这样的水道，所以在 1534 年，斐迪南的继承者、神圣罗马帝国皇帝查理五世下令安排勘测人员去调查是否存在合适的地点，以便建造一条运河将两洋连通。勘测人员回复说很遗憾这样的项目是不可能实现的，至少以 16 世纪的技术水平是不行的，这个项目就这样被搁置了超过三个世纪。

建一条运河打通地峡的第一个正式的尝试是由法国人推动的，由费迪南德·德·雷赛布领导，此前，他于 1869 年修建了苏伊士运河。尽管距离更长，但苏伊士这条线修建起来要比巴拿马这条线容易些，因为这条线所穿越的都是平地。所以德·雷赛布在红海和地中海之间建设了一条与海面齐平的运河，该运河并不需要船闸。1882 年法国人在巴拿马开工，一开始想要尝试建设一条海平面运河，尽管这样一项工程要穿越辽阔的高地和山地。经过六年的努力，这个项目在 1888 年失败了，未完成的原因是设备不足、资金短缺、建造问题和腐败。但建造运河最大的敌人却是疾病。巴拿马是蚊子的主要栖息地，它们传播疟疾和黄热病。感染削弱了工程团队，使得他们无法工作。1882 年至 1888 年之间大约有 2 万名工人死亡。德·雷赛布的公司破产了，挖掘工作停了下来。在随之而来的丑闻中，他和其他的公司高管（包括以同名铁塔闻名的埃菲尔）因欺诈被判处监禁，尽管这些判决后来被推翻了。

法国巴拿马运河项目的失败是蚊子引起的无数灾难中的又一个例子。除了叮咬处会有一点讨厌的瘙痒与炎症，蚊子本身并不造成直接的伤害。但是它们容易传播疾病，因为它们吸人血。寨卡、登革热、奇昆古尼亚热和黄热病都是由埃及伊蚊传播给人类的重要传染病。蚊子在一个染病的人身上吸食之后，病毒在蚊子的肠子中复制，并扩散到其他的组织，比如唾液腺之中，为感染新的病患做好了准备。尽管它是在非洲起源，也是在非洲最为猖獗，但蚊媒疾病已经扩散到了全世界。举例来说，登革热病例在过去的 20 年里增长了 8 倍，更多的国家报告了本国初次暴发的情况。[9] 世界人口中超过一半数量的人居住在有埃及伊蚊的地区。

在巴拿马，最重要的传染病是黄热病，这是一种非洲疾病，可能是通过贩奴船在过去的几百年里传到北美和欧洲的。典型的黄热病的症状是几天的发烧、肌肉疼痛、头疼、食欲减退、恶心和呕吐。患者从第一阶段的症状中恢复过来之后的 24 个小时内就可能会出现致命的第二阶段症状。他们重新开始发烧并伴随着肝肾功能损坏。黄疸出现，造成特有的黄色皮肤。小便颜色变暗，腹痛且伴有呕吐症状。口鼻、眼睛和胃部可能会出血。进入第二毒发阶段的病患中有一半人在 10 天内死去。目前，每年大约有 3 万人死于黄热病，大部分是在非洲。[10] 我们尽管没有治疗黄热病的抗病毒药物，却有高效的疫苗，一剂就能终身免疫。2017 年消灭黄热病流行病战略项目启动，目标是根治该病。由世界卫生组织牵头，消灭黄热病流行病战略项目伙伴关系协调了非洲和美洲的 40 个存在风险的国家预防、监测和防控黄热病暴发。大量人口接种疫苗，疫情暴发得到控制，病毒在世界范围的扩散受到限制。计划的目标是防治该病，在 2026 年之前让超过 10 亿人得到保护。[11]

疟疾是蚊媒疾病中最重要的一种。有人推测蚊子作为传播疟疾的罪魁祸首已经有数千年之久了。你在最终将它拍死在墙上的时候，不难注意到其身体内充满了血浆，这血正是来自你本人。举例来说，在公元前1世纪，一位叫作科卢梅拉的罗马农艺师写道："在炎热时节，沼泽总是会腾起有毒的蒸汽，繁育出带有可害人的螫刺的动物，它们以极为浓密的集群飞向我们……由此，常常会染上潜在的疾病……"[12]罗马皇帝尼禄下令将罗马附近的沼泽排干，因为它们太不卫生了。不幸的是，随后的西方医药学出现了一个错误的转向，认为是瘴气和人体内不平衡的体液导致了疾病，这让医学滞后了差不多有2 000年之久。然而，在1717年，意大利医生乔瓦尼·兰奇西（Giovanni Lancisi）写下了关于"通过将其害人的体液和唾液混合，沼泽的昆虫在我们身上所造成的有害结果……"。他也提议排干沼泽。[13]尽管如此，人们仍然缺乏实验证据，这些观点公然挑战传统智慧，于是遭到了强烈的反对。

我们现在知道疟疾是由四种主要的疟原虫引起的，它们分别叫作恶性疟原虫、间日疟原虫、卵形疟原虫和三日疟原虫。疟原虫的生命周期比较复杂，在两种寄主的各种器官中居住。当一只雌性的按蚊吸了人血，将生活在它唾液腺中的线形的疟原虫注入人类血液后，这些疟原虫就会转去肝脏，在那里每个疟原虫都将进行复制，以孢囊的形式制造数万的子孙。人类受害者在这一孵化期内没有任何症状，意识不到自己已经感染。最终孢囊裂开，释放出寄生虫，它们入侵红细胞并以运输氧气的血红蛋白为食物。这些家伙进一步形成名为裂殖体的形态，每个裂殖体包含有8~24个寄生虫。成熟的裂殖体可以在多种器官，比如大脑或者胎盘中安营扎寨，而症状则取决于受到影响的是哪个器官。[14]裂殖体最终分裂，向血液释放出下一代寄生虫，准备感染新一批红细胞。这种分裂引发发烧、出汗和发冷症状，这些症状很像流感，常常是一轮又一轮地出现，每隔几天出现一些症状。当蚊子吸食了被感染的人类血液之后，寄生虫就在这些昆虫的肠子里形成孢囊。孢囊释放孢子，孢子则寄居于蚊子身体的其他地方，包括唾液腺。下一次蚊子再吸食人血，这些孢子就被注射进人体，这样就完成了一个循环。[15]

严重的疟疾症状是由器官衰竭和血液异常引起的，这取决于被感染的是身体的哪个部位。例如，疟疾可以引起脑病发作，使人失去意识和昏迷；红细胞的流失会引发严重贫血；肾脏有可能衰竭；肺部会发炎红肿；脾脏会扩大；血糖水平会急降，等等。这样一来病人就需要接受紧急医疗处理。多年以后，当休眠的肝脏孢囊被重新激活时，旧病还会复发。语言障碍、耳聋、肾脏疾病、脾脏破裂和失明等长期症状可能会持续下去。疟疾在怀孕期间对母子而言都是特别危险的。[16]

在接受了细菌致病说之后，19 世纪 70 年代，存在一种正确的思维倾向，即试图寻找一种引起疟疾的微生物。弄清楚蚊子、疟原虫和人类之间三重互动的所有步骤花费了好几十年。[17] 血液阶段最早被夏尔·拉韦兰发现，此人是在阿尔及利亚工作的法国陆军军医。他从疟疾病人的血液中看到了包含着色素小点的新月状物体。这些东西在健康人身上却从未出现过。拉韦兰继续描述了血液中四种显著的形状，现在我们知道这是寄生虫生命周期的不同阶段。然后意大利人卡米洛·戈尔吉（Camillo Golgi）将血孢囊破裂与疟疾寄生虫的释放和发烧联系了起来。[18]

这是真正的进步，但对于如何才能将这种认识转化为防治疾病的方法，人们却还不太清楚。但是在 1897 年的印度，英国的细菌学家罗纳德·罗斯在一种蚊子的胃里发现了一种鸟类疟疾的寄生虫。与此同时，在罗马，乔瓦尼·格拉西和他的同事在一只按蚊身上发现了一只人类疟疾寄生虫。这样一来，蚊子作为疾病载体在不同物种间传播病原微生物的关键作用被揭露出来了。关键的是，这一发现提出了一个当时的技术能够处理的目标：我们可以通过清除蚊子们喜欢居住的地方（如死水池塘）来减少蚊子数量。

黄热病也是由蚊子传播，这一想法最早是在 1881 年由古巴医生卡洛斯·芬莱提出来的。疟疾、黄热病、霍乱和其他疾病对于 19 世纪的古巴都是巨大的难题。芬莱注意到易感染黄热病的地区碰巧都是蚊子生活的地方，所以他对它们吸血的情况进行了研究。[19] 他交给哈瓦那医学、物理和自然科学王家学院的文章没有得到很好的重视。小小的昆虫能够杀死成年人，这一观点太激进了，没有被认真对待。因此芬莱出发去寻找进一步的证据来检验他的假说。他使用了数百名志愿者，他们自愿被染疫的蚊子叮咬。尽管这是证明他想法的最直接方法（虽然危险性很高），但结果仍然不能令人信服。[20]如今看来，他的实验之所以失败，是因为芬莱所使用的潜伏期——一只蚊子从被感染到它能叮咬并感染一个人之间所隔的天数——太短了。[21]亨利·卡特（Henry Carter）的作品在几年之后提供了关于潜伏期的关键线索，他作为检疫隔离官员在墨西哥湾的美国港口工作。他发现，一个人从感染到第一次出现黄热病的症状之间大概隔了5天时间。因此针对从墨西哥或古巴开来美国的船只，引入一套7天制的检疫隔离时间就能防止黄热病进入。[22]卡特进一步地追踪研究了隔离农舍中黄热病的病例，设法弄清楚一名到达农舍的访客多久会感染上该病。

美国军队的帮助给芬莱带来了确证的机会。在1898年延续了10个星期的美西战争中，美国部队已经入侵了古巴。黄热病和疟疾在部队中迅速传播开来，直到75%的人都不适合继续服役，部队不得不撤退。在战斗中死掉的美国士兵不到1 000人，却有超过5 000人死于疾病，特别是黄热病。尽管有这些挫折，美国还是赢得了这场战争并接管了这个国家。在建立了一个美国军政府之后，美国又设立了一个黄热病委员会来寻找解决方案。在芬莱的帮助下，委员会重新检验了他关于蚊子传播疾病的想法，使用了更长的潜伏期，这次成功了。经过了几年的实验性工作，其间一些团队成员已早逝，委员会得出了以下结论：

1. 黄热病不是通过床铺和衣物传播的。
2. 它是通过从患有此病的人身上吸过血的蚊子的叮咬传播的。
3. 特定的罪魁祸首蚊子已经确认——现在被称为埃及伊蚊。
4. 因雌性蚊子叮咬而感染的患者，经过10天之后叮咬健康个

体，并不会传播传染因子，需要间隔 12 天或更久。[23, 24]

这一新的知识迅速由哈瓦那环境卫生主任威廉·戈加斯少校在该城投入实践。他下令将黄热病患者隔离在建筑中，门窗上装了纱帘，以防止蚊子扩散。士兵们分组搜查全城，袭击蚊子，不论是飞翔的成虫还是水肿的幼体。5 个月之内，黄热病就从哈瓦那消失了。尽管无人知道这种传染病的病原体究竟是什么，但知道了它生命周期中的一个弱点就意味着该病有可能被阻止。

对于美国的巴拿马运河项目，这次灭杀取得的成功经验来得很及时。美国人现在知道为什么有许多人在法国人试图修建运河的时候死去，原因就是巴拿马地峡充斥着感染疟疾和黄热病的蚊子。像法国人那样，派数万名建筑工人到这样一个地方而没有采取防虫措施，必然会以灾难收场的。美国政府决心不让同样的事发生在自己国家的工人身上。因此在 1904 年他们派戈加斯去巡视该地区并让他提出一个行动计划。在建筑队举起铲子之前，戈加斯就着手从运河区消灭蚊子了。所有缓慢流动的或者静止的水体都被用杀虫剂处理，以杀死蚊子幼体。装有死水的容器会成为蚊子的繁育之处，都要被清除。沼泽被排干，清洁的供水系统也建立起来，这样人们就没有必要收集雨水了。建筑团队所使用的建筑物的窗户都被用铁丝网覆盖上。卫生工作者搜查建筑，寻找蚊子及其卵。美国几乎全部的硫黄供应都被用于焚烧以净化房间。任何生病的工人都要接受检疫隔离。截至 1906 年，经过了不到两年的努力，黄热病已经从运河地区消失了，疟疾也在很大程度上减少了。[25]

工人们现在可以在安全得多的条件下开始建筑作业了，至少对于部分工人来说是这样。受到保护的住房并不提供给黑人工友，他们大部分来自西印度群岛。他们得住在蚊子防控区域之外的帐篷里。结果，在项目实施期间黑人工友的死亡率要比白人高 10 倍，有 4 500 个黑人生命垂危，而对比之下，白人病患仅有 350 人。[26] 除了疾病之外，还有很多人死于事故，比如山体滑坡和炸药事故。

美国的运河设计将运河特色表现为太平洋和大西洋之间的巨型锁钥。被抬升的船只会穿过由新水坝蓄水所形成的巨大的人工湖，然后穿过一条巨大的窄道，由此穿越这条路线上最高的地方。高降雨量会为运河添足水量，保证运河被抬升部分的水位。在征服了这些巨大的挑战之后，运河于 1914 年通航。这已经是巴尔沃亚第一次徒步到此之后的 401 年了。今天每年大约有 15 000 条船横渡这 55 英里的水道。这个项目不仅是人类尝试完成的最伟大的工程奇迹之一，它也展示和宣传了如何防治疾病。

疟疾和黄热病只是热带地区特有的许多疾病中的两种。从葡萄牙人探索非洲海岸开始，一旦欧洲人开始与更多的南方地区做生意和向南殖民，他们就遭到了自身对其毫无抵抗力的一连串毁灭性疾病的打击。疟疾、痢疾和黄热病是最厉害的，但是还有无数其他的疾病，其中大部分是由昆虫、虱子和蜗牛传播的。在西非海岸，新到的商帮中有 50% 的人可能会在一年内死亡，[27] 这使得这些地区从根本上说是非本地人无法居留的。更可怕的是这些船从家乡带出来的疾病。疟疾是最重要的例子。在 19 世纪它的巅峰时期，世界上超过一半的人口都居住在充满感染了疟疾的蚊子的环境中，这种环境一路向北一直延伸到蒙特利尔和斯堪的纳维亚。在这些地方，大约 10% 的人死于疟疾，还有更多的人被感染并且遭受着长期的病痛。于是在肆虐的巅峰期，疟疾杀死了世界 5%~10% 的人口。[28]（蚊子杀死了当时世界人口的一半，这一被广泛报道的仿真说法是假的。它可能是源于 2002 年《自然》杂志上的一篇文章。[29]）

从这个巅峰开始，人类通过针对蚊子，开始了对疟疾的驱逐。巴拿马运河的修建就是一个例子，说明了这样一个策略是怎么起作用的。在 20 世纪上半叶疟疾从欧洲消失了，原因包括土地使用方式和农业发生了变化，蚊子喜欢的沼泽一类的环境被清除，更好的住房修建了起来，等等。第二次世界大战之后出现了杀虫剂滴滴涕（双对氯苯基三氯乙烷，

DDT）。在印度、苏联和其他一些国家，在屋内墙壁上喷洒DDT的办法非常成功。到1966年使用DDT、蚊帐以及清除蚊子的繁育地点已经解除了疟疾对超过5亿人口的威胁。[30, 31] 撒哈拉以南非洲的前景要艰难得多，尤其是因为蚊子分布得更加广泛，所以生活在受灾最严重的非洲居民被具有传染性的蚊子叮咬的概率是亚洲居民的200倍。[32]

我们对抗疟疾的第二种武器就是用于杀死寄生虫的药物。药物不仅可以帮助病人，也能防止他们成为危害别人的疾病蓄水池。有一种有效的药物是青蒿素，它是在青蒿中被发现的，已经被中国的草药专家使用了2 000多年。在越南战争中，越南共产主义领袖胡志明恳请中国帮助越南防治疟疾，在这之后的1972年，中国的科学家将这种药物的有效化学成分分离了出来。这个医药团队的带头人屠呦呦因为发现青蒿素成为中国第一个获得诺贝尔生理学或医学奖的人。她也是第一个获得诺贝尔奖的中国女性。奎宁这种药来自金鸡纳树的树皮，已经被使用了长达400年，金鸡纳树在安第斯山脉疯狂生长。大部分的产品来自爪哇岛上所种植的树。在第一次世界大战期间，东亚原料的供应问题刺激了德国化学家研制替代品。IG法本公司的工作人员发现了许多有潜力的混合物，尤其是氯喹。DDT和氯喹成为第二次世界大战之后世界卫生组织根治疟疾项目的一线化合物。不幸的是，没过多久，新的疟疾寄生虫就出现了对氯喹的抗药性。[33] 数十种抗疟疾药物接连被研制出来，但是没有一种有百分之百的保护力。抗药性、副作用和缺乏有效性等问题较为普遍，最好的预防办法是一开始就不要被感染的蚊子叮咬。

对那些听起来很像疟疾的疾病的描述几乎与文字记载的历史一样久远。2 000多年前写成的中国医学经典《黄帝内经》，就将与疟疾相像的症状与脾肿大联系起来。伊拉克尼尼微的亚述皇帝图书馆的泥板文书中描述了这种疾病，印度吠陀时代的文献中也有记载，此外，一篇公元前1550年的埃及医学纸莎草文献中也有提及。[34] 恶性疟原虫感染在超过 5 000 年历史的埃及木乃伊中也有发现。[35] 荷马、柏拉图、乔叟和莎士比亚都提到了疟疾。

一路追随人类 5 000 年的疟疾可谓比大多数疾病都要古老，但是我们与疟疾这段苦难烦忧的关系实际上可以追溯到更遥远的时代。蚊子的祖先出现在1.5亿年前，元祖疟疾寄生虫那时候就有了自己的生命周期，它们生活在动物——范围广大，包括昆虫、爬行动物、鸟类和哺乳动物——身上，并以这些动物为食。疟原虫在灵长类动物中特别常见，灵长类动物属于人类所在哺乳动物纲。[36] 在过去 10 000 年中的某个时刻，蚊子将恶性疟原虫从大猩猩身上传到了人类身上。[37] 间日疟原虫与人类、黑猩猩和大猩猩共生的时间还要更久一些。[38]

鉴于人类已经与疟疾共生了数万年的时间，它对我们的 DNA 有着深刻的影响。其中一个例子就是一个叫作达菲阴性的 DNA 变体。[39] 达菲基因是按照病患的姓名命名的，研究者就是从他身上第一次发现这种基因的。达菲基因在红细胞的表面对蛋白质进行编码，而间日疟原虫正是由此进入细胞的。达菲阴性的人的红细胞表面缺乏这种蛋白，所以寄生虫发现它要进入这些人的细胞困难多了。达菲阴性阻断了寄生虫生命周期的关键一个阶段并防止了间日疟原虫疟疾发作，或者至少降低了它的严重性。因此在间日疟原虫常见的地区，具备达菲阴性基因的人是极其令人羡慕的。[40] 在撒哈拉以南非洲地区，具备达菲阴性 DNA 变体的人接近百分之百，而在世界其他绝大多数地方却接近于零。因此间日疟原虫造成的疟疾在撒哈拉以南非洲地区非常罕见，而在南亚和拉丁美洲却很常见。在开始于 500 年前的人口大迁移之前，达菲阴性基因在美国是不存在的。如果某个人口群体中现在有了达菲阴性基因，这是一种可靠的迹象，表明此人具有非洲黑人血统。我们在非裔美国人、西印度群岛人和南美洲人中观察到了它，但占比各不同，这些地方具有达菲阴性基因的人大多是被贩奴船运过来的非洲人的后裔。[41]

为什么印度人和东南亚人并不具有达菲阴性基因？达菲阴性基因会

保护他们不受间日疟原虫的毒害。事情很有可能是这个样子，在大约10万年之前，人类只是在非洲生活，一般都受到了间日疟原虫的感染，这和其他类人猿一样。在大约5万年之前，有一小群现代人离开了东非，绕过印度洋海岸到达阿拉伯、波斯、印度和东南亚。他们随身带去了间日疟原虫的一支。而3万年前，达菲阴性基因[42]开始在非洲传播，最终变得如此之多，使得间日疟原虫型疟疾实际上在这个大陆上已经被消灭了，[43]从而使其成为今天亚洲和拉丁美洲的地方病。不过，非黑人的非洲人依然有在非洲被间日疟原虫感染的风险。2005年一位32岁的白人男性在中非共和国一连工作了18天，突然从一只蚊子那里感染了间日疟原虫疟疾。当时好像是蚊子在叮咬了一只感染的猿猴之后又叮咬了他。[44]

具备达菲阴性基因可能需要付出代价。达菲蛋白质的作用可远不止帮助间日疟原虫进入红细胞那么简单：它是作为免疫系统的一部分在起作用，[45]所以缺乏它可能会影响无数疾病的严重程度。举例来说，达菲阴性的人（这些人实际上都有着实实在在的非洲祖先）可能更容易得癌症。[46, 47, 48]除非你生活在一个间日疟原虫肆虐的地方，也许总的来说，你的红细胞上最好保留着达菲蛋白。

达菲阴性对于抵抗由恶性疟原虫引起的更致命的疟疾也是毫无作用的。因此风险人群进化出了几种其他形式的变异，以防御它。不幸的是，最广泛流传的抗疟变异还会引起镰状细胞贫血病、地中海贫血或者葡萄糖-6-磷酸脱氢酶缺乏症（蚕豆病）。镰状细胞贫血病可引起疼痛、感染和中风，预期寿命会降低数十年；地中海贫血会引起贫血症、心脏问题、骨骼畸形和脾脏损害；[49]患有葡萄糖-6-磷酸脱氢酶缺乏症的人容易因宽豆（蚕豆）而发病，发病后他们会出现黄疸、贫血、呼吸短促和肾衰竭等症状。希腊圣人和数学家毕达哥拉斯禁止他的学生食用豆子。我们能猜出毕达哥拉斯是一位蚕豆病患者。这样说起来，镰状细胞贫血病、地中海贫血或者葡萄糖-6-磷酸脱氢酶缺乏症都是很严重却又广泛存在的遗传疾病。即便如此，它们也比疟疾好对付。它们之所以持续存在，是因为突变通过对红细胞的作用赋予了对恶性疟原虫的抵抗力。疟疾是一种令人虚弱的疾病，它是如此普遍，以至于这些破坏性突变尽管引起了一些损害，却依旧传遍了非洲、亚洲、地中海和中东。尽管这些突变是人类对抗疾病的自然手段，但我们还是需要更好的防治措施。

如今，蚊子仍然是世界上最致命的动物，疟疾在 2017 年就害死了 50 万人，其中大部分是还没有产生任何抵抗力的小孩子。但进步正在发生，在过去的 15 年里死亡人数已经减半了。在许多地方如美国和欧洲，疟疾已经从过去的常见流行病被彻底消灭了。举例而言，在军事基地及其周围进行的一些类似项目取得了令人鼓舞的成果，随后，美国国家疟疾根治项目于 1947 年启动。疟疾根治项目的目标是美国东南部的 13 个州。500 万户人家用 DDT 进行消毒，蚊子滋生的地点都被排干了水，也被喷洒了杀虫剂。1949 年美国宣布疟疾不再是主要的公共健康问题了，所需要的只是继续监控。[50]

我们会完全根除疟疾和其他蚊媒疾病吗？许多国家到目前已经取得了类似的成就。针对几内亚龙线虫病和天花所取得的胜利表明，为战胜疾病而进行国际合作是能产生效果的。许多因素让解决中非和西非的疟疾问题特别具有挑战性：种类众多的昆虫和疟原虫能够传播和引发疾病。消灭一种蚊子可能只是意味着同样糟糕的另一种取代了它们而已。贫穷的政府和资金匮乏阻碍了之前的疟疾控制项目。我们需要帮助贫困的社区，它们很难主动寻求也没有多少渠道获得医疗卫生系统。尽管传统防治疟疾和蚊虫的方法（像使用蚊帐、窗纱以及清除死水）依然十分宝贵，但我们也需要利用新技术，需要持续不断地研发更好的药物、杀虫剂以及提出更好的诊断方法。在最近的 10 年里，新的技术创新以及更多的政治和财政承诺已经促成了进步，从 2010 年到 2019 年，在全世界范围内，疟疾导致的死亡人数下降了 44%。[51] 每年都有更多的国家宣布消除了疟疾。完全新颖的方法也一样有价值。在布基纳法索开展的抗疟疫苗试验显示出令人鼓舞的前期成果。[52]

一个更为激进的想法是通过基因工程创造一种蚊子，将它们释放，从而将好的基因扩散到整个蚊群中去。[53] 所谓的基因驱动将意味着新的基因会更多地出现在后代中。举例来说，经过转基因，蚊子可能不会被恶性疟原虫感染，这样一来就有潜力一劳永逸地终结最严重的疟疾类型。然后我们就需要释放少量的经过转基因的蚊子，以使新基因最终实现代代相传。或者我们可能增加一些阻止蚊子繁殖的基因，使其走向灭绝。基因驱动是一种有着无限潜力的工具，尽管我们已经在实验室中选择和创造变异动物 100 年了，但基因驱动技术却给了人类向高处发展和对星球上每个动物进行基因修改的力量。经过 10 多年对释放转基因蚊子的伦理和风险的探讨，[54] 第一次实验已经开始了。这次的目标是佛罗里达州的埃及伊蚊，使用的不是基因驱动技术，而是杀死雌性幼体的基因。[55] 尽管这实验看起来似乎是一种很有前途的想法，但还是存在着让人深深担忧的隐患：一旦将转基因蚊子释放之后，就没有办法将它们全部召回，对生态系统也会有意料之外的影响。新的基因可能会突变甚至跳到其他物种中。面对这样的破坏性基因，蚊子身上也将不可避免地进化出抵抗力。

如果我们笃定要资助这些项目，那么数十年内在世界范围根除疟疾、登革热和其他蚊媒疾病就并不是不现实的。像疟疾这种长期而广泛流传的疾病破坏了一个国家的财富和健康。消灭它们会让这些国家摆脱困扰了它们多年的衰竭性疾病。疟疾根治项目非常昂贵，但是这种投资的长期回报也非常巨大。[56] 这些巨大的福利会造福数十亿人，尤其会促成非洲国家的转变。

第 10 章

# 魔　弹

从正在进行但是大体上还算成功的对抗传染病的行动中，我们能够获取何种普遍经验呢？过去医生们对传染病无能为力，直到第二次世界大战之后抗生素变得普遍易得，情况才有所改观。实际上，就像我们在产褥感染的病例中所看到的那样，与医疗职业人士接触有时候实在是非常危险。在维多利亚时代，许多传染病的病例出现了锐减趋势，举例而言，在英格兰和威尔士，伤寒导致的死亡人数从 1840 年到 1910 年减少了 90%（参见表 14）。这些进展发生在大规模的疫苗接种或者有效的药物出现之前。尽管医疗知识确实在不断增加，例如通过解剖学得到的对血液循环或人体结构的认识，但是这种进展却花费了几个世纪才转化为实际的医药方法。到 19 世纪末期，天花还是唯一有疫苗的疾病。在这个时间之前，最大的医疗进展还是预防感染而非治愈疾病。手术中开始使用抗菌剂。麻醉剂的发明，连同抗菌剂的使用，意味着现在病患从手术中幸存下来的概率相当高。在麻醉剂出现之前，能够以最快的速度切除肢体是外科大夫非常引以为傲的事，即使他们的病患会因为休克和感染而死去。19 世纪英国人的预期寿命从 30 多岁增加到将近 50 岁。[1]

正如我们看到的那样，19 世纪前半叶的政治家们相信自由放任主义，即政府不干涉自由市场的运作。如果有足够多的人需要药物、干净的水、下水道或者住房，私人公司就会积极为他们提供。随着国家和地方政府开始资助我们今天所享受的种种公共服务，人们的态度发生了变化。对这些措施合法性的论证一般不是从人道主义的立场或者公共利益的角度出发，而是通过说它们会减少纳税富人的财政负担和保健成本。然而，一般公众特别是穷人从中获益匪浅。

尽管认识到疾病是由被污染的水引起的并不会直接促进治愈，但这种认知却指出了卫生条件对于防范疾病的重要性。维多利亚时代的医生可能比较糟糕，但是当时的人的确知道如何搞建设。这个时代建造的无数的公路、铁路、桥梁、运河、高架路、下水道、管道和水库今天还在被使用。滤水厂建设起来，一开始只是通过沙子过滤水，后来方法改进了，通过氯化法来净水。用于做饭、清洁、盥洗和饮用的洁净水改善了数百万人的生活，而下水道设施将污水安全地带走并进行处理。以尽可能低的成本建造的容纳数千人的贫民窟逐渐被拆除了，代之以质量更好的住宅。营养标准也在此期间得到了改善。足够的卡路里供应和均衡的膳食滋养了强壮的身体，使人们能够更好地抵御感染。[2]昔日里从农场直接运到城市的盛奶大罐为诱发结核病和其他疾病的细菌提供了温床，后来牛奶通过巴氏杀菌法进行消毒。人们也认识到混合食用碳水化合物、脂肪和蛋白质的重要性。维多利亚时代国民财富的巨大增长改善了几乎所有人的生活标准和膳食。

约翰·斯诺、伊格纳兹·塞麦尔维斯、罗伯特·科赫、路易·巴斯德和许多其他人为病菌致病说提供了充分的证据，这种学说主张传染病是由病原微生物传播的，因此疾病是由水中的微生物而不是被污染的空气传播的。炎热的夏天，从污物堆积的沟渠中腾起的烟雾很容易让人产生那样的误会，尤其是当人们从一座水泵中取水喝的时候，看起来清澈、喝起来正常的水会有什么问题呢？然而如果含有致病的病菌，看起来不错的水还是可能会致命，造成伤寒和霍乱的那些例子便是如此。疾病是由具有传染性的微小的病菌所传播，这一认识立刻引出了强有力的结论。

——清洁能够防止疾病的传播。

——接触不同病人的医生应该洗涤并且换穿干净的衣服，这样就不会传播病菌了。不能用最近还在被感染的人体内或尸体上操作的手去治疗另一批人。

——医院的床铺不能渗着血迹或者脓水。

——衣物和铺盖应定期清洗。

——避免接触大小便和各种体液。

——定期盥洗。

这些是我们反复强调并让孩子们记住的基本卫生措施，但它们在19世纪才成为常识。此外，如果我们认识到疾病可以通过蚊子、老鼠这些动物来传播，那么铲除它们的栖息地，减少它们与人类的接触，就能阻止疫病。所以我们抽干滋生蚊虫的沼泽，将有害的动物赶出人类的居所。

病菌致病说论证了接种疫苗和预防注射是如何起作用的。一旦我们的身体接触到一种微生物，如果再次接触它，我们的身体是能够抵御它的，因为我们的免疫系统会预先准备好将它识别为危险的入侵者。或许，死去的微生物、它们的残体或者类似的微生物就足以触发免疫反应。这样的话，我们就有了一种疫苗。不需要任何复杂的工具或者任何关于免疫系统运作的知识。我们所要做的就是培养导致疾病的微生物，然后杀死它，将其粉碎或者修改其基因，直至它不再致命但是仍然能够激发免疫反应。

如果我们能够识别并且培养病原微生物，那么我们就能够进行实验并找到杀死它们的方法。1907年，德裔犹太人、科赫的老同事保罗·埃尔利希开始了一项研究，以寻找可能杀死细菌而不伤害人类细胞的化学品。埃尔利希的梦想就是他的“魔弹”创意—— 一种能够杀死目标有机体而保证其他所有细胞安然无恙的药物，好比用机枪向混乱的人群发射子弹，但只击中敌方士兵。他知道这并不容易。就超过 99% 的化学品来看，它们对细胞的影响几乎没有差异，举例来说，氰化物可以杀灭一切，所以它成不了灵丹妙药。埃尔利希甚至并不知道选择性地杀灭某一类细胞这种事是不是真的有可能。

埃尔利希从他早期为细胞染色的工作中逐渐发展了他的“魔弹”创意。快速发展的化学工业给他提供了成百上千的各种新染色剂。他发现通过为细胞制备增加一系列的染料，在通过显微镜观察的时候，他就可以得到用鲜明的颜色凸显出来的不同类型的细胞。用这种方法，他也能够发现各种新型细胞。因此，他推断说，如果细胞在与染料结合时呈现出差异，那么它们也有可能对能够杀死它们的分子表现出不同的亲和性。如果这些分子直奔病原微生物而去，它们就会成为“魔弹”。

埃尔利希寻找“魔弹”的计划是从一种能杀灭目标的活性化学物质开始的，如果效果不太理想，也不用管太多。举例来说，它可能会展现出一些对人体细胞不必要的毒性。这种初始分子被称为先导化合物。然后我们可以对先导化合物做出化学调整，以提高它们作为药物的疗效，增加其对于目标细胞的活性，同时降低其毒性。通过搞清楚调整化学物质的结构会怎样改变其对有机物的药效，埃尔利希在研发中将化学世界与生物学世界联系起来。

埃尔利希将他的办法用在神经系统非洲锥虫病（昏睡病）上，这种病是由一种叫作锥体虫的寄生虫感染引起的，还通过采采蝇的叮咬传播。埃尔利希的起点是使用一种叫作阿托西（Atoxyl）的化合物。1905 年人们曾尝试将它作为治疗昏睡病的药物，尽管长期使用它最终会损害视神经，从而致盲，但这种方法还是取得了一些成效。埃尔利希和他的团队首先确定了阿托西的确切结构。有了这种知识，他们就能够合成数百种不同的结构，以对其加以改进。最佳的化合物是第 418 号，它不仅能杀死锥体虫，而且在小鼠实验中显现出了低毒性。[3] 1907 年，他们进行了人体实验。尽管它经常产生许多很糟糕的副作用，但总体来说，它对于治疗昏睡病的重症有所助益。[4]

在此鼓舞下，埃尔利希转向了梅毒。1905 年，弗里茨·绍丁（Fritz Schaudinn）和埃里克·霍夫曼（Erich Hoffmann）发现梅毒是由一种叫作梅毒螺旋体的细菌感染引起的。[5] 霍夫曼向埃尔利希提议说，他应该看看在他为昏睡病研发的化合物中是否就有对梅毒有良好功效的东西。埃尔利希将这个项目交给了他的日本同事秦佐八郎，秦佐八郎设法让兔子染上了梅毒螺旋体。经过极大的努力，秦佐八郎发现第 606 号化合物有疗效，它杀死了梅毒螺旋体，同时兔子也安然无恙。它就是砷凡纳明，正是埃尔利希一直寻找的真正的"魔弹"。[6]

经过进一步的动物测试，确定砷凡纳明的确有疗效且安全后，埃尔利希对患有梅毒的患者展开了临床测试。实验的成功引发了巨大的市场需求，所以埃尔利希与赫斯特公司合作制造和销售这种药物，将其命名为洒尔佛散（Salvarsan）。1914 年又推出了副作用更少的改进版，名为新洒尔佛散。直到 30 年后大量引入青霉素之前，洒尔佛散和新洒尔佛散一直是治疗梅毒的备选药物。而在 20 世纪 30 年代，一种叫作磺胺药的新药被发现之前，在阿托西基础上制造的药物一直是人类唯一的合成抗生素。埃尔利希是一个聪明而又谦逊的人，在谈起他发现洒尔佛散的时候，他说："我这是七年的挫败，一刻的幸运。"[7]

科赫、秦佐八郎、埃尔利希和其他人的开创性工作为研发药物铺平了道路。在过去的 100 年中，药物研发的规模扩大了，其复杂性大大增加了，但是整体方案还是遵循着埃尔利希所设想并投入昏睡病和梅毒治疗的那种规划。在过去的一个世纪里，追随他的愿景，我们已经获得了成千上万种有效的药物，这拯救了数十亿人的生命，并且使人均预期寿命延长了数十年。尽管我们在预防和治疗感染方面不断进步，但新的疾病还是一定会出现。我们将一直需要备好"魔弹"。

# 第三篇

# 人如其食[①]

① 该说法相传由法国美食家让·安泰尔姆·布里亚-萨瓦兰（Jean Anthelme Brillat-Savarin）提出，经德国哲学家费尔巴哈引用，成为素食主义者、有机食物主义者的流行语。——译者注

对人类而言，偏离大自然原先为其安排的状态是许多疾病的根源，这一点似乎已得到证实。

——爱德华·詹纳，

《种牛痘的原因与效果的探讨》，1798 年[1]

# 第 11 章

# 汉塞尔与格蕾特

一位名叫托马斯·马尔萨斯（Thomas Malthus）的英国牧师于 1798 年出版了《人口论》。在这部影响深远的著作中，他提出人口水平是受到资源约束的。[1] 马尔萨斯主张在任何国家，如果维持生存的物资（主要是食物）能够很容易地养活其居民，那么结果将是人口的增长。于是食物供给就要在更多的人口之间进行分配，这就解释了穷人的生活为什么会变得更糟，其中许多人甚至陷入严重的苦难。马尔萨斯所说的苦难，是指：

> 人口的力量大大超越了大地为人类提供生存资料的力量，因此夭亡必定会以某种方式侵袭人类……容易害病的季节也好，鼠疫也好，其他疫病大流行也好，可怕的灾难接踵而至，将成千上万的人口抹去。要是这还不算完事，尚有无法避免的巨大饥荒尾随于后，它将利用世间的食粮一记猛击便将人口数字削平。[2]

增加农业产出的努力只能产生短暂的效益，因为“最终生存物资将与人口达成一定比例，这一比例将与最初阶段别无二致”。于是干脆食物匮乏就成了抑制人口数量的终极要素，饥荒就成了“大自然最终和最可怕的招数”。经常发生的饥荒也就不可避免地成了人类生存状况的一部分。人类陷于困境。作为世界上最伟大的悲观主义者之一，马尔萨斯认为无论人类如何努力，“鉴于人口数量的力量更强，不造成灾难和邪恶就无法抑制其增加”[3]。但是他关于人口数量是由食物供给约束的主张到底对不对呢？

关于过去 1 000 年间西欧人口的寿命情况有非常好的记录，我们可以观察这一段很长的时期，了解一下饥荒是如何发生的，以及它们最终又是怎么被克服的。在黑死病发生之前，从 1250 年到 1345 年间，欧洲的饥荒发生得非常频繁。[4] 鉴于人口的需求恰好处在超出可用食物资源的临界线上，食物匮乏成为一种地方特点，这使得欧洲处在一种脆弱的状态中。营养不良降低了人们对疾病的抵抗力，所以 14 世纪 40 年代晚期鼠疫来袭的时机特别糟糕。对比之下，黑死病之后两个世纪，当人口数量暴跌之后，饥荒就很罕见了。到 1550 年人口膨胀到了黑死病之前的水平，饥荒再一次变得很常见。因此饥荒集中发生在各地区人口已经达到其潜在最大数量的时期，在中世纪，法国的潜在人口最大数量约为 2 000 万，意大利约为 1 400 万，而英格兰约为 500 万。在这样的人口水平上，任何食品产量的重大减少都会造成饥荒。

长期不变的坏天气导致收成不好，这是触发饥荒的一个经常性因素。1315 年春天，从欧洲北部开始，一场大雨从天而降。按照法国拉昂的圣文森特修道院院长的说法，这雨“最不可思议而且下了这么久”。这场雨一直持续到 8 月中旬，覆盖了广阔的地区——从西边的不列颠和法国穿过德意志和斯堪的纳维亚地区一直到东部的波兰和立陶宛。有一份记载说雨一连下了 155 天。桥梁损毁，磨坊和整个村庄被洪水冲走，浸湿的木头和泥炭无法燃烧，采石场和地窖被淹，稻草和草料没法弄干，所以牲畜没有过冬的饲料。吃不饱的牛羊太虚弱了，无法抵御疾病侵袭。作为主粮的小麦无法成熟，烂在地里。保存食物和制作芝士需要用到盐，而蒸发海水制盐的工作却非常艰难。最糟糕的是对庄稼的破坏：人们无法在泡水的土地上播种新的庄稼，而原先播种的农作物也没有收成，此外，珍贵的表层土壤被洪水冲走了，这样一来，许多之前肥沃的土地就化为了黏土甚至露出了光秃秃的岩石。

一次年成不好，尽管也是很严重的问题，但通常还不至于造成饥荒。英格兰国王爱德华二世最初想要从法国国王路易十世那里购买粮食。当他发现法国人遭受的洪涝灾害一样严重的时候，他下令从南欧的西班牙、西西里和热那亚进口粮食。尽管这类措施可能成本高昂，但只要来年的收成还行，它们通常还是能够避免大灾难的。

来年的收成并不如意。1316 年大雨再袭，与上年一样开启了灾难模式。这下子农民们开始吃起谷种和种畜了，接下来几年的前景全破灭了。大雨直到 1317 年的夏季才恢复正常，但是人民已经虚弱到无法正常工作，他们也已经吃掉了力畜还有谷种。此外，在 1317 年到 1318 年冬季期间，天气变得非常寒冷。数以千计的营养不良的动物不是病死就是冻死了。直到 1325 年，食物供给才回到先前的水平。在这场灾难中，欧洲北部的人口死亡率达到 10%~25%。[5]

第二种造成大破坏的常见原因是自然灾害，例如地震、海啸或者火山爆发。除了能产生熔岩流、有毒的气体和石块雨，火山爆发造成的饥荒能波及喷发地数千英里之外的地方，持续数月甚至数年之久。冰岛是有这样能力的火山的主要聚集地。1783 年有一座火山喷发后，英国就有超过 2 万人死亡，这使之成为现代英国历史上最大的自然灾害。[6]

地球上最长的山脉从大西洋中间穿过。这里正是地壳板块分离之处，它们就像两条巨型的传送带，各自向着相反的方向运动，而熔岩沿此裂缝上升，形成了中大西洋海岭。以这种方式，欧洲和非洲以每年几厘米的速度离开美洲，仅用 1.2 亿年左右的时间就形成了大西洋。在冰岛的辛格韦德利，海岭凸出海面，露出中间一条裂谷，在那里你可以一睹板块相接的确切位置。这就让冰岛成了地球上火山活动最活跃的国家之一。洋壳熔化之时，会形成奔流的熔岩，熔岩像河流一样从火山中涌出，这和大陆上形成的火山不太一样，大陆火山的熔岩黏稠并且会堵塞喷口，因此它们更容易爆炸。在 1783 年 6 月，冰岛南部的拉基火山开始喷发。它一连喷了 8 个月不见停。沿着 23 千米长的裂隙和火山锥分布着 130 个喷口，熔岩流、热泉和爆炸喷发了 15 立方千米的熔岩，使其成为自 934 年以来同类喷发事件中最大的一次（也是冰岛最大的一次）。若是进行比较的话，拉基火山在 8 个月中释放的熔岩量，同现在地球上最活跃的火山夏威夷的基拉韦厄火山在最近 100 年中喷发的总量相当。还不止如此，附近还有格里姆火山，它是冰岛活跃频率最高的火山，当时它也在喷发。[7]

从拉基火山过来的熔岩流摧毁了 20 座村庄。约恩·斯泰因格里姆松牧师留下了关于这场灾祸的最佳实录。在一篇名叫《关于火之发生地的完全记录》（A Complete Treatise on the Síða Fires）的文章中，他记下了拉基火山喷发的情景及其对他的教众的影响。据信，斯泰因格里姆松牧师在 1783 年 7 月的一个星期天创造了一场奇迹。在他布道期间，一股危险的熔岩流几乎要摧毁他的教堂。而他决定冒着危险继续讲道，本以为这将是这座教堂的最后一次布道了。但在他的演讲过程中，熔岩流竟然停了下来，整个教堂的会众都获救了。

除了熔岩，拉基火山还喷出了大量有毒的氟化氢和二氧化硫气体。二氧化硫与水发生反应，形成硫酸和亚硫酸，它们杀死植物，破坏肺部和皮肤。而氟化氢危害更大，它不仅是一种有腐蚀性的酸性气体，而且会被草皮吸收，牲畜吃掉这样的草以后，会因为氟化物过量而中毒。拉基火山喷发杀死了冰岛 60% 的牲畜，还有大部分的庄稼，这就使得冰岛人口的 1/4，即超过 1 万人在随后的饥荒中死去。[8]

大部分的二氧化硫飘上了高层大气层，在北半球循环。毒雾在西欧造成数千人死亡。庄稼被酸雨毁坏。由于高空的水滴阻挡了阳光，天气受到影响，导致了好几年的低温。在南方更远的地带，正常天气模式被打破意味着印度会发生旱灾和尼罗河水源高地雨水稀少。埃及完全依赖于尼罗河一年一度的泛滥来为土地灌溉和施肥。一旦尼罗河的洪水失期不至，糟糕的收成意味着埃及 1/6 的人口会死亡。[9] 总计起来，这次火山喷发导致 600 万人口死亡，首先是因为吸入了毒素——就像在英国所发生的那样，之后则是因为饥荒。

饥荒中的情况又是怎样的呢？当收成不好，通常的产品没有了，人们就会转而吃起各种各样惊人的替代品。首先就是那些吃起来味道不佳但是仍然有营养的食物。民间智慧特别是老人们的智慧，能够告诉我们在艰难时节哪些东西是可以吃的，怎样去识别饥荒食物以及如何去烹饪。当情况变得更糟的时候，人们就会或多或少食用任何东西来填饱肚子。这些饥荒食品包括糖用甜菜、花（如番红花）的球茎、鸢尾花和郁金香、马铃薯皮、荨麻、野浆果、醋栗、山毛榉种子、橡子、野生菌、树叶、坚果、沙果、蒲公英、猫、老鼠、狗、动物园动物、蚯蚓、麻雀、狼蛛、蝎子、蚕、蚂蚱、草、海草、锯末、粪便、树皮、皮革、蝗虫、蓟、花生壳、马和动物饲料等，不过食物的范围是绝不会限于这些的。[10, 11] 但是进食腐烂的食物和烂肉，加上身体无法抵抗感染，会引起消化系统疾病和腹泻。于是在饥荒中出现的许多死亡源自食物方面糟糕的选择。

当一个家庭面对饥荒的时候，家庭成员会想要把孩子卖给那些能够更好地哺育他们的人。1231 年到 1239 年在日本，这种做法得到合法化，作为日本史上最严重的宽喜饥荒的应对措施之一。[12] 在最严重的饥荒中，经常会有吃人的记录，不过这类说法常常因为没有坚实的证据而靠不住。幸存者不愿意承认为了活下来所采取的极端和非法的手段，尽管煮过的骨头上面的砍伤可能会泄露隐情。1315 年的大饥荒中，一位爱尔兰的编年史家记载说人们“被饥饿摧毁到这样可怕的地步，他们竟然从墓地挖出死尸，从颅骨中挖出肉来吃，而女人由于饥饿把她们的孩子都给吃了”[13]。在波兰，“许多地方，父母吃了孩子，孩子吃了父母”。许多人在绞刑执行后从绞刑台搞尸体吃。父母易子而食，因为吃别人孩子比吃自己的孩子容易些。出于类似的原因，最后被吃的部分一般都是头。

在著名的德意志民间故事《汉塞尔与格蕾特》中，一个饥饿的伐木工和他的新婚妻子决定将孩子丢在森林里，因为他们再也养不起孩子了。孩子们找到了一间由姜饼制成的神奇的屋子，他们被一个女巫抓住了，女巫想要吃了他们。汉塞尔被关在笼子里，养肥，而格蕾特则需要给女巫工作。幸运的是格蕾特凭借自己的聪明才智将女巫推进了炉子里，杀死了她。他们发现了她的财宝并且回到父亲身边。幸运的是，他们的继母已经死去，所以他们从此过上了幸福的生活。

这则恐怖故事在短短数页之间，描绘了饥荒许多常见的恐怖之处，即对食物的痴迷、父母的死亡、贫困、虐待儿童、奴役、饥饿、谋杀、遗弃儿童和同类相食。令人奇怪的是，在数百年间，它一直被认为是一个适合儿童阅读的睡前故事。汉塞尔与格蕾特的故事有可能起源于1315年的大饥荒。那时候绝望的家庭的确抛弃孩子任其挨饿，并且退回了同类相食的悲惨境地（尽管这则故事也可能有很悠久的历史，因为类似的故事也在其他环波罗的海地区而不仅仅是在德意志流传）。

极端的饥饿会如何影响人？人的身体能够在什么东西都不吃的情况下存活八个星期，这取决于个人的脂肪储备和其他身体条件。如果天很冷而又必须做体力活，就需要更多的卡路里来维持体温。人体又是如何适应长期饥饿的呢？

在进食了碳水化合物之后，人的血糖会升高然后被运输到肝脏。在那里葡萄糖分子结合起来，形成淀粉浆状的多聚体，名为糖原。在饥饿的第一阶段，糖原被分解为葡萄糖以提供能量。一旦这些都被用完了，血糖水平就由脂肪和蛋白质的分解来维持。脂肪被分解成甘油和脂肪酸。脂肪酸可以被用作能量源，特别是肌肉的能量源，而剩下的葡萄糖则被留给更需要它的大脑等器官。从糖原到脂肪的转换正是当马拉松运动员撞到“墙”的时候所发生的情形。在一场马拉松比赛中，受过良好训练的马拉松运动员会发现最初的 18 英里左右并不是太艰难。但是能量会突然耗尽，之后每跨一步从脚趾到臀部都会感到疼痛。不管你在马拉松比赛之前的几天里摄入了多少碳水化合物，以使自己的糖原储备最大化，你也只能制造出支撑自己走过 3/4 赛程（无论如何，至少对大多数人来说是这样）的能量储备。

在饥饿的第二阶段，这一阶段一般会延续几个星期，脂肪成为主要的能量源。肝脏将脂肪酸代谢成各类酮体，这些酮体是大脑的一种替代能源。酮体被转化为丙酮，丙酮被呼出后散发出难闻的气味。

一旦脂肪储备消耗完毕，蛋白质就被用作主要的能量源。肌肉是最大的蛋白质储存库，人体可以在一定程度上不需要肌肉，所以肌肉首先被消耗。这自然会导致虚弱。一旦肌肉被消耗殆尽，对细胞功能起到关键作用的蛋白质就会被分解，成为替补，这会引起更加严重的症状。这时，人面对传染病就会变得更加脆弱，因为免疫系统失效了。饥饿的额外信号是皮肤干屑脱落、发色变化、脱水、睡眠减少、头疼、对噪声和光线敏感、听觉和视觉模糊以及腹部肿胀。身体温度、心跳频率和呼吸频率都出现下降，因为身体会设法降低能量需求。此时免疫系统的功能非常糟糕，无法经受传染病的侵袭。即便避免了致命感染，死亡最终也会因心力衰竭而到来。

1944 年，明尼苏达大学美国生理学家安塞尔·基斯（Ancel Keys）主持了一项关于饥饿的心理影响的研究，尽管在伦理上存在疑问，但项目却很有吸引力。[14, 15] 这次研究招募了 36 个青年，选择的标准是具有高水平的生理和心理健康，以及对实验目标有献身精神。被试是发自内心的拒服兵役者，他们主动参与实验，以此代替在“二战”中参军服役。

实验的前 3 个月，志愿者们正常进食，其行为、个性和饮食方式受到认真监控。在接下来的 6 个月中，这些人的进食量只能保持之前的一半，他们还要保持活跃，所以减掉了大约 25% 的体重。6 个月的饥饿之后是3个月的恢复期，这时他们可以正常进餐。虽然个体的反应差异极大，但大部分人都经历了很大的生理、心理和社会变化，甚至在他们进入了恢复食量的阶段和再往后的阶段，这些现象通常也会持续下去。

志愿者对食物产生了浓厚的兴趣。尽管这一点并不令人惊奇，但这种心思常常以特别的方式表现出来。他们无法停止对食物的惦记，所以专注力衰退了。他们说话的时候，食物成了主要的话题。进餐的时间会被拉长到数个小时，而其他人以最快的速度狼吞虎咽掉他们的食物。烹饪书、菜单和与农业有关的文章成了最受欢迎的阅读材料。顶级的娱乐节目是看着其他人吃东西。有些人开始收集他们无法使用的与食物有关的物品，例如咖啡壶、长柄勺、汤匙和平底锅。这种情况进一步发展为搜集无用的非食物物品，包括旧书和不能穿的衣物。茶、咖啡和口香糖的使用量激增，以至于咖啡必须限制在1天不超过9杯，口香糖1天不超过2包。

在恢复食量的3个月期间，大部分人会大吃大喝，每天摄入8 000到10 000卡路里的惊人热量（是常规水平的3倍）。许多人因为过量进食把自己搞生病了，其他人尽可能地多吃，但是仍然感到饥饿，甚至在摄入了5 000卡路里的食物之后也是如此。但是几乎所有人在几个月后都回到了常规的饮食习惯。

饥饿经常引起心理的困境，包括情绪低落、偶尔的情绪高涨、生气、褊狭、焦虑、冷漠以及精神病。有一个人甚至砍掉了自己的两根手指，尽管这些人在项目最初是因为生理和心理状况健康而被选中的。男人们开始回避社会接触，特别是和女人的接触，变得日益沉默内敛和离群索居。他们失去了幽默感、同志情谊、对性的兴趣并且感到社交能力十分不足。有一个男性说：

> 我是三四个仍然与女孩约会的人之一。我在控制期中与一个女孩相爱了，但是我现在跟她只是偶尔见一下。见她可以说是太麻烦

了，即使是她来实验室看我也是这样。要抓住她的手需要使劲。娱乐活动必须柔和。如果我们一起看节目，节目内容中最有趣的部分就是人们吃东西的场面。[16]

他们失去了活力、专注度、警觉性、理解力和判断力，尽管并未失去全部的智力，同时显现出上文所描述的身体症状。

这项研究揭示了人类挨饿时是怎样将越来越多的资源转化为食物的。实验中，那些年轻男性通常最感兴趣的事情，像社交活动，特别是和女性的社交活动，让位给了对食物的强烈迷恋。毫无疑问，人类的祖先经历过许多饥荒的时代，现代人是那些成功幸存下来的人的子孙后代。因此这类身体和精神上的变化，有可能是作为必要手段演化出来的。它们是为了让人类度过食品短缺的时期，直到重新有食物为止。

明尼苏达大学的这项研究是在安全的环境中展开的。如果被试对自己或者其他人造成真正的危险，他们就会被从项目中排除（尽管老实说，有时候手指头数量比实际的数字可能会少一两根）。在真正的饥荒中，经常会发生整个社会的完全崩溃。饥荒的这种超强压力会带来极端的行为，而且通常是最坏的极端行为。在生存利益面前，一切都被抛到脑后。人们失去了羞耻心和对他人的同情。犯罪率尤其是偷盗发生的频率一飞冲天，人们会盗窃食物，或者盗窃能够快速变卖或可用于交换食品的任何东西。在奴隶社会中，由于奴隶主不愿意承担供养的责任，奴隶可能会被“解放”甚至干脆被杀掉。在绝望中，父母会将孩子卖为奴隶或者试图把自己卖身为奴。女人则转而依靠卖淫，因为她们的身体是她们仅有的可变卖的东西，而此时挨饿的男人们对性的需求消失了。自杀率升高了，弃婴数增加了。老人和小孩率先死去，绝望的人们从农村迁徙到城市或者那些他们以为有食物的地方。[17]

马尔萨斯在 1798 年出版的著作中主张，人类的数量最终是由食物的供应条件所限定的。当时的证据表明，他或多或少是正确的。在一轮很差的收成之后，人们挨饿、生病，社会崩溃随之而来，人口数量大跌。要是收成好，就会有更多的人，特别是更多的婴幼儿活下来，人口就会增加。由于新粮食的引进、新土地的开垦或更好的运输条件，食物生产持续增加，但这只是暂时的解决办法。人口将会增长到新的水平，以匹配食物供应的增多，于是饥荒风险再一次出现。

在 1798 年，情况似乎就是如此。但是，回到人口数和饥荒之间的关系上，在大约 1650 年之后的英格兰，以及 50 年后的法国和意大利发生了一些古怪的事情。人口增长了，但是与马尔萨斯预期的相反，饥荒并没有发生。不知何故，人口过剩和容易遭受饥荒之间的联系竟然被打破了。

第一个结束地方性饥荒的国家是 17 世纪的荷兰。在 1568 年，荷兰的前身“七省联盟”（联省共和国）发动了八十年战争，以摆脱西班牙获得独立。在 1585 年，尼德兰分裂为信仰天主教的南部和信仰新教的北部，前者最终成为比利时而后者则成为今天的荷兰。北方实行包容政策，它得益于来自佛兰德斯、法国、西班牙和葡萄牙的有才华和有钱的新教徒及犹太人的涌入。荷兰的经济繁荣了 100 年，特别是在航运方面，所以到 1670 年时欧洲半数的商船是荷兰人的。有一些财富被用于让荷兰成为世界艺术和科学的引领者。这些财富和贸易让荷兰人避开了饥荒。

在 1602 年，荷兰东印度公司成立，它是与亚洲进行贸易的具有法人地位的公司。它从葡萄牙人手上接管了与亚洲的贸易，成为这类贸易的主要参与者和世界最大的商业性企业。荷兰人创造了第一家证券交易所和中央银行，这些是资本主义为其各种活动融资的关键工具。荷兰东印度公司的贸易大部分在北海和波罗的海进行的，它进口木材和谷物，将其大量储存在荷兰。这些储备让荷兰人能够应对糟糕的收成。如有必要，他们也能够从海外购买食物，并通过海路将粮食运进来。他们也很幸运，因为荷兰很少成为战场，不像德意志。德意志在三十年战争（1618—1648）中被摧毁。荷兰人擅长垦殖土地，他们修建运河和堤坝，使用风力抽干湖泊，开垦出新的农田。即便如此，还是会出现收成不好的时候，届时穷人就会陷入困境。荷兰人构建了一个济贫系统。城镇领袖或教会会施舍穷人，这是福利国家的雏形。大约有 10% 的家庭因此受益。[18]

17 世纪的时候，荷兰人和英国人在商业和军事上是竞争对手。最终英国人得出结论，如果不能打败荷兰人，就加入他们吧。1688 年，英国人邀请了荷兰人、新教徒奥兰治的威廉来做他们的国王，以代替天主教徒詹姆士二世。从 1600 年开始农业生产开始增长。这自然引起了人口的增长，但是食物产量的增长快于人口增长，这就避免了饥荒。英国的粮食产量从 1600 年到 1800 年翻了一番，这是通过改进运输、开垦土地以及引入更好的耕作方法实现的。

英国剑桥以北有许多沼泽地带，那里的特点是城镇很少，平坦的土地一望无垠，甚至河流也走直线流过那里。在 17 世纪，荷兰工程师发挥其在修建运河、堤坝和风车磨坊方面的专长，指导着排干沼泽的工程方案的实施。在 19 世纪早期这项工作大部分已经完成，提供了新的非常肥沃的农田，许多地方现在就像荷兰一样，低于海平面的高度。

中世纪的“道路”只能说是勉强可以通行，实际上常常仅仅是一条常有人走的小道。它既没有铺设路面或者设置栏杆，也没有标志杆。下雨的时候，路就变成了泥潭，所以有一半的时间四轮的运货马车无法载重行进，货物需要用驮马运送。随着 18 世纪收费公路系统的出现，情况开始改善。旅客们需要在收费站交费。据说这些路费是用于维持更高质量的道路。这种新的征税形式并不太流行。有些时候，人们会摧毁收费公路，烧掉或者用火药炸掉收费站，特别是在约克郡。然而，由于收费公路系统的存在，从伦敦到曼彻斯特的旅程时长从 1754 年的 4 天半缩短到 30 年后的 1 天时间。到 19 世纪 30 年代中期，超过 2 万英里的道路是由收费公路托拉斯在运营。[19] 为了便于开展贸易，国内税、海关壁垒和封建领地通行费逐渐被取消了。荷兰人和英国人也因地理位置而受益，因为他们的城市在海岸或河流沿线，很容易开展船运。

弗朗西斯·埃杰顿是第三代布里奇沃特公爵，他拥有的沃斯利的煤矿位于曼彻斯特西边 10 英里。城市的工业区需要用煤为蒸汽机提供动力，但是通过河流或驮马运输很慢、不可靠而且价格高昂。他的解决方案是修建布里奇沃特运河，运河包括水渠和隧道。由一匹马牵引的运河船能够运输的货物量是马车的 10 倍还多，这让曼彻斯特的煤价降低了一半。布里奇沃特运河（它现在仍然通航）的成功引发了 1770 年到 1830 年的运河修建热潮，英国在此期间建成了超过 4 000 英里的运河。运河热之后自 1830 年又来了铁路热。铁路旅客的数量从 1838 年的 550 万人次跃升至 1855 年的 1.11 亿人次。

乡绅们，比如令人印象深刻的杰思罗·塔尔和“大头菜”汤森，开始对农业产生了兴趣。他们应用了新的科学方法和卓有见地的思路来展开种植实验，繁育牲畜，发展新的技术。如果在同一方田地重复种植一种庄稼，土地养分很快就会被耗尽，造成产量大幅下降。传统的解决方案是让这块地休耕一年，在此期间不进行耕种，从而使田地得以恢复肥力。更好的解决方法是进行轮种，特别是种植豌豆、菜豆、大头菜（芜菁）或者三叶草，它们能够将空气中的氮元素捕集起来，让土壤恢复肥力。

与美洲的联系给欧洲带来了宝贵的新的庄稼品种——马铃薯、西红柿、玉米、菜豆、各种南瓜、花生和可可。更多品种食物的到来缓解了一种作物收成不好的影响，同时也提供了更加健康和多样化的膳食。到 18 世纪末的时候，稻米、茶叶、糖（来自甘蔗）和马铃薯都已经成为哪怕最贫穷人家的常规饮食的组成部分。[20] 被过度开发的普通土地由那些更有兴趣认真照料它们的新主人接管了。农民们将他们的农产品送往市场，而不是主要用于喂养自己的家庭。新的机器，比如更好的犁和条播机，提高了生产率，同时高质量的硝酸钠肥料开始被从智利运进来。英国的农学家罗伯特·贝克韦尔的选种项目使动物养殖得以改进，牛群的平均体重增加了1倍。现在农业中养育的许多品种的马匹、绵羊和牛都是从他最先繁育的畜群繁衍而来。1768年，第一次农业展览会在曼彻斯特附近的索尔福德举办，农民到这里来参加比赛，娱乐大众并且交易最好的动物和农作物。

这些变化促进了农业产出的巨大增长。在英国，小麦、大麦、豌豆、菜豆、燕麦和黑麦的产量从1650年到1800年基本上翻了一番。通过海路进口的食品数量也在迅速增长。英国也很幸运，在1642年到1651年的内战之后，国内没有发生什么大的战争。最终，在一个连续的时段内，食物的生产速度要比人口的增长速度更快，这样一来就避免了像马尔萨斯所推定的那样一场灾难性的饥荒暴发。当马尔萨斯在1798年发表其结论和预测的时候，他对过去的总结是正确的，但是对未来的预测却是完全错误的。即使在今天，全球人口已经达到历史新高，超过了70亿人，饥荒也已经几乎被消灭了。

尽管我们现代人可以庆幸我们中很少有人亲身经历过饥荒，但我们更应该牢记从农业的起步到数百年前农业革命的发生为止，周期性的饥荒是一种频发的现象。饥饿对健康的长期影响可能已经影响到了绝大部分的成年人。由饥荒所引起的发育不良和对于疾病的易感性可能已经是普遍的人类状况。要再一次指出的是，现代世界尽管人口数量巨大，但拥有丰富多样的食物，这一点是极不寻常的。从饥荒中幸存下来对人类身体和精神的影响已经大体上消失了。

经济学家传统上认为饥荒发生的原因是食物短缺，而食物短缺一般是收成不好造成的。换句话说，这是可获取的食物不足与需要食物的人口过多之间的矛盾。现在有些人愿意为吃支付更高的价格，于是各种市场力量就会运作起来，也就会有各种企业介入进来满足人们的各种需求。当局无须通过提供免费食物进行干预，因为自由市场会自行解决这个问题。实际上，干预就是破坏，因为它干扰了市场完美的自我纠正机制。罗伯特·马尔萨斯和亚当·斯密[21]的主张经常被人引用来支持这类观点。斯密的经济学主张对政策制定者有很大的影响力，特别是在大英帝国。举例来说，当1812年印度的古吉拉特邦的一场饥荒蔓延开来的时候，孟买总督拒绝了政府牵头将食物运进受影响地区的建议，因为这种事情应该是留给自由市场来解决的，当时这一决策就是引用亚当·斯密的观点作为佐证的，[22]尽管亚当·斯密本人会不会支持让人民挨饿是颇令人怀疑的。

经济学家阿马蒂亚·森的著作《贫困与饥荒：论权利与剥夺》（*Poverty and Famines: An Essay on Entitlement and Depravation*）初版问世于1981年。[23]在这部著作中，他驳斥了这种只关注食物供应的简单方法。通过研究几次饥荒的经济数据，他揭示出当今时代的饥荒不能够通过食物供应的下降来解释。实际上饥荒是当人们失去了获取食物的能力时才发生的。更干脆一点说，极度贫困的人们根本没有吃上饭的钱。

1933年，阿马蒂亚·森出生于印度，当时印度还在英国统治之下。作为一名9岁儿童，森亲历了1943年的孟加拉大饥荒，当时死了300万人。后来一个饥荒调查委员会成立了，以调查原因。委员会得出结论说，造成饥荒的主要原因是当地人的主食作物即“孟加拉地区现有的大米供应总量严重短缺”。这起骇人听闻的导致大量人死亡的事件实际上是可以避免的，因为当时印度有足够的食物可以供给孟加拉地区的人们。问题在于一方面食品价格飙升，另一方面农业工人又失去了工作，这样一来他们才会挨饿。英国殖民当局并没有采取必要的行动来遏止饥荒，因为当时他们主要关心的是避免印度被日本人入侵，而自由市场又失灵了。所谓英国“仁慈”统治下的这样一场悲惨的失败，就成了四年后印度寻求独立的有力论据。

森的结论是，社会和经济因素，比如工资的下降、失业、食物价格的上涨、糟糕的食物分配，会在某些社会群体中造成饥饿。食物可能存在，但是如果人们失去了获取食物的能力，有吃的又有什么用呢。因此饥荒是一种经济灾难而不仅仅是食物危机，马尔萨斯的作品并不适用于现代世界。

正如我们已经看到的那样，在现代的工业化社会里，饥荒通常并不是由收成不好造成的。现代的饥荒要么是失败的政策或者管理不当所带来的无心之失，要么是由于战争的影响，反正责任在于政府。重要的是我们如何去应对不可避免的坏天气和不好的收成。现代饥荒的例子有19 世纪 40 年代的爱尔兰马铃薯饥荒等，除此之外，在第二次世界大战期间，荷兰、印度尼西亚、印度、希腊，以及华沙和列宁格勒发生了饥荒，后来，孟加拉国、埃塞俄比亚、南苏丹和内战期间的也门都暴发了饥荒。

有时候政府会故意引发饥荒，将其作为战争的工具。在围困战中，使一个城池的居民挨饿以迫使其投降，这样的策略已经被运用了数千年之久。甚至整个国家也会遭到围困，德国在第一次世界大战中就陷入了这样的困境。

在 20 世纪初的时候，德国和英国都严重依赖来自美洲的食品和原材料，以此喂养其人民，供应其工业。因此不论是通过英国皇家海军，还是通过德国潜艇部队，双方都试图切断对方的海上补给。德意志帝国总参谋部清醒地意识到他们很容易被长期围困，从而导致航运受阻。因此他们的作战方案是将几乎所有的军队投入西线，以快速击垮法国，然后转向东方与法国的盟友俄国作战。他们制订了几个消耗性的持久战计划。英国的陆军规模很小，所以如果英国决定加入法国和俄国的行列，那么在一场快速战争中英国就是无关紧要的了。

尽管德国人的进攻一开始很成功，但法国军队还是在巴黎东边的马恩河战役中拼命将入侵者赶了回去。于是两方都开始挖沟，建起了数百英里的战壕。由于当时的军事科技对防守方极其有利，所以西线从1914 年年末就开始稳定下来。

英国人击败德国的战争计划依赖其海军，这可是世界上最强大的海军，而他们的盟友法国和俄国则提供陆军部队。自 1904 年开始，一场大封锁就一直在筹备中。1914 年，时任海军大臣的温斯顿·丘吉尔说："英国的禁运将整个德国变成一座陷入重围的要塞，公然承认其目标就是要让德国全体人民——男女老少，不论是负伤的还是健康的——挨饿，以此使他们投降。"[24] 封锁阻止了商船进入北海与德国进行贸易，但是要想封锁成功只靠皇家海军是不够的。中立国被说服参加了联盟行动，或者至少是（以某种方式）被说服停止与德国及其盟友之间的贸易往来。数以千计的分析师仔细研究了德国的经济以搞清楚它的哪种进口产品是最紧要的，以便做出特别的努力来阻止这种贸易。至于那些因巨大利益诱惑仍然想要去德国的船只，则有许多间谍和密码破译者将其识别出来。[25]

部分禁运措施在 1914 年 8 月战争爆发时就启动了，但是直到 11 月才被完全贯彻下去，因为英国一开始担忧这会激起中立的美国的敌对。在了解到德国军队对比利时和法国平民的暴行之后，美国对同盟国的态度发生了转变，这时英国人加强了禁运。英国利用其作为世界最大贸易国的地位对中立国施压，使它们配合禁运。英国采取的手段包括拒绝它们使用加煤站，扣留船只进行长时间检查，以及干脆以比德国人更高的价格向它们出口急需商品。最终德国最重要的中立贸易伙伴成了瑞典，瑞典可以继续通过波罗的海向德国输送食物、铁矿石和其他商品，而皇家海军则鞭长莫及，管不了这些。[26]

食品短缺是造成德国战时死亡人数高达数十万的原因之一，它主要是让德国人更容易遭到疾病的侵袭。失去丹麦的奶制品会导致膳食脂肪的严重匮乏。被用作肥料和炸药原料的硝酸钾来自智利，现在这些都无法获得了，尽管卓越的德国化学工业已尽其所能试图加以弥补。德国政府对经济的各方面都施加了管制，并将军事作为优先考虑。农业生产下降了，因为农场的劳动力和马匹都去了前线了。

从1915年早些时候开始，马铃薯已经从德国的很多地方消失了，然后消失的就是小麦。民众骚动增加，犯罪率飙升，因为食物、燃料、衣物、洗涤剂的限额供应要么减少要么全部没有了。仅仅在斯图加特一个地方，在1917年的3个月的时间里，就有273名12~14岁的儿童因试图从农场里偷走食物而被判偷窃罪。[27] 到了1916年几乎所有的食物和燃料都是定量配给的，官方价格也受到管制。平民要想购买经常会脱销的货物，在轮到自己付款之前往往需要排队数个小时。从战争前夕到战争结束时，柏林黑市上肉的价格飙升了20倍。[28] 在1916年，马铃薯收成不好，在这个被叫作“芜菁之冬”的季节，人们被迫依靠没那么可口的芜菁过日子，这东西往日一般都是用来喂猪的。德国妇女托妮·森德这样回忆当时的情景：

> 1917年的冬天是最糟糕的，几乎所有食物都含有芜菁，不是全部是芜菁就是部分是芜菁……面包是用面粉混着芜菁做的，午餐和晚餐有芜菁，酸果酱也是用芜菁做的——空气中充满了芜菁的气味，让人几乎要呕吐！我们憎恨芜菁，但是又不得不吃它们。因为它们是唯一有充分供应的食物。[29]

食物和衣物出现了劣质的替代品，例如没有咖啡因、里面含有橡子粉的“咖啡”，不是用皮革而是用木头制成的鞋底板。非法的黑市兴旺发达起来，偷窃、骚乱、罢工频发，所有这些都是食物匮乏引起的。在维也纳和布达佩斯，情况一样糟糕，它们是德国的盟友奥匈帝国的两大主要城市。按照旧传统，许多人归责于波兰人和犹太人，还有政府。军队士气低落，因为他们的配给和食物质量也下降了，士兵们清楚地意识到他们的家人在家乡受苦受难。在1917年到1918年之间，德国人平均每天摄入少于 1 500 卡路里的能量，要知道这个时代大多数人还是体力劳动者，这不但低于 1916 年的 1 700 卡路里，更低于战争前的 4 020 卡路里。到 1917 年年底，普通平民的体重下降了 15%~20%。[30]

到 1918 年 11 月，德国人已经受够了。他们在 1918 年的春天发动了最后一次攻势，使用的士兵是俄国战败后闲下来的德国士兵，这次的战绩令人印象深刻。但是从 1918 年 8 月起，军队就在协约国那里一次又一次地吃败仗，协约国军队现在包含一支规模巨大、快速发展的美国分遣队。德国人民已经忍饥挨饿了数年之久，不顾一切地期待结束战争。德国领导人知道战争失败了，所以在 1918 年 11 月签署了停火协议。尽管战争已经停止，但禁运却依然残酷地维持着，它被当作向德国领导人施压的武器，好让他们在惩罚性的《凡尔赛和约》上签字，该和约让德国接受战争的罪责。禁运在 1919 年 7 月 12 日最终彻底地结束了，这时已经停火 8 个多月了。

25 年后，在第二次世界大战中，丘吉尔又一次寻求通过杀死居民和摧毁德国城市来间接地赢得战争——这一次使用了空中轰炸。美国人加入其中。此外，在 1945 年他们还用由先进的波音“空中堡垒”轰炸机组成的机群向日本主要岛屿之间的内海投掷水雷，以破坏日本的食品运输。美国人并不虚伪——这项行动的代号就叫作“饥饿行动”。

尽管具体人数不确定，但毫无疑问的是 1914 年到 1919 年对德国的禁运造成了数十万人死亡。英国战后官方的统计数据显示，772 736 名德国人饿死了，[31] 而德国公共卫生局在 1918 年 12 月宣布 763 000 名德国平民死于饥饿或禁运引起的疾病。[32] 此外，1919 年大约还有 100 000 人死去，尽管战斗已经结束了。1928 年的一项学术研究表明，死亡总人数为 424 000 人。[33] 这些统计数字由于政治原因经常受到质疑。在这次战争中，英国的宣传机构说德国人靠吃胶水生存，而德国人想要让美国人相信禁运没什么效果。双方说的都不是真的。一旦战争结束，这些立场就翻转了，英国人想要淡化其屠杀平民的罪行，而一些德国人则夸大饥荒的影响，以便论证其与宿敌进行斗争是正当的。

结核病、肺炎和其他肺部疾病在德国迅速增加。斑疹伤寒又回来了，这种病总是标志着最差的生活条件。缺少维生素导致了佝偻病和坏血病，特别是在孩子们当中。长时间的肠道功能紊乱以“芜菁病”而出名。往牛奶里加水稀释，将可疑的物质（如锯末和灰尘）添加到食物中以增加其重量，这样做引起了许多疾病。严重缺少肥皂、洗涤剂和织物意味着人们只好披着肮脏的烂布活着，这显然是另一种健康风险。各种病症带来的苦痛持续数年之久。大部分的猪和牛都被杀死了，幸存下来的动物都羸弱不堪，几乎不能为人们提供牛奶和肉类。

自 1872 年开始，德意志帝国统计局开始收集数据，其中包括 60 万名在校生的身高和体重。测量时间在 1914 年到 1924 年之间。这份珍贵的数据集之前一直未经仔细检查，也未发表，2015 年牛津大学的玛丽·考克斯（Mary Cox）在德国的档案库和图书馆中进行了广泛的搜索，随后发现了它。[34] 1910 年出生的孩子在 6 岁到 13 岁的年龄段中显现出营养不良的症状，而 1918 年是最糟糕的一年。所有孩子的个子都比战前的孩子更矮小，体重也更轻，而且日后终身维持这种矮小的体形。青春期的身高冲刺性增长延迟了，特别是男孩子。因为不同家庭背景的孩子上不同的学校，所以我们可以看出上层社会的孩子比中产阶级的孩子要高几厘米，而中产阶级的孩子又相应比工人阶级的孩子高一点。这里面的原因可能是富裕一点的家庭能够从黑市购买更多的食物，而制造厂的工人，特别是在军火工业中工作的那些人，一般会有额外的配给。

战争结束后，许多慈善机构和宗教团体帮助贫穷的德国儿童，给他们提供食物。赫伯特·胡佛时任美国食品管理局局长，后来他还当了总统。他充满同情心并英勇地工作，不顾英国和法国的反对，安排了食品和衣物的运输。他声称“美国没有同德国的孩子们作战”[35]。胡佛的食品援助得到了贵格会救济组织美国朋友服务委员会的很大支持。于是德国孩子们的健康状况有了显著的改善，到1923年其身高和体重就已经恢复到战前的平均水平。

第一次世界大战中对德国的禁运，1944年到1945年荷兰的饥饿冬季，还有1941年到1944年的列宁格勒围城，都已经被仔细研究过，研究的目的是了解饥荒期间的生活所产生的影响。给定这些饥荒事件发生之后的时间长度，我们可以追踪人们在其整个生命中受到了怎样的影响。这类研究的结果有时候有点自相矛盾，但一直都有相关的新作品出版。在儿童时期，卡路里、蛋白质、各种必要的氨基酸、维生素和矿物质的匮乏当然会阻碍发育。而发育不良又与学业成绩不佳和行为异常相互关联，而行为异常还有可能持续终生。[36] 也许饥荒对未出生的胎儿产生的影响才是最大的。当一位母亲忍饥挨饿的时候，胎儿就会通过修改DNA来设法适应，为缺少食物的生活做准备。不幸的是，这种改变是有副作用的，它会增加心血管疾病、中风、糖尿病和高血压等疾病发生的可能性。[37] 对比之下，经历了荷兰饥荒冬季的幼儿更有可能在60年后患上2型糖尿病。[38, 39] 目前我们尚不清楚为什么这场饥荒会导致如此不同的后果。

眼下，我们在为全世界人口供给食物方面做得又如何呢？全球饥饿指数（GHI）[40] 为了追踪饥饿状况，为每个国家赋予了一个评分，如下所示。

根据四个参数决定每个国家的评分：

1. **营养不良：** 营养不良（卡路里不足）的人口占比。

2. **儿童消瘦：** 体重相对其身高太低，即太瘦的5岁之下的儿童占比。

3. **儿童发育不良：** 相对其年龄身高偏低，即太矮的5岁之下的儿童占比。

4. **儿童死亡：** 5岁之下儿童死亡率。

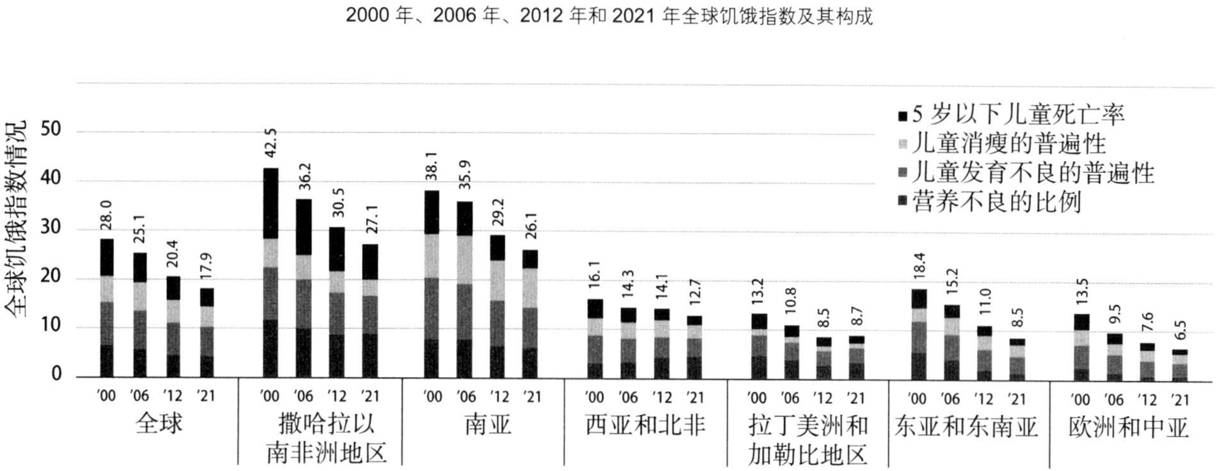


图 10　自 2000 年到 2021 年的全球饥饿指数数据

把这些测量结果合计起来，就可以给每个国家赋予一个单项的全球饥饿指数，数值范围从 0（最佳）至 100（最差）。图 10 展示出自 2000 年至 2021 年的全球饥饿指数的变化情况。在过去这些年中，按上述每一项测量值来看，每一个区域的情况都有极大的改善。当然，如果要无人挨饿，还有大量的事情要做，但是这仍然是一个好消息。

在 107 个国家中只有委内瑞拉的全球饥饿指数在 2020 年比 2000 年更差。不过，还有超过 20 个国家的状况比委内瑞拉的还要差。乍得各项全面垫底，东帝汶、马达加斯加、海地、莫桑比克紧随其后。由于长期冲突和频发的旱灾，乍得是这些国家当中唯一一个 5 岁以下儿童死亡率超过 10% 的国家。

所有地方都会不时遇到收成不好的情况，大部分是因为天灾。当这种情况发生在一个太穷而无法摆脱困境的国家的时候，饥荒仍然是有办法预防的，比如可以为人民提供更好的风险警示告知渠道、廉价的运输条件和食物存储手段、来自外国政府和慈善机构的援助、可以处理新型感染的抗生素、可以补水的电解质饮料，还有紧急的食品储备。有一种添加了微量营养素的花生酱和牛奶的调制品，它被称作普隆皮纳特（Plumpy'nut，字面意思为丰满果），热量很高，是绝佳的儿童饥荒应急食品。[41] 这些举措产生了效果：即使是在撒哈拉以南非洲地区，与数十年前相比，现在饥荒不但变得少见了，规模也小了。现在人类已经从经常处在饥荒边缘、摇摇欲坠的险境走了出来，走进了新天地，全世界都吃喝不愁了。

## 第 12 章

# 大航海时代的发现

1750 年左右，西欧的少数国家终于不用再面对饥荒的威胁，即便如此，这些地方并没有变成丰饶的乐土。对于最贫困的人口来说，慢性的营养不良仍然是一种常态。这一时期出现的新兴的化学科学开始准确地呈现人类身体的构成，并揭示出如果摄取的食物与身体所需不一致，就有可能导致疾病。食物的质量与食物的数量大不相同。究竟食用什么东西是至关重要的。即便是在当代，糟糕的膳食特别是当其缺乏基本微量营养素时，也会在数十亿人中引发疾病。

最基本的评估食物质量的手段就是测量食物所含的卡路里，它主要是表达食物为我们所提供的能量大小。为了避免吃胖，现在许多人会盯住卡路里数值，19 世纪的人们所面临的问题正好反过来。大部分人总是吃不饱，所以常常是连着多日饥肠辘辘。如今人们得到的建议是一名成年男性每日需要大约 2 500 卡路里来保持体重，成年女性则每天需要 2 000 卡路里左右。这些数值与今天人们的生活方式有关，现代人有体面的服装和供暖系统，可以驾驶汽车去工作，工作的时候也是坐着。过去，典型的情况是家里很冷，因为烧火又贵又麻烦，人们也没有足够的衣服穿，而且是在野外、矿上或者工厂从事体力活。这就意味着他们需要的卡路里数要高得多——也许每天要 4 000 卡路里。

在 1750 年到 1900 年期间，工业革命和科学革命取得了惊人的进步，欧洲力量向全球扩张，但这对于改善社会下层阶级的健康没什么太大的促进作用，这种状况一直延续到 19 世纪后半叶。饥饿情况很普遍。有档案记载了从 1700 年起法国和英国每人每天所摄取的平均卡路里数。这些数值格外低，在 1700 年的英国每人每天只摄取大约 2 100 卡路里，而法国甚至更低。到 1850 年，这两个国家每人每天摄入的卡路里增加到 2 400。相比之下，1965 年世界上营养不良情况最严重的国家是卢旺达，其平均膳食热量数值竟与 1700 年法国平均膳食热量数值持平。1850 年，英国膳食包含的人均卡路里数相当于今天印度膳食的水平。不仅如此，欧洲人的膳食不仅能量不足，还缺乏肉类和奶制品。农民主要靠谷物和块根类蔬菜过活。这类高纤维食物每千克所含的卡路里数是很低的。[1]

我们食物中的能量的主要用途是维持基本的身体功能，为心脏、大脑和肺提供动力，以及保持我们的身体温度在 37 摄氏度左右。能量也要被用来食用和消化食物。只有当这些基本要素得到满足时，人们才能将他们的能量供应用于其他活动，特别是用于工作。1750 年，英国人平均每天只有大约 800 卡路里可用于工作；在法国，这个数字只有英国的一半多一点。因此，最营养不良的 20% 的人每天所获的能量只够用来进行几个小时的慢步行走。[2]

身材瘦小的人需要的食物更少。现在一个典型的男性身高 177 厘米，体重 78 千克。这样的身体条件如果仅仅维持体重不做任何工作的话，每日需要 2 280 卡路里。250 年前，同样体形的人就得忍饥挨饿了。当时，食物供应不足，加上寄生虫和腹泻消耗了部分摄入的食物，这意味着人们的身材必定是瘦小的。在子宫和儿童阶段持续的食物匮乏导致了成人身材的瘦小。瘦小的身体需要的食物更少，因此可免于饥饿。现代的标准则会让 1750 年的欧洲相形见绌。举例而言，1705 年法国人的平均身高是 161 厘米，体重 46 千克，体重指数（BMI）约等于 18，这个数值放在现代会被认为太低了，令人担心。1967 年法国人平均要高出 12 厘米，体重则大幅增长了27千克。与200年前的人相比，如今人们的体形变大了50%。

在食物匮乏的时候，矮小和发育不良有利于存活下来。但是其代价也很巨大。许多慢性病的发病率随着发育不良的日益严重而增加。人们的肌肉、骨骼、心脏、肺部和其他的身体系统都更容易出现长期的健康问题。从18世纪晚期开始，首先是在美国和英国，然后是在欧洲的其他地方，情况开始好转。多一点点食物就意味着有更多能量可被用于工作。而进行更多的劳动就能改善生活水准，于是人口最终就会摆脱处在饥饿边缘的艰难生存状态。现代人有时间和能量来更高效地劳动，以及制作更好的衣物和建造更好的住房。个头更高和更健康的人对于慢性疾病、寄生虫和其他的健康问题也有更好的抵抗力。于是，一种良性的循环出现了，每一代人都比上代人过得更好。

200年前，法国化学家安托万·拉瓦锡揭示了人类从食物中获取能量的方式与燃烧现象基本相同。在这两个过程中，物质与氧气在空气中发生反应并产生二氧化碳和水。于是食物的能量值（以卡路里计算）就能够通过测量其燃烧时释放的热量来加以测定。不受控制的燃烧伴随着火焰、声音和热量。在人体中这种能量则会被精心引导，介入各种有用的过程，比如新细胞的构建和保持体温的升高。

然而，除了所包含的卡路里外，食物还有什么其他的价值吗？换句话说，如果食用的食物足够，它以什么样的形式出现会有影响吗？仅仅依靠主食像米饭或马铃薯，就能茁壮生长吗？还是说即使卡路里的总数完全一样，我们仍然必须吃很多种食物呢？

截至1840年，新兴的化学科学已经进步到一个节点，认识到一切由原子组成，物质是结构式的，结构式揭示出其中每种原子有多少。举例来说，氨是$NH_3$，二氧化碳是$CO_2$，硫酸是$H_2SO_4$。像这样的化学结构式只不过是列出了其中的元素。那食物又是怎样的呢？使用分离和分析技术对食物展开研究可以揭示出它的基本组成：蛋白质、脂肪和碳水化合物。荷兰化学家赫拉尔杜斯·约翰尼斯·米尔德（Gerardus Johannes Mulder）得出结论，所有蛋白质的化学式都是 $C_{400}H_{620}N_{100}O_{120}SP$ 或 $C_{400}H_{620}N_{100}O_{120}S_2P$。[3] 每种元素这么高的数量表明蛋白质的分子一定非常复杂。即使蛋白质的该化学式是正确的（并不是），搞清楚所有这些原子是如何通过化学键连接在一起的也远远超出了 19 世纪化学的能力范围。因此生命似乎是按照化学式运作的，但是所涉及的分子却极其复杂。

生命需要蛋白质。膳食中虽然有糖、橄榄油和水，却缺乏蛋白质，这样喂养的狗会死亡，而且明显是死于饥饿，尽管它们已经从糖和油中获得了所需的卡路里。影响力很大的德国化学家尤斯图斯·冯·李比希（Justus von Liebig）基于这类研究结果于 1848 年提出，人体中所有化学物质的建构都需要蛋白质，而脂肪和碳水化合物则提供能量。于是有了新观点，蛋白质、脂肪和碳水化合物——“膳食三位一体”，加上少数几种矿物质（如盐）提供了身体所需的一切。[4]

冯·李比希的这一观点是错误的——人不能仅仅靠蛋白质、脂肪和碳水化合物活下来。膳食中其他一些东西可能更加重要，比如柑橘类水果中所富含的某些物质，水手们在漫长海上航行中的可怕经历揭示了这一点。我们现在知道这种物质是维生素 C。维生素 C 的漫长而曲折的发现经过以及它在预防坏血病方面的作用表明，人类开始逐渐认识到微量营养素的重要性——虽然它们仅仅以微小的数量存在，但这些物质在我们饮食中却极其重要。

坏血病这种可怖的疾病自古为人所知。在“圣地”围攻城堡的十字军将士们经常遭受该病的侵袭，特别是在大斋节禁食期间。举例而言，在 1270 年的第八次十字军远征中，在法国军队中：

该病在营地里恶化到很严重的程度，理发师兼外科医生从牙龈切除死肉帮助士兵们咀嚼和吞咽食物。听着营地里的医生将死肉切掉时士兵们的惨叫声让人太难受了。他们叫起来发出的声响就像产妇分娩时一样大。[5]

然而，待到欧洲人开始史诗性的大航海之际，坏血病就变得极为重要。香料群岛（马鲁古群岛的旧称，如今属于印度尼西亚）有极其珍贵的货物，但有时候往返此地需要花费数年的时间。海军的情况与之相似，它们可能需要在海上长期航行，以追捕对方的舰队，或者维持对敌方港口的封锁。在这样的条件下，令人心生畏惧的坏血病就可能会暴发。坏血病的症状是皮下有血斑、关节疼痛、牙龈腐烂、牙齿松动（令咀嚼过程十分痛苦）、极度倦怠、肌肉松弛还有散发出恶臭气味。这种疾病还会导致旧伤复发和瘀紫处疼痛，四肢肿胀变黑。最终病患将无法运动，而死亡便随之而至。

在漫长的航程中，水手们的主食是用盐腌制的肉类或者用水和面粉烤制的饼干。刚烤好的饼干像岩石一样坚硬。过了一段时间，象鼻虫和蛆虫就会钻进饼干里面，使得它松软起来，这时即使你牙龈腐烂也能咀嚼了。长满蛆虫的饼干实在太恶心了，所以水手们会在漆黑处进食。[6]

现在众所周知，坏血病是很容易治疗和预防的，只要吃一些新鲜的蔬菜水果就好了，橘子和柠檬就特别有效。奇怪的是，直到 20 世纪初，这样一个显然很简单的事情竟被多次发现然后又被多次遗忘。退回到 1510 年，葡萄牙船长佩德罗·阿尔瓦雷斯·卡布拉尔就报告说用柑橘类水果治好了患坏血病的水手们。荷兰和西班牙的航海者也发现了同样的事情，荷兰东印度公司在好望角种植了果树，他们的船只经常在那里停泊。可是，许多医生坚持主张坏血病是由其他因素造成的，原因包括污浊的空气、摄入太多的盐、血液的腐败、糟糕的水、缺乏锻炼、感染、懒散或者心怀不满。

詹姆斯·林德是一艘苏格兰船上的外科医生，发现柠檬汁能够防治坏血病的最大功劳一般被归于此人。1746 年，林德担任了英国皇家海军“索尔兹伯里号”的船医。当时坏血病是皇家海军面对的突出难题，特别是在两年前安森准将带队经过 4 年航行返航之后更是如此。准将麾下 2 000 名海员仅有 600 人幸存，大部分是被坏血病害死的。坏血病造成的船员死亡人数远超死于法国或西班牙的枪炮之下的人数。

林德着手来对付这个难题。他首先阅读了关于这一主题的 60 多个作者的文字，发现大部分都没什么用。他需要的是一种新的严谨且理性的方法，用这种方法他可以“提出会得到经验和事实验证的最可靠无误的指引，而不是任何理论教条”。[7] 在“索尔兹伯里号”的第二次航行中，严重的坏血病暴发了，这给了林德机会。他选了病程差不多的 12 个人，并将他们分成 6 对。在两个星期里，除了使用预期可能有效的不同治疗药物之外，他让所有这些病人都保持同样的起居条件，摄入同样的膳食。这些治疗措施按天施行，包括 2 品脱 ① 苹果酒，25 滴硫酸（经水稀释了的），醋，0.5 品脱海水，2 只橘子和 1 只柠檬（仅 6 天后他们就用光了），或者一种名为“超级肉豆蔻”的调制药剂——其中包含了大蒜、辣根、芥末和其他成分。林德的测试结果一目了然。经过了 6 天之后，“从那些食用了橘子和柠檬的患者身上观察到的效果是最快和最好的”[8]。食用了苹果酒的患者相对好一点，而其他人更糟糕了。因此坏血病是可以用柑橘类水果治愈的。

林德偶然发明的方法迄今仍是操作实验——临床测试——的黄金标准。我们如果想要了解一种新药是否能够治疗某种疾病，就将病人分成两组：一组用真药，而另一组使用无效药片（一种安慰剂），假药要与真药在药片规格、颜色和口感上尽可能相像。病患组还必须按照同样的性别、年龄、健康状况等参数配对。经过了这样一番大费周章之后，既

---

① 1 品脱约合 0.57 升。——编者注

然其他参数都严格相同，那么任何病患组之间的差异就一定是由药物导致的。这就是林德在“索尔兹伯里号”上所做的工作：这些被编成对的水手之间唯一的差异就在于是否吃过柑橘类水果。

之前在该问题上存在的混乱缘于航行期间有太多变数。举例而言，现在有了后见之明的我们自然明白，在一趟奔赴南美洲的航程中，水手们之所以能够躲过坏血病，有可能是由于他们途中在大西洋上的马德拉岛接载了新鲜的水果。但是那趟船上，还有成百上千件事情也发生了变化，并不是只有他们某一星期所吃的饭后甜品变了，所以根本无法认定就是橘子造成了这一关键性的差别。

所有的科学实验都试图模仿林德的策略，使用与对照组对比的方法。这是科学方法的一部分，在我看来，这是有史以来最棒的创意。科学方法是一种产生关于自然界精确信息的方式，也是一种特别强大的观念，正是它给人类带来了今天的生活方式。我们从一个假设开始，举例来说，柑橘类水果能预防坏血病。一种假设会产生推论，在本例中推论即柑橘类水果能够治愈坏血病。正像林德所做的那样，通过使用对照组进行对比，推论经由实验和观察得到验证。如果实验的结果符合推论，那么我们就可以更有信心地认为之前的假设是正确的，如果推论没有得到佐证，那么该假设就是错误的。由此，硫酸能够预防坏血病的假定被证明是错误的，因为接受这种治疗方案的那对水手与没有服用硫酸的对照组水手相比，症状没有得到改善。权威人士的主张，如“我相信月亮石是由绿色的奶酪制成的，因为华夫教授是这么说的，她真的很聪明”，在科学里不起作用。

詹姆斯·林德有两大极其重要的发现：一是橘子和柠檬能预防坏血病，还有更重要的一项，即临床测试。但是他自己似乎并没有认识到他的发现的价值，疑虑压倒了他，使他从未试图与传统决裂。1753年，他出版了《论坏血病》（*Treatise on the Scurvy*）[9]，其中他的伟大实验的结果被淹没在 358 页书稿中的五个段落里，如同废旧物品中的一枚金块。林德不是明确主张柠檬汁有效，而是将一大堆别的治疗建议，包括保持气温、放血、饮用酸液、食用芥末，甚至安装一个可以模拟骑马运动的机械装置，一道列出，从而模糊了上述那样一个简单而有力的结论。在其著作中他总结说，坏血病是由消化不良引起的，而不是膳食中营养素缺乏造成的。[10]

即使新鲜水果能够预防坏血病，要确保水手们有规律地食用也不那么容易，因为水果腐烂得很快。林德的解决方案是在船上带上一“抔”（rob）橘子和柠檬，他所谓的一“抔”橘子和柠檬是指将果汁至少炖煮 12 个小时，直到它变成糖浆。放在玻璃瓶中的糖浆可以储存多年。林德声称，用水混合之后，它和鲜榨果汁没什么区别。用这种方法，水手们就可以在整个航程中获得柑橘类水果的养分。这个看起来很棒的点子很不幸有一个致命的缺陷：炖煮果汁会破坏其中含有的维生素 C，这个问题 150 多年无人注意。[11] 詹姆斯·林德发现了坏血病的治疗方法，却接着推荐了一种不起作用的药方。此时已经晋升为海军大臣的安森接受了林德的建议，但是他的船长们发现他的“糖浆”没有用，于是这又使得柑橘类水果能够治愈坏血病的观点的可信度大幅下降。

在林德的临床测试之后 40 年，西印度群岛舰队的军医吉尔伯特·布兰回过头来测试坏血病的潜在药方。1793 年，英国皇家海军“萨福克号”在东印度群岛航行了 23 个星期，没有加载任何新鲜的食物，这种情况一般会导致坏血病的暴发。但是这一次，给了少量的柠檬汁作为预防措施，坏血病出现时还增加了饮用剂量。这次治疗的成功（尽管没有对照组）使柠檬汁成为 1795 年整个海军日常配给的一部分。坏血病就这样从英国皇家海军中消灭了，这可真是来得及时，赶上了英国与法国发生的史诗性大战。这场战争最终以 1805 年特拉法尔加海战中英国获得压倒性胜利而告终。柠檬汁让英国船员能够在海上待上数年而不会遭遇疾病的重大暴发，这是一种决定性的优势。由此法国产生了一种关于此次大战的有点酸的观点："我们竟然是被一只柠檬给击败的吗？"[12]

这本该是这一难题的终结了。然而，更多的误打误撞接踵而至，1860 年，海军将原来使用的种植在西西里的柠檬（lemon）换成西印度群岛的酸橙（lime）。当时，柠檬和酸橙这两个名字可以互换通用，指代不同的水果，因此人们没有预料到这种互换通用可能会产生影响。不幸的是，酸橙中的维生素 C 含量大约只有柠檬的 1/4。一开始没有任何人注意到这个问题，因为使用蒸汽动力的航船的行进速度已经很快了，这使得船员们不必因在海上漂泊太久而罹患坏血病，即便他们的预防措施很少或根本没有什么预防措施。在极地探险中坏血病的确又重新出现过，探险者可能连续几个月甚至几年吃不上新鲜的食材。斯科特船长一行就在 1911 年赴南极的探险中遭到了坏血病的侵袭——在探险队返航的途中，这种疾病就是导致整个团队死亡的原因之一。[13]

食物中不仅仅含有蛋白质、脂肪和碳水化合物等成分的进一步线索来自单一谷物实验。该实验是于 1907 年至 1911 年间在威斯康星大学进行的。[14] 威斯康星州是美国的奶酪产区，如果谁想要对奶牛做研究的话，这是一个绝佳的选择地。四组母牛被分别用玉米、小麦、燕麦和三者的混合物来喂养。所有的已知饲料组合都含有同样的能量和蛋白质。当时的认识是，如此一来，所有这些膳食应该有同样的营养价值，但是结果却恰恰相反。母牛们吃的是同样的量，但是那些吃小麦膳食的牛与其他组相比，体重增加更少，也没有产下健康的小牛，而且产出的奶也更少。吃玉米饲料的奶牛长得最好。显然，奶牛们需要小麦里缺失的某些额外营养素。

沿着这条路线展开的实验导致了各种维生素被发现，维生素对于人类来说是极其重要的化学物质，如果膳食中缺乏它们的话，就会引起疾病。可能只需要一点点的量，但是不能没有。维生素 C 本身是由挪威人阿克塞尔·霍尔斯特和特奥多尔·弗罗里希发现的。他们首先研究了一种叫作脚气病的疾病，该病类似坏血病，是已知最古老的维生素缺乏症，最早记载于约5 000年前的中国。[15] 19世纪80年代，日本医生高木兼宽认识到日本海军中患有脚气病的水兵数量庞大，原因在于他们膳食中的白米饭缺乏足够的氮元素。在饭菜中增加蔬菜、大麦、鱼和肉就可以为他们提供含氮蛋白，从而消灭这种疾病。[16] 1897年在荷属东印度群岛，荷兰人克里斯蒂安·艾克曼发现，如果只喂鸡白米，鸡就会患上一种类似脚气病的病。如果改喂糙米，症状就不见了。艾克曼很好奇，是不是精米里有什么有毒的东西被米皮中的解毒剂中和掉了。现在我们知道原因是白米中缺乏维生素B1。维生素B1存在于米皮中，而在打磨制作精米的过程中被去除了。

在这项工作的激励下，霍尔斯特和弗罗里希决定从研究鸟类脚气病转向研究哺乳动物的脚气病。幸运的是他们选择了豚鼠。豚鼠是人类之外少数无法自行制造维生素C的物种之一。于是当他们只给豚鼠喂包含几种谷物的膳食时，让他们惊讶的是这些豚鼠没有害上脚气病，而是出现了与坏血病类似的症状。人类此前从未见过在动物身上出现坏血病。这些豚鼠食用新鲜卷心菜或柠檬汁之后就痊愈了，情况跟人类一样。[17, 18] 于是，豚鼠成了研究坏血病的理想的实验对象。

那么为什么缺乏维生素C会引起坏血病呢？人体中含量最丰富的蛋白质是胶原蛋白。它是皮肤、骨骼、韧带、肌腱、肌肉、血管和肠子的主要组成成分。胶原蛋白的结构类似一条三股互绞拧成的绳子。维生素C对于合成胶原蛋白至关重要，因为它在分子链上加入了额外的氧原子。这些氧原子沿着三绞股形成化学键以稳定绳状结构。因此，没有维生素C意味着缺失氧原子，胶原蛋白更加脆弱。于是坏血病的症状就会从需要胶原蛋白的地方开始出现。举例而言，牙周韧带连接着牙根和下颌骨的牙槽。弱化的胶原蛋白意味着牙周韧带也弱化了，牙齿就脱落了。

除了豚鼠、一些鱼类、蝙蝠、鸟类和灵长类动物（包括人类），其他大部分动物能够自己产生维生素 C。在我们的猿猴祖先那里的某一个节点，基因发生了突变，本来该基因可以制造维生素 C 合成最后一步中所需的酶，变异却让它失效了。在我们的 DNA 中依然可以看到这个基因的残留，但经过了很大的变异，它已经不能作为酶来起作用了。这些变异对于这些古灵长类动物并无大碍。它们的膳食中有大量的水果，所以即便没有能力制造维生素 C，它们也可以过得不错。举例来说，今天的野生大猩猩食用的维生素 C 的量要远多于其所需，所以从来不会得上坏血病。因此在我们的祖先身上，导致无法制造维生素 C 的基因是无害的，所以一路遗传下来。只是当人类开始依靠缺乏水果和蔬菜的糟糕膳食的时候，缺乏这种酶才成了问题。[19]

维生素 C 当然只是维生素中的一种。数千年来，人们在膳食选择范围太窄的时候，就会因为缺乏维生素染上各种疾病。[20] 缺乏维生素 D 以及缺少日晒会引起软骨病和佝偻病，缺乏维生素 B3 会引起糙皮病，就像吸血鬼那样，皮肤颜色苍白，皮肤在阳光下会起疱疹，渴望得到生肉，血从嘴边滴下来，具有攻击性并且精神错乱。然而，缺乏维生素 B12 会导致血液紊乱和脑功能受损。

在人体大量需要的碳水化合物、脂肪、蛋白质和水分之外，微量营养素在人类膳食中占比很小但极其重要。维生素只是范围更大的微量营养素的一部分。目前全世界范围最普遍的微量营养素缺乏症是缺少铁、碘、维生素 A、叶酸和锌，大部分是在撒哈拉以南非洲地区和南亚。由于缺乏一种或更多的微量营养素，这些地区 5 岁以下的儿童有半数存在健康问题，全球有大约 20 亿人受到影响。[21, 22] 怀孕的妇女和儿童面临的风险最大，因为他们对特定微量营养素的需求更大一些。

维生素 A 缺乏症多见于儿童，它会引起光线不足条件下的视力丧失（夜盲症），并最终导致彻底和永久性的失明。这是因为生成视紫红质需要维生素 A，而视紫红质是视网膜中吸收光线的分子。免疫系统也需要维生素 A。铁元素被用来运载血细胞中血红蛋白的氧气。缺少铁会引起贫血，大部分见于妇女和婴幼儿。贫血的幼儿身体发育会迟缓，面对感染抵抗力更低，智力发展迟滞。孕期贫血会减缓胎儿生长，增加新生儿和母亲在分娩中的死亡风险。在土壤缺乏碘的地区，人体缺少碘是普遍现象。这是最常见的引起智力障碍、流产、死胎和先天缺陷的诱因。许多种类的酶需要锌才能起效，锌能提升对感染的抵抗力，促进神经系统的发育，而缺乏锌元素则会增加早产的风险。受孕后的几个星期里，一层胚胎细胞会形成一道沟槽，沟槽会折叠起来并闭合到神经管中。这就是大脑、脊髓和中枢神经系统的其余部分的前身。叶酸对于这一过程顺利完成至关重要，所以缺乏叶酸会引起神经管缺陷，例如脊柱裂，在这种病症中神经管没有完全闭合。

好消息是，通过摄取富含所需微量营养素的食物或者配方强化版的食物，所有这些缺乏症都是很容易治疗的。比如肝脏、胡萝卜、花菜和奶酪富含维生素 A，锌存在于肉类和坚果中，碘是可以加到盐中的，叶酸可以加在面粉中。我们还可以服用补充片剂、粉剂或者口服液。许多地方的庄稼缺乏锌元素，因为土壤里缺乏这种东西。使用锌基肥料则不仅可以促进产出更健康的庄稼，还会让庄稼总产量同时增长。

像世界卫生组织、美国疾病控制和预防中心这类机构[23]正在推动以终结营养不良为目的的项目。对付微量营养素缺乏的措施既便宜又有效。就像其他许多健康状况一样，一旦人类了解了问题背后的科学原理，通常并不需要高科技的解决方案：政治意愿更为重要。另一方面，我们可以通过作物育种或者基因修改技术来创造改良的作物品种，以此在主食作物中增加想要的微量营养素的含量。富含维生素 A 的黄金大米就是其中最知名的案例。因此营养不良是一种完全可以避免的问题。将这件事处理好将会带来更健康的婴幼儿，他们长大后会成为更健康的成年人，也就能够更好地为其国家的富裕和福祉做出贡献。

# 第 13 章

# 维纳斯的身体

在几乎所有国家，肥胖都是突出问题。2016 年，全世界有 39% 的人超重，而且肥胖流行情况不分男女。[1] 这是一种最近才发生的情形。在几乎所有国家，人们的平均体重指数都增加了。1975 年体重偏低的人口是超重人口的两倍，现在除了撒哈拉以南非洲地区和亚洲的一些地区之外，其他地方肥胖的人口都要多于体重偏低的人口。

始于约 300 年前的农业革命结束之后，食物的数量逐渐增长，质量逐渐上升，又碰上更好的医疗措施，这就使得人们更加肥壮和长寿。这些措施推动了经济增长，提高了生产率，增加了更多的闲暇时光。工作变得不那么需要体力，机器代替了手工劳作，有更多的工作只需要坐着就能完成而不是必须在工厂、船只、田野和矿场中完成。现在人们获取食物所需的能量变少了，只需要比走到冰箱或开车去超市所需的能量多一点，而先前大部分的人要全年从事繁重的农业才能够果腹。工作中减少了的体力活动，加上大量容易获取的富含糖分、脂肪和复合碳水化合物的食物，导致了自第二次世界大战以来超重和肥胖的人数量增加。[2] 人们不仅体重增加了，身高也更高了。1860 年，荷兰人的平均身高只有 164 厘米，现在他们的平均身高为 182 厘米，荷兰人是地球上平均身高最高的民族之一。

在大部分历史时期中，食物的匮乏意味着超重往往是一种理想状态。这在艺术和文学中得到了反映，从旧石器时代肥硕的母亲女神雕塑到彼得·保罗·鲁本斯画中丰满的模特，可见一斑。鲁本斯画中的美人维纳斯的身体反映出她的富有和高贵地位，她显然吃得很好，她的白色皮肤表明她根本无须像一个普通农妇一样外出劳作。富态的体格，像塞万提斯笔下的桑丘·潘沙、莎士比亚笔下的福斯塔夫以及可口可乐公司广告中的圣诞老人，一向被视作欢快和可爱的形象。[3] 只是在 20 世纪的后半叶，当时尚行业将高瘦骨感作为理想体形加以展现的时候，肥胖才被污名化。在 17 世纪对大多数女性而言，获得一种鲁本斯模特式的身材是可望而不可即的；与之相似的是，今天 99% 的女性也不可能得到超模那样的身材，也不应如此。过瘦有害健康，它会导致免疫系统变弱，还可能引起营养缺乏症和低骨密度症，这些症状相应又会造成心血管疾病，[4] 还有其他一些问题。

正如我们所见，现在万幸的是饥荒已经变得罕见了，慢性营养不良和饥饿也已经大体上消失了。而这一进展的另一面则是许多人现在吃了太多的食物，这就导致肥胖率飙升和与之相关的健康问题的增加。

人的体形可以用体重指数加以量化。该指数通过以千克计量的体重数除以以米计量的身高数值的平方得出。健康范围在 18.5~24.9kg/$m^2$ 之间，体重指数＞ 30 kg/$m^2$ 即肥胖。一个人是否超重，体重指数是一个不太完美但还是很有用的粗略指标。有些超级健康的运动员的指标处在健康范围之外，因为他们身上的肌肉很多。尽管美国和英国在过量饮食方面素有（并非完全不适当的）名声，但这两个国家在体重指数方面都不处于前十名之列。[5] 另有两个地区的国家占据了最肥胖国家的榜单：太平洋地区和中东地区。

科威特坐落于波斯湾。它的石油财富吸引了无数的外国打工人，它的 420 万总人口中有 70% 是侨民，他们主要是来自南亚次大陆和其他阿拉伯国家。许多人居住在首都科威特城中。居住在科威特的人们的健康状况总体良好，预期寿命高达 78 岁。移民工人的高数量带来了不寻常的性别比，60% 的人口是男性，只有 40% 的人口是女性。[6] 科威特疑似享有全球最肥胖国家的殊荣，其 43% 的人口肥胖，70% 的人口超重。快餐、含糖饮料和炸糖丸在当地很受欢迎。人们在气候炎热时宁愿待在空调环境中，不愿意进行户外活动。孩子们会坐车去学校而不是在炎炎日晒下走读。结果就是 2 型糖尿病的比率飙升，尤其在年轻人中。科威特解决该问题的方法之一是减脂手术，例如胃大部切除术，该手术将大部分胃切除，以减少一顿饭吃掉的食物总量。现在每年有超过 3 000 位肥胖患者进行这类治疗手术。[7]

科威特和其他中东国家与肥胖艰苦斗争的原因之一是文化上新近和突然的变化。多个世纪以来，当地人都是游牧民，靠畜群和种植来养家糊口。这种有点朝不保夕的生存方式导致人们有了这样一种信念，即丰满的孩子更加健康，菜品以丰盛为佳。如果生活中需要很多的体力活动，而且时常要遭遇食物匮乏的困扰，那么一有机会就过量饮食是有道理的。但这并不适合一个现代的、城市化的世界，这里充满了现成方便的垃圾食品。[8]

太平洋散布着一系列的岛国，如瑙鲁、库克群岛、帕劳、马绍尔群岛、图瓦卢、汤加、萨摩亚和斐济。这些小岛国拥有世界上最肥胖的人口。[9] 就像在中东地区一样，这里的人口新近才从传统食谱转向从澳大利亚、新西兰和美国进口的食物，传统食谱包括新鲜水果、蔬菜和鱼肉，进口的都是加工的高热量食品。生态破坏对岛屿上的农地产生了负面影响，增加了对进口食物的依赖。

太平洋岛民一般骨骼峻拔，肌肉结实，这使其成为绝佳的橄榄球运动员，[10, 11] 但同时也有显著的超重倾向。这种情况可能部分是由于自然选择。波利尼西亚人和密克罗尼西亚人是庞大的南岛语族的成员，该语族起源于 4 000 年前左右的东南亚地区。他们先是发明了外架艇，这是第一种能够实现跨越大洋它们长途航行的技术。然后他们便从老家出发，开启了有史以来最具史诗意义的远征。外架艇的一边或两边有额外的浮架或者船体，它们通过伸向主船体的杆子支撑，这种设计使得船只在颠簸的大海上高速航行的同时还能保持稳定。它们是由捆绑在一起的独木舟发展而来的。南岛人向南迁至菲律宾、印度尼西亚和巴布亚新几内亚，与当地原住民相融合。他们再从那里出发进入未经探索的海域，最终在绕了半个地球的行程中建立了一些聚居区。3 000 年前，他们首先定居在新几内亚东北方向的密克罗尼西亚，那里有数百个小岛。1 500 年之后，夏威夷遭到殖民统治，然后被殖民的是新西兰。同一时间，他们从印度尼西亚向西穿过印度洋抵达了马达加斯加。他们所抵达的最东边的地方是拉帕努伊岛（复活节岛），这里距离智利西海岸 2 000 英里。他们甚至可能走得更远，接触到了南美洲人或者从马达加斯加岛再向西抵达了东非。尽管这些人不会书写（引人注目的是，在拉帕努伊岛上，岛民发明了一种属于他们自己的文字，不过这种文字现在已经无人能识了，这算是一个例外），但他们共同的文化、人工制品、语言和基因揭示了上述这些探险和移居的惊人壮举。[12]

正是这段历史可能导致了太平洋岛民的高肥胖率和高糖尿病患病率。当无畏的水手划着外架艇向未经探索的海洋进发之时，他们是无法知道什么时候可能会找到陆地的，甚至都不知道会不会找到陆地。在许多旅途中，船员们可能会耗尽食物，要忍饥挨饿。那些缺乏脂肪储备的人会率先死亡。因此幸存下来的太平洋岛民的先祖，可能是那些起航时就肥胖的人。经过了数千年的时间，穿过了无数的基因瓶颈，在这一过程中瘦骨嶙峋的船员们都死了，这就造成了一种强有力的自然选择，造成先天性的肥胖倾向。[13] 在没有天棚的小艇中航行几个星期，狂风暴雨的天气会让船上的人一直被水浸泡。太平洋航行尽管大部分是在热带，但有些时候仍然会遭遇严寒天气。这样一来，能够忍耐这些严酷状况并且抵御低体温的身体类型也就会脱颖而出了。

太平洋岛民的故事是一个关于节俭基因假设的特例，该假说首先由美国遗传学家詹姆斯·尼尔（James Neel）在1962年提出，以解释现代肥胖症为何如此常见。[14] 尼尔对糖尿病这样的病症是如何演化出来的感到困惑，因为它明显有害、常见而且有一些基因基础。他提出，导致肥胖倾向的基因突变在饥荒时期能够给拥有这种基因的人一种生存优势，因此它们在过去曾经是好事。如果食物供应不能得到保证，在伙食好的时期增加体重就能带来好处，因为说不好下一年的收成就会很糟糕。只是在最近一些年中，有了丰富的高热量食物，又没有了饥荒，脂肪积累才成了问题。现代社会中的肥胖者是在为一场未发生的饥荒做准备。

尽管这是一种貌似有道理的说法，但节俭基因假设的证据却不能令人信服。[15] 在人口比较中，将文化、生活方式和遗传的影响区分开来根本不容易，所以将一切都归因于少量基因是要打上一个大问号的。此外，不仅是太平洋岛民，所有人都是饥荒幸存者的子嗣，对他们而言长胖都是幸存下来所需的优势。只有少量基因符合“节俭”描述，而经过自然选择的促进脂肪积累的基因突变也已被找到。[16] 其中一个就存在于萨摩亚人中。[17]

解释肥胖的另一个可能的回答是，造成人类肥胖倾向的基因突变现在不再是一种生存劣势了。因此它们可以在人类的DNA中积累而不受惩罚。影响体重的基因突变总是不时会随机发生。野生动物中存在一种强烈的选择，会淘汰引发肥胖的变异，因为胖嘟嘟的动物更容易被掠食者抓住。最大的动物会提供最多的食物，这使其成为狩猎目标，它们的高体重也阻碍了其逃跑的能力。我们从骨头上的咬痕了解到，体形更小的人类祖先南方古猿经常是大型猫科动物、狗、熊、鳄鱼和猛禽的可口食物。[18] 上至5万年前的尼安德特人也曾成为意大利鬣狗的食物。[19] 而现代人已将从前猎食人类的大型掠食动物消灭光了。我们不容忍任何杀人动物的存在，所以运用我们的团队协作、语言和捕猎技巧，已经将无数的大型掠食动物赶尽杀绝。人类对掠食者转败为胜意味着像剑齿虎、巨猎豹和短面熊这类物种的消失，尤其是当现代人类到达像美洲、澳大利亚和太平洋诸岛这样的新陆地的时候。一旦猎食人类的物种被消灭，超重对人类而言就不再是不利条件了。于是带有导致肥胖的突变基因的人类就能够幸存下来，或者说是真正繁荣起来，而不是被吃掉。[20]

对双胞胎和家庭的诸多研究表明，肥胖是有一些基因基础的。遗传物质 DNA 最常见的变异方式被称为单核苷酸多态性，即 DNA 序列中的一个碱基（A、T、G 或者 C）转换成另一个。而数以百计的单核苷酸多态性和基因似乎会影响肥胖的可能性，每一种都能带来微小但恰能被测量到的影响。[21] 一般来说，基于某个特定基因可能会有多重影响这样一种观念，人们提出了各种主张来解释为什么促进肥胖的单核苷酸多态性既是节约型的基因，又会扩散。举例来说，对于婴儿发育特别是脑部的发育，还有帮助孩子战胜感染方面，新的脂肪细胞的产生可能会有益处。[22] 尽管对婴儿有利，但这些脂肪细胞却会在后来的生命过程中导致肥胖。许多基因和单核苷酸多态性就是用这种方式来工作的，它们有着多重影响，有一些是好的，有一些则是坏的。这就意味着我们在考虑某个特定的单核苷酸多态性是否有益的时候，需要非常慎重。它增加了某种疾病发生的可能性，并不意味着它全是坏的。我们甚至有可能意识不到它的某些良性影响。

肥胖对身体健康有着数不清的负面影响。体重指数在 40~44 的水平造成平均寿命缩减高达 6.5 年。极度肥胖症，即体重指数达到 55~60 的时候，则会平均减少 13.5 年的寿命。肥胖提高了由心脏病、癌症、糖尿病、肾衰竭、慢性下呼吸道疾病、流感和肺炎引发的死亡率。[23] 总的来说，它就像吸烟一样对人有害。

总计起来，死亡原因中出现频率最高的是冠心病，而且出现频率远高于其他疾病。它会导致心脏病发作。富含氧气的血液通过主动脉离开心脏，主动脉是人体最大的动脉。冠状动脉从主动脉这里分叉并转回到心肌中。随着时间流逝，富含脂肪的物质形成斑块，在冠状动脉的内壁上积累起来。这些斑块让动脉变硬变窄，限制了血液的流动，这样一来，它们要运送足够的血氧到人的心脏之中就很吃力。狭窄的动脉会有血液凝块造成阻塞的风险。如果这种情况发生，流向心脏的血液会突然被阻断，引起心力衰竭。大脑可能会在 10 分钟之内死亡，因为它不能继续接收所需的富氧血液。中风是第二大杀手，这是另一种血管疾病——这一次是大脑里面的血管堵塞了，导致阻塞下游的脑细胞死亡。这两种情况在肥胖人群中发生的可能性都更大。

超重的人需要通过血液为脂肪组织供应氧气和营养素。因此其心脏需要更加努力地运作，以便将血液泵向这些额外的血管，这导致了血压和心率升高。高压下的动脉更容易破裂，导致动脉下游的身体组织死去。负担额外的体重给关节，特别是膝盖和臀部增加了更多的压力，身体高处的分量大部分都靠它们支撑。骨关节炎可能会随后而至，骨头两端的保护性软骨损坏，并相应地引起疼痛、肿胀和僵硬。这些关节处会长出额外的骨质，还会发炎。最后可能需要做关节置换手术。超重的男性有更大概率患上前列腺癌或者结肠癌。超重的女性则更有可能得上乳腺癌、结肠癌、胆囊癌和子宫癌等。脂肪细胞释放化学信号影响身体的其他细胞。它们推高了胰岛素的水平，产生雌激素，引起绝经妇女胸内和子宫内细胞的分裂增生，还会激发炎症。所有这些过程促进了细胞的生长和分裂，而这正是癌细胞生长的关键。[24]

肥胖者有更高的患上睡眠呼吸暂停的风险，这种病导致呼吸短暂停止，所以患者会频繁醒来，失去了好好睡一觉的机会。胸廓增加的重量挤压着肺部，引起呼吸不畅和呼吸困难。肥胖让肾脏处于很大的压力之下，引起肾功能逐年衰退。[25] 这一点可能表现为水肿，造成手脚肿胀、呼吸短促、血尿、疲劳、失眠、作呕、肌肉痉挛以及其他各种症状。中年肥胖者更容易在日后患痴呆症。[26] 至于为什么出现这种情况，还需要进一步研究，但是看起来的确是这样，如果你照顾好你的心脏，你也就照顾好了你的大脑。

胰岛素是调节血糖的激素。糖尿病涉及对胰岛素的抵抗作用，于是血糖就会升高。2 型糖尿病的主要原因就是肥胖。2 型糖尿病一般在成年期发病，但是我们现在开始看到儿童中此类病例的数量显著增加。即使是中度肥胖，也会大大地增加糖尿病的风险。2016 年世界卫生组织报告称，有 4.22 亿人罹患糖尿病，患病人数自 1980 年以来增长了 4 倍，人数多到令人难以置信。在中低收入国家它增长得最快，与肥胖症的增加同步发生。2016 年糖尿病导致 160 万人死亡，还有更多人因心脏病、中风、失明、肾衰竭和需要截肢的下肢病变等大概率出现的并发症间接受到影响。

肥胖症对心理健康和身体健康都不利。大部分现代文化认为瘦子可爱且有吸引力。因此超重的人会被看作懒惰、缺乏减肥意志力的家伙。有的人会公然表示对肥胖的不认可，或者也可能以偏见、歧视或者奚落的形式来表示反对。

看待肥胖蔓延的一个视角是，这是一种我们的自然本能、行为和身体不适应现代世界的后果。适应不良是生物体一种有害的特征，尽管这种特征可能是写在生物体的遗传物质 DNA 之中的。[27] 演化需要时间，携带该基因的人的数量减少，才能让基因的有害影响显露出来，而这需要经过许多世代。因此，如果我们突然改变了自己的生存环境，而我们的行为模式不能很好地适应新的生活方式，我们可能会深陷其中。节俭基因可能就属于这类例子。

我们喜爱甜食就是一个明显的例子，表明我们想要的东西和对我们有利的东西之间不相匹配。在人类开始耕作之前，我们的祖先很少接触富含糖的食物。他们要么是从蜂蜜中获取糖分，要么是从各种水果中摄取糖分，但要想从数以千计一心保卫冬季食物供给的蜜蜂那里夺取蜂蜜，可不是一件容易的事。想要甜食的欲望让我们去吃水果，这样我们就能摄取到维生素 C。[28] 因此我们可能演化出了一种对糖的渴望以避免坏血病。在过去数千年中，我们培育了更大更甜的水果（举例来说，拿商店里的苹果与它们的祖先野生苹果比一下），开始种植和贩售甘蔗、糖用甜菜并制作枫糖浆，还开始养蜂。我们虽然已经有了所需的全部维生素 C，却不管不顾还在一个劲儿地吃甜食，我们对糖的渴望现在成了一种适应不良。于是肥胖症、糖尿病和龋齿便随之而来。

太喜欢糖并不是唯一一种人类不适应当下生活的表现。生活在闷热、潮湿地带的古人类的膳食中常常没有足够的盐。因此，他们演化出了一种偏爱储存盐分的基因。现在这些适应演化已经变成了适应不良，增加了现代吃加盐食物的人口中的高血压症。[29] 用夜灯打破自然节律 [30] 或者糟糕的睡眠习惯 [31] 也会导致肥胖。

对现代世界的适应不良并不只有膳食问题。一大堆的健康问题都要被归因为我们的身体过去更好地适应了狩猎采集生活。举例来说，阅读、坐着和穿鞋就分别导致了近视、背疼和拇趾滑囊炎。[32] 缺乏锻炼则引起高血压。我们的预期寿命可能会增加到 80 岁，但是这常常伴随着多年的慢性健康不良作为代价。

我们增加预期寿命并避开现代世界的陷阱的策略之一就是研究那些最长寿的人，找出这些模范是怎么做到的。

在极端情况下，预期寿命的普遍增长带来了最引人注目的影响，在英国，百岁老人的数量从 1983 年的 3 041 人增加到 2013 年的 13 781 人。其中 0.1% 的老人活成了超级人瑞，达到了 110 岁的高龄。是什么让这些人如此特别？为此科学家进行了多项研究，波士顿大学新英格兰百岁老人研究项目便是其中一个。这项研究开始于 1995 年，聚焦于 8 个靠近马萨诸塞州波士顿的城市，总人口数为 460 000 人，其中有 50 位百岁老人。这项研究现在发展成为世界上最大规模的百岁老人研究，招募了大约 1 600 名百岁老人，以及他们的 500 个孩子（年龄在七八十岁），还有 300 多个年轻些的对照组。其中有超过 100 名的超级人瑞。[33]

另一项百岁老人研究是在冲绳岛上展开的。该岛坐落于日本九州岛以南 500 英里处。岛上居民在遗传上与典型的日本人有显著差异，所说的语言对操标准日本语的人而言更是无法理解的。冲绳岛有着世界上最高的人均预期寿命，百岁老人的普遍程度也是世界上最高的——比全日本高出 50%，是美国的 3 倍多。[34] 更引人注目的是，冲绳的百岁老人出生时，岛上的人均预期寿命不过比 40 岁高不了多少。他们从传染性疾病、自然灾害以及 1945 年残酷的太平洋战争中幸存下来。现在岛上的心脏病死亡率要比美国低 2/3，因阿尔茨海默病导致的死亡率则更是低 9/10，十分惊人。对冲绳百岁老人的研究将遗传和生活方式因素都考虑在内，以找到原因。[35]

对最高寿的人展开的研究揭示出以下情形：百岁女性的人数是百岁男性的 5 倍，随着年龄的进一步增长，高寿女性相比于高寿男性会进一步增多。2020 年 1 月，世界上最高寿的 20 位老人均为女性。其中许多是日本人。这些高寿的人很少有在生命中任何时刻肥胖或抽烟的。尽管阿尔茨海默病与年龄联系紧密，但这些高寿者通常避过了痴呆症并且拥有健康的大脑。心血管疾病和糖尿病也来得更迟。女人常常能够在较晚的年龄生孩子，这与其更缓慢的衰老过程相一致。百岁老人们倾向于摄入高水平的维生素 A 和维生素 E，有着活跃的红细胞和强大的免疫系统。他们擅长修复其 DNA 中不断出现的变异，而基因突变是衰老过程的关键特点。[36] 超级人瑞们不受主要老龄疾病（中风、帕金森病、心血管疾病、癌症和糖尿病）的侵袭，最终往往死于器官衰竭，这令人感到不可思议。

不过让人惊讶的是，研究发现冲绳人的饮食很健康，其传统饮食包括红薯、大豆、绿色蔬菜、水果，还有少量的海产和瘦肉。他们喜欢喝茉莉花茶。总的来看，他们的膳食中复合碳水化合物的含量高而热量低，蛋白质含量适中，肉类、精制的谷物、糖和奶制品不多。在蛋白质与碳水化合物的最佳配比之外，冲绳人就像日本本土人一样，吃饭吃到八分饱，在西方这种事是很少有的。因此冲绳人中肥胖的也很少。在 20 世纪 60 年代之前，当大米成为膳食的主要组成部分的时候，冲绳人吃掉的要比一般建议的低 10%~15% 的卡路里。[37] 长期限制热量摄入会使人长寿，这种理念在许多动物研究中已经得到验证。[38] 因此，一种简单但有些挑战性的长寿方法就是每天少吃一点。

限制饮食的人所获得的额外辅助来自抗肥胖药物，这些药会压抑胃口，或者降低对脂肪的吸收。[39, 40] 不过，让人不舒服的副作用很常见。尽管战胜肥胖的药物研究仍在继续进行，但未来也很有希望，[41] 少摄入热量，再通过锻炼多消耗一些，这种办法仍然是我们现有的最佳策略。

# 第四篇

# 致命的遗传

如果现象的原因尚未被揭晓，一切事情便都隐匿不见、晦涩模糊、留待争议，但是如果原因清楚了，一切将真相大白。

——路易·巴斯德，

《微生物理论及其在医药学和外科学中的应用》，1878年[1]

# 第 14 章

# 伍迪·格思里和委内瑞拉的金发天使

孩子像父母，疾病问题会代代相传，这是数千年以来就为人们所熟知的事情。一个显而易见的例子就是多指 / 趾畸形，即天生有多余的手指或者脚趾。1752 年，柏林科学院院长皮埃尔·路易·莫罗·德·莫佩尔蒂（Pierre Louis Moreau de Maupertuis）报告了柏林鲁厄家族的情况，这个家族三代 18 个个体都表现出多指 / 趾畸形的特点。多指 / 趾畸形可以遗传自父亲或母亲。[1] 倘若遗传到其他更加具有破坏性的变异则会引起疾病。

从生命起源之际开始，遗传疾病业已存在了数十亿年，因为复制 DNA 时发生错误是不可避免的。本章我们将考察四种遗传疾病：显性遗传病，相关变异只需要从父母一方那里获得遗传；隐性遗传病，相关变异必须从父母双方那里获得遗传；性别相关遗传病，典型的情况是男性可能表现出疾病，而女性则只是该病遗传因子的无症状携带者；多基因性遗传病，在这种情况中 DNA 中的大量变异改变了患病的可能性。我们将在下文看到，对于选定的条件进行长期和认真的研究是如何实现突破，从而帮助我们了解遗传病发生原理的。

迄今为止，我们所能做的全部仅限于设法处理遗传病的症状，因为想要根治遗传病，拯救病人及其子孙，就需要改变人的 DNA。既然人类的 DNA 存在于构成人类身体的数万亿细胞中的每一个细胞里面，解决这个疾病根源看起来就是一项无法完成的任务。然而最近，分子生物学杰出的突破性进展已经将治愈遗传病的梦想变得触手可及，其潜在的受益者将不只是某一个病人，而是他们全部的子孙。在看这件事怎么可能办到之前，让我们先搞清楚人类基因中某个致病基因的位置的发现经过，了解一位民歌手、一个美国家庭以及一个南美村庄是如何导致了这一发现的。

伍德罗·威尔逊·格思里[①] 1912 年 7 月 14 日出生于俄克拉何马州的奥基马。1920 年附近发现了石油，这个城镇短暂地变成了发达城市。几年之后，石油突然枯竭了，当地经济崩溃。伍迪于是在 1931 年向南旅行来到了得克萨斯。在这里他迎娶了玛丽·詹宁斯，二人一起生养了 3 个孩子，他还开始在乐队里演奏音乐。在 20 世纪 30 年代，由于沙尘暴的侵袭，大萧条带来的经济下行趋势在美国中西部地区变得更加严重。将草地改造为庄稼地之后，随之而来的是连年的干旱，导致了大规模的沙尘暴，这下脆弱的表层土被吹走了，数以千计的农场被摧毁。伍迪正是这些穷困潦倒的“奥基人”（Okies）之一，他们离开被毁坏了的大草原，去更远的西部寻找工作。伍迪抛别故家，徒步跋涉，搭乘货运列车，沿着 66 号公路一路前往乐土：加利福尼亚州。为了换取食宿，伍迪不但干起了粉刷标语的工作，还在沙龙里弹唱他的吉他来娱乐听众。

工人阶级严峻的生存状况激发了一些政治观点，这强烈地影响了他的音乐。伍迪·格思里创作和表演了数百首民歌，这些歌通常带有左翼政治信息。他使用的原声吉他上画有下列口号：“这台机器要法西斯主义分子的命。”他的许多歌曲，就像那些被收录在他 1940 年的概念专辑《沙尘暴民谣》（*Dust Bowl Ballads*）中的曲子，都是关于他同无家可归、

① 此即伍迪·格思里。——编者注

穷困潦倒的前农场主一起旅行，以及学习他们的传统民谣和布鲁斯歌曲的经历。

在洛杉矶，伍迪找到一份电台的工作，演唱传统歌曲和他自己的作品，他的歌在他的老乡中特别流行。他利用其电台播出的机会倡导社会公正，谴责腐败的政客、律师和商人，赞颂为移民工人的权益奋斗的工会组织者。1940 年他搬家到纽约市，在这里他继续其激进主义行动并且开始录制歌曲，以写歌为职业。他二婚娶了玛乔丽·梅齐亚，又写了数百首歌，然后在商船上工作，并在第二次世界大战时期参军。战后，他回到玛乔丽身边，似乎他终于获得了稳定、和平与成功。然而，好景不长。

在 20 世纪 40 年代末期，伍迪的行为变得日益乖张错乱。他会在舞台上跌到，还会忘记歌词。在家里他表现得怒气冲冲，其他的性格特点也改变了，这吓坏了玛乔丽。1949 年他被捕了，警方还以为他喝醉了，因为他步履踉跄，而且口齿不清。在各种机构里花了 3 年时间，他才最终被正确诊断出患有亨廷顿病（在伍迪·格思里的时代被称为亨廷顿氏舞蹈症）。医生试图向他隐瞒这一信息，但是伍迪猜到他与自己的母亲诺拉得了同一种病，他对一个朋友说，诺拉 41 岁时去世，死于“古老的三相舞蹈症——包括圣维图斯舞、癫痫和轻度的精神错乱”。1927 年，诺拉·格思里在她丈夫查理睡在沙发上的时候，用煤油灯点燃了他。她被收入位于俄克拉何马州诺曼的州立精神病机构，两年后在那里过世。

伍迪就自身症状做了以下描述：

> 脸似乎扭曲变形了，我无法控制。胳膊到处晃荡，我无法控制。手腕感到虚弱，而我的手古怪地乱舞着，我无法阻止这一切。所有的医生不断问我，我的母亲是怎么死于亨廷顿氏舞蹈症的。他们从未告诉我这种病是否会遗传，所以我从来就不知道自己是不是也得了这种病。我认为每个医生都应该对病人更加坦白，这样我们

这些病人就能够开始设法部分地猜出自己出了什么问题。如果不是酒精控制了我，我想知道那究竟是什么东西控制了我。[2]

伍迪无法照料其家庭了，他离开了玛乔丽，尽管她后来又回来照顾他。1956年，一场为他的家庭举办的慈善音乐会让他的许多音乐人朋友重新聚首，音乐会在他最有名的歌《这土地是你们的土地》的演奏中结束。[3]民谣音乐在美国正成为具有巨大影响的现象，而伍迪被公认是这种音乐最伟大的演奏家和灵感源泉。年轻的罗伯特·齐默曼后来改名为鲍勃·迪伦，他于1961年在医院见到了自己的偶像伍迪。一年之后，鲍勃·迪伦发行了第一张专辑，专辑展现出他的音乐天赋，其中就有一首《献给伍迪的歌》。伍迪·格思里于1967年10月3日去世，终年55岁，身后留有近3 000首歌词、2部长篇小说、多件艺术作品，以及无数已出版和未出版的手稿、诗篇、散文、戏剧作品、书信和新闻稿件。虽然他生前所取得的成功不算太大，但是现在人们普遍将他视为美国伟大的词曲作者之一，布鲁斯·斯普林斯汀、乔·斯特鲁莫、比利·布拉格和杰瑞·加西亚等都受到他的启迪。在音乐成就之外，伍迪的生与死也对我们理解亨廷顿病做出了重要的贡献。

亨廷顿病是显性遗传病的典型案例，它是由亨廷顿基因的形态变异引起的，亨廷顿基因对亨廷顿蛋白的序列进行编码。该病一般首次出现症状是在30~50岁，症状表现为各种抽搐、随机和无法控制的动作，这被称为亨廷顿氏舞蹈症。患者先是出现身体强直僵硬、动作扭曲、姿势和面部表情异常，随后会出现咀嚼、吞咽和说话困难。尽管有这些身体表现，但病人身体的肌肉并没有直接受到影响，而是大脑控制身体的能力出了问题（就像运动神经元病和帕金森病患者所表现的那样）。

心理和个性的变化包括焦虑和消沉、攻击性、成瘾行为，而且一般都会变得令人不舒服，这些变化让那些亨廷顿病患者及其家庭非常苦恼。这种疾病常常会导致患者出现自杀的念头，有 10% 的患者结束了自己的生命。感知也遭到了不利的影响，特别是那些控制行为的执行功能，所以病人有可能直接脱口说出内心的想法，而不是更加明智地闭上嘴巴。长短期记忆中的各种问题都显现出来，逐渐发展为痴呆。这种疾病不可避免是致命的，确诊之后预期寿命是 15 年至 20 年。亨廷顿蛋白并不只存在于大脑中，它在其他组织中的存在会引起肌肉和睾丸萎缩、心力衰竭、骨质疏松、体重减轻和葡萄糖不耐受。病人通常必须被收治到医疗机构。

关于亨廷顿病最早的记载可以上溯到中世纪，但直到 19 世纪中叶，其显性遗传性质才得到清晰的解释。得了这种病的人有时被当作女巫烧死。这种基因可能是“五月花号”船上的清教徒前辈移民带到马萨诸塞的。[4] 1872 年，美国医生乔治·亨廷顿精确地描述了其遗传模式：

> 关于其遗传性质。当病患父母中的一方或双方表现出该病的表征……一个或多个子嗣几乎将无一例外地罹患该病……但是如果万一这些孩子一生平安没有得这种病，那么这条线就断了，原初的震颤症患者的孙辈和曾孙辈就可以确定无疑不会得上该病了。[5]

这个说法是正确的—— 一个人只有父母患有该病，才会遗传这种病。在一次路途中，他描述了所见：“两位妇女，是一对母女，都很高瘦，几乎面无血色，两人都弓着腰，扭来扭去，做着鬼脸。”

那为什么亨廷顿病显现出这种遗传模式呢？ DNA 是一个巨大的分子，存在于细胞核中，它包含了一系列的碱基，这些碱基就像字母表中的字母。这些碱基被分成 C、T、G、A 四种型。简单有机体的 DNA，例如现在就幸福地生活在你肠道里的大肠杆菌，其 DNA 就包含大约 500 万个碱基。更复杂一些的有机体，像挪威云杉（被用作圣诞树）有 200 亿个碱基。人类 DNA 有 30 亿个碱基，其复杂性在细菌和圣诞树之间。

DNA 的功能是告诉细胞要制造哪些其他的分子，其中最重要的又是蛋白质。一般一个基因就是 DNA 的一个区域，它为特定的蛋白质进行编码。蛋白质是由名为氨基酸的小分子链通过化学连接形成的长链。DNA 的序列按照 3 个核苷酸为一组的密码子转录、翻译为蛋白质的氨基酸序列。举例来说，可能有一个基因的序列开始为 ATGCTATCC。第一个密码子的三联体是 ATG，它编码的是氨基酸甲硫氨酸。下一个是 CTA，意思是亮氨酸，然后是 TCC 编码丝氨酸，以此类推。而蛋白质也就以甲硫氨酸—亮氨酸—丝氨酸的顺序开始，连续再扩展几百个氨基酸，直到另一个三联体（TAA、TAG、TGA）作为终止密码发生作用，发出蛋白质链终点已经抵达的信号。DNA 的其他部分负责决定蛋白质编码区域的起始位置，并控制该基因是否启动以制造蛋白质。

人类 DNA 是由 46 个名为染色体的独立片段组成的。其中的 22 对叫作常染色体，这些染色体的命名没什么想象力，就叫 1 号至 22 号染色体。它们经过了复制，这样大部分的细胞都各有两份染色体。人类染色体中总共有大约 20 000 个不同的基因，这些基因承担蛋白质的编码工作。细胞中的蛋白质承担了大部分的功能，比如促成化学反应（酶）、运输各种分子（像携带氧气的血红蛋白）、充当抗体，或者形成毛发、皮肤、骨骼和腱（由胶原蛋白构成）。

人类的精子和卵子一般只包含一份常染色体。这样的话受精卵就会包含 44 条常染色体，一半来自父体，一半来自母体。剩下的两条染色体叫作 X 染色体和 Y 染色体，它们决定性别。卵子提供 X 染色体，精子要么提供一条 X 染色体，要么提供一条 Y 染色体。如果受精卵从精子中得到 X 染色体，它的性染色体就会是 XX，而后代就会是女孩。反过来的话，获得了 Y 染色体就得到 XY 性染色体，那么后代就会是男孩。图 11 展示了男性和女性的染色体，简洁明了地展示出除了男性的性染色体之外，它们全部都成对。

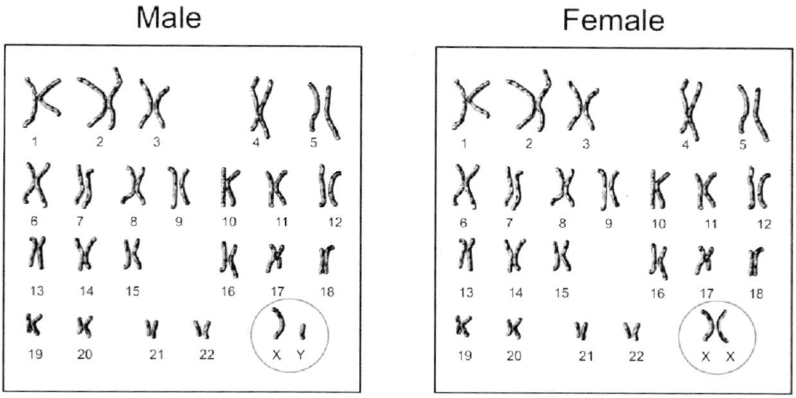


图 11　人类染色体

男性（左）和女性（右）通过男性的 XY 染色体和女性的 XX 染色体区别开来。每一对染色体都从母体那里得到一条染色体，从父体那里得到另一条染色体

DNA 中数量巨大的变化使得所有人都十分不同，已知可能的突变高达数亿种，这造成了人类无尽的多样性。[6] 许多这样的差异属于单核苷酸多态性，DNA 的序列在一个位置发生分异。如果随机挑选一对没有亲属关系的人，他们的 DNA 中就会有大约 500 万个位点互异——这些突变大部分都是单核苷酸多态性。[7] 即便是由一个受精卵分裂而产生的两个婴儿（即同卵双胞胎），也有一些差异，这些差异是在从受精卵到婴儿的发展过程中随机突变而出现的。

大部分对基因造成破坏的突变会导致其蛋白质不能正常工作。于是当有人不幸从双亲那里各遗传了一份错误的副本的时候，疾病才会显现出来。只遗传了其中一份副本的时候，突变基因是无害的。这就是隐性的遗传病。与之对应的是，偶尔会有一种突变使得经过修改的蛋白质产生毒性。此种情况发生的话，人就会罹患该病，尽管他们只有一份突变基因。既然有毒形态压倒了正常、有效基因的存在，这种变异就被称为显性的。有着显性致病基因的某人，其子女会有 50% 的概率罹患该病，因为他们从患病父母那边得到的副本是随机的。亨廷顿病的情形便是如此。

乔治・亨廷顿不知道的是，布尔诺（在今捷克共和国境内）说德语的修士格雷戈尔・孟德尔（Gregor Mendel），通过其在 1865 年到 1866 年之间繁育数以万计的豌豆的经典实验，已经独立地发现了隐性和显性基因。[8] 在修道院推行尖端科技看起来有点怪怪的，但是孟德尔的修道院院长西里尔・纳普 (Cyrill Napp) 对科学有着强烈的兴趣，甚至给孟德尔修建了一座温室，专门用于他的遗传学研究。[9] 孟德尔发现有机体蕴藏有现在我们称之为基因的遗传单位，它们决定了遗传的内容。基因以不同的形式存在，例如有一个基因决定豌豆花是白色的还是紫色的，而且是成对的。如果豌豆有了两种不同的基因，则一个会是显性的，彰显其影响，而另一个则是隐性的，它的影响会被显性基因遮蔽。隐性基因的影响只有在两套隐性基因出现时才能被观察到。以花色为例，紫色是显性遗传而白色是隐性遗传，所以当豌豆有两个白色基因时，我们就能看到白花；豌豆有两个紫色基因，其花色则是紫色；豌豆基因为一白一紫，其花色则亦是紫色。就像人类一样，每一株子代豌豆植株从亲本那里各遗传一个基因。

当孟德尔发表他关于豌豆的结论的时候，他并不知道这些结论的自然机制该如何解释。关于染色体的首次记载出现在 19 世纪中期，那是人们在细胞核中观察到它们之后，直到 20 世纪初期，德国生物学家西奥多・博韦里（Theodor Boveri）和美国生物学家沃尔特・萨顿（Walter Sutton）才提出它们作为基因携带者的作用。[10] 博韦里使用海胆卵来研究胚胎发育过程，因为海胆巨大和透明的卵观察起来比较方便。博韦里发现海胆所有的染色体都要存在，才能使卵成功发育为成体海胆。萨顿则发现在蚂蚱当中，染色体成对出现，于是他提出它们分别来自父体和母体。要想这种方案起作用，精子和卵子必须每一方都包含染色体的一个副本。那么这些单个副本细胞是怎么形成的呢？是靠一种名为减数分裂的过程实现的，这种现象是于 1876 年也是在海胆卵中被首次观察到的。[11] 在减数分裂的第一阶段，所有的染色体都被复制了，这样就有一个大的细胞，包含每条染色体的四个副本。这个细胞随后分裂两次，产生四个子细胞，每个都带有一个副本。这些子细胞就会生成卵细胞或者精子。在受精过程中，卵子和精子结合，让受精卵得到每条染色体的两个副本，它们来自亲本双方。鉴于基因就位于染色体之上，关于孟德尔遗传定律正确性的自然机制，我们就有了非常完美的解答。

创造可以生长发育的有机体仅需一半 DNA，而减数分裂的产物子细胞注定将成为精子、卵子或者花粉，并拥有这一半 DNA，因此减数分裂是容许进行有性生殖的关键过程。于是一只动物就必须找到一个伴侣来提供缺失的另一半 DNA。有性生殖是 12 亿年前在一个单细胞有机体中演化出来的，它是所有植物、真菌和动物的祖先。有性生殖是如何有利于一个物种的，为什么我们不干脆用自身同样的 DNA 产生克隆子体呢，就像细菌那样？这在生物学家当中一直是一个有争议的问题。

在大约 1900 年的时候，孟德尔的研究变得广为人知，亨廷顿病成了最早一批被确认是由显性基因所引起的遗传病之一。这种疾病可以在家族中跨代追溯，以揭示遗传的显性模式。当时，人们对基因的性质尚无更多的了解。人们并不了解它编码的分子是何种类型，也不了解它的一般功能或者它存在于哪条染色体上。直到 20 世纪 60 年代，有一个美国家庭接受了这一挑战。

米尔顿·韦克斯勒（Milton Wexler）1908 年出生于旧金山，然后随家人搬到纽约。[12] 他一开始在纽约大学学习法律，但是后来转而学习科学，在哥伦比亚大学获得了心理学博士学位。在第二次世界大战中他在海军服役，之后，他搬到了堪萨斯州的托皮卡居住，在那里他专门研究和治疗神经分裂症。韦克斯勒娶了莉奥诺·萨宾，他们生了两个女儿——爱丽丝和南希。

1950 年，莉奥诺的三个哥哥（保罗、西摩和杰西）都确诊了亨廷顿病。三个哥哥都是从父亲亚伯拉罕·萨宾那里遗传了此病的，父亲 1926 年死于亨廷顿病，终年 47 岁。韦克斯勒在 1951 年搬到洛杉矶，开了一家更加赚钱的私人诊所，治疗作家、艺术家和好莱坞明星，并利用不菲的收入为三位内兄提供医疗资助。不久之后，他的妻子莉奥诺的性格开始变化。韦克斯勒、他的妻子和孩子都没有意识到这些是亨廷顿病的侵袭信号。因为他们都错误地认为，这种病只会影响男人。韦克斯勒将妻子的情绪变化归因于其双亲和兄弟的早逝所带来的压力。莉奥诺的性格变化让她变得日益难以相处，1962 年韦克斯勒离婚了。后来回想起来，他才意识到是亨廷顿病的早期症状毁掉了他的婚姻。

1967 年的一天早上 9 点，准备去做陪审服务的莉奥诺从车里出来，被一名警察逮捕了，警察惊呼道："你怎么会一大早喝醉酒？真可悲！"莉奥诺并没有喝醉酒。就像伍迪·格思里一样，亨廷顿病让她东倒西歪、抽筋痉挛、跌跌撞撞，因为她的大脑已经失去了控制身体的能力。莉奥诺陷入恐慌，便给前夫打了电话，去了他的办公室。韦克斯勒请了一位神经科的同事来诊视，他听了莉奥诺的情况和病史。这位医生毫不犹豫地诊断说莉奥诺患有亨廷顿病，这就意味着亚伯拉罕·萨宾的 4 个孩子都被遗传了。更糟糕的是，韦克斯勒和莉奥诺现在知道他们的孩子可能也遗传了这种致命的基因。

当时爱丽丝和南希分别为 25 岁和 22 岁。当天下午，韦克斯勒告诉了她们神经科医生的诊断，并解释说她们每个人有 50% 的机会患上这种病，而且除非在 20 年后出现症状，否则究竟有没有被遗传当时是无法知道的。从此，每一次绊倒、吐字困难或者发现身体行为奇怪，她们都会担心这是不是亨廷顿病开始发作了。南希和爱丽丝当场决定她们自己不会再要孩子了。如果她们携带了亨廷顿病的基因，一旦有了孩子，这孩子就要亲眼看着妈妈受苦、英年早逝，而且也要陷入忧苦，害怕同样的事会发生在自己的身上。

韦克斯勒震惊之余展开了行动，他决定不能放弃希望，而是要与疾病战斗。他知道伍迪·格思里最近死于同一病况，所以他联系了其遗孀玛乔丽。玛乔丽已经创立了一个组织来倡导相关研究。韦克斯勒在加利福尼亚州建立了自己的分支组织。同一年晚些时候，他创立了遗传疾病基金会，致力于资助亨廷顿病的研究。在此之前，这种疾病很大程度上会被研究者们忽略。韦克斯勒创立了一个由经验丰富的科学家顾问组成的委员会，并组织了一个由聪明的年轻科学家组成的团队，这帮人乐于在一个领域基本上从零开始做起。他从美国国会和在好莱坞露天剧场举办的一场民谣音乐会筹集资金，许多伍迪·格思里的仰慕者会前来音乐会表演。他还组织聚会，让科学家和他的电影明星朋友们社交，还创办了工作室，供各位在里面讨论研究思路。

1970 年，莉奥诺试图自杀，幸好被管家发现了。当时她服用了过量安眠药，躺在床上，和一些女儿的照片在一起。莉奥诺对自己获救感到愤怒。这件事最终让她的女儿南希全身心投入亨廷顿病的研究中去。她与受到影响的其他家庭密切合作，并获得了博士学位，其博士论文研究的就是该病对患者家庭的心理影响。

1972 年，遗传疾病基金会找到了一群理想的研究对象。在俄亥俄州的一个工作室，一个叫拉蒙·阿维拉·希龙的委内瑞拉医生播放了一部影片。影片是在委内瑞拉北部的马拉开波湖岸边的一个村庄拍摄的。从影片中可见有数十人有亨廷顿病的典型动作。阿维拉·希龙解释说，这些人来自同一个家庭。许多湖边的村庄都受到了影响。在有些村，一般人都会罹患这种病。当地人会避免与来自这些村庄的人结婚，因为他们知道这么做的话孩子们会发生什么情况。南希和她的同事习惯和少数病患及其家庭合作。对比之下，在马拉开波湖畔的村庄中有数以千计罹患亨廷顿病的人，所有这些人似乎都是一个共同先祖的后裔。如果能够找到一段在所有这些病患中总是存在而在其他人中不存在的 DNA 片段，那么引起亨廷顿病的基因一定就在那个片段中。南希和她的团队访问了这些村庄，收集了家谱和医疗信息，还有血样。她在那里出了名，被叫作“安杰尔·卡提拉”——金发天使。

幸亏有了遗传疾病基金会和对国会的成功游说活动，美国-委内瑞拉亨廷顿病合作研究项目在 1979 年启动了，其主要目标就是找到亨廷顿病的致病基因。在两座与世隔绝的委内瑞拉村庄巴兰基塔斯和拉古内塔斯，项目的研究人员对超过 18 000 人进行了研究，这些被研究的人大部分来自一个大家庭。疾病起源于玛丽亚·康塞普西翁，她 200 年前生活于此地，生了 10 个孩子。玛丽亚的父亲可能是一位无名的欧洲水手，他也患有亨廷顿病。

100 多位科学家为这个项目工作了 10 年之久，最后终于锁定了基因在 4 号染色体上的位置。他们是怎么做到的呢？之前还未曾有人尝试这么雄心勃勃的事情，因此需要发明新的技术。成功的关键是使用了连锁分析。连锁分析的依据是在减数分裂的过程中，染色体上互相接近的 DNA 片段倾向于一起遗传下去。科学家可以利用这个知识来搞清楚那段基因在染色体的什么位置上。

这一工作复杂而乏味。但这也是一大胜利，不仅利用连锁分析成功找到了第一个显性基因，而且发展出了后来被用于人类基因组排序的方法。研究发现亨廷顿病与 4 号染色体上的一个叫作 G8 的标记基因联系紧密。[13] 换句话说，遗传了 G8 标记基因的人也会遗传到亨廷顿基因，这一定是因为 G8 和亨廷顿基因在染色体上位置接近。其他的一些技术让研究团队能够更进一步聚焦于 4 号染色体尖端的确切位置和锁定一枚名为 IT15 的基因（意为“有趣的副本 15”），它被证实是亨廷顿基因。经过排序，亨廷顿病变异的确切性质终于被揭示出来了。[14]

正如我们所见，大部分的变异都是单核苷酸多态性的，即 DNA 中的单个碱基被其他的碱基取代（例如，G代替A或者C代替T）。导致亨廷顿病的变异非常不同。在亨廷顿基因中，三联体CAG不断重复。普通的健康人有6~35个CAG重复序列，但是患有亨廷顿病的人就多得多。亨廷顿基因编码了一种亨廷顿蛋白。科学家并不清楚亨廷顿蛋白的确切功能，但是知道它非常重要，因为缺乏该蛋白的老鼠会死掉。它可能涉及细胞互相之间的沟通或者物质的传递。它在神经细胞和大脑中最为丰富，从该病的症状我们也能推断出来这一点。[15] CAG编码氨基酸谷氨酰胺，所以重复的CAG就意味着在亨廷顿蛋白内部有一连串的谷氨酰胺全部排成一列。

少于36个谷氨酰胺是无害的，亨廷顿蛋白的功能正常无碍。但是，当链条更长，超过36节，酶就能切断亨廷顿蛋白，产生多聚谷氨酰胺蛋白的片段。这些片段互相粘连，在神经细胞内部形成团块。目前还不清楚是这些团块破坏了神经细胞，还是因为细胞无法处理变异的亨廷顿蛋白，导致它在细胞内的积累引起了破坏。无论如何，我们知道了CAG重复越长，亨廷顿蛋白就越致命，随着CAG长度的增加，亨廷顿病显现时的年龄越低。如果有36~39个重复，则有可能幸运地避免这种疾病，但若是超过40个，就无法避免患上亨廷顿病了。[16]

由CAG扩展所引起的疾病中特别令人苦恼的就是预期现象。在DNA的复制过程中，复制DNA的聚合酶有时会跳跃，导致增加一个额外的CAG。每一代人增加2个或3个CAG序列是很典型的。这就意味着如果一个小孩遗传了亨廷顿基因，其产生的亨廷顿蛋白比起患病的父亲或者母亲就有着更长的多聚谷氨酰胺序列，毒性也更大。孩子开始显现症状的时间就会比父母显现症状的时间更早。这就意味着一个有着30个左右CAG重复的人，可能会生出一个患有亨廷顿病的孩子，即使他们自己并没有这种病症，因为增加几个额外的CAG就会让亨廷顿蛋白超过具有致命性的阈值。超长的CAG会引起青少年亨廷顿病，症状的初发时间会在20岁之下。[17]

亨廷顿基因的发现让开发病况筛查方法有了可能。如果一个年轻人的父母被诊断出患有亨廷顿病，那么这个年轻人可以接受筛查，以了解自己是否也会患有这种病。在现实生活中，直到考虑生孩子之前，大部分人选择不去了解此事。目前亨廷顿病依然没有治愈之方。最近试图抑制亨廷顿蛋白产生的研究[18]不是很成功，[19]而利用CAG重复促进蛋白的破坏[20]这一方法也在研究中。这类途径可能是真正治愈该病的第一步。时间将会给出答案。

爱丽丝·韦克斯勒和南希·韦克斯勒双双决定不要对自己的亨廷顿蛋白测序。当她们的母亲确诊该病后，她们就已经决定不要孩子了，这是早在筛查测试之前的事情了。最终，南希自己也开始出现亨廷顿病的症状，姿态不稳，说话含糊不清，动作失去控制。南希将自己的病况隐瞒了很久，后来爱丽丝劝她还是公开。患有亨廷顿病并没有阻止南希继续工作，她推进研究，宣传病况，继续过着多产、充实和欢乐的生活，直至70多岁。[21]

# 第 15 章

# 国王的女儿们

1990 年，亚利桑那州菲尼克斯的小儿神经科医师西奥多·塔比博士在办公室接待了一个有着严重身体症状和精神残障的男孩。鉴于该儿童的症状对他来说闻所未闻，塔比将他的尿液样本送去了专门研究罕见遗传病的科罗拉多大学。在那里，DNA 测序揭示出该患儿患有一种极其罕见的疾病——延胡索酸酶缺乏症。延胡索酸酶是一种对于细胞内能量产生极其重要的酶，因此它发生变异有可能是灾难性的。缺乏延胡索酸酶会引起严重的癫痫发作、无法行走甚至不能坐直、严重的语言障碍、无法按正常的速度发育，还会出现可怕的身体畸形。[1] 大脑的很大一部分缺失了。进一步的研究表明，还有许多其他儿童，包括男孩的姐姐也有同样的病状，他们都来自同一个小社区。直到 20 世纪 90 年代，全世界只有 13 个已知病例，这就难怪塔比博士此前从未见过延胡索酸酶缺乏症了。但是到 2006 年，塔比发现了 20 多名患有这种疾病的孩子，而且他们还住在同一个城镇里。[2]

这里所谈到的社区就是基本教义派的耶稣基督后期圣徒教会（摩门教基本教义派的一个分支），位于亚利桑那州的科罗拉多城及邻近的犹他州的希尔戴尔，希尔戴尔是一个跨州界的城市。那里居住的 8 000 人中大约一半属于巴洛和杰索普两大家族。这两大家族于 20 世纪 30 年代在这个偏远的地方定居下来，是当地社区的创建者。该教派实行一夫多妻制，在亲戚之间安排婚姻，结婚早而且鼓励女人尽可能多生孩子。

一夫多妻制是摩门教的第一代领袖约瑟夫·史密斯和杨百翰的做法和教导。1844 年在史密斯死于伊利诺伊州之后，杨百翰领导新的信徒一路向西，在犹他建立了盐湖城。1890 年教会领袖威尔福德·伍德拉夫在联邦政府的压力下，发表宣言结束了一夫多妻制。这使得犹他得以在 6 年后成为美国的一个州，此时该州的宪法已禁止了一夫多妻制。尽管摩门教的追随者大部分接受了这一变化，但有一些人表示强烈反对，因为这很明显地打破了教会传统。那些拒绝伍德拉夫改革的人与之决裂，并建立了基本教义派的耶稣基督后期圣徒教会和新的社区，在这些社区里他们能够坚持自己的信仰。科罗拉多城和希尔戴尔就是这样的地方。

科罗拉多教会的创始人约瑟夫·史密斯·杰索普和他的第一任妻子玛莎·穆尔·耶茨生了 14 个孩子。其中一个女儿嫁给了约翰·耶茨·巴洛，他是另一个社区的创始人和宗教领袖。到 1953 年约瑟夫·史密斯·杰索普逝世的时候，他已经有了 112 个孙辈后代，大部分是他和巴洛的后代。婚姻安排力图保证血统的纯粹，于是婚姻总是在近亲之间发生：姐妹会嫁给同一个堂表兄弟，叔叔娶了侄女，两兄弟和一对堂表姐妹结婚。多余的男性青少年，名为“丢失的男孩”，会被驱逐，因为如果少数选出的男性有很多的妻子，那么那些没有对象的男子就没有立足之地了。几代人之后，当孩子们从近亲结婚的父母那里遗传到错误的延胡索酸酶基因，延胡索酸酶缺乏症就出现了，现在有数以千计的摩门教信徒携带存在缺陷的延胡索酸酶基因。延胡索酸酶缺乏症并不是他们唯一的基因问题。许多人天生就有唇裂、畸形足、心脏瓣膜畸形和脑积水等症状。[3, 4]

塔比在一次城镇会议上解释说，这个社区需要停止巴洛家和杰索普家之间的通婚，但他得到是一片反对之声。[5] 对他们而言，保持血统纯洁要比降低疾病风险重要得多，任何一个生病的孩子都是上帝考验的对象。男性教民至少需要娶 3 名妻子才能进天堂，而且妻子是越多越好。[6] 教会的领袖沃伦·杰夫斯自己就有大约 80 个伴侣。2011 年，杰夫斯由于严重性侵被判处终身监禁加 20 年徒刑。于是他从监狱中鼓动整个社区实施禁欲。[7] 许多教会成员自那时起脱离了教会。在多年的控制和施虐之后，挣扎中的科罗拉多城和希尔戴尔现在正在经历快速的变迁。[8]

因为人类的伴侣总是几乎带有两个有效的基因副本，所以带有有缺陷的基因很少会造成问题。因此即使我们携带有缺陷基因，人类的子女也一定会从父母那里遗传到有效基因的一个副本。但是，如果父母是亲戚关系，那么情况就不是那么有把握了，因为这时候父母双方都有可能从共同的祖先那里遗传到有缺陷的基因，在基本教义派的耶稣基督后期圣徒教会的社区中，延胡索酸酶缺乏症就是这种情况。一对夫妇的亲属关系越近，则遗传病在孩子中出现的可能性就越大。近亲生子，就像在同自己的子嗣玩基因轮盘赌。

因此在几乎所有的人类文化中，兄弟姐妹之间的婚姻都是非法的，其理由非常充分。反对这种做法的法律甚至都不需要，因为很少有人会觉得自己的兄弟姐妹对自己有性吸引力。对此感到恶心是一种合理的反应，这种演化就是为了避免这类不健康的关系。然而，历史上曾经就实行过兄妹婚，例如在古埃及。现在，英国大约每 3 600 人中就有一人是极端的近亲繁衍的结晶，比如父母是兄妹或者是父女关系。[9]

尽管兄弟姐妹间通婚非常稀少，但是堂表兄弟姐妹即同一祖父母或外祖父母的孩子结合生孩子在许多文化中却是很普遍的现象。[10] 在东南亚、北非和中东的许多地方，嫁女儿对于家庭来说常常是很大的负担，因为她需要一大笔昂贵的嫁妆。把女儿嫁给自己兄弟姐妹的儿子，就会将这笔嫁妆费留在家庭内部，而且在婚后也能更好地与女儿保持联系。在全球范围内，各地对于堂表兄弟姐妹婚的态度差异极大。在中国、韩国、菲律宾以及美国大约一半的州，这种婚姻是非法的。尽管在欧洲它是合法的，但因为（合理的）对于子女健康风险的担忧和乱伦禁忌的存在，这种做法的名声也并不好。

堂表兄弟姐妹婚在中东特别常见。举例来说，在沙特阿拉伯超过70% 的婚姻是共祖的堂表兄弟姐妹婚，或者是共曾祖的堂表兄弟姐妹婚，这就大大增加了子女患有隐性遗传疾病的概率。这类做法数千年来已成为常态，通过代代相传将问题放大。结果，阿拉伯人有世界上最高的遗传病发病率。有些国家像卡塔尔意识到了这类风险，于是为准婚姻夫妻提供了基因筛查服务，以发现双方是否携带遗传病基因。[11] 将这种做法推广到所有地方应该是一个不坏的主意。这样就可以迅速和便宜地识别出与遗传病相关的单核苷酸多态性。尽管这类意识在提高，筛查工作也在增加，但说起来，堂表兄弟姐妹婚还在持续增加。

2015 年的一项研究调查了近亲结婚对健康的影响，涵盖了全球 102 个族群中的 354 224 个个体。[12] 拥有最高基因相似度的人来自美国的阿米什派和哈特派（又译胡特派）宗教社区，它们的初始人口数很小，族内通婚也已有数百年历史。基因最多样化的族群在非洲。调查人员对公共健康的 16 种度量指标进行了研究，以了解身高、智力、血压、胆固醇水平、肺活量、体重指数和血红蛋白水平。遗传变异的变化对下列四项特点产生了显著的不利影响：身高、肺功能、受教育程度和 g 因素（用于一般认知能力的量度）。测得的数字经换算之后表明，共祖堂表兄弟姐妹婚的影响，平均相当于降低了子女 10 个月的受教育程度和 1.2 厘米的身高。这种影响可能会随着堂表兄弟姐妹婚的代际传递发生强化。这种婚姻对于血压、胆固醇和心脏功能倒是没有显著的影响。

亲属关系疏远的堂表亲之间的婚姻也常常会发生，因为夫妇双方可能意识不到他们之间有血缘关系。而当丈夫和妻子都是来自同一个社区，而该社区成员又是数量很少的一小群人的子嗣的时候，这种通婚情况就更有可能出现。基本教义派的耶稣基督后期圣徒教会社区就提供了这样一个极端的例子。法裔加拿大人身上也存在同样的瓶颈效应，即由于一群殖民地开拓者人数很少，所以这里的人的基因相似度很高。魁北克市是 1608 年建立的，在接下来的 150 年中，新法兰西殖民地缓慢扩张。1663 年，大约 2 500 人生活在新法兰西，其中 719 人是未婚男性，只有 45 人是未婚女性。新法兰西的大部分职业，如士兵、毛皮猎手、神父，无一例外是男人在做，所以从欧洲移民过来的那些人都是男性，这造成了严重的人口性别失衡。单身女性非常不情愿到这片新世界来，因此殖民地要么走向灭亡，要么就要被美洲原住民或者南边的英国殖民地同化。

为了增加殖民地的人口，以维持法国殖民地及其文化，新法兰西的主政者让·塔隆向路易十四提议说，他可以赞助至少 500 名年轻女性横渡大西洋。国王同意了，最终招募了 800 人。她们大多年龄在 12~25 岁，道德品质良好（由一位神父证明），身体健康，适合从事农业工作，而且大体上都是出身低微的平民。这些“国王的女儿”得到一张去加拿大的单程船票、一些嫁妆以及装有个人随身物品（一把梳子、两顶风帽、一条皮带、一双长筒袜、一双鞋、一双手套、一顶旧式女帽、鞋带、四套蕾丝服饰和缝纫用具）的箱子，这样一来，她们就在寂寞沮丧的魁北克人中成了香饽饽。

这个计划成功了。到 1670 年为止，大部分前一年到达的女子经过速配约会都已经结婚并怀孕了。在速配约会中，这些女子由修女陪伴面见未来的丈夫候选人，然后从中选择夫婿。如果没有可以接受的人选，她们就会乘船沿着圣劳伦斯河到下一座城市。到第二年，“国王的女儿”们总共生下大约 700 个孩子。新法兰西人口在短短 9 年内就翻了一番，因为有 10 个或 10 个以上的孩子是常事，现在的 500 万法裔加拿大人中，大部分是“国王的女儿”们的后代。安吉丽娜·朱莉、希拉里·克林顿和麦当娜也是她们的后代。

1756 年到 1763 年进行的七年战争让法国向新法兰西的殖民突然停

止。在这场战争中英国、普鲁士、葡萄牙和其他的德意志诸国对阵法国、奥地利、俄国、西班牙和瑞典。战争结束后，一系列复杂的领土交换导致法国将新法兰西割让给英国，以换取加勒比海的糖岛马提尼克和瓜德罗普两地，因为这两个地方的产出要大得多。随后去加拿大的移民主要来自不列颠群岛，特别是苏格兰和爱尔兰，或者是美国的反对独立者，英国在美国独立战争中失去了 13 个殖民地之后，他们还希望留在大英帝国。这样一来法裔加拿大人就表现出殖民地创建者们的强烈影响，基因上变化也很小，当今人口中很大一部分是数量很少的“国王的女儿”们的后代。这一特点在数十种遗传病中显现出来。[13, 14]

当一个族群的人口跌落至非常小的数量，随后再次膨胀，人口瓶颈的现象就会出现。流行病、自然灾害或者战争，特别是大屠杀，会导致人口急剧缩减。在欧洲人于 1492 年之后跟随哥伦布的步伐来到美洲之前，所有的美洲原住民都是数量很少的一群人的后代。他们从俄国东部绕过海岸，穿越阿拉斯加和加拿大，最终一路南下来到南美洲的最南端。这是在大约 14 000 年前最近的一次冰期中发生的事情，当时海平面很低，陆地从俄国一路延展到阿拉斯加。当这些无畏的远行者向南迁徙，逃避加拿大冰期的酷寒的时候，他们发现了一片丰饶的土地，那里充满了可供狩猎的大型动物。他们的人口大幅增长。在哥伦布之前，美洲人口可能有 5 000 万，而中美洲的人口密度最高，那里是阿兹特克文明和玛雅文明的大本营。对今天美洲原住民基因的研究表明，这 5 000 万人是不超过 1 000 人的殖民先祖的后代。[15] 很有可能正是在穿越西伯利亚到阿拉斯加的过程中，这批先祖的人口下降到了最低，因为这段史诗性的旅程要穿过最恶劣的环境。

这一人口瓶颈的后果就是，美洲原住民出现了很低的基因多样性，尽管从加拿大到智利的地理距离极长。举例来说，几乎所有原住民的血型都是 O 型。美洲原住民中很突出的单核苷酸多态性似乎最早是在他们的先祖生活在西伯利亚的时期出现的。在遭遇欧洲人带来的疾病之后，美洲原住民出现可怕的极高死亡率，这种遗传上缺乏基因多样性的情况很可能就是诱因之一。人口的多样性造成不同族群对新疾病在易感性上存在差异，这样一来总是有相当数量的人口能够有幸抵抗该病。但是在美洲原住民当中，如果某个人遭到了某种特定传染病的严重侵害，那么差不多其他所有人也同样会发病。

欧洲人的到来对狗造成的影响可能更大。狗是 1 万年前初次到达美洲的，也是从西伯利亚而来，并从此繁衍起来。如果把这些古代的动物所遗传下来的 DNA 拿来和现代美国的狗进行对比，则后者中几乎没有来自最初那一批狗的 DNA 的踪迹。美国的第一批狗可能已经被欧洲狗所带来的疾病消灭了。[16]

我们当中许多人很可能都带有隐性遗传的致命疾病，这一般不会有什么问题，除非我们要和堂表亲生孩子。我们意识不到我们的基因副本中存在失灵问题，因为这些失灵问题被正常的基因遮蔽了，这样就避免了疾病的出现。最近对南达科他州的哈特派宗教社区展开的一项研究，能够对某人有多大可能是隐性遗传病的携带者进行评估。[17] 哈特弟兄会 16 世纪 20 年代起源于奥地利。在他们的人口降到 400 人之后，他们移民到了北美，在 19 世纪 70 年代建立了 3 个公共农场，还是讲自己的德语方言。这个殖民地繁荣兴旺起来，产生了 3 个主要的分支，自 1910 年之后，大部分的婚姻是在同一个族群内部的个体之间发生的。他们现在人口已达 45 000 人。哈特人保存有内容广泛的遗传和医学记录，他们遭受着 35 种隐性疾病的困扰，其中包括囊性纤维化，这又是殖民地创建者效应和近亲结婚导致的后果。哈特人过着集体生活，分享财物，将生活环境差异缩减到最小，这使得他们成为遗传病学研究的绝佳对象。

项目分析利用了来自 13 代人的数据，其中包括在南达科他州生活着的 1 642 名哈特人，还有 3 657 名他们的祖先，这些人都能够从基因方面追溯至 64 名殖民地创建者。现代的 DNA 测序技术能够查出一个人是否携带与疾病相关的基因突变。每个哈特人的元祖平均带有 0.6 个致命的隐性基因突变。假设哈特人能够作为样本很好地代表其他人类，则人类中有一半携带了致命的遗传病。

尽管筛查项目显示，或者更简单点说，不和堂表亲生孩子会降低得病风险，但直到现在，还没有办法防止新生儿带有隐性的遗传病，特别是当夫妻双方家庭中都有人患有某种疾病的时候。我们将看到，一种令人兴奋的（虽然也更吓人的）前景就是，改变人类的 DNA 将永久消灭遗传病。

全球范围内男性的天然出生率比女性高出 3%，所以与女孩相比，男孩数量更多。[18] 这种差异随着年龄的增长而减少，所以对于年轻人而言，男女数量接近相等。无论是战争，还是自杀、他杀，男性更容易成为暴力的受害者，有更大可能死于事故。当青少年开始骑摩托车、危险驾驶，以及从事高风险工作、运动或者其他活动的时候，意外死亡的男性青少年要比女性多得多。这些行为使青年男女的人数更加均衡。在 50 岁之后，由于男性死得早，女性的人数就会多过男性。男孩和男青年的死亡率也高于女孩，因为他们有更高的患上遗传疾病的风险。

一个人在生物学上是不是男性是由有无 Y 染色体来决定的。女性是默认的，所以一旦 Y 染色体上缺失某些使某人成为男性的基因，一个女孩就会被孕育出来。正如我们已经在隐性遗传疾病中所了解到的那样，人通常会有每个基因的备用副本，因为染色体是成对的。但是对于男性而言却并非如此，因为他们只有一条 X 染色体和一条 Y 染色体。人类总共有大约 2 万个对蛋白质进行编码的基因，但是 Y 染色体所拥有的显然是最少的，只有大约 70 个。决定某人是不是男性的关键基因被称为 Y 染色体性别决定区（SRY 基因）。如果 Y 染色体上有 SRY 基因，该基因就会开启许多其他的基因，导致性腺发育为睾丸，而不是卵巢。然后睾丸就会开始生成雄性激素睾酮。男性和女性的胚胎，刚开始发育的时候还是一模一样的，现在就走上了各自的道路。

遗传病在男孩中比在女孩中要常见得多，它们是X染色体上失灵的基因引起的，因为男孩只有一条X染色体，所以失灵的基因没有多余的副本。X染色体上的变异所引起的疾病正是女性比男性预期寿命更长的原因之一。举例来说，进行性假肥大性肌营养不良（Duchenne muscular dystrophy, DMD）是一种严重的肌肉萎缩性疾病，它是由X染色体内的抗肌萎缩蛋白的突变引起的。抗肌萎缩蛋白是一种巨蛋白质，它附着在肌肉纤维上。如果它不能正常工作或者完全丢失，肌肉就会弱化并死亡。肌肉弱化在婴儿开始行走之际就显现出来，在10岁左右的年纪孩子就需要用轮椅，一般到21岁时脖子以下就瘫痪了，预期寿命只有26岁。带有突变的抗肌萎缩蛋白的女孩就不受影响，因为她们的另一条X染色体上还有功能正常的基因。男孩就没那么幸运了。许多其他的疾病也是以同样的方式与性别相关，例如红绿色盲。欧洲王室的血友病就是一个经典实例。

维多利亚女王是出名的血友病基因的携带者。她的基因里的凝血因子IX有一个单碱基变化（从A变为G）。凝血因子IX是对血液凝结极其重要的一种蛋白质。正是这样一个小小的变异影响了历史的发展。变异让IX因子比正常的更短，于是造成了它的失灵。[19]凝血因子IX基因在X染色体上，所以女性比如维多利亚本人并不会受到影响，因为在她们的另一条X染色体上还有一条正常的副本。如果男性有这样的变异，他们就无法逃脱疾病的困扰了。因为他们只有一条X染色体，这样一来他们就不能制造IX因子，相应地在血液凝结方面的能力就会严重受损。血友病很容易导致瘀伤，有创口之后则会流血很长时间。大脑最易受到出血的影响，出血会引起大脑的永久性破坏、癫痫发作和意识丧失。当新生儿在脐带被切断之后仍不停流血，这种病况就会被初次注意到。

维多利亚的先祖中并没有血友病患者，所以变异似乎是从她开始

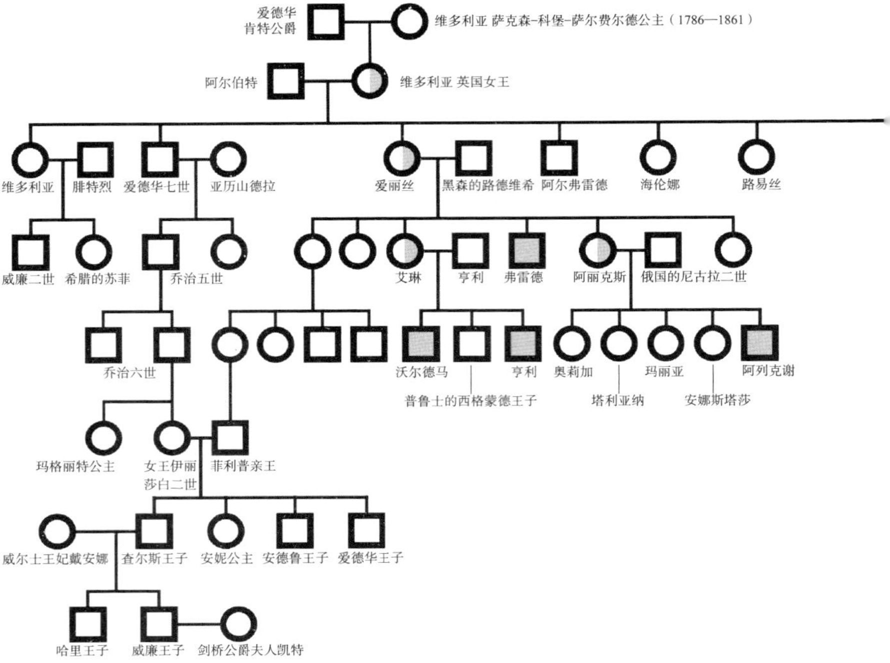


图 12　维多利亚女王后代中的血友病患者
该病传入了三组王室家庭：通过黑森的爱丽丝和亚历山德拉传入俄国，通过比阿特丽斯和维多利亚·尤金妮传入了西班牙，通过利奥波德传入了萨克森-科堡公国、哥达以及萨克森。另外一些女性也可能是血友病基因携带者

的。更确切地说，变异有可能是来自她的父亲肯特公爵爱德华亲王的精子，当维多利亚出生时，亲王 51 岁。高龄父亲的精子更容易出现获得性变异，因为精子细胞会有更长的时间来积累错误。英国王室中第一个血友病患者是利奥波德王子，他是维多利亚女王和阿尔伯特亲王的第 4 个儿子和第 8 个孩子。利奥波德出生于 1853 年，5 年后确诊。当他 30 岁的时候，他滑了一跤，碰到了头，引起了脑出血，结果血流不止。第二天凌晨他就死了。利奥波德是维多利亚的 10 个患有血友病的男性后

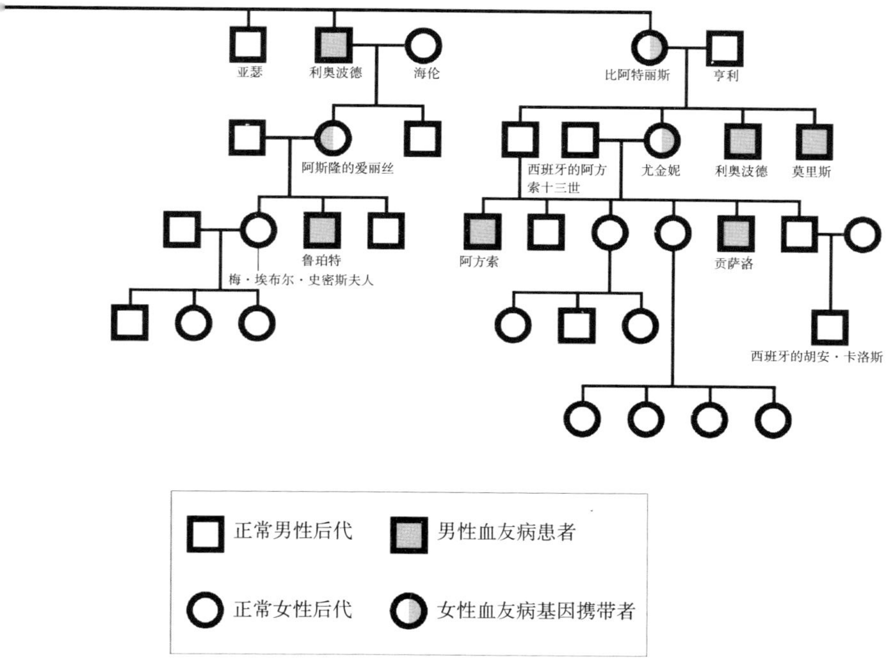


代中的第一个，也是唯一一个有孩子的。利奥波德有一个女儿，爱丽丝。她不可避免地成为该病的携带者，因为她只能从父亲那边遗传到一条突变的凝血因子 IX 基因。爱丽丝将该病传给了儿子鲁珀特，也许还传给了她最小的儿子莫里斯。鲁珀特在 40 岁的时候死于一场车祸带来的创伤，而莫里斯 5 个月大的时候就死了。很幸运的是，维多利亚女王最大的孩子维多利亚和伯蒂没有遗传血友病基因。维多利亚嫁给了德国皇帝腓特烈三世，是威廉二世的母亲。伯蒂后来成为英国国王爱德华七世。德国和英国的王室因此避免了血友病的诅咒。

维多利亚的孩子们嫁给了数量众多的欧洲王室家族，导致了总共10个血友病患者——最后一个是1914年出生的贡萨洛。今天似乎维多利亚的后代中已无人携带该基因，尽管在西班牙王室中，沿着比阿特丽斯后代中全是女性的这条线可能还有埋伏。[20] 通过DNA测序就能知道。

俄国沙皇尼古拉二世、他的妻子亚历山德拉、他的儿子和继承人阿列克谢，以及他们的4个女儿全在1918年死亡。沙皇一家的遗骸在2007年被发现于一座大墓中，并在2009年被最终确认。将从两具焚烧过的遗骸中提取的DNA与维多利亚活着的后人（例如女王伊丽莎白二世的丈夫菲利普亲王，他也出现在图12中）的DNA和从一件沾有沙皇血的衬衫上提取的DNA加以对比，人们确认了这些遗骸属于阿列克谢王子和他的一个姐姐。[21] 该DNA保存完好，可以对已知与血友病有联系的X染色体上的基因进行测序。

在亚历山德拉的两条X染色体上，正常基因和突变基因（一个有A型碱基，另一个则有G型碱基）都被检测到了，恰如所料，这正是血友病基因携带者的特征。从阿列克谢的单条X染色体上取得的DNA包含突变基因（有G型碱基）。阿列克谢的一个姐姐（从骨龄来看要么是玛丽亚，要么是安娜斯塔莎）也被测出是突变基因的携带者，就像她的母亲一样。[22] 如果她活了下来，她也很可能已经将带有缺陷的基因传进另一个王室家族。

## 第 16 章

# 奥古斯特·D 的大脑

1901 年 11 月 25 日，一位 51 岁的老妇人被德国美因河畔法兰克福精神疾病及癫痫医院收治。高级医师阿洛伊斯·阿尔茨海默（Alois Alzheimer）对她进行了检查。她挂号的名字是奥古斯特·D。阿尔茨海默在 1903 年转到了慕尼黑的皇家精神病医院，但他继续密切关注奥古斯特·D 的病程，直至她在 1906 年去世。奥古斯特的症状一开始是对丈夫深深的非理性的嫉妒，随后就是记忆和理解力变差、语言交流困难、行为古怪，以及出现各种幻觉和妄想症。然后是完全的痴呆，在初次症状出现之后不到 5 年，她就过世了。

阿尔茨海默进行了尸检，包括对大脑的仔细检查。他发现她的大脑与之前所见到的其他病人的大脑一点都不一样。首先，它异常地小，显然失去了很多组织。在许多脑细胞的中央，他看到了一些致密体，它们厚实得非同寻常而且“特别难以穿透”，显得格外突出，他发现在大脑皮质中细胞外面有更大的沉淀物。[1]阿尔茨海默描述的缠结和斑块，是阿尔茨海默病的标识特征，今天在尸检中依然被用来诊断该病。出人意料的是，尽管现在阿尔茨海默病非常普遍，但阿尔茨海默本人只报告了一例病人有此病况，当时（1910 年）人们还觉得这是一种新型疾病。[2]

在仅仅 100 年里，从仅有少量阿尔茨海默病的病例到这种疾病竟成为主要的死亡原因，人类是如何陷入这种状况中的呢？鉴于奥古斯特·D和其他病人的年龄，阿尔茨海默病一开始被认为是一种所谓"早老性痴呆"。痴呆被认为是在老年阶段大脑的自然变化，而奥古斯特·D这一病例则是这种情况过早发生的结果。尽管人们对这一问题有很多的困惑，但老年痴呆还是经常被视为老龄化过程的一部分，并因此遭到忽视。问题之一就是缺乏研究，因为显现出症状的病人太少了。[3]那时候，传统的医学对精神疾病大体上是忽视的。

20世纪随着预期寿命的增长，老年痴呆开始越来越普遍，最终激发了人们对该病不断增长的研究兴趣。革命性进步是在1976年发生的，纽约的阿尔伯特·爱因斯坦医学院的罗伯特·卡茨曼（Robert Katzman）指出："除了通过患者的年龄，临床医生、神经病理学家、电子显微镜都无法区别这两种病症。"因此"阿尔茨海默病和老年痴呆就是同一个发病过程，因此应该被当作一种病来考虑"。[4]将老年痴呆当作阿尔茨海默病，认识到老年痴呆并不是正常的老龄化过程的一部分，立即使得阿尔茨海默病的案例数量发生了巨量的增长。现在很明显，阿尔茨海默病应该被当作公共健康和医学研究的优先病种来处理。[5]

尽管阿尔茨海默和其他人识别了这种疾病，发现了它的关键症状和脑部特征，但是并没有人知道阿尔茨海默所看到的那些斑块和缠结究竟是什么。直到1984年，加利福尼亚大学圣迭戈分校的乔治·格伦纳（George Glenner）和黄伟贤（Caine Wong）发现了作为该病标识性特征的脑部斑块是由一种叫作β-淀粉样蛋白的小蛋白质所构成。[6]β-淀粉样蛋白是一种叫作淀粉样前体蛋白的长链蛋白的一个碎片。它是由β-分泌酶和γ-分泌酶这两种酶制造而成的。这两种酶在两处将淀粉样前体蛋白链切断，释放出β-淀粉样蛋白。γ-分泌酶是一种由多种蛋白质组成的复合体，其中包括早老蛋白1和早老蛋白2两种蛋白。在大多数人的生命过程中，β-淀粉样蛋白的产生不会导致任何问题。但是在老年人身上，它却会黏结起来形成一种有毒的形态，最终会结成大的团块，四周都是死亡或濒死的脑细胞，而其原因现在还非常不清楚。

遗传学研究也指向淀粉样前体蛋白、早老蛋白 1 和早老蛋白 2 的重要致病作用：在大约 5% 的病例中，阿尔茨海默病的症状在 65 岁之前就已经出现了。这种早发型疾病是由淀粉样前体蛋白、早老蛋白 1 和早老蛋白 2 的基因显性突变引起的，这些突变会增加 β-淀粉样蛋白的产生，改变 γ-分泌酶的活动，或者改变 β-淀粉样蛋白使其毒性增大。引起早发型阿尔茨海默病的大部分突变是在早老蛋白 1 中，已知约有 200 种。《我想念我自己》这本书以及依据该书改编的电影《依然爱丽丝》(*Still Alice*)讲述了爱丽丝·豪兰的真实故事。她是纽约哥伦比亚大学的一位语言学教授，在 50 岁时被诊断出患有显性早老蛋白 1 突变所造成的早发型阿尔茨海默病。爱丽丝的三个孩子中有两个决定接受基因测试，以验明他们是否也遗传有相关突变并会由此罹患同一种疾病——其中一个查出来是阳性，另一个则是阴性。爱丽丝的第三个孩子则无意了解此事。

正像亨廷顿病和帕金森病一样，阿尔茨海默病是一种蛋白堆积病，之前一切正常的蛋白质开始黏结，产生毒性。产生哪种疾病的症状取决于堆积的形态，还有它们损害的细胞的类型。举例来说，大脑中控制肌肉的细胞的损失会导致帕金森病。阿尔茨海默病始于大脑中负责短期记忆的部分（海马）受损。然后它扩展到邻近的区域，影响个性、情绪和语言。如果突变使蛋白质产生毒性，比如在早发型阿尔茨海默病和亨廷顿病中所发生的那样，则该突变是显性遗传。

如到目前为止我们所看到的那样，DNA 中的变化引起疾病的方式是以直接的方式起作用的：它们要么是显性遗传（如亨廷顿病），要么是隐性遗传（像囊性纤维化）或者与性别相关，突变基因在 X 染色体上，所以只在男性中出现（如血友病）。但是，DNA 中大部分序列变化所带来的影响要比这些复杂得多。首先，有些人可能不会得病，即使他们携带有可能致病的基因。举例来说，乳腺癌 1 号基因（BRCA1）被发现增加了人们患上乳腺癌或者卵巢癌的风险。[7] 我们现在可以筛查乳腺癌

1 号基因的突变，这样那些携带大大增加乳腺癌发病风险的突变基因的人就能够做预防性的乳房切除术。但是乳腺癌 1 号基因的突变与亨廷顿蛋白中的 CAG 扩展是不一样的，区别在于，一个携带突变乳腺癌 1 号基因的人到 70 岁的时候患上乳腺癌的可能性只有大约 60%，而携带突变亨廷顿蛋白的人患上亨廷顿病的概率则会是 100%。因此很多的携带者不会得上乳腺癌。这种现象被叫作不完全外显，即不是所有带有致病突变基因的人实际上就会得病。许多突变就是这样发生作用的。

亨廷顿病、血友病和囊性纤维化这类疾病是直接由单一基因的突变引起的。但是大部分的医学病症是多因性的，在生活方式和环境因素之外，众多基因的突变会让得病的概率发生变化。因此像心脏病、精神分裂症、癌症和 2 型糖尿病这些病症倾向于在家族中遗传，但是要搞清楚多重单核苷酸多态性是怎样与每一种病症发生关联的却并不容易。所以，遭遇与父母一样的健康问题绝非板上钉钉的事。

阿尔茨海默病给简单遗传学和多重因素的遗传学都提供了例子。正如我们看到的那样，大约有 5% 的阿尔茨海默病的病例是早期发作的，一开始是在年龄低于 60 岁或 65 岁的人群中被诊断出来，奥古斯特 · D 就是一例。早发型阿尔茨海默病是由早老蛋白 1、早老蛋白 2 或者淀粉样前体蛋白的显性突变引起的。但阿尔茨海默病的绝大部分病例是晚发型的，在超过 65 岁之后，随着年龄增长该病倾向于稳步发展。晚发型阿尔茨海默病的病人有着正常的淀粉样前体蛋白、早老蛋白 1 或者早老蛋白 2 的基因。晚发型阿尔茨海默病与许多其他的基因存在着遗传学关联。这些基因中并没有造成 100% 得病率的单核苷酸多态性——相反，许多单核苷酸多态性改变了得病率。举例来说，簇集素基因突变会让晚发型阿尔茨海默病的发生概率增加 16%。磁共振成像检查表明，大脑中在神经元之间传递神经脉冲的白质会受到簇集素变化的影响，[8] 这就解释了簇集素与阿尔茨海默病的关联。

晚发型阿尔茨海默病最重要的单核苷酸多态性来自 19 号染色体上

一个名为载脂蛋白E（APOE）的基因，它有一个叫作ε4的变体，该变体尤其麻烦。一个人如果拥有两个都是ε4的载脂蛋白E，那么患阿尔茨海默病的概率就极大地增加，而且很有可能年纪轻轻就得上了。[9]尽管载脂蛋白ε4的影响很强烈，但它的影响仍然不是绝对的，大部分携带ε4变体的人并不会得阿尔茨海默病。因此，晚发型阿尔茨海默病受到了许多基因突变的影响，是多基因性的。

如果载脂蛋白ε4变体这么有害，会导致阿尔茨海默病，那么为什么它会这么常见呢？难道自然选择不应该将其从人类DNA中去除吗？有一个观点主张基因突变只影响老年人，不会影响生殖健康，在载脂蛋白ε4的害处显现之前，携带者已经有孩子了。但是事情可没有这么简单。既然他们的亲戚也有更大的可能是载脂蛋白ε4的携带者，那么携带者则更有可能是要照顾他们的父母或者祖父母的人。因此拥有载脂蛋白ε4会在更低的年龄段就使人的健康水平下降，因为照料老人会很麻烦。另外，载脂蛋白ε4可能会有一些积极影响以抵消它促进阿尔茨海默病发展这个缺点。诸多研究探查了载脂蛋白E基因单核苷酸多态性与心血管反应、生殖、胎儿发育、头部损伤的影响、大脑结构和功能之间的关联方式。总体来看，ε4尽管明显降低了老年人的健康水平，却对胎儿、幼儿或者青年有很大的益处。[10]所以ε4留存了下来。

目前人们已发现大约20个会影响罹患阿尔茨海默病可能性的最重要的单核苷酸多态性，如果我们对它们加以查看，就可以相当好地预测某个人是否会得该病，如果要得，会在什么年纪得。既然阿尔茨海默病是一种悲惨的致命绝症，你会不会想要知道呢？如果你有很高的风险罹患该病，你可能会设法改变自己的生活方式，通过锻炼和改进膳食来呵护自己的心脏，并且从中年开始就保持精神和社交上的活跃，采取一切你所了解到的能降低风险的措施。詹姆斯·沃森（James Watson）是DNA双螺旋结构的两位发现者之一，他在2009年对自己的整个DNA基因组进行了测序，是这么做的第一批人，当时他79岁。当结果公布时，他要求对他的载脂蛋白 E 状况保密。他想要知道其他的一切。他亲眼见到自己的祖母一辈中有人得了阿尔茨海默病，他可不希望亲自承受这种疾病带来的忧苦。[11] 知道自己在未来的某个时间点会死就已经够糟糕的了，比这更糟糕的就是知道日期。

大部分的疾病并不是绝对由单一变化决定的，而是遵循复杂的多基因模式，在这种模式下，许多基因中的突变改变了患病的风险。只有大约 6 000 种已知疾病是由像亨廷顿蛋白这样的单一基因的突变引起的。这些病主要影响的是单独一个家庭中很少数量的人。检测某人是否携带特别的致病单核苷酸多态性现在已经是常规操作，特别是在已知有亲人患病的情况下。更加令人兴奋的前景就是不仅仅对人类 DNA 的一小部分进行测序，而是全部测序。这将是医疗保健领域的下一场革命。幸亏在 DNA 测序技术上已有巨大的进步，基因组数据现在正以惊人的速度生成着。现在已经可以以大约 1 000 美元的价格对一个人的基因组进行测序，而所需时间还不到 24 个小时。[12]

最近一对忧心忡忡的家长把他们 5 周大的男婴送到圣迭戈的雷迪儿童医院的急诊病房，因为之前这孩子已经无法抑制地连哭了两个小时。这对父母之所以特别担心是因为 10 年前他们有过一个孩子，他和这个男婴有相似症状，后来出现严重的癫痫并死亡。X 射线造影显示男婴的大脑正在发生损伤。尽管快速行动是至关重要的，但医生知道至少有 1 500 种不同的疾病可能符合这个婴儿的症状，而且此时也没有足够的信息能够辨别到底是哪里出了问题。在可能的疾病中，有很多是遗传病。此外，这对夫妇还是堂表兄弟姐妹婚。因此，医疗小组决定尝试通过对婴儿的 DNA 进行测序，据此来诊断。他们在收治病儿 17 个小时之后，将男孩的血液样本送往了雷迪染色体研究所，以对他的 DNA 进行测序。在他们等待的过程中，孩子的癫痫突然发作起来。

在婴儿血液被采集的仅 16 个小时后，DNA 测序结果就出来了。医生发现，原来是一个基因突变导致了一种名叫硫胺素代谢功能障碍综合征 2 型的疾病。这是一种隐性遗传病，其病因是一个运输维生素 B1 的蛋白质功能异常。这时医生们知道了准确的处理方法。他们给这个孩子服用了包含 3 种简单化学物质的溶液，其中包括维生素 B1，以补偿运输功能的缺失。又经过了一次短暂的癫痫发作之后，症状停止了。在接受第一剂溶液 6 个小时后，孩子停止了哭泣，开始开心地喝奶。第二天他的父母就带他出院回家去了。6 个月之后，他成长得很茁壮。[13]

如果没有根据测序结果所做的诊断，医生们就只能尝试一种又一种的抗癫痫药物，拼命努力，指望能够在实在来不及之前凑巧找到一种有效的药物。后来进一步的测序证实，孩子的父母都是硫胺素代谢功能障碍综合征 2 型的携带者。看起来他们的第一个孩子有可能是死于同一种疾病，当时医生对这种病的预防还束手无策。用快速的全基因组测序来检测疑似遗传病是未来医学的发展方向，对于新生儿来说尤其是这样。[14]

DNA 测序这么便宜、快速，而且提供的信息又这么丰富，对所有人来说，给自己的基因组做全面测序很有可能成为诊疗常规操作。癌症源自变异，对肿瘤细胞的测序可以让我们找到导致那一组细胞成为癌细胞的确切根源，对那一类癌症的治疗就可以有的放矢。这是一个个性化医疗的例子，即诊疗措施依据特定病人和病况量体裁衣，而不是对每一个确诊了某一特定疾病的患者都推荐同一种治疗方案。DNA 测序甚至可以在出生前就做，对胎儿的 DNA 进行取样测序。然后医生们就能预知这个孩子是否一出生就携带潜在的危及生命的遗传病，也就能在必要的时候准备好给新生儿实施治疗。DNA 测序和经过了强大的机器学习软件训练的电脑相结合，几乎就能揭示出一个婴儿在其一生中是否会受到各种各样健康问题的影响。几乎所有疾病的遗传逻辑都是多基因性的，也就是说许多的排序变异改变了患病的概率。我们如果知道自己面对的风险，就可以改变自己的生活方式，启动早期筛查。举例来说，如果我们的 DNA 预示我们患乳腺癌的风险很高，那么乳房 X 光检查就可以做得更频繁或者从更年轻的时候开始做。在病人症状的基础上，利用

DNA 信息能够改进疾病诊断。

我们已经在利用 DNA 测序数据筛查胎儿的遗传病。你如果怀疑自己可能是某种遗传病的携带者，就可以做一个植入前遗传学筛查。在体外受精术中，首先就要求提供一组处在仅有 8 个细胞的囊胚期的胚胎。有一个细胞拿去做筛查，只有没有致病突变的胚胎会被植入子宫。在英国，如果一对夫妇已经有了孩子，但孩子有严重的遗传问题，或者他们知道其家族中有某种遗传病，他们就可以利用这种服务。2021 年 7 月，用这种方法已经能够检测出超过 600 种遗传病。[15] 测序技术不仅可以搞清楚胚胎是否会患上这种疾病，而且能够显示它是不是一个携带者，即它是否有一个而不是两个有问题的基因副本。因此，从潜力上来看，我们可以选择植入既没有患上疾病也不是致病基因携带者的胚胎。这类项目的广泛应用，最终会消灭无数的遗传病。至于你觉得这种操作是否符合伦理，则要取决于你对体外受精术还有对胚胎的价值与权利的看法了。

筛查到目前为止还挺顺利的，但是与其仅仅观测 DNA 的排序，为何不对它们做一些改变来改进它们呢？举例来说，我们可以给人们一些在百岁老人中很普遍的基因突变，这很有可能增加人们长寿的概率。2012 年发表的一篇著名的论文证明说，人类有可能通过基因编辑永久性地消灭阿尔茨海默病。

冰岛的 40 万人口是地球上得到最充分研究的群体之一，因为这个国家远离其他国家而且有着优秀的遗传学记录，它的遗传学记载常常可以追溯至 1 000 年前这个国家最初有人定居的时代。一个遗传学家团队——大部分是斯堪的纳维亚人——在 37 万个冰岛人中进行了淀粉样前体蛋白基因的测序工作，并将这些测序结果与病历记录加以对比。该团队发现了一个稀有的单核苷酸多态性，它叫作 A673T。它存在于大约 1% 的冰岛人身上，拥有它的人患上阿尔茨海默病的概率比拥有普通基因序列的人低 4/5。[16] 拥有 A673T 单核苷酸多态性似乎并无坏处。拥有这一变异的人更有可能活到 85 岁，而且精神功能完好无损。这是人们第一次发现能预防阿尔茨海默病的单核苷酸多态性，这促使人们到全世界的其他人口群落中寻找这种变异。并不令人意外的是，它也出现在其他的斯堪的纳维亚人群中，但是在其他地方非常罕见，在北美拥有它的人只占总人口的 1/5 000。[17] 它似乎是一小群维京人的后代所独有的。

如果这项研究得到了证实，如果带有 A673T 单核苷酸多态性的人真能不费一分钱就避免了罹患阿尔茨海默病的话，那么有可能这就是我们应该加到人类基因组中的东西了。这是超越致病基因胚胎筛查的一步，在这个问题上，我们已在考虑对人类的 DNA 进行编辑，这样胚胎就有了父母所没有的单核苷酸多态性。在精确的位置和以正确的方式修改 DNA 的技术是当前的研究热点。最负有盛名的基因编辑术被称为 CRISPR/Cas9（Clustered regularly interspaced short palindromic repeats/CRISPR-associated protein 9，规律间隔成簇短回文重复序列 /CRISPR 相关蛋白 9），而大量的改进型或替代性的方法也正在开发中，如果它能够被完善起来，我们就能够随心所欲地改变人类基因。如果我们编辑胚胎，使之有了 A673T，那么胚胎最终就会发育成一个永远不会得阿尔茨海默病的人。不仅如此，这一改变还会传递到他们的子女身上，因为有些胚胎细胞会发育为卵子或者精子细胞，它们也会携带突变后的 DNA。不可否认的是，做这种尝试算是一种长期的实验，因为我们需要等待 80 年，才能搞清楚这种疗法是否起效了。

这类性质的实验向人类世界打开了新的大门，即试图通过 DNA 修改来“改进”或者“增强”人类。遗传学家一直都在寻找引起疾病的基因突变，但是另一方面，也有可能存在着巨量的预防疾病的基因，A673T 就是一例。实际上，似乎能够预防痴呆和延长寿命的第二例突变也已经被发现了。[18] 带有普通淀粉样前体蛋白序列的人们并没有病，所以引入 A673T 单核苷酸多态性并不会治愈某种疾病。在这个意义上，这与去除亨廷顿蛋白基因中的 CAG 重复序列有根本的不同，我们明确知道后者是会引起亨廷顿病的突变。如果你认为引进 A673T 基因以预防阿尔茨海默病，或者编辑基因预防亨廷顿病是正确的，那么你为什么要止步于此呢？高血压是最重要的风险因子，那么在胚胎中修改单核苷酸多态性来预防高血压又会如何呢？我们是知道有影响血压的单核苷酸多态性的。[19] 也许我们可以优化自己的 DNA 以使我们患癌症、糖尿病、中风、心脏病和艾滋病的风险降到最低。如果我们修改 CYP2A6 酶，[20] 我们甚至能够创造出可以抵抗尼古丁成瘾的人。

人类在开始以这种方式修改 DNA 之前，有一大堆实践和伦理上的问题要处理。首先，我们做这件事的技术尚未达到足够可靠的水平。在想要的突变之外，我们可能会引入不想要的突变，仅仅影响了一个细胞子集就会造成癌症以及其他潜在的健康问题。[21] 体外受精也有可能是必须的，但有很高的失败率。即便我们能够如愿精确地改变 DNA，我们也并不了解这些改变的确切后果。很少有案例如 CAG 重复那样每次都会引起亨廷顿病。那些看上去对血压有影响的数百个基因，也会影响无数其他的生物学过程。在改变罹患高血压症的倾向的同时，对其他东西毫无影响，这也是不可能的。基因以奇妙的复杂方式相互作用着，这种方式随着年龄、环境和身体部位不同而变化。改变中年时候罹患心脏病的概率，很有可能在其他的年龄段和部位造成各种预想不到的后果。此外，因为我们改变的是胚胎细胞，而胚胎细胞会发育为新的精子细胞和卵细胞，这样错误就会传递到后代身上，这使得任何错误都更加严重。

如果技术什么时候真变得可靠了（在本书写作的时候，除了少数不计后果的科学家不顾一切在推进研究，技术还是没那么灵 [22]），那么我们就可以着手治疗遗传病了。这类疾病的特点是单个基因中的突变和患病之间存在着简单和直接的关联。其中包括血友病——在这种病中，维多利亚女王所拥有的致病因子 IX 基因上的那种单核苷酸多态性就是导致疾病的全部原因，还包括镰状细胞病[23]、囊性纤维化、延胡索酸酶缺乏症以及亨廷顿病。对于阿尔茨海默病，鉴于淀粉样前体蛋白、早老蛋白 1 和早老蛋白 2 的基因突变显得没有任何好处而又无疑会引起重大伤害，我们就可以对这些早发型阿尔茨海默病的致病突变加以修正。总体上来看，我们知道将近 3 000 个所谓单基因紊乱的情况，即突变只在一个基因中发生，并会引起疾病。[24]这些突变是第一批通过 DNA 编辑消除遗传病疗法的首选对象。有人可能还会进一步主张说，如果能够安全操作，不去修复单基因紊乱在伦理上说不过去。如果照顾好尚未出生的胎儿——如通过吃叶酸预防脊柱裂——是一种道德责任的话，那么修改胚胎的 DNA 以防止孩子面临可怕的基因紊乱所带来的短促和悲惨的生活，就也应该是一种道德责任。谁会愿意对自己因肌营养不良而受苦的孩子解释说，本来有可能通过修改他们的 DNA 以预防这种疾病，结果你选择了不这样做？尽管说了这么多，当我们可以对胚胎的单核苷酸多态性进行筛查，并且选择植入哪些东西的时候，对于这类基因进行修改的需求其实还是很少的。

对比之下，患上晚发型阿尔茨海默病的可能性受到了几十种基因突变的影响。这些单核苷酸多态性有着复杂的影响，对此我们还不能完全掌握，其中许多还可能是有益的突变。在更好地把握这些过程之前，我们还是应该顺其自然。大部分的健康问题都是这样的，基因中存在大量的单核苷酸多态性，不是数以十计，就是数以百计，所有这些单核苷酸多态性都有微小的影响。不仅仅对疾病的影响是如此，对身高[25]和智力[26]这些特征的影响也是如此。此外，改变人类 DNA 与生活方式疾病（lifestyle diseases）相抗衡，这并没有多大意义，因为我们的生活方式是一定会发生变化的。谁能预知 50 年后，人类是否还在努力应付过量供应的诱人而甜腻的食物呢？对几乎所有的疾病而言，DNA 编辑都不是对症的疗法，在手头已经有了解决方案的情况下，就更是如此了。

第 17 章

# 未生已逝

1866 年，英国医生约翰·兰登·唐（John Langdon Down）发表了一篇特别令人不快的论文，名为《白痴的人种学分类之观察》（Observations on an Ethnic Classification of Idiots）[1]。德国的人类学家约翰·弗里德里希·布卢门巴赫之前提出将人类分成五大人种：高加索人种为白色人种，蒙古人种为黄色人种，马来人种为棕色人种，埃塞俄比亚人种为黑色人种，还有美洲人种为红色人种。唐利用了布卢门巴赫的分类体系，他通过对住客的拍照、测量和种类划分将他工作的精神病院的病人进行了分类。他提出疾病会打破种族的界限，让高加索人种的后代与其他人种的后代具有相似的面部特征。对于唐来说，显然非高加索人种的婴儿天生就低人一等。他报告的大部分内容是关于他所谓的“伟大的蒙古家庭”的，描述了今天被我们称为唐氏综合征的病症。在他的精神病院中，这种病是最多的。不过唐的确接受这样一种观点，即不同人种的人类都是同一物种的成员，在当时这还是有争议的一个观点。

在西方世界，“蒙古痴”（“先天愚型”）100 多年里一直是唐氏综合征的公用术语，然而，特别是对中国和日本的研究者来说，在“蒙古”和“白痴”之间进行这样的联系不仅可笑而且具有侮辱性。这一点在 1965 年得到了蒙古人民共和国驻世界卫生组织代表团的赞成。[2] 此外，到 1961 年的时候，世人已经知道“蒙古痴”跟东亚或者所谓的

“人种”根本没有任何关系。因此，在 1961 年一个遗传学家团队写了一封公开信给权威的医学杂志《柳叶刀》(*The Lancet*)，提议禁用“蒙古痴”这样一个伤人的术语。[3]在与约翰·唐的儿子诺曼·唐商量之后，世界卫生组织在 1965 年正式将病名改为唐的综合征（后来又改为唐氏综合征）。

为了了解唐氏综合征的真正诱因，我们需要深入调查受精的过程。在这一过程中，一个幸运的精子与一枚卵子在输卵管结合，由此触发几个关键的过程：首先，卵子的表层迅速硬化，对任何来得太迟的精子形成阻碍。显然，只有一个精子进入卵子至关重要，因为与卵子里的 23 条女性染色体成功结合只需要一套 23 条的男性染色体。引人注目的是，在第一个精子钻进卵子之后的仅 10 秒的短暂时间里，这道屏障就形成了。于是卵子和精子的表面融合起来，父母的 DNA 得到释放。

这一高度复杂的过程常常出错，并造成胚胎染色体异常。[4]人类应该有 46 条染色体，其中 44 条是常染色体，2 条是性染色体（XX 染色体或者 XY 染色体）。作为受精过程的一部分，来自父母双方的染色体需要复制、会合并组合，这样一来受精卵就能够顺利一分为二。错误频率很高，胚胎会得到错误的染色体数量。精子这边可能丢失了一整条染色体，这样胚胎最后就会只有一个副本，而不是两个。另一种情况是在受精前，精子或卵子就已经获得了两套染色体而不是一套，这样卵子就得到了一个额外的副本。在此节点上的任何错误都会被传给身体里的每个人类细胞，因为它们都是受精卵的后代。

让我们来看看，如果只有一条常染色体的话，会发生什么事呢？首先，胚胎患上遗传病的风险就会很高。就像男性中与 X 染色体相关的疾病，如血友病，胚胎会缺少数百个甚至数千个基因副本。因此，那条单独的染色体上发生任何有害的变异，其后果都将无法避免。其次，如果蛋白质是从一个基因而不是一双基因中转录出来，那么每个基因产生的蛋白质的数量也会下降。缺失任何常染色体在怀孕的初始阶段都是百分之百致命的。

有时，一条染色体的某个部分缺损，胎儿可以活下来。天生患有猫叫综合征的婴儿出生时体重轻，呼吸困难，且因声带畸形而发出一种独特的像猫叫一样的哭声。患有猫叫综合征的人有一些显著特征，例如小头、小下巴、小鼻梁，通常是圆脸，眼睛上方的皮肤还打褶子。骨骼问题、心脏缺陷、肌张力差、视听困难，这些都是很常见的。孩子学走路和说话都慢，表现出例如多动或者具有攻击性这类行为问题，还有严重的精神残疾。大约 1/30 000 的新生儿患有该病。[5]

法国遗传学家杰罗姆·勒热纳 (Jérôme Lejeune) 在 1963 年发现了猫叫综合征的病因。他也是发现引起唐氏综合征的基因异常的那个人。猫叫综合征是由 5 号染色体上的一个删减造成的。因此该病的另一个名字又叫 5p−（5p 减）。[6]删减的规模因人而异，这使得所有患有猫叫综合征的孩子都很独特，但是一个关键的区域如果缺失了，就会导致猫叫综合征。在这个区域中，有一个叫作 CTNND2 的基因，它的缺失是引发严重精神残疾的原因。[7,8] CTNND2 基因为一个名叫德尔塔-连环蛋白（delta-catenin）的蛋白质编码，它在脑细胞功能和早期神经系统发育过程中起着至关重要的作用。缺失了 CTNND2 基因有显著的影响，会引起精神残疾。引起猫叫综合征的删除现象 85% 是随机出现的，它通常是在精子发育过程中出现的。但是偶尔这一综合征也从父母那里遗传而来，这时父母的染色体的一部分互换了，或者是断裂后又重新连接时反向逆转了。这样的话，父母就没事，因为他们仍然拥有所有正确的基因，但他们传给孩子的染色体此时就容易破损。

最频繁发生的染色体问题就是拥有一条额外的染色体副本，它们一般是从异常的精子细胞得来。拥有一条多余的常染色体比拥有一条多余的 X 染色体或者 Y 染色体更要命，只有三种情况下胎儿才能够活到分娩。

帕塔综合征（13三体综合征）是由一条多余的13号染色体引起的。患有帕塔综合征的胎儿会导致孕妇流产或者妊娠终止。如若不然，在出生后第一年，90%的患儿会由于大脑、神经系统、骨骼、肌肉、肾脏和生殖器官出问题而死亡。一条额外的18号染色体会引起爱德华综合征（18三体综合征），导致肾脏和心脏缺陷、小头症和严重的智力障碍。大部分情况下也会出现流产或妊娠终止，孩子即便能生下来也活不过一年。

最常见的伴有一条额外的常染色体的情况就是唐氏综合征，杰罗姆·勒热纳发现，在这种疾病中细胞有3个21号染色体副本。蛋白质编码基因数量最少的染色体是Y染色体，它大约有70个。接下来是21号染色体，大约有230个。这大概就是拥有额外的Y染色体副本或21号染色体比其他染色体耐受性更强的原因。更罕见的情况是，唐氏综合征患儿中有一些人拥有混合的细胞，即有一些细胞带有额外的21号染色体，而另一些则带有普通的46号染色体。这些人的症状要轻一些。偶尔，细胞中的染色体的总数保持在46条，但是21号染色体的整条或者部分副本与另一条染色体粘连，被粘连的染色体一般是14号染色体。额外基因的存在引起了唐氏综合征的一些典型特征。举例来说，与阿尔茨海默病相关的淀粉样前体蛋白就存在于21号染色体上。因此患有唐氏综合征的人就会有一个多余的淀粉样前体蛋白的副本，在其他的健康问题之外，给他们带来了更多的β-淀粉样蛋白并相应地造成早发型阿尔茨海默病。

众所周知，唐氏综合征会引起显著的面部特征、发育迟缓和精神残疾。尽管差异很大，青年病患的平均智商是50，仅相当于9岁儿童的智商水平，所以许多人也能独立生活。我们经常会听说唐氏综合征的患儿性格温存可爱。大约有1/300的孕例会出现这种疾病，而患病的可能性与年龄高度相关，20岁母亲的患病概率不到0.1%，49岁的孕妇的患病概率则高达10%。妇女在这个年龄就失去生育能力，也许就是因为染色体问题带来的风险太高了。但是 80% 的唐氏综合征患儿的母亲生孩子时不到 35 岁，在孩子出生前她们常常根本不知道自己怀的是唐氏综合征患儿。

当勒热纳在 20 世纪 50 年代晚期发现唐氏综合征的病因的时候，他本希望自己的研究能够促进治愈方案的研发。不料让他惊恐的是，这一发现导致了更多的堕胎，因为他的研究带来了检测技术的发展，这种技术可以识别一位母亲是否怀有患有唐氏综合征的患儿。在英国，妇女们可以选择在怀孕 10~14 周的时候进行唐氏综合征、爱德华综合征和帕塔综合征的筛查。通过超声检测测定婴儿脖子后方液体小组织的尺寸，加上激素的水平，便可给出风险评估。高风险女性可以做羊水或胎盘组织的抽样检查。胎儿细胞在培养基中生长，经过固定和染色，以便人们检查其染色体。如果探测到染色体异常，则大部分的母亲会选择终止妊娠。到目前为止，还没有办法治愈染色体异常。在这一发现之后，勒热纳成为杰出的对唐氏综合征患者给予人文关怀的倡导者，他领导了一场名为“让他们活”的法国反堕胎运动，并成为教皇约翰·保罗二世的顾问。

在大约 2% 的孕例中，胎儿额外拥有一套完整的染色体，这使得他们有 69 条而不是 46 条染色体。这类三倍体胎儿很少能活到出生，大部分作为胚胎因自然流产而死亡。少数存活到足月的胎儿会有多种严重的先天缺陷，包括发育迟缓、心脏和神经管缺陷，出生没几天就会死亡。这是当卵子或者精子拥有一套完整的 46 条染色体时会出现的情况，它源自精子发育失败或者两个精子同时进入卵子。如我们所见，一旦一个精子成功进入了卵子，它就需要迅速阻止其他精子，如果动作太慢，另一个精子就会进入卵子，那么卵子就有了两套来自父体的染色体。更罕见的情况是，还有四倍体的情况，这是胚胎的每条染色体拥有 4 个副本时出现的情况，这样一来早产概率就会很高。

能够被完全删除的染色体只有 X 染色体和 Y 染色体。这并不令人感到奇怪，毕竟大部分男人只有一条 X 染色体也活得蛮不错的，而女人根本就没有 Y 染色体。婴儿的性别是男是女，取决于其是否有 Y 染色体，或者更精确一点说，是 Y 染色体上的功能性基因，如启动睾丸发育的 SRY 基因，将发育中的胚胎变成了男性。许多由性染色体上的变动引起的遗传状况，在患儿出生后也是可以忍受的。

特纳综合征患者拥有 45 条染色体，而不是通常的 46 条，每个细胞只有一条 X 染色体。她们自然都是女性。现有的那条 X 染色体通常来自母亲，所以精子只有 22 条常染色体，而根本没有性染色体。尽管预期寿命减少了 13 年，且成年人可以过正常生活，但 99% 的特纳综合征孕例要么以流产要么以死产（占总流产的 10%）告终。患有特纳综合征的女性并不能产生足够的雌激素和孕酮，不过这一点可以通过激素替代疗法来确保出现青春期。因此诊断很关键，这样才可以对确诊者进行治疗。患有特纳综合征的女性通常有心脏、肾脏、甲状腺和骨骼方面的问题，并有肥胖和患糖尿病的倾向。尽管她们的语言能力不错，但有时候她们在理解社会关系和数学方面就很费劲，空间推理能力也很差。大部分患有特纳综合征的女性不能怀孕，但是少量患者在青春期有足够的卵巢组织，经过生殖治疗之后也能够怀孕。[9]

1/1 000 的女性生来就有三 X 染色体综合征。她们的症状很轻，所以三 X 染色体综合征通常不会被诊断出来，尽管这些女人往往个子高而且学习上会有一些困难。人们现在已经发现了许多其他的性染色体的组合方式，像 XXY、XYY、XXXY、XXYY 和 XXXXX，症状各不相同。症状最轻的是 XYY 综合征，1/1 000 的男孩会有这个问题。它的症状很少甚至没有，所以有这种情况的人根本不知道自己是 XYY。他们甚至也有生育能力。

受精之后，人类胚胎会经历多细胞分裂过程，开始形成成年人体内的数万亿个细胞。首先产生的是一个细胞团，叫作囊胚。一旦胚胎发展到囊胚期，时间是受精之后大约 6 天，它就开始植入子宫壁，在那里发育成胎盘和胎儿。这需要一个健康的胚胎，还有对受体子宫的广泛改变，相应地，失败的空间也很大。实际上，有超过 50% 的受精卵在这个着床过程中失败了。

如果你认为人类的生命是从受精开始的，那么死亡的主要原因就绝不是癌症、心脏病或者传染病，而是着床失败。情况向来如此，而且很可能永远如此。如果你相信胚胎在母亲怀孕的时候就获得了不灭的灵魂，那么大约有一半的灵魂在余生中仅仅是囊胚。

由于未知的缘由，囊胚偶尔会发生崩溃和分裂。分裂出来的每一半都拥有同样的遗传物质，但是会形成独立的胚胎。这就是同卵双胞胎。另一种情况，就是两个受精卵同时在子宫着床，这样会形成异卵双胞胎。生下异卵双胞胎的概率比生下同卵双胞胎更大，大约是 1/45。不过，1/8 的孕例一开始也是双胞胎，而其中一个胚胎通常会早死，并且被吸收掉，它们被称为“消失的双胞胎”。因此，我们中的许多人一开始就是作为双胞胎发育的，虽然我们很少会意识到这一点。

流产是指胚胎或者胎儿在能独立存活下来之前就已经死去。在怀孕 23 周之后，胎儿的逝去名为死产。阴道出血是主要症状，经常还伴随着疼痛。母亲也感觉到她不再是怀孕状态了。一些母亲对于孩子已经死去没有感觉，只是在参加常规产前检查、进行超声造影的时候才发现孩子没了。流产后的治疗通常并不是必要的，尽管感情上的支持和共情忠告可能会有一些帮助。这些女人通常会感到悲痛、焦虑、沮丧和内疚，尽管这种自责几乎总是没道理的。根据我的个人经验，我可以肯定地跟大家讲，父亲们也是会觉得难受的。

流产的频率很难掌握，因为许多流产在母亲意识不到自己怀孕的情况下就已经发生了。如我们之前所见，在母亲不知道的情况下，大约 50% 的受精卵不能在子宫着床。在着床之后不久胚胎就死亡的概率也很高，双胞胎就更是如此。一旦一个女人知道自己怀孕了，流产率就大致为 10%~20%。

一旦胎儿活到大约 12 周大的时候，流产的风险就大大降低了。在这个阶段，许多主要的器官就有了初始的形态并且开始起作用。如果一个重要器官并不工作或者不能顺利发育，那么胚胎将会死去。举例来说，心脏在 3~4 周的时候就应该起搏，将必不可少的营养物送到小小胚胎的各个地方。如果胚胎在这个最初的孕育阶段没有心脏，孕妇就会流产。

我们对流产的确切原因了解甚少。就像在染色体紊乱的例子中一样，流产几乎总是无法防止。在染色体紊乱之外，还有很多种的情况构成了流产的常见原因。

人颈部的甲状腺会产生激素，控制着新陈代谢和发育，让子宫状况有利于精子着床。而亢进的甲状腺则会产生太多的激素，干扰雌激素的这种能力。与之相似的是，甲状腺功能减退会导致死产。幸运的是，用合成甲状腺激素解决这种问题是很容易的。

糖尿病即缺乏胰岛素这种激素，或者是尽管胰腺还在制造胰岛素，身体却对其产生阻抗。胰岛素向身体传递血糖水平增高的信号，所以如果缺乏胰岛素，则身体即使并不需要血糖，也会将血糖投入血液中。血糖水平控制不佳会引起许多孕期并发症，像心脏和神经管缺陷、流产和早产。小心监测血糖水平、加强营养和药物治疗会对该病有帮助。

正如你所猜测的那样，毒品、酒精和吸烟都会增加早产和死产的风险。在经期没有如约而至的两个星期后，大部分女性才意识到她们已经怀孕。到这个时候，胎儿的脊髓已经形成了，心脏也开始跳动了，所以损伤可能已经造成。

虽然这种情况很少见，但事实是母亲的身体疾病比如子宫异常或者子宫颈脆弱也会造成流产。子宫颈如果脆弱，就不能承受怀孕。这些情况往往会在怀孕后期发生。

免疫系统的演化让其可以对被它识别为异物的东西（如细菌或者病毒）发起进攻，当胚胎形成时，这种演化直接造成了一类潜在问题，即对于母亲的身体来说，胚胎似乎就是异物。在正常工作时，免疫系统可以将怀孕识别为可取状态。胚胎会抑制母亲的免疫系统并启动若干程序，将母亲的免疫引向对胚胎的保护而不是发起攻击。如果由于自身免疫紊乱，免疫系统出现缺陷，这些进程将不会发生。这样一来，母亲的免疫系统就可能对胚胎发起攻击，引起反复流产。在自身免疫紊乱，如多发性硬化、1 型糖尿病或者克罗恩病这些病况中，身体的免疫系统会对自身的健康组织发动攻击和破坏。狼疮是一种自身免疫病，由于患病妇女携带额外的抗体，这种病会导致流产率增加。尽管不能控制母亲是否携带这些抗体，但医生可以将它们检测出来，然后加以治疗以降低流产的风险。

因此，健康的饮食、避免像吸烟饮酒这类伤害以及控制糖尿病这类病症，就能够降低流产的风险。但是在胚胎筛查之外，针对染色体异常还没有什么治疗的手段。这种病症并不是遗传的，所以父母不会是携带者，除了罕见的例子如猫叫综合征，在这种疾病中，易破损的染色体可能会没有症状。一旦孩子天生染色体异常，这种情况就会出现在他们的许多（如果不是全部的话）细胞中，无法修复。我们能做的事情就是控制症状，帮助孩子尽可能过上最好的生活。目力所及，并非所有疾病都有治愈之法可期。

# 第五篇

# 行诸恶行

以眼还眼的旧法让所有人失明。

——马丁·路德·金，

《奔向自由：蒙哥马利纪事》，1958 年[1]

# 第 18 章

# 你不应杀戮

到目前为止，我们研究发现的死亡原因都不过是运气不好而已，例如患上传染病或者遗传到某些基因问题。不过现在我们要转换轨道，来考察由于人类自主选择所导致的死亡。

人类是地球上最危险的动物。我们经常伤害自己或者他人——人类互相杀害，在战争中合法地杀戮，在杀人案中非法地杀害，制造事故，滥用药物，食用错误的食品，甚至自己结束自己的生命。这一切构成了人类生存状况的核心部分。既然人类属于大型的掠食动物，那便没有任何更加基础或者更加古老的死亡原因能够与谋杀相提并论。

1 万年前，有一群游牧民在靠近肯尼亚图尔卡纳湖的一座潟湖旁临时安营扎寨。这片丰饶的地方是大象、长颈鹿和斑马的家园，也是人类小群体喜欢来的地方。但是有一个群体并不是来捕猎大型野兽的，而是来捕猎人类的。他们对扎营者发动进攻，杀死了数十人。许多受害者的尸骸似乎就被丢弃于此，被淤泥和潟湖的水浸没，这些尸骸烂化为骨架。数千年过去了，潟湖干了，变为沙漠。最终风侵蚀了地表，再一次将尸骨曝露于世。

2012 年，专业化石猎人佩德罗·艾贝雅（Pedro Ebeya）在此地发现了人骨的碎片。佩德罗是“在非洲项目”（In-Africa project）的成员，这是一个为期 5 年的研究计划，目的是调查人类即智人的物种起源。[1]

研究团队发现27个人的遗骸，其中包括12具完整的骨架。这12具骨架中有10个显现出被武器伤害的痕迹，这表明他们是死于其他人之手。其骨骼特征包括了依然埋入头骨的箭头、颈部损伤以及7个头部打击伤痕。还有两个例子是手骨骨折，这可能是因为受害者试图抵御打击。两个没有骨骼损伤痕迹的人可能是手被绑着赴死的。其中之一是一名怀孕的青年女性。[2] 进攻者使用了弓箭、棍棒、带木柄的斧头和尖锐的石片——这些武器原本就被设计用来打人而不是捕猎动物。[3] 斧子头部所装的石头没有在附近的潟湖被找到，这意味着进攻者为了杀人穿行了很远的路。经过对这些人类遗骸的日期判定，研究人员发现这场大屠杀是人类群体之间已知最古老的冲突之一。[4]

人类是狩猎者，但是与其他同等体形的掠食动物相比，人类的武器是很弱的。与人类的表亲黑猩猩相比，我们的“爪子”没用、牙齿很小、下巴无力、手臂力量很差。但我们擅长投掷，能够使用石块、长矛、投石器和弓箭远距离杀伤猎物。人类真正在狩猎上获得成功是靠团队协作。即便如此，打不到猎物的情况也频繁发生，当成功完成了一场大杀戮之后，就有可能会有太多的食物，一个小群体自己都吃不完。因此，邀请邻人来分享猎物是有好处的，这样在未来他们就会回馈你，也会请你吃东西。风险也是共担的，以便将狩猎的危险分散均匀。由此人类演化出合作行为，因为一起协作对于成功的狩猎是至关重要的。以语言的形式交流可能就是从狩猎中使用的简单命令开始的。（“停！嘘！动手啊！”）

2012年美国人类学家克里斯托弗·贝姆（Christopher Boehm）分析了50个现代从事狩猎采集的群体的文化。[5] 所有这些文化都使用了类似法律的社会规则，以防止自私、霸凌、盗窃或者过分偏袒亲属和朋友。惩罚的方式则是当众羞辱、斥责、嘲弄、使其丢脸、刻意回避、流放甚至处死。流放经常意味着死亡，因为人类独自在危险的环境中生存，根本就没有长期幸存下来的机会。合作行为已经代代相传，经过了数千年的自然选择，所以一种正义感和公平感已经成为人类之所以为人的特质的一部分。实际上，我们自己会用感到羞愧和内疚来严厉地惩罚自己的不良行为。这些感情可以如此之强烈，以至于它们会驱动我们自杀。

关于狩猎采集的生活方式，最引人注目的问题是：它在多大程度上会以暴力死亡而走向终结。[6]马克斯·罗泽（Max Roser）在“数据中我们的世界”（Our World in Data）网站[7]上对现代世界中27个无国家社会进行了调查，这些社会中暴力导致的死亡占比从4%到56%不等，25%左右的比例比较典型。比例最高的是厄瓜多尔亚马孙雨林中的瓦奥拉尼人，直至最近几十年来，他们的政策都是杀死所有的外人。最和平的是澳大利亚北部的安巴拉人，那里“仅”有4%的人因暴力而死。也许这种情况反映出现代的狩猎采集者们某些特别的地方，他们可能需要暴力才能幸存下来？另一种观察途径是使用考古学证据。在26份关于过去14 000年中一些族群的考古记录中，暴力致死率从0%到60%不等，平均是16%，与现代的无国家社会可以相互参照。旧石器时代的骨骼经常显示出因暴力死亡的痕迹，像嵌入骨头的箭头和武器造成的头部致命伤等。而对今天的飞车党的研究发现，大部分的致命侵害案例似乎都是一对一事件，而不是像图尔卡纳湖的群体战斗事件那样。[8]即便如此，人类学家对传统的无国家社会的研究，例如在新几内亚高原上做的那些研究证实，小规模的冲突很频繁，而且常常会以对失败群体的大屠杀作为结局。[9]而能生育的年轻女性苟活的机会是最大的。

游牧的狩猎采集者形成小群体，这些群体最多可容纳数百人。在这些社会中，人们每天都能见到彼此，彼此非常熟悉。在这么小的群体中，贯彻良好行为的社会规则运作良好，因为彼此相识。但是当群体的规模变得太大后，他们就可能分裂。到公元前3000年的时候，苏美尔的乌鲁克城的规模是当时最大的，人口达到约4万人。在一个百人的小群体中，用当众斥责、排斥这类方式施行惩罚是有用的，但是在这么大的城市里，这些做法就不那么有效了，因为惩罚对象可以干脆搬走，去同一个社区的另一帮新朋友和同事那边就好了。这就需要一个新的制度安排。

人类的最佳发明之一就是写作，它将语言转化为可以制作、存储和分享的图像。写作至少被独立发明了 3 次——在中东、中国和中美洲。同许多其他的发明一样，最古老的写作来自中东地区。它先是由会计为了便利贸易而发明的，后来又扩展到铭文、宗教文书、诗歌、故事和国王载记。不久之后，最早的法律规定就被写定成文了。我们已知的最早的法律条文是以苏美尔王乌尔纳姆的名字命名的，时间是公元前 2100 年左右。更全面的法律规定是巴比伦王的《汉穆拉比法典》，地点也是在今日的伊拉克。它于 1901 年被发现，被刻在一块巨大的石头上，显然是为了向公众展示。它是以汉穆拉比的名义用阿卡德语书写的，现在在巴黎的卢浮宫博物馆展出。它的顶端刻着国王从太阳神沙马什手中接受权标的浮雕。下面则是用阿卡德文雕刻在 2.25 米高的石板上的全部法律条文。

法典一共包含了 282 条法律。[10] 对于治理整个帝国来说这已经足够了。（对比之下，美国每年增加 4 万条新法律，但没有人能真正确定总共有多少条法律。[11]）《汉穆拉比法典》是以下面的形式撰写的：如果你做了这样的坏事，那么你就要接受这样的惩罚。

这些法律涵盖了家庭法、商业法和行政法，并得到巴比伦诸神的鼎力支持。根据你的性别或你所归属的巴比伦社会的阶级，法律的执行常常是因人而异的。举例来说，在治愈了严重的伤情后，一位医生会向一位绅士收取 10 谢克尔银币，对于自由民则是 5 谢克尔，而奴隶只要 2 谢克尔。与之相似的是，医生要是害死了一名有钱的病人，他的手就要被砍断，而如果是奴隶被治死了，只给罚金就行。大部分的惩罚是罚金，尽管也经常使用死刑。没有监禁这种刑罚。下面就是一些法条的例子：

如果有人在长者前面提出任何的犯罪指控，而所述无从证实，倘案关生命问题，如此应处死。[ 勿做伪证。]

如果有人犯强盗罪而被捕，应处死。[ 勿行偷盗。]

如果有人开沟渠灌溉庄稼，但粗心大意，让水淹了邻居家的田地，那他就要为其造成的损失向邻居赔偿谷物。[ 有很多为农民而制定的法律。在巴比伦，从底格里斯河和幼发拉底河引水灌溉田地是极其重要的事，因为当地雨水稀少。农夫支付的赔偿是庄稼，而不是金钱，想必是因为对于农夫而言这样要容易办到一些。]

如果有人在父亲死后犯有与母亲乱伦的罪行，两人都要被烧死。[ 一条关于性的法。]

如果一个人把另一个人的眼睛挖出来了，他的眼睛也要被挖出来。[ 以眼还眼。]

如果一个人损毁自由民之奴隶之眼，或折断自由民之奴隶之骨，如此应赔偿其实价之一半。[ 奴隶比自由人更廉价。]

尽管《汉穆拉比法典》得到神意许可，但宗教法并不存在。看起来汉穆拉比并不关心他的臣民是否信仰诸神，这与《圣经・旧约》形成对比，《圣经・旧约》大部分也是在巴比伦两河流域编写的，时间上要晚 1 000 年。在《圣经》中，上帝在很大程度上占据了中心地位，“十诫”(《出埃及记》20：3)就有“除了我之外，你不可有别的神”这一条。鼓励崇拜其他的神会招致死刑：“你的同胞弟兄，或是你的儿女，或你怀中的妻，或是如同你性命的朋友，若暗中引诱你，说：‘我们不如去侍奉你和你列祖素来所不认识的别神’……你不可依从他，也不可听从他，眼不可顾惜他；你不可怜悯他，也不可遮庇他……要用石头打死他……”(《申命记》13：6–10)在此处，该政权试图控制人们的思想，而不仅仅是控制人们的行为。

在阅读《汉穆拉比法典》的过程中，最令人印象深刻的是人性没有多大变化。4 000 年之后，我们如何定义犯罪行为，与汉穆拉比时期大体上还是一样的。最明显的区别就是奴隶制的合法性。这些法律条文在透明度和公平性方面是旧时所运用的随意专断的法律体系的一大进步。法律被刻在竖立为碑的巨大结实的石头上，让所有人都能看见并阅读（假定他们都能识文断字），这样一来，恶行的后果就很明了了，由此起到一种威慑作用。文中还经常引用诸神以增加律法的分量。在被证明为有罪之前，人们是无罪的。一个社会阶层的每个个体为同样的罪行接受同样的惩罚。旧时，与那些遭到厌弃或者势寡力弱的人相比，某个令人害怕、有关系或者富有的犯人可能会得到更温和的处罚。汉穆拉比的目标就是“在国土中实现正义的统治，摧毁奸邪者和造孽之人，这样有权有势的就不会伤害弱小……以此启迪国民，推进人类的福祉”[12]，这依然是值得称颂的宏愿。

国家可以被定义为在对特定地域拥有权威的政府治下组织起来的政治共同体。国家首先在 5 000 年之前的苏美尔地区出现，它们是统治着周边区域的一些有围墙的城邦。对比之下，无国家城市就不是把权力集中在一个或者少数几个个体，如国王或者一帮贵族的手中。无国家社会并不一定是游牧式的，也可以是自治的村庄。它们缺乏国王、士兵、行政人员、教士和收税人这些职业分工，因此就缺乏集权和税收带来的各种产物，如金字塔、宫殿和庙宇。鉴于国家能够通过建设完好的城市和文字记载留下经久不衰的记录，我们关于古代的观点就会被它们主导。不过，在几乎全部的历史进程中，大部分人都生活在无国家的社会中。4 000 年前，国家占有的区域十分小，被所谓野蛮人的无国家社会的海洋所包围。国家支配世界上的大部分区域大概始于 1600 年，这是自欧洲人掌控了大部分美洲地区后才开始的。

1651 年，托马斯·霍布斯出版了《利维坦》[13]，这是政治学领域最有影响力的著作之一。在这本书中，霍布斯主张，在持续的恐惧和暴力死亡的威胁下，为了避免一切人反对一切人的无政府状态，人民放弃按照自己的意愿行动的自由，对人民而言是好事。通过将治权交付主权执掌，就可以而且也应该避免战争。主权就能够制定法律并做必要之事以维护和平与社会，避免内战这种大灾难，而内战对于霍布斯而言是所有可能情况中最糟糕的。霍布斯是在英国内战期间进行写作的。这是一场复杂的斗争，主要是为了争夺对英格兰的统治权，不过其中也有很大的成分是源自天主教徒与新教徒之间的暴力冲突，这种宗教纠葛是 17 世纪欧洲的普遍现象。整个不列颠群岛都陷入战火，其中爱尔兰遭到了格外凶残的屠戮。就被害人口的百分比而言，这场战争是英国历史上最糟糕的。因此，霍布斯亲历了失去政府的可怕后果。

将狩猎采集社会与建立在农业基础上的国家进行比较，表明霍布斯的观点是有道理的。初代统治者可能会将财富据为己有，剥夺群众的自由与权力，但是他们的确倾向于减少世间的暴力。想一想，如果两拨猎人在旧石器时代相遇，会发生什么情况。如果他们是亲戚，他们就会有更好的理由相互合作，那么首先发生的就会是一场关于可能的家庭关系的漫长讨论。然而，如果他们是没有血缘关系的陌生人，会发生什么情况呢？他们要开战还是和平离开呢？开战显然是一件危险的事情，因为打仗很容易造成伤亡。不过，它的确也有潜在的回报：胜利的一方就能够占有失败者的财产——不仅包括物品，还包括领土和女人。如果一帮人觉得己方实力更强大，轻而易举战胜对方的选择肯定很诱人。其次，既然两拨人已经发现彼此，在能够做到的情况下彻底消灭对方就可能是更安全的选择。如果不能做到，失败的幸存者日后就会带着更多的战士回来复仇。最安全的选择是现在就攻击他们。理想情况下，所有人都会被杀，这样就没有人逃走然后策划日后的复仇了。最后一点，成功的战士会在部落内部赢得声望，地位也会得到提升。头脑发热和遭受欺压的年轻人会渴望向同伴们展示其勇武。杀手有可能通过服装或刺青展示他们新获得的崇高地位，由此长期巩固其社会地位。谋杀陌生人会得到奖励而非惩罚——毕竟没有法律禁止这样做。

与之形成对比的是，在有法典的国家中，像仇杀这类个人自己寻求正义的做法是不被允许的。正如 1919 年德国社会学家马克斯·韦伯指出的那样，国家赋予了自己合法使用暴力的垄断权力。[14] 实际上，韦伯更进一步，将国家界定为能够在其领土上垄断对人民使用暴力或授权他者对人民使用暴力的组织。复仇是被禁止的，因为要由国家来裁定罪行和刑罚。好的统治者如汉穆拉比会向人民承诺，罪犯会得到公正的惩处。而不良行为的后果一字不落提前写清楚了，以使人没有理由说不知道。不论一个人多么弱小，他们都相信国家会代表他们主持正义。与之相似的是，罪犯就会担心整个法律系统而不仅仅是受害者的家族会与自己作对。这样一来，把所有受害人的亲戚都杀光来避免复仇就失去了意义，因为不仅仅是受害者的家人，国家也会来惩罚罪犯。强权不再是正义。此外，诸神经常给法律以支持，而法律也增加了全知的神明的权威和威慑力。

国家把采取暴力的决策权接管过来，这种做法带来的不利的一面就是自由的丧失，即便这是一种能够不受惩罚地杀戮的自由。如果我们生活在一个国家中，我们就没有权利拒绝法治或者去寻求个人复仇。我们生在法律系统之下，也无法拒绝接受自己不同意的各种价值和法律，即便是专制统治者滥用其地位以剥削和压迫人民。以国家为基础的统治的好处就是犯罪率特别是谋杀率极大下降。这就是伦理学家和政治哲学家经常讨论的社会契约[15]。就此一点而言，法律是我们最伟大的发明之一。

与法律一道，国家创造了专业军队来加强其权力。[16] 现在，必要的时候不是整个村庄的全部男性都要出动作战，这件事现在被留给了训练有素的士兵，他们身披盔甲，拥有先进的武器和良马。即便一座城池被攻陷，也没有太多理由要杀死农民。农民成了资产，因为他们能生产食物。因为他们在战斗中面对专业军人是毫无胜算的，所以他们想要复仇也是不可能的。到 2 000 年前的时代，这种情况加上由城墙和军队保卫的边境，造就了中国和罗马帝国广大区域之内的和平。城墙之内的城市离任何潜在敌人数百英里。随着国家的成长壮大，在战役中被杀死的概率因此出现了极大的下降。

就我们所知，历史上最暴力的国家是墨西哥的阿兹特克帝国，它大概存在于 1345 年到 1521 年间。阿兹特克人发动大规模的战争，目标是征服周边国家，并索取贡赋。抓俘虏是第二个核心目标：囚徒们会被献祭给诸神。所有的阿兹特克男孩从 15 岁开始接受军事训练，即便有其他的工作，也可能被军队征召。战争对他们的文化如此重要，以至于阿兹特克人会与邻国提前约好，进行所谓的“花之战”（Flower Wars），就像现代人会组织体育节庆一样。双方会在战斗前约好两军的规模以保证战斗公平。他们的战斗是为了让个别战士有机会通过抓俘虏以赢得威望。说起来，足球赛算是最近出现的一种更好的替代品。

献祭俘虏是将他们的心脏挖出来放在金字塔的顶端。这种杀戮的规模大得惊人，西班牙的编年史家在 1519 年入侵墨西哥之后写到，阿兹特克的神庙有颅骨架子，穿过庙宇一路有数以千计的颅骨被插在柱子上。关于西班牙人的描述是否夸大其词、是不是为了论证征服和毁灭阿兹特克文明的正当性，人们过去也有过一些猜测。但是 2017 年，研究人员在墨西哥城发现了一座遗址，里面出土了 12 米宽的颅骨架子，正如西班牙人描述的一样。[17] 它位于阿兹特克大神庙的基座处，大神庙是一座金字塔，上面有两座神殿，分别祭祀战神维齐洛波奇特利和雨神特拉洛克，祭祀支架的两边是两座 5 米高的塔，是用崩塌的支架上掉落的头颅建成的。西班牙人真是被阿兹特克人的宗教吓惨了，特别是在目睹被俘的战友在庙顶被活生生剖腹挖心之后。在 1521 年征服和毁灭了该城之后，阿兹特克大神庙被拆毁了。原址上铺设了道路，并成为墨西哥城的一部分。

尽管阿兹特克帝国有 5% 的公民遭遇了暴力死亡，但与狩猎采集者相比，这一比例还是较低的。在美国和欧洲，自 1900 年到 1960 年，尽管有两场世界大战，但暴力致死率也只有 1%。如今，拉丁美洲、加勒比地区和南部非洲的杀人致死率是最高的。2016 年，萨尔瓦多、洪都拉斯和委内瑞拉的谋杀率排名前三，比美国的谋杀率高出 15 倍，而美国的谋杀率又比日本高出 55 倍。[18] 如果国家脆弱，则其他的群体如犯罪团伙就能够按照他们认为合适的方式使用暴力手段。中美洲是大规模有组织犯罪的大本营，帮派林立，龙争虎斗，反抗政府，抢劫绑架，敲诈勒索，毒品交易，无所不为。此外，对于年轻人而言，还有武器容易获得、毒品和酒精使用率高这两个额外的风险因子。贫穷和犯罪形成了恶性循环，犯罪在某种程度上赶走了合法生意，造成了更多的贫穷和失业。也许我们正在见证的是一种冲突模式的转变，即从国家之间的冲突变为新的基于有组织犯罪的冲突，就像在萨尔瓦多那样。[19]

下文和相关注释中的链接是关于自杀的一些信息。这可能让一些人感到很不安。

就年龄在 16~40 岁的年轻人来说，首位的致死原因就是自杀。下一次你向镜中张望，你想一想你看到的这个人就是到目前为止最有可能杀害你的家伙——对你而言，你自己要比起世界上其他人加起来还要危险。人类是唯一已知的会对自身使用暴力、会用武器来结束自己生命的物种。

因为许多国家并不搜集精确的数据，所以自杀率的统计数字并不可靠，尽管如此，圭亚那、莱索托和斯威士兰显然是自杀率最高的国家。[20] 2021 年，世界卫生组织估计只有大约 80 个国家对自杀率保有良好的数据记录。[21] 自杀被污名化，甚至可能是不合法的，所以许多自杀死亡事件被登记为事故，比如在道路状况良好的情形下驾驶汽车直冲树木，实际是蓄意为之。因此圭那亚、莱索托和斯威士兰的高排名至少部分反映出在这些地方，自杀更可能被记录下来。自杀是一种全球现象,2019 年，77% 的自杀事件出现在低收入或中低收入国家。这也是 15~19 岁青少年的第四大死因。[22]不仅如此，在每一起自杀死亡案例之外，还有大约20次的自杀尝试。

连接旧金山和北方的马林县的金门大桥在1937年开通。如果有人从大桥上跳下去，要4秒才能摔到底，那么他就有足够的时间进行一番思考，然后会以每小时75英里的速度冲击水面。这人如果在冲击下还没死掉的话，就会由于脚、腿和背部骨折而遭受极度的疼痛。这些伤痛让人无法在冰冷的海湾中游泳，这样人就会溺水。不过有些人偶尔会被船只救起，但常常会留下永久性的残疾。在后来的采访中，许多人说他们在跳下的一刹那就对所做的决定后悔了。他们中大部分人当然对自己的选择难以释怀。与之相似的是，在515名跑去准备跳桥但是被加州公路巡警阻止的人中，只有10%左右的人继续寻死，并在更晚些时候死于自杀。[23]因此，自杀的决定几乎总是一种临时的决定。设法度过痛楚煎熬的人们后来都很高兴他们先前能够挺住。

自杀有一堆复杂的原因，表现为强烈的情感痛苦。许多有自杀倾向的人都在拼命反抗某种心理疾病，特别是抑郁症和双相障碍。抑郁症是特别阴险的，因为它令人难以觉察而且会延续数十年。尝试自杀的人有更大的可能性是社会地位更低的人，也有可能属于性少数群体或无子女。人类是高度社会性的动物，对于其他人怎么看待自己是极其在乎的。深深的耻辱感会促使某人陷入自杀心态。新闻界和社交媒体对自杀事件不负责任的报道，像描述某个人所使用的自杀手段，就有可能引起某个脆弱的、对那人有认同的人的模仿。

有些文化对自杀是相对宽容的，而在其他一些文化中，自杀甚至是一种犯罪。大部分宗教谴责自杀，主张生命是神的礼物，不能被抛弃，或者说自杀会诅咒一个人，让此人下地狱，或者给此人的下一世带去非常不好的业障。但是对我们当中那些没有宗教信仰的人而言，为什么自杀是不对的呢？你是不是毫无疑问有权对自己的身体为所欲为？对这个问题可以采取功利主义的视角。尽管自杀有可能结束你个人的（暂时的）

苦痛折磨，但它会给所有关爱你的人带去长久的、深深的伤痛，自杀的净收益就其引起的痛苦总量而言变成很大的负数。不幸的是，自杀心态中的一个普遍的幻觉就是没人爱我，我是一个累赘，我的离世对其他人来说会是某种解脱。在自杀心态中，要想象事情会变好也是很困难的。这些错误的信念促使自我伤害的门槛下降了。多花时间与脆弱的人待在一起，提醒他们是有人爱他们的，会减少他们自杀的风险。任何友善的人类接触都有帮助。

1935 年，年轻的英国教会助理牧师查德·瓦拉主持了他的第一场葬礼。一个 13 岁的女孩自杀了，她以为自己得了某种性病，一定会死得很耻辱和痛苦。实际上，她根本没病，只不过是第一次来了月经。这起悲剧性和毫无意义的自杀事件改变了查德的一生。他在这个女孩的墓前发誓，要尽其一生克服导致女孩之死的这种耻辱、孤立和无知。他将会把性教育与给那些有自杀思想的人以感情支持结合起来，以此践行此宏愿。

在他的牧师工作之外，查德为儿童漫画《女孩》和《鹰》创作故事，帮助创造了有着僵硬上唇的太空时代英雄丹·戴尔。他还提供性教育，他在青少年俱乐部的演讲非常受欢迎，特别是在那些打算结婚的青年情侣之间。1952 年，他为读者众多的《图画邮报》(*Picture Post*) 写了一篇关于性事的文章。尽管文章主题不出意料地触怒了保守派，但是更令查德震惊的是，此后他收到了 235 封信，来信的是那些想找人倾诉的人——他们想找一个可以分享恐惧、忧愁和秘密的人。少数的来信者在信中甚至承认有过自杀的念头。当时伦敦每天平均报道有 3 起自杀案。查德意识到绝境中的人非常需要有人与他们交流。

1953 年查德搬到伦敦金融城的圣史蒂芬的新教区，与秘书薇薇恩·普罗瑟一道工作。这一次不同寻常，他的新教堂装备了电话这种现代科技工具。这让他有机会开始一项新的服务，“自杀急救 999”。他动用了通过漫画结识的报界关系，将这项新服务推广出去。《每日镜报》

（*Daily Mirror*）想到了一个用语，即“电话好心的撒玛利亚人”，这是依照《圣经》中的故事来命名的，在《圣经》中，一个遭到鄙视的宗教少数群体——被称为撒玛利亚人——的成员帮助了一个危难中的陌生人。查德和薇薇恩很快就应接不暇，被需要电话支持或者当面谈话的人淹没了。许多人也自愿相助。许多志愿者会来陪伴等待与查德谈话的人。来访者经常并不等待，而是将自己的烦恼全部倾诉给志愿者，随即离去，不再需要与查德会见。这让查德很快意识到“志愿者比我更能让客户受益”。

经过了仅仅几个月，查德就将支持来电者的任务交给了志愿者。从两个人一台电话这样一个简单的起点开始，撒玛利亚人现在已有 2 万名志愿者和 201 个分支，覆盖英国和爱尔兰共和国，每 6 秒钟回应一个电话，日夜不休。撒玛利亚人满足了那些处在情感困境中的人的需要。来电者会愿意倾吐心声，只要他们面对的人不会批评和裁断，而是知心聆听，提出开放式问题，并且无论来电者做了什么事都会展示同情和理解。撒玛利亚人改名为“天涯成知友”（Befrienders Worldwide），向海外扩展，在超过 30 个国家运作。通过提供希望、支持或者干脆只是做一个愿意在安全的环境中聆听的人，撒玛利亚人和类似的组织拯救了许多人的生命。

查德在 1953 年到 1974 年间继续担任其伦敦分支的负责人，又在 1974 年到 1986 年间担任了撒玛利亚人的主席。他为性教育杂志《论坛》（*Forum*）做咨询工作，成为英国最大的艾滋病慈善机构特伦斯·希金斯信托基金的赞助人。在他 80 岁的时候，他创办了“男士反对女孩割礼”组织，该组织会见来自东非的移民，劝说他们不要继续实施这种残忍的手术。英国荣誉勋爵、大英帝国司令勋章获得者虔敬的爱德华·查德·瓦拉博士于 2007 年去世，享年 95 岁。因为撒玛利亚人完全匿名和无法追踪来电者，所以很难估计他的工作究竟拯救了多少生命。无疑，这个数字成千上万。[24, 25, 26]

第 19 章

# 酒精和上瘾

1948 年，苏联西部的斯莱奥兹村又开始繁荣起来，德国入侵者曾盘踞该村 3 年，在 4 年前他们已经被赶走。它的 100 多位居民中的大部分在附近的集体农庄干活，尽管一些人也饲养着蜜蜂、鸡、奶牛和猪。但是 50 年后，这个村庄几乎已经衰落。大部分的建筑空荡荡的，继而腐烂，它的人口已经缩减到只剩 4 人，最年轻的塔玛拉是 79 岁。而最后一名斯莱奥兹的男性居民前一年已经过世。

在整个俄罗斯，村庄被彻底废弃，或其居民全是老太太，这样的场景比比皆是。2010 年俄罗斯大约有 4 万座村庄的人口低于 10 人，而且几乎全是老太太。[1] 年轻人为了工作和更好的机会搬到城市，将母亲或者祖母留在村庄，而父亲和祖父则在墓园之中。这种情形也反映在俄罗斯男女预期寿命的巨大差异（相差 10 年）上，令人惊讶。妇女预期可以活到 78 岁，这在欧洲并不算好，但在全世界差不多是中等水平。但是男性的预期寿命却只有 68 岁。

许多社会因素共同导致了男人早逝，比如糟糕的医疗保健条件、危险的工作、吸烟和失业。但是第一位的死因却是酒精。许多俄罗斯男性平均每天喝掉一瓶伏特加，这就导致他们 60 岁之前去世的概率很高。[2]

俄罗斯女性对她们为什么失去丈夫是很了解的。季娜伊达·伊凡诺夫娜 79 岁，生活在附近的维尔叶村。她说："喝酒是一个很大的问题，是一场噩梦。男人一拿到退休金就喝个精光。他们卖掉一切，用于一再豪饮。他们喝任何东西——私酒甚至窗玻璃清洁剂。”[3]

俄罗斯是怎么陷入这种状态的呢？拿什么来解释人类和人类最喜欢的成瘾品之间的复杂关系呢？为了回答这些问题，我们就需要回到数千年前我们的游牧民祖先第一次遇到酒精的那个时候。

我们并不知道人类最初是从何时开始饮用酒精饮料的，甚至也不知道它们是由什么制成的。不过我们对葡萄酒是从哪里起源的倒是很明了。[4]野生的欧亚种葡萄是现代酒酿葡萄的祖先，迄今仍在土耳其、亚美尼亚、格鲁吉亚生长。我们可以想象这件事发生的经过：早期的游牧先民迁入一条肥沃的山谷，在河边阳光充足的山坡上，他们发现了长满果子的野生藤蔓。太多的葡萄无法一下子吃完，所以成熟的葡萄被放进了用石斧凿就的木质容器之中。许多熟透的葡萄迸裂或者被压碎，其汁液流到了容器的底部。而此时被遗忘的水果发生了一些有趣的事情：果汁冒泡起沫，释放出稠密的二氧化碳，在汁液之上形成气层，隔绝了氧气。果汁经历了发酵，转化为葡萄酒。

几个星期之后，红色暗浊的汁液出现在容器的底部。有勇敢者小抿了一口。他们喜欢这个味道。不仅口味比葡萄汁更好，而且它还能让人产生一种愉悦和平静的感觉。遗憾的是，这种意外发明只酿造出了少量的葡萄酒，但是这就足以产生激励效应，促使下一年该群体重返山谷之时进一步展开实验。现在大量的葡萄被故意留在容器底部，由此形成大量以升为单位的产品，可以被拿来四处分享。

这是人类第一次有途径接触到大量的酒精饮料，因此醉酒状态不需要太长时间就会出现。人们变得开心而又随和。他们话更多了，围着火堆唱歌跳舞。随着他们继续饮酒，恶行便随之发生。有些人变得具有攻击性，有些人失去了自制。有些人呕吐，另一些人则晕倒。第二天一早，这群人又宿醉难醒。他们发誓，再也不饮酒了，但很快又高兴地忘记了誓言，派对继续进行。几个星期之后，任何残存的葡萄酒都已经在与空气的接触中通过氧化转化为醋。少量的醋与某些食物形成很好的搭配，但是你并不会愿意喝下整瓶醋。于是，这群人就得等到明年才能制作新一批葡萄酒。

随着时间的推移，经过多次的尝试与失败，酿酒过程得到了进一步的改进：容器的密封盖子有利于减慢酒转化为醋的过程。在葡萄酒的底部可以发现一些棕色的沉淀物。如果拿一些这种东西加到新一批葡萄汁中，则葡萄酒的制作就会更快而且更把稳。现在葡萄被故意压碎以释放果汁——用光脚来踩就是传统的做法。人们还可以使用或混用其他不同品种的葡萄来制作葡萄酒。

尽管上述经过仅为猜想，但现代人的确有可靠的证据证明，在葡萄疯长的地带附近，最早的城镇中进行着葡萄酒的生产。1965 年到 1973 年加拿大的一个探险队在伊朗西部的戈丁山丘发掘了一座古代遗址。从戈丁山丘发现的陶罐中有酒石酸的残留物——这是发酵过程中生成的化学物质，还有给葡萄酒赋予红色的花青素苷。罐子看起来是为制作葡萄酒而设计的，上面的小孔适合二氧化碳逸出，同时又排掉了过多的空气。（密封太紧的发酵容器在压力积累的过程中有爆炸的风险。）这些罐子有 5 000 年的历史了。[5] 研究人员在西西里 [6] 和亚美尼亚 [7] 的陶罐碎片上甚至还发现了更古老的葡萄酒的痕迹。

中东一带离高加索地区很近，葡萄酒酿造成了那里最早期的人类文明的重要内容，然后葡萄酒成为希腊世界和罗马世界中最受欢迎的酿造饮品。[8] 同许多其他的发明一样，中国人可能是独立发明了葡萄酒。来自中国河南省贾湖遗址的葡萄籽大约有 8 000 年的历史。从同一个遗址发现的陶器上显现出酒石酸和其他葡萄酒中的化学物质的痕迹。[9]

啤酒制造可以追溯至文明之初，可能有 13 000 年的历史。[10, 11] 小麦和大麦是最早被种植的庄稼。潮湿的谷物被空气中的酵母孢子定植之后，会发酵形成酒精糊。酵母将糖分解为二氧化碳和酒精，以产生能量供自身生长。来自苏美尔的最古老的文书中，有一首对啤酒之神宁卡西的赞歌，这首歌同时又是一条酿酒的配方。它包括如下歌词：

> 宁卡西，是您将麦芽浸泡在罐子中。
> 宁卡西，是您将煮好的麦芽浆洒在芦苇席上。
> 是您双手捧起绝妙的甜醇汁，和着蜂蜜［与］酒［将它］煮。

这首赞歌很可能是由女性酿酒师来唱的，尽管旋律已经丢失。为了避免沉淀物，早期的啤酒是通过麦秆来饮用的。啤酒酿造从苏美尔传播到埃及、希腊和罗马。它在欧洲北部特别受欢迎，这里因为太冷了所以不能种植葡萄。罗马人鄙视啤酒，认为这是野蛮人的饮料，历史学家塔西佗写道："在饮用品领域，条顿人有一种可怕的酒酿，是从大麦或小麦发酵而来，跟葡萄酒只有很低的相似性。"[12] 塔西佗在这里可能表现出一些偏见，因为他也声称日耳曼地区拥有世界上最糟糕的气候，[13] 而且认为日耳曼人是一个爱撒谎的种族。[14]

啤酒之所以宝贵不仅仅是因为其口味和能使人陶醉，还是因为它是比水更加安全的饮料。被污染的水源中可能充满了致病的微生物，而酒精和酿造过程能将其杀死。在中世纪最流行的是淡啤酒。这种浑浊的酒酿能够在几天之内制成，使用各种物质，包括树皮、香草和鸡蛋来增加风味。所有人，包括孩子们都喝。这并不意味着所有人都一直处于醉酒状态，因为酒精含量只有 1%。如同现代酿造的啤酒，酒精含量约为 4% 的啤酒很稀少而且更加昂贵。另一种主要的发酵食物就是面包。面包因此也包含了一些酒精，尽管在制作过程中大部分酒精都挥发掉了。

现代啤酒的饮用情况反映出它的源头，北欧和中欧地区有的人均消费量最高。[15] 捷克排名第一。全世界范围内对啤酒的偏好也显示出这些地区的影响。例如，前德国殖民地纳米比亚的人均啤酒消费量就排名世界第二。在南欧地区，还有其他的葡萄酒生产国像澳大利亚、乌拉圭和阿根廷，葡萄酒的消费量是最高的。乌拉圭和阿根廷主要是有西班牙移民和意大利移民，他们带来了葡萄酒酿造技术。排名首位的是梵蒂冈城，这里的人口大部分是成年男性，他们倾向于一起吃饭并分享葡萄酒。[16]东欧和东亚地区更加偏好白酒。[17]

如果发酵过程被推到极致，给酵母供应很多的糖，最终它会制造太多的乙醇并因此死亡。根据酵母类型的不同，在乙醇浓度达到大约14%的时候这种情况就会发生。这就抵达了葡萄酒威力的上限。

不过，还有一种方法可以制造更烈的饮料：蒸馏。乙醇在78摄氏度时就会沸腾，而水沸腾要100摄氏度。这就意味着如果一种乙醇和水的混合物（比如葡萄酒）被煮沸时，乙醇会首先蒸发。如果将蒸发的气体加以冷却，使其变回液体并将其收集起来，这样它就会比最初的混合液有更高的乙醇浓度。

在中国，蒸馏在数千年前就被投入使用了，中东地区也是如此，人们用它来制作药品、香薰，从海水中制作饮用水，并且制造酒精饮品。这一过程意义重大的一个改进就是冷却螺旋管的发明。这一发明让气体比在之前的蒸馏装备中冷却得更高效，之前使用的是直管，所以更多的气体被凝结为液态。11世纪波斯的全能天才人物伊本·西那（Ibn Sina）在他众多著作中的一本里面描述了这种方法。他从玫瑰花瓣蒸馏出油料，制作了玫瑰精油，作为治疗心脏病的药物。

现代人通过蒸馏各种植物的发酵产物可以制作各种白酒。对于俄罗斯来说，最重要的是在大约1 000年前波兰或俄罗斯发明了伏特加酒（波兰人和俄罗斯人迄今依然在争论这是谁的功劳）。伏特加这个词来自俄语中的voda，意思是水。蒸馏的点子是通过土耳其人从中东传到东欧地区的。东欧地区因为太冷了，没法种植葡萄，所以就要使用其他的植物。酿制伏特加的最早记载来自9世纪的俄罗斯，1174年第一次有人提到蒸馏作坊。波兰人声称伏特加的发现可追溯到8世纪，但这可能是通过蒸馏葡萄酒而得到的白兰地酒。在15世纪，俄国的修道院开始用粮食制作伏特加。

在俄罗斯帝国，伏特加流行的主要原因是沙皇将其作为收入来源进行了大力推广。在1540年，沙皇“雷帝”伊凡引入了对伏特加的高税率，建立了一个酒馆网络，垄断了伏特加的销售。除非你是贵族，否则家庭蒸馏作坊的私下制作均会遭到禁止。到17世纪的时候，伏特加已经被牢固确立为俄国的国家饮品，经常在宫廷和庆典中供应。所有这些措施赋予了伏特加声誉，鼓励了人们对它的消费。伏特加税变得如此诱人，以至于它占到了整个国家收入的40%。1863年，亚历山大二世终结了政府对伏特加生产的垄断。这样一来普通人就能够生产和销售自己的饮料了，这不仅使价格下降，促进了向国外的出口，而且还刺激了更大的消费量。伏特加现在已经深深地根植于俄国的文化中。[18]

在苏联时期，政府对酒精的态度在禁酒和提倡之间摇摆。在1917年俄国革命之后，列宁试图禁止伏特加，可想而知这不太成功。按他的观点，全世界只有不醉酒的工人才能联合起来。与之形成对比的是，斯大林是一个好酒的人，与政治局伙伴们的深夜聚会总是不可避免地以一场伏特加的豪饮结束。[19]斯大林重新使用沙皇的方法，利用伏特加税来资助国家。到20世纪70年代时，这些税占到了政府收入的1/3，而酒精消费则增长到了每年人均15.2升。允许大规模的醉酒可能有助于维护政权，减少政治异议。俄罗斯历史学家和持异见者若列斯·梅德韦杰夫（Zhores Medvedev）在1996年声称：“［伏特加］这种‘大众的鸦片’也许解释了俄罗斯的国家财产是怎么实现再分配，以及国有企业是如何快速转变为私人企业，而且没有引起任何严重的社会骚动的。”[20]

1985年，米哈伊尔·戈尔巴乔夫这位改革者和无心的苏联终结者决定应对酒精引起的严重问题。当时，在苏联，酒精中毒已经成为心脏病和癌症之后排名第三的常规死因。戈尔巴乔夫的“反酗酒运动”包括一场大规模的媒体宣传活动，以及提高葡萄酒、啤酒和伏特加的价格，还有限制销售。在工作单位、火车上或者公共场所醉酒的人将遭到起诉。甚至电影中喝酒的场面也被剪掉了。许多酿酒厂被毁掉。

戈尔巴乔夫的计划取得了几个方面的成就，在丈夫们没喝醉的时候，妻子们开始与他们有更多相处机会（这提高了生育率），预期寿命延长了，工作效率也提高了。但是许多人转向了在家制作的非法产品，还有一些人用防冻液之类的东西当作替代品，造成自己中毒。随着国营专卖店酒类销售额下降，税收减少了。戈尔巴乔夫原本希望，这种收入损失通过现在已经不宿醉的工人们生产效率的提高会得到弥补，但是这种情况并没有发生。“反酗酒运动”是戈尔巴乔夫在苏联那么不得人心的原因之一。

在苏联解体之后，鲍里斯·叶利钦成为俄罗斯联邦的第一位总统。他本人就是好酒之人，叶利钦放弃了苏联时代重新引入的国家对酒类的垄断，导致酒精供应大量增加。1993 年，酒类消费回升到了每年人均纯酒精 14.5 升的水平，这使得俄罗斯进入全球饮酒量最大的国家之列。同列在前 10 名的还有白俄罗斯、摩尔多瓦、立陶宛和乌克兰。[21] 所有这些国家过去都是俄罗斯帝国或者苏联的成员。排名垫底的是伊斯兰国家，在这些国家，酒类即便没有遭到强烈的抵制，通常也是非法饮品。

认为我们对酒精饮料的爱好只是从最近 1 万年前才开始的，即开始于中东人和中国人开始酿造葡萄酒和啤酒的时候，这一观点是有道理的。但是，最近的 DNA 证据表明，饮酒可以追溯到更远的年代。

酒精是有毒的，所以在喝酒时，我们需要将它分解为毒性小一些的物质。这一过程的第一步就是在醇脱氢酶的催化下将乙醇氧化成乙醛。肝脏中的醇脱氢酶含量很高，胃里也不少，这样它就能尽快地对乙醇发挥作用。醇脱氢酶中的醇脱氢酶 4 变体对多种分子的分解起到催化作用，但在大部分物种中，它对乙醇没什么亲和性。但例外的是，醇脱氢酶在人类和我们的大型猿类表亲身体中比在其他灵长类动物体内能够更快地分解乙醇，速度快 40 倍。大约 1 000 万年前，人类祖先进化出了这种醇脱氢酶 4 的高速变体，这表明乙醇当时就成了食谱的一部分。这些早期的猿类是大猩猩、黑猩猩和人类的共祖，并不会酿造啤酒或者葡萄酒。它们所吃的是过度成熟的水果，这些水果经过天然酵母发酵从而产生出乙醇。这与大型猿类不像猴子那样从树枝上摘取果子，而是取食掉落到森林地表的果实这一行为相一致。[22] 因此乙醇甚至早在人类物种出现之前，就已经进入我们的食谱有 1 000 万年之久了。它可以追溯到我们的祖先开始更多地在地面生活而不是在树上生活的时代。

人类有大约 20 个基因制造代谢乙醇的醇脱氢酶。由于 DNA 排序的变化，这些基因产生出种种有轻微差异的酶，这样一来乙醇的影响就因人而异。举例来说，在东亚，普遍的一种基因排序变体导致了对酒精的严重过敏反应，导致脸发红、头疼和呕吐。[23] 酒精中毒在东亚国家和波利尼西亚人中比在欧洲人中要不那么常见，就是因为有这些基因上的差异。[24]

有可能在 10 000 年前，当人们很少饮用酒精，当然更不会大量饮用的时候，所有人对酒都是过敏的。随着它成为食谱的主要成分，让酒精毒性减少的基因突变就被自然选择出来。因此最近才接触到酒精的人群往往对其耐受性不高，因为他们还没有足够的时间让 DNA 中能够处理乙醇的那些变化积累起来。

乙醇分子有广泛的作用，有些是有益的，另一些则是有害的。这类研究大多来自流行病学。我们研究了两组人，一组饮用大量的酒精，另一组饮用很少或者不饮。然后我们来看这两组人在健康问题上有什么差异，这样一来，我们就可以推断由酒精引起的任何差异。

这种方法存在很多问题。其中之一就是这两组人可能并不相同。举例来说，有些人很少喝酒的原因是他们买不起。那么这一组人就会得患有各种与贫困相关的健康问题，而更有钱的、买得起酒的那组，就不存在贫困的影响。只是因为一组人比另一组人病症更多并不一定就意味着酒精是致病因素。因此需要进行额外的实验。

于是，研究酒精对健康的影响便成为一件棘手的事情。不过，我们可以根据仔细的研究得出一些结论，理想情况是，多个研究团队使用不同方法进行重复验证。适度饮酒的确看起来对健康有益，[25, 26] 可以降低心血管疾病、中风、2 型糖尿病、胆结石和阿尔茨海默病的发病率并减轻压力。[27] 适度水平的饮酒意味着每周饮用 10 个单位 ① 的酒精，分散在几天之中饮用。也就是一周一瓶葡萄酒的样子。红酒比啤酒可能更好一点，因为它包含更多的抗氧化因子。

这些研究将适度饮酒者与从不饮酒的人进行了比较。但是做一个绝对不饮酒的人并不一定就不好。尽管来点儿小酒对你的心脏有好处，但你的肝脏却更偏好你一点儿也不要喝它。

血脑屏障一般会将有害分子排除在我们最珍贵的器官之外。乙醇却能够轻易跨越血脑屏障，对人的精神状态和行为产生众所周知的种种影响。小酌改善心情、促进社交、提升自信，但醉酒的人则会变得鲁莽。举例而言，40% 被响尾蛇咬伤的人是喝醉酒的人。至于那些存心要玩弄响尾蛇的家伙，也只能是怪他们自己了，这些人中更有 93% 都是醉汉。[28] 更高剂量的酒精会引起暴力、伤害、视野模糊、意识不清、昏昏欲睡、理解力低下、丧失平衡和记忆、口齿不清、干哕和呕吐。发生事故、体温过低以及溺水的风险也高多了。过高剂量的酒精会导致意识丧失、昏厥，甚至使人因急性酒精中毒而死亡。

长期大量饮酒对健康有很多的负面影响，会引起心血管问题，如心肌功能弱化、心律不齐、高血压和中风。肝脏承担着分解酒精的主要

---

① 1 单位酒精是 10 毫升。——译者注

任务，所以它如果功能减退，会有潜在的致命风险。瘢痕组织慢慢积累起来，形成一种叫作肝硬化的病症，最终导致肝衰竭。胰腺发炎肿大，大脑也受到影响，造成情绪与行为的改变，使人更难思路清晰、行动协调。特别是，青少年饮酒后果最严重，因为这会改变大脑部位中负责情绪与情感的 DNA。[29] 酒精会引起癌症，特别是脑癌、颈癌、喉癌、肝癌、乳腺癌、子宫癌和结肠癌。如果母亲在孕期大量饮酒，婴儿出现天生缺陷就会更常见。老酒徒更容易染上肺炎和结核病之类的传染病，[30] 也更容易自杀。最后一点，喝酒太多会削弱免疫系统，让人的身体更容易成为疾病攻击的目标。当前，每年有 300 万例死亡是由饮酒引起的，死因包括损伤、消化道疾病、心血管疾病、糖尿病、传染病、癌症、癫痫以及其他的紊乱失调病症。[31]

2018 年，一份高度综合性的评论发表，其中分析了 592 项对酒精所造成的健康影响进行的研究，这些研究内容覆盖了 195 个地方，以及 15 岁以上的所有年龄阶段，不分男女。在衡量了所有的积极影响和消极影响之后，得出来的结论是，每个星期的最优饮酒单位数是……0。[32] 这答案真令人遗憾。

酒精最险恶的影响就是成瘾性。上瘾是指使用者尽管知道其破坏性的影响，仍然持续强迫性地使用某一物质或做出某种行为。上瘾是从使用者感到愉快的活动开始的，例如使用毒品（包括酒精）、赌博、上网或者购物。享受引起了精神的亢奋，导致重复该活动的强烈动机，以重现那种感觉。在赌博中赢钱就是这种情形的一个典型例子。

加博尔·马德是一名加拿大医生，他在温哥华从事治疗毒品成瘾者的工作。他自己的爱好是购买古典音乐唱片，他会花费数千美元购买已经拥有的 CD 碟片，而且从来也不听。大脑是如何被绑架的，这真是太令人奇怪了，至少对无嗜好者来说是这样。曾经有一次，他的不可抗拒的强迫症让他放弃了接生孩子，而是跑去了一家音乐商店。[33] 容易上瘾的人会对带来欢愉的几乎任何东西难以放手，从而导致健康、财富和人际关系上的灾难性后果。

大脑是如何适应并开始渴求带来愉悦的东西，从而导致上瘾的呢？对此有一种被广泛接受的说法，其聚焦于神经递质多巴胺的作用上。这种模型主张，无论是何种成瘾现象，都是以同样的方式即通过在伏隔核中释放多巴胺，实现对大脑的接管的。[34]伏隔核是关系到运动、奖励、愉悦和强化学习的一组神经细胞。在伏隔核附近有海马，它存储记忆，还有杏仁核，它处理情感。海马和杏仁核存储满足感和愉悦感的记忆。重复接触某种成瘾物质或者做出某种成瘾行为会刺激前额叶皮质，它是负责计划和执行任务的，成瘾行为的愉悦感就这样与欲望和追求行为联系起来了。

有很多的证据表明多巴胺与毒品成瘾相关：缺少多巴胺的动物失去了做任何事的动机，甚至会使自己挨饿至死。他们根本不会去学着寻找食物和庇护所，也不会躲开引起疼痛的刺激物。这是因为要形成关联刺激物与奖励的长期记忆，就需要神经元释放多巴胺。大脑可以通过降低脑中多巴胺受体的水平来适应对成瘾药物的习惯性使用。可卡因、苯丙胺（安非他明）、阿片类药物、酒精、咖啡因、尼古丁、大麻、巴比妥类药物和苯二氮䓬类药物都能激活多巴胺系统，只是在强度和机制上有所不同。过度饮食和对赌博之类的有害行为的成瘾现象可能也是以同样的方式运作的。[35]然而，尽管多巴胺模型十分流行，但将所有的上瘾现象都归因于对某种神经递质的渴望，这一定是一种过度简化的观点。[36]上瘾是一种复杂的行为，它既与成瘾物的品类有关，也因人而异。有些刺激物会使多巴胺的释放大幅增加，但对愉悦和成瘾没有多大影响，而就酒精上瘾而言，大脑中麻醉剂的释放似乎要比多巴胺更加重要。[37]

注射或者吸食毒品要比吞食毒品成瘾性更强，因为这些做法带来了更快、更强烈的效果。假以时日，大脑就适应了，这样成瘾活动就开始失去其愉悦感，同样剂量的化学品就会产生更少的回报和快乐。耐受性就这样发展起来了。上瘾者需要越来越大的刺激，以产生同样的快感。

于是，咖啡迷们喜欢更浓的咖啡，赌博成瘾者感到需要下更大总额的赌注，而吸毒者就需要增加剂量。

这样一来，因为瘾头十足，瘾君子虽然继续有着强烈的渴望，但从他们的活动中得到的欢乐却常常聊胜于无。瘾君子就会说：“我不知道为什么我要抽烟。我其实并不喜欢。”大脑想要成瘾物质或者活动，但是在满足渴望的过程中却得不到多少欢乐，只能得到解脱。它会记住与所想要的物质相联系的环境提示，例如瘾君子纵情过瘾的情境。这些提示会触发一种条件反射，带来急切的渴望：赌棍可能会拒绝赌博的诱惑，但走过自己喜欢的赌博店的时候，就不行了，他们被迫走进去，再下一注。一名酒徒可能好几年都不碰酒了，直到有人给他一瓶威士忌，突然他就无法抗拒了。

加博尔·马德在对吸毒者的研究中，慢慢了解了他们的人生故事，在他关于成瘾的书《在饿鬼的国度里》(*In the Realm of Hungry Ghosts*)中，他描写了这些故事。他诊疗过的每一个成瘾者有一个共同点，那就是童年的创伤——家庭暴力、父母离异、家庭中药物滥用或者酗酒、父母一方的死亡、肉体或性方面的虐待。每一种童年的逆境体验都会使成为成瘾物滥用者的风险增加 3 倍。[38]

于是吸毒成瘾者往往会进行自我治疗，以释放童年创伤和压力引起的苦痛情感。此外，他们的脑部发育也遭到创伤性体验的破坏。[39] 正如血液流动、脑电活动和癫痫发作所揭示的那样，多巴胺回路、杏仁核、前额叶皮质可能会受到永久性的影响。这些人对于高压情境有着更高的敏感度，所以对于提供短期压力舒缓的物质或者活动会做出强烈反应，即使这些物质或活动会造成长期破坏。有鉴于此，我们可以看到为什么惩罚瘾君子会适得其反，因为惩罚带来的痛苦只会增加他们通过毒品寻求舒缓的欲望。人们觉得特别有压力的情形包括不确定性、失去控制、冲突和缺乏情感支持的关系。[40] 所有上文所列的那些创伤情境都有可能具有这些特征。一个孩子尤其容易受到不安全感的影响，因为他们非常依赖父母的关爱保护。

现在我们就能够来审视酗酒在俄国如此普遍的原因了。首先，沙皇们故意让他们的人民喜好酒精，以此为自己和其他的俄国贵族谋取钱财。他们需要这种税收收入来资助俄国军队并保持自身的奢华生活方式。通过政府酒馆倡导伏特加酒，并使之成为俄国文化的一部分，这一政策奏效了，它带来了大量的收入，但是也产生了严重的社会成本和医疗成本。

其次，在 20 世纪，很少有民族像那些东欧人一样经历过那么多的童年创伤。俄国分别与日本（1904—1905）、同盟国（1914—1917）和德国（1941—1945）进行了可怕的战争。第一次世界大战使情况变得一团糟。俄国于 1917 年发生了两次革命，而革命之后的内战又延续了数年之久。内战是 1921 年到 1922 年俄国大饥荒的原因之一，这一饥荒造成大约 500 万人死亡。布尔什维克的胜利导致苏联成立。1939 年第二次世界大战爆发，然后就到了 1947 年。苏联在第二次世界大战中遭受了比其他国家多得多的伤亡，有大约 2 000 万人死亡。几乎半数的苏联人在人生某一时段是生活在德国占领的淫威恐怖之下的。这些事件让大量的儿童遭受创伤，因战争、饥荒而失去父母。这样看来他们后来从酒瓶子里寻找安慰，暂时舒缓其痛苦情感的做法就不奇怪了。

在任何国家，酗酒者经常成为贫困的父母，他们忽视他们的孩子甚至对子女实施暴力。这就造就了下一代人的心理创伤，这意味着悲剧将继续上演。

非法成瘾物，像海洛因、大麻、可卡因、致幻剂（麦角酸二乙胺）和摇头丸被广泛认为具有很高的致瘾性且极度危险。我选择写酒精而不写这些禁用品，有两个理由。首先是考虑到酒精的文化接受度、合法性和长期的使用历史，以及酒精饮料味道很好，饮用酒精的人要多得多。唯一在使用人数上与之接近的就是烟草。[41] 其次，我谈酒精是因为其危险性。2010 年布里斯托尔大学的戴维 · 纳特（David Nutt）教授领衔发表了一篇文章，文中展现了由一个独立的科学委员会组织的成瘾物研究分享会的成果。20 种成瘾物被按照 16 条标准打分：其中 9 条以成瘾物在个人身上造成的伤害为准，7 条以成瘾物对他人造成的伤害为准。各标准进行加权以反映其相应的重要性，最终形成总分 100 分。[42]

所有的 20 种成瘾物都有害，但是正如图 13 所示，酒精危害是最大的。它对成瘾者本人的伤害位列快克可卡因、海洛因和甲基苯丙胺之后，可能只排名第四，但是在伤害他人方面却大幅领先于其他成瘾物，是害处最大的。酒精比其他成瘾物造成更多的伤害、事故和暴力。医院星期六晚上的急诊室挤满了酗酒的受害者。尽管烟草无疑是危险的，但很少有人因为吸食尼古丁而挑起斗殴或者跟人撞车。

你能从这里看出为什么烟草和酒精是合法的，而迷幻菇、大麻和致幻剂却是非法的吗？我也看不出来。

戴维 · 纳特是英国政府药物滥用顾问委员会的主席。2009 年 10 月，他说酒精和烟草要比许多非法成瘾物（包括大麻、致幻剂和摇头丸）害处更大，这一番言论被广泛报道。[43] 而内政大臣艾伦 · 约翰逊（Alan Johnson）可不想与闻此事。第二天戴维 · 纳特就被解雇了。[44]

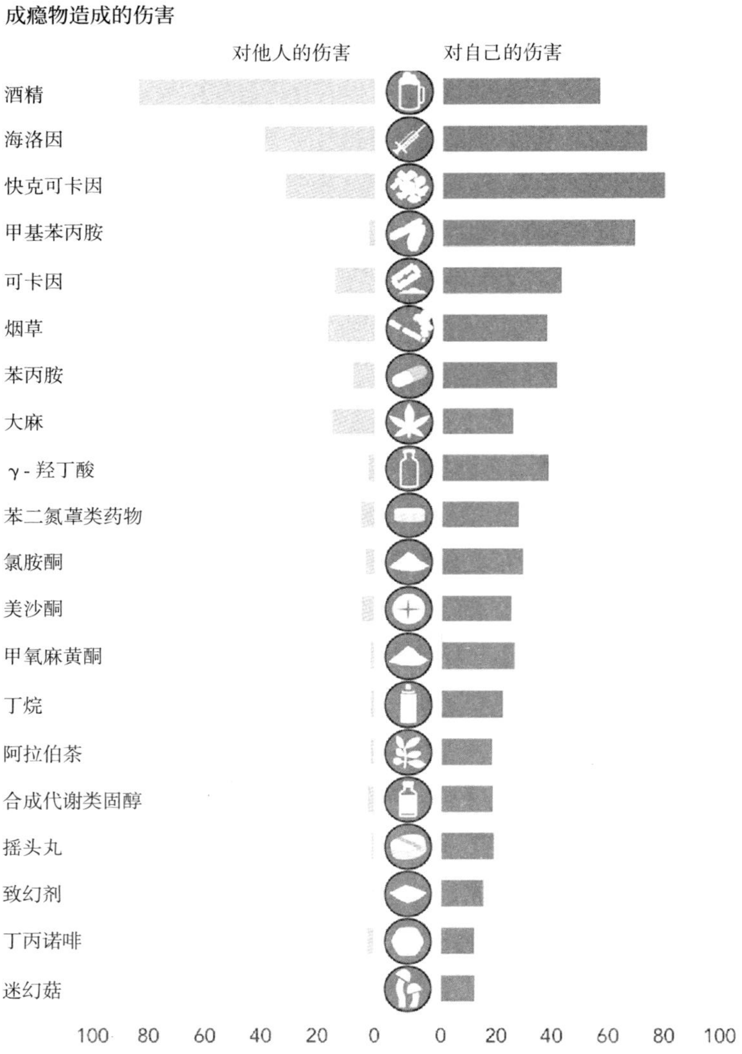


图 13 成瘾物造成的伤害

按照总体伤害分值排序，分为对自己造成伤害的分值和对他人造成伤害的分值。[45, 46]

# 第 20 章

# 黑烟熏人

1492 年 8 月 3 日，克里斯托弗·哥伦布从西班牙扬帆起航，带领着载有 90 名船员的三艘船，开始了历史上最重要的一次远航。尽管哥伦布是为西班牙君主伊莎贝拉女王和斐迪南国王效劳，但他本人却是来自热那亚的意大利人。当时西班牙的竞争对手葡萄牙通过绕行非洲的东方航线与印度做生意，带回来香料和其他的外来商品，获得了可观的利润。哥伦布声称他能够通过一条更快的路线抵达印度，即朝着相反的方向环球航行，向西跨过大西洋。他说服了斐迪南和伊莎贝拉资助他的航行，这样他们就能获得同样的财富。然而，他们当中谁也不知道这条航路中途还横亘着广袤的北美大陆和南美大陆。

在出发之后仅两个多月，哥伦布和他的水手们就在巴哈马群岛登陆了，然后又去了更大的古巴岛和伊斯帕尼奥拉岛。当他回到西班牙时，他对发现新大陆的描述让整个欧洲大为兴奋，在美洲和旧世界引起一场巨变。哥伦布大交换引起了跨大西洋的植物、动物、疾病、矿物、思想和人口的交换，以多种意义深远的方式影响了人类。政治、权力、宗教、食物、健康和无数其他的事情再也不会像从前那样了。[1]

对于美洲原住民来说，这种接触是一场灾难。1493 年，大量西班牙人回到这里，开始征服这里并将其文化特别是基督教文化强加于此地。更糟糕的是，他们将数十种欧洲的致命疾病带了过来，这些疾病害死了 90% 的美洲原住民。美洲原住民与西班牙人不同，他们没有对于麻疹、天花、斑疹伤寒、霍乱、流感、白喉、猩红热、百日咳和其他疾病的抵抗力，经常同时感染上多种疾病。

欧洲人得到的回报是梅毒。据记载，这种病最早出现在 1495 年的那不勒斯。当时法国军队请了曾为哥伦布工作的西班牙雇佣兵。1495 年这个时间点表明最早感染该病的欧洲人是在哥伦布的第一次或第二次航行后将该病带回欧洲的。因为这种病是通过性传播，特别是通过与妓女的交媾而罹患，所以它作为一种耻辱病缺乏可靠的数据，尽管如此，到 20 世纪梅毒似乎还是成了欧洲传播最广泛的疾病之一。今天这种病可以通过抗生素来治疗，尽管每年还是有 600 万的新病例，[2] 并导致溃疡、脑膜炎、中风、痴呆、失明、心脏问题、不孕不育以及出生缺陷。现在每年全球还有 10 万人因梅毒而死。[3]

尽管梅毒是致命的，但与另一种美洲的“礼物”相比，它的致死效力就相形见绌了。巴哈马群岛友好的居民是第一批与哥伦布及其水手见面的人，他们送了哥伦布等人一些礼物，这是哥伦布等人从未见过的颇具异国情调的果实。另外礼物还包括被原住民称为“淡巴菰”（tobacos）的一种植物的干叶子。迷惑的西班牙人尝试食用这种叶子，但是发现它们没法吃，所以就把这些叶子丢到海里。一个月之后，他们意识到该怎么来使用淡巴菰的叶子了。他们看见古巴的原住民在咀嚼这种叶子，或者将香草卷在干燥的叶子中，将其一端点燃，吸入烟雾。哥伦布在 1492 年 11 月 6 日的日记中写道，看到“男人女人手中有燃了一半的草，这是他们习惯吸食的各种香草”。一些水手尝试着自己也来吸一吸，觉得很享受，尽管他们很快就注意到了烟草的成瘾性。染上烟瘾的水手之一罗德里戈·德·赫雷斯回到了西班牙。他的嘴巴和鼻子里冒着烟，把人们都吓坏了，因为这在过去都是与魔鬼相关的做法。赫雷斯被调查当局指控是在为撒旦服务，后来被抓起来，在监狱里关了 7 年，在那里他有足够的时间反思，坚持将烟草扔到海里可能会更明智一点。

烟草（*Nicotiana tabacum*）在玻利维亚和阿根廷北部的安第斯山脉的东侧山坡上生长极为茂盛。它是拥有超过 70 个种类的野生烟草属植物中的一种。[4] 美洲原住民用烟斗吸烟，使用叶子来处理伤口，还将它作为治疗牙疼的镇痛药加以咀嚼。到公元 500 年的时候，中美洲的玛雅人已经开始种植烟草了，它从那里传播到密西西比河流域。萨满们还吸食一种不同的烟草品种，名为黄花烟草（*Nicotiana rustica*）。这东西要比普通的烟草劲儿大多了，尼古丁浓度高 10 倍，还含有各种刺激精神活性的化学物质。除了在俄罗斯，这种烟草从未真正得到欧洲人的青睐，在俄罗斯这东西很容易种植，所以能几乎免费地让人爽一把。

哥伦布的航行引发了欧洲国家去探索、征服和殖民美洲的巨大浪潮。英国人是后来者。到 16 世纪的晚期，加拿大和美国的中西部地区已经被法国宣布占领，巴西由葡萄牙人统治，西班牙人则统治着包括南美洲、墨西哥、得克萨斯和加利福尼亚的广阔地盘。英国人在美洲的活动主要是一些海盗行为，他们那些经验丰富的老水手攻击跨大西洋运输财宝的西班牙船只。从西班牙人手中夺取赃物要比直接从印加人和阿兹特克人那里夺取容易多了。随着海上的冲突不断加剧，英国人得出结论认为，在新世界建立永久移民点会很有用处，它们可以作为船队的基地。这些地方也可以作为不断增加的穷人的好去处，这些人在伦敦或者布里斯托尔是多余的。穷人对这个方案有何看法则无关紧要。

1585 年，英国在纽芬兰和北卡罗来纳的罗阿诺克（当地的殖民者要么死了要么放弃了殖民）的殖民失败之后，下一次在美洲建立定居点的尝试是在弗吉尼亚。由于在罗阿诺克灾难之后，伊丽莎白一世女王对于由自己来资助任何新的定居点十分谨慎，私人投资者创立了伦敦弗吉尼亚公司，目标是殖民北美洲并获利。西班牙人靠秘鲁和墨西哥的金子和其他珍宝从殖民地发了财，因此投资者们希望更北一点的英国殖民地会取得同样的成果。1607 年，144 名英国成年男子和青少年建立了詹姆斯敦殖民地，它是以英格兰新国王詹姆士一世的名字命名的。

殖民者被告知他们到此地是为投资人挣钱的——否则来自国内的支持就会终止。于是许多人浪费了大量的时间搜寻，并骚扰其原住民邻居，想要找到并不存在的黄金，而不是试图建立起新的农场。第一个冬季很严酷，许多殖民者感染了疟疾。第一年之后，最初来的 144 个人中除了 38 个外，都死了。更严酷的是 1609 年到 1610 年的冬天，殖民者们称之为饥荒时期。不过弗吉尼亚公司坚持继续派出整船的殖民者，包括女人，直到它最终在 1624 年破产。弗吉尼亚由此成为王室殖民地，这是政府对将要倒闭的公司提供紧急财政援助的一个早期实例。

一旦人们接受在詹姆斯敦不可能依靠黄金发财，定居者就开始尝试其他的收入渠道，例如玻璃吹制、养蚕和葡萄种植。但弗吉尼亚只有一种作物出口到英国之后卖出了好价钱，那就是烟草。尽管有詹姆士国王反对，但英国人这会儿已经染上了烟瘾。在 1604 年的《坚决抵制烟草》（*Counterblaste to Tobacco*）中，国王写道："吸烟这种恶习，让眼睛极不舒服，让鼻子厌恶，伤害大脑，威胁肺部，由此产生的熏人黑烟与来自恐怖地狱那无底深坑的烟雾最为相似。"不过詹姆士设法在 1619 年克服了这些观念。他垄断了烟草买卖，并获得了一份来自烟草税的方便收入。

定居者约翰·罗尔夫（波卡洪塔斯的丈夫）将烟草种子从西印度群岛运到詹姆斯敦，发现它们很好种植。此后 10 年，大量的烟叶被出口到英国。烟草种植对英国殖民北美有着深远的影响。首先，它让新的定居点在经济上大获成功。对比更早定居者的计划，烟草是一个可持续发展的产业，它鼓励了进一步的移民活动。移民常常以契约佣工的身份工作。他们得到一张去弗吉尼亚的免费船票，换取大约 5 年固定期的义务农业劳作。在这段时间之后，他们就自由了。其次，烟草对土壤有很大的需求，会将土壤养分耗尽，所以土地要撂荒 3 个种植季节，以恢复地力。这是开拓新土地的一大驱动力，由此将殖民地向西扩展。最后，契约佣工体系对于潜在的移民不够有吸引力，即便他们被许以土地作为回报。这样一来，从西非进口奴隶的贸易就开始了。与契约工人相比，奴隶不只被束缚在种植园中 5 年——而是可以终身劳动，而且可以比来自英国的自由人更卖力地工作。非洲奴隶对疟疾也更有抵抗力。因此，正是烟草行业的需求将弗吉尼亚变成了奴隶州，并由此在美国内战中加入邦联一方。这场内战是250年后在北方自由州与南方蓄奴州之间发生的。这片区域中的北卡罗来纳、肯塔基、佐治亚和弗吉尼亚一直是美国最大的烟草生产中心。

在 20 世纪之前，烟草的吸食主要是通过黏土烟斗、咀嚼，或作为雪茄、鼻烟来吸食。我们现在知道吸食烟斗和雪茄会引起肺癌、喉癌、结肠癌和胰腺癌，还有心脏病和肺部疾病。[5] 而咀嚼烟叶会导致口腔癌、牙龈疾病、心血管病还有掉牙。吸入鼻烟会引起鼻癌、喉癌、胰腺癌和口腔癌、心脏病发作以及中风。[6]这些就够糟糕了，吸食香烟还要更糟。

在 1880 年之前，香烟是手工制作的，工人每分钟卷不了多少根。这就让香烟物以稀为贵。香烟生产的机械化使其变得量大价低。1880 年，詹姆斯·邦萨克发明了一台机器，每分钟可以卷 210 支香烟，速度是手工香烟制作的 50 倍。烟草行业提供了 75 000 美元奖金，悬赏能够制造可靠卷烟设备的人，邦萨克的发明正是受此激励。这台机器制作出很长的香烟，然后用旋转剪切机将其切成数段。这台机器不仅切断了小小圆柱，而且将制造价格砍了下来，提供了更好的、整洁的卷烟产品。

邦萨克和外号为“钞哥”（Buck）的詹姆斯·布坎南·杜克一道投入烟草行业。杜克于 1880 年开始进入手工卷烟行业，在北卡罗来纳的达勒姆建厂，创立了达勒姆公爵品牌（Duke of Durham）。不久之后，他听说了邦萨克的发明，意识到了这东西的潜力。其他公司不太情愿为邦萨克投资，因为机器经常出现故障，他们还认为这根本没有市场，因为消费者更喜欢手工卷烟。而杜克愿意在邦萨克身上赌一把。杜克与从邦萨克公司来的一名技师合作，改进了机器的可靠性，并且谈成了一笔协议，使自己在机器使用上有了专营权。

现在杜克独家掌握了大规模生产香烟的能力，由此拥有了巨大的潜在竞争优势。杜克面临的问题是当时人们对香烟的需求很少。在 1890 年，与烟斗用烟叶、雪茄和咀嚼用烟叶相比，香烟的销量微不足道。因此杜克着手来改变人们消费香烟的方式，他发动了一系列巧妙的营销活动。

机器制作的香烟看起来更整洁，这被广告宣传为比使用人手和唾液制作出来的雪茄更加卫生。香烟可以在餐馆吸食，而雪茄和烟斗可能就无法这样。香烟用起来不那么需要手指灵巧、动作精细，也更快，这使其成为喝咖啡的休息时间的完美消遣品。香烟这个词的意思是“小雪茄”，所以被以为更安全。实际上，在 1906 年之前，它们经常被宣传为有益于健康，不仅在广告中，在医药百科全书中也是如此。医生们有时甚至给病人在处方里开上香烟来治疗咳嗽、感冒和结核病。这些医生可并不傻。吸烟与人们认识到其会带来负面健康影响之间有着数十年的延迟，这意味着人们需要很长的时间才能理解香烟所带来的危害。

1902 年，杜克通过将他的美国烟草公司和竞争对手英国帝国烟草公司合并，建立了英美烟草集团，这是目前世界上排名第二的烟草公司。[7] 香烟的成功极其辉煌。它们不仅取代了其他形式的烟草消费，而且带动了整个市场的增长。香烟使用量在第一次世界大战、第二次世界大战以及朝鲜战争期间不断跃升，美国政府在这些战争中确保士兵们得到充足的香烟供给，以此维持士气。香烟公司甚至免费赠送了士兵们数百万支香烟，这一做法带来了回报。这些人回到家乡后就成了忠实（更准确地讲是成瘾了）的消费者。

同样的增长模式也在其他国家运作。香烟尽管是在 16 世纪首次被引进英国的，但在 19 世纪晚期才发展为英国文化的主要组成部分。到 20 世纪中叶，80% 的男性和 40% 的女性在吸烟。这样算起来，每个成年人每年消费香烟竟高达 3 千克。[8]

“钞哥”杜克于 1925 年去世。他创造了一个规模巨大的新行业，让全世界染上了烟瘾。杜克不是坏人，并不是知道这种产品是致命的却仍想从中赚钱。他并不知道吸烟到底有多大危害。即使在他死的时候，肺癌依然很罕见。杜克捐赠了超过 1 亿美元给北卡罗来纳达勒姆的三一学院，该学校以他的家姓被重新命名为杜克大学，成为世界最前列的大学之一。如果杜克没有使用邦萨克的机器，那么无疑会有其他人开始大规模制造雪茄，因为当时其他的原型机也在开发中。更有争议的是，要是没有杜克在营销、广告、心理学和定价上的才华，香烟是否会有如今这样的地位。也许没有“钞哥”，我们依然还在咀嚼烟草和吸食雪茄，吸烟导致的死亡率会低很多。

烟草行业面对的一个问题是不论品牌为何，香烟都很大程度上是同质性的产品。于是他们就使用了包装和营销的手段来吸引各种不同的消费者群体。细分品牌的广告手法至关重要。

作为示例，我们看一下 R. J. 雷诺兹烟草公司是如何推销其骆驼牌香烟的吧。骆驼牌最初是作为“淡味”香烟在第一次世界大战之后不久投产的。他们多年使用的口号是“为了买这包骆驼香烟，我走了一英里”。雷诺兹烟草公司声称骆驼牌香烟有益健康，口号是“骆驼牌香烟也是助消化的良药”，还有一个可疑的声明说这是医生们的选择。雷诺兹烟草公司会在询问医生们他们喜欢什么烟草牌子之前，送医生们一包免费的骆驼牌香烟。这一调查的结果使得雷诺兹烟草公司用上了“越来越多的医生开始选择骆驼牌香烟”这一宣传语。

1987 年，雷诺兹烟草公司改变了策略，他们创造了卡通形象骆驼乔，这个形象一直颇具争议。美国医学协会攻击骆驼乔把儿童当作营销目标：1991 年的一项研究发现 91% 的 6 岁儿童准确地将骆驼乔与抽烟联系起来。[9] 骆驼成为青少年烟民首选的香烟，18~24 岁人群的香烟市场份额几乎翻了一番。但是1997年雷诺兹烟草公司输了一场官司，被迫支付1 000万美元，以支持针对加利福尼亚州儿童的反吸烟教育。[10]面对更多的司法起诉和争议，雷诺兹烟草公司撤回了骆驼乔这个卡通人物。[11]

吸烟的成瘾性在其被引入欧洲之后很快就被注意到了。1623年，弗朗西斯·培根写道："在我们的时代，烟草的使用有极大的增长，它征服了男人，给他们带来某种秘密的快乐，所有那些人抽过一次，就从此习惯了，以后也很难抑制对其的需要。"[12]培根当然并不知道烟草究竟是如何实现这种征服的。

吸烟会改善心情，要么是直接改善，要么是通过缓解戒断反应。吸入的烟雾将尼古丁带入肺部，在那里尼古丁被快速吸收到血液中，并在几秒内被运输到大脑。在那里它与受体蛋白结合起来，一般是与乙酰胆碱结合起来，这是一种脑细胞用来相互发送信号的神经递质。刺激这些受体会在大脑中释放出其他各种神经递质。就像成瘾现象一样，释放出的一种神经递质是多巴胺，它会导致快乐与强迫性冲动。[13]

耐受性、渴望与戒断反应随着持续接触尼古丁而出现。烟民通常频繁吸烟，以使其乙酰胆碱受体持续地浸透尼古丁。随着反复接受尼古丁，开始吸烟时所产生的那种回馈性的精神活动效应会逐渐消失。这样一来，烟民不是在寻求这些愉快的奖赏，而是要努力避免戒断症状，以解放大脑中的受体。戒断症就是尼古丁水平下降时会出现的那种症状。尼古丁戒断会造成易怒、情绪低落、焦虑和压力，这还是通过神经递质实现的，给戒烟者带来复吸的强烈动机。

正像各种上瘾现象中常见的那样，将某种情境与吸烟联系起来，会形成条件反射，这种作用也因此会得到强化：烟民可能会在饭后有规律地抽一根，或者就着咖啡、啤酒抽，再或者与烟友一起吸烟。这些环境、味道、气息和烟雾感，或者身体处理烟的方式都会与吸烟的快感联系起来。从吸入烟雾到接受尼古丁冲击的短暂瞬间，有助于将身体吸烟的行动与好心情结合起来。当一个烟民了解到吸烟让人更舒坦，坏心情也会成为吸烟的条件暗示。由任何来源造成的烦躁都可能成为吸烟的刺激点。[14]

人们对吸烟的反应在很大程度上是遗传的。尼古丁在血液里溶解并在身体中循环，它在肝脏中被一种叫作 CYP2A6 的药物代谢酶分解。药物代谢酶将其转变为一种名叫可替宁（cotinine）的效力小得多的化学物质。[15] 能快速分解可替宁的人更容易吸烟上瘾，因为他们需要吸食得更频繁才能够将尼古丁的水平维持得高一点。他们戒烟也更难。反过来，那些拥有分解尼古丁慢一些的药物代谢酶变体的人就倾向于少抽几根，吸得更少，因为他们渴望的尼古丁更少，而且他们如果尝试戒烟，也不会遭受严重的戒断反应。

如果你想要设计一种引起成瘾现象的产品，你会发现很难超过香烟。有多少其他的成瘾物强迫瘾君子每天使用数十次，像老烟枪那样？总而言之，香烟结合了许多特点，使人们特别容易对它上瘾。它们比雪茄厉害多了：它们便宜，不含热量，容易使用，数秒就会导致药物反应而且反应在数小时后才消失。而且吸烟能够抑制胃口，放弃吸烟的人会增重，这进一步阻碍了戒烟。不仅如此，它们还是合法的。要不是香烟对人太有害，这一切还真不会构成多大的问题，

一开始，香烟有害健康根本不那么明显。实际上，16 世纪 70 年代西班牙医生尼古拉斯·莫纳德斯（Nicolás Monardes）还推荐将烟草作为数十种疾病（包括癌症）的治疗药物，这令人感到惊讶。[16] 他在书中引入了“烟草”和“尼古丁”这两个词，还首次发起了关于吸烟有益（或有害）健康的争论。例如，1659 年贾尔斯·埃弗拉德（Giles Everard）的《灵丹妙药，或万灵药，烟草美妙优点的一大发现》[17] 出版了英文版。

埃弗拉德声称香烟能够让人不需要医生，因为“它尽管是一种理疗①植物，却不是医生的好朋友，因为它的烟雾据信是一种绝佳的解毒剂，可治所有的毒素和瘟病”，其他人则不相信这一点，有批评者称烟草“对青年人伤害满满且危险”[18]，或者说“这种将烟吞到胃里和肺部的习惯害人不浅。肺部会因此变得不适合运动，这给心脏带来很大伤害，最终会毁掉整个身体”[19]。早在1868年爱丁堡皇家医院的外科医生约翰·利扎斯（John Lizars）在他发表的一篇文章中就警告说，吸烟会引起口腔癌，而“对年轻人身体造成的伤害可能不会立刻出现，但是不可避免地最终将导致一场巨大的全国性灾难”[20]。即便如此，到1900年肺癌依然是一种罕见病。到19世纪中叶，很少有医生声称烟草能够治疗疾病，但是吸食其他的东西作为哮喘的治疗方案还在延续。直到第二次世界大战之后，为呼吸系统问题设计的药用香烟还依然得到提倡并被医师们使用。[21]

在英国，从1905年到1945年间肺癌的病例数量增加了20倍，尽管为什么会这样还是一个谜。所谓的“烟民之咳”成了司空见惯的现象，然后发展为轻微运动后的气短、胸痛、体重减轻和咳血。英国医疗研究委员会对肺癌的扩散感到忧心，请伦敦卫生学院的流行病学家奥斯汀·布拉德福德·希尔展开调查。布拉德福德·希尔按官方授意选择招募了理查德·多尔来帮忙，多尔一直在医疗研究委员会研究胃溃疡的原因。一开始，布拉德福德·希尔和多尔并不认为吸烟引起了肺癌的流行。尽管少数几个小规模的研究已经指向此方向，但他们的主要假设却是，这个问题是由于道路交通的增长引起的。从汽车引擎或者道路沥青中冒出来的烟可能会损害肺部。毕竟，在20世纪的前半叶道路交通的

① 此处原文为physical，英文中physician（医生）与physical（物理的）同源，均源自拉丁语physica，意为自然的、物质的、身体有关的。在药学中physical（理疗的）与surgical（手术的）相对。此处故意使同源名词和头韵重复，意在强化对比，是一种修辞。——译者注

增长与肺癌病例的增加是同步出现的。

1949 年，多尔和布拉德福德·希尔访问了伦敦医院的 709 名病人，他们被怀疑患有肺癌。两位医生给了他们一份调查问卷，询问家庭史、饮食情况和既往病史。很自然地，他们问起了这些人是否在道路上工作，以及是否吸烟。他们将肺癌病人与作为对照组的 709 个因其他原因住院的病人进行了对比，吸烟与身为肺癌患者之间的联系呼之欲出。他们还发现了证据，证明了吸烟越频繁，患肺癌的风险就越大。肺癌患者的增长与吸烟人数的增长呈平行趋势，但是有着 20 年的滞后时间。在染上烟瘾到其致命效果显现出来之间，有这么漫长的一段时间间隔，正是如此才使得香烟这么致命。吸烟是嘀嗒作响的定时炸弹，有百万烟民已经中招，并且正在迈向患上肺癌之路。

多尔迅速戒了烟，而其他人需要更多的说服。也许这个结果反映了伦敦的某种特殊性？于是多尔和布拉德福德·希尔将其研究扩大到剑桥、布里斯托尔、利兹和纽卡斯尔的 5 000 份病历。结果完全相同。

1951 年，医疗研究委员会资助他们尝试不同的策略——给英国的全部 6 万名医生寄发了调查问卷，询问其吸烟习惯[22]：有 40 500 人作答。在这之后，出生、婚姻和死亡注册总署署长向多尔和布拉德福德·希尔寄送了每位死亡医生的死亡证明书副本。3 年后 36 名医生死于肺癌，他们都是烟民。尽管这是一项显然引人注目的结果，但问题是不抽烟的对照组规模太小了——只有 13% 的医师不抽烟。因此，需要多年的时间来获得足够的数据，以搞清楚不抽烟的人的死因。随着这项工作的继续，新的结论显现出来：烟民比非烟民要早死大约 10 年，戒烟特别是在年轻的时候戒烟，会增加预期寿命。其他团队证实并扩展了他们的发现：吸烟引起在很多其他组织中的癌症，吸烟引起心脏病、中风、支气管炎、肺气肿、肺炎、哮喘、2 型糖尿病和阳痿；被动吸烟也是危险的；吸烟破坏血管；孕妇吸烟会导致流产、死产和早产。

为什么吸烟会引起癌症呢？细胞在不应该长的时候开始生长就会导

致癌症。我们身体里的每个细胞都是一个细胞——受精卵——的子孙，它分裂并分化成所有的组织和器官。有些细胞类型需要持续分裂，例如那些在骨髓、皮肤和肠道中的细胞就需要不断取代那些死去的细胞，其他的细胞需要在受伤后修复损伤。细胞生长一般受到严密的控制，当细胞不能正常响应终止生长的信号时，它们就会发展为癌变组织。这些失败出现是因为细胞的DNA发生了突变，改变了参与调节细胞生长的蛋白质的工作方式。致癌基因是那些如果突变就会刺激细胞生长的基因。肿瘤抑制基因编码旨在抑制受损细胞生长的蛋白质；如果肿瘤抑制基因发生突变，则细胞就会在不该生长的时候生长。肿瘤抑制基因的一个例子是TP53，如果细胞遭受了太多的DNA损伤，它不出意外就会被激活。它会给一个叫作P53的蛋白质编码。一般而言，P53会阻止受损细胞的分裂，甚至会让该细胞自杀，这样就为身体清除了可能会发展为肿瘤的细胞。

因此任何可能会引起DNA突变的东西都容易引起癌症。烟草又超级擅长于此，它可以产生无数的诱变性化学物质，将其直接输送到肺里，由此产生致癌基因和功能异常的肿瘤抑制基因。其中一种化学物质是苯并芘。它和DNA中的鸟嘌呤发生反应，破坏DNA的结构并引入突变。对诱变P53基因上三种关键的鸟嘌呤，苯并芘特别有效，这样一来就阻止了P53本应发挥的作用并由此造成肺细胞的癌变。[23]

苯并芘只是烟草烟雾中所含的数十种致癌物质中的一种。这些物质不仅仅是有机化学物质——烟雾中还包含了有毒的金属元素，例如铅、砷和镉。燃烧的香烟带来高温还会产生尼古丁之外的其他具有精神活性的化合物，它们会加剧吸烟的成瘾性。

停止吸烟会对公共健康带来巨大的好处，其效果与疫苗接种、卫生系统的建立或者抗生素的使用相当。但是又如何做到这一点呢？没有任何一个国家彻底禁止吸食香烟，这样做也是对的：规定香烟销售非法会造成犯罪大爆发。数以百万计的瘾君子会去找烟贩子。有组织犯罪会飙升，帮派会为控制这样一个数十亿美元的大生意大打出手。烟的价格也会猛涨，瘾君子则为了再买一包，会转向靠小偷小摸来获得快钱。尼古丁瘾很强大，许多烟民根本戒不掉，即使他们的嗜好现在变成了犯罪。我们可以从目前非法的各种成瘾物中了解此类结果。1920 年到 1933 年间，美国对生产和销售酒类实行了禁止令，禁令也导致了有组织犯罪团伙接管了这门生意。考虑到烟民的数量和尼古丁的强大成瘾性，试图禁止吸烟恐怕要比禁止海洛因、可卡因和大麻的后果严重得多。

政府想要阻止公民吸烟并不是最近才有的情况。最早的公共吸烟禁令是由教皇乌尔班七世发出的，他在 1590 年禁止人们在教堂里吸烟，惩罚是逐出教会。所以说，在等待弥撒开始的间隙跑到教堂走廊里急嘬一口，会让一个人原本不朽的灵魂面临在地狱之火中被永远灼烧的风险。教皇反对吸烟的法律持续到了 1724 年。奥斯曼苏丹穆拉德四世让教皇乌尔班看起来就像一个胆小的自由主义者，他于 1633 年在其帝国中禁止了所有的酒类、咖啡和烟草，违犯者被处以死刑。他亲自处理犯罪者，乔装调查伊斯坦布尔的酒馆以抓捕烟民，然后脱掉平民服饰表明自己的真实身份（惊不惊喜！），之后砍掉他们的头。如果你是苏丹，你就可以做这种事。对于土耳其的烟民和咖啡爱好者来说，幸运的是，穆拉德四世的继承人和弟弟“疯狂的”易卜拉欣逆转了这一禁令。穆拉德四世杀死了他的另外三个兄弟以防止他们发动叛乱，在这之后易卜拉欣的精神就受到了创伤。易卜拉欣是在伊斯坦布尔的宫殿中被严密看守的情况下长大的，他对于自己可能会成为下一个死鬼怕得要死。俄国沙皇同时也在与烟草较劲，但是惩罚措施要比土耳其人温和得多。对第一次犯罪的惩罚是割鼻子，一顿毒打，或者一次去西伯利亚的单程旅行。只有第二次犯罪才会招来死刑。

在 20 世纪初，美国多个州转而反对吸烟。1900 年，北达科他、华盛顿、艾奥瓦和田纳西都禁止了香烟，1920 年又有 11 州加入。结果吸雪茄的人数迅速增长。阿道夫·希特勒憎恶吸烟，强征重税，禁止人们在政府建筑中吸烟，还资助了科研项目以研究吸烟对健康的影响，而且也发现了吸烟与肺癌之间的关联。1945 年，希特勒的法律被废除，因为其支持者玷污了它们。到 1950 年，尽管购买烟草可能有年龄限制，但吸烟在其他地方几乎没多少限制了。

在布拉德福德·希尔和多尔的研究成果发表之后，从 1950 年起反对吸烟的各种措施被稳步推行。[24] 第一项任务是说服公共卫生机构相信吸烟会威胁到健康。英国政府于 1954 年接受了吸烟引起肺癌的观点。卫生部部长伊恩·麦克劳德告诉议会说，在这两者之间的确存在“真实”的关联，随后在同一天召开了新闻发布会。麦克劳德对媒体的声明因为他本人在讲话过程中吸烟以及他不认真的措辞而大打折扣。他说，“应该警告年轻人过度吸烟所明显伴随的各种风险，这是好的”，又说“卫生部就吸烟向公众提出警告的时机还没有到”。麦克劳德不情不愿地接受了多尔和布拉德福德·希尔的结论，但是他并不打算就此有所行动。[25]

在美国也出现了类似的行动，卫生局局长勒罗伊·伯尼在 1957 年宣告说，美国公共卫生服务机构的官方立场是“有证据表明吸烟与肺癌之间存在因果关系”。1964 年的《吸烟与健康：顾问委员会给美国卫生局局长的报告》在媒体的广泛报道下，在当时产生了最大的影响。[26] 纯靠公众教育和戒烟运动就让数百万人戒了烟。

针对烟草产业的政治行动随之而至：1965 年，美国的香烟盒上第一次标上了健康警示内容，同样的事于 1971 年发生在英国，此后健康警示日益变得直白清楚。1965 年英国禁止了香烟广告，1970 年美国禁止了香烟广告。最终所有的烟草广告和推广活动都停了。在很多国家，香烟受到了限制，之后在飞机、公交和火车上遭到禁止。办公场所、饭店和其他封闭的公共空间进一步出现了带有明确禁烟标识的非吸烟区。2011 年纽约将禁令扩展到城市公园和海滩。烟民被迫于冷雨中蜷缩在酒馆外面吸烟。吸烟的合法年龄提高了，烟税增加了，香烟走私成为被打击的目标。反对吸烟的社会压力增强了，人们支持更强有力的立法，捍卫他们不当被动烟民的权利。

一开始，大家以为单纯展示吸烟危险的信息就足以劝阻烟民，因为吸烟通常被描述为一种“习惯”而不是“成瘾”。美国卫生局局长在 1988 年只是认可了香烟的成瘾性。1992 年有了尼古丁戒烟贴片，然后就是电子烟，它更贴近地模仿了吸烟行为。就像在其他成瘾现象中一样，有了支持群体的帮助，戒烟也变得更容易成功了。

烟草公司遭到了起诉，肺癌受害者声称这些公司了解吸烟的危害但是故意向消费者隐瞒。这些公司很自然地想要否认吸烟的风险和成瘾性，并为此展开了一场漫长、艰辛而最后失败的斗争。随着传统市场的衰颓，它们转向其他国家或地区以获取利润。在美国政府威胁进行经济制裁之后，日本和韩国允许美国公司在其市场上销售烟草产品。[27] 2015 年吸烟人口比例最高的国家是印度尼西亚。[28]

反烟草措施起效了，特别是组合运用这些措施的时候。随着吸烟与癌症之间的关联首次被确认和公开宣传以来，在美国人均香烟消费量从1960年开始有所下降。20年后相应就迎来了肺癌患病率的下降。在美国、英国和其他采取措施解决该问题的国家中，很多由吸烟引起的疾病，像癌症、肺气肿、心脏病和中风都在过去的几十年里有了大幅的下降，由此带来了预期寿命的显著提升。实际上，在最近的这些年里，在各种卫生措施中，降低吸烟率对公众的健康影响最大。现在全球大约有 13 亿人经常吸烟（大部分是男性），每年烟草害死超过 900 万人。[29] 在非洲和中东地区吸烟人数还在增长，因为烟草公司将目标转向了新市场。

无论你对烟草公司的高管是怎么看的，其实他们从来都没有想要害死自己的客户。这个产业的夙愿就是开发出一款无害的香烟来。对他们来说，要保留尼古丁让消费者上瘾，因为孤立地看尼古丁只有很少的直接健康风险——它的危险只是来自其成瘾性。自 20 世纪 50 年代开始，烟草行业的科技专家们试图修改香烟的设计或者寻找新的烟草品种，好在保留尼古丁的同时减少致癌物的传递。烟草公司面临的一个困难是，即使他们成功了，然后试图推销一种新型的“安全”香烟，但这就间接地承认了他们所有其他的香烟都是“不安全”的——而这一点是他们坚决反对的。[30] 燃烧的香烟产生的高温不可避免地产生致癌物质。因此，寻找无害香烟的工作最终走向了在低温下传递尼古丁这种现代替代方法，比如电子烟。电子烟是否完全无害还颇有可疑之处，要搞清楚它们的长期影响我们仍需要等待，但是它确实比吸食点燃的香烟要好些。

我们会不会永远彻底地消灭吸烟现象呢？2014 年英国医学会投票通过了一项简单但是激进的吸烟终结计划。[31] 那就是让任何向 2000 年及其之后出生的人销售烟草变成非法行为。这样一来，吸烟现象就会在 2100 年左右完全消失。按年龄调整的法律法规是司空见惯的，比如，儿童不能驾车、投票或者逃避接受教育。不过，基于出生年龄的法律会成为一种新的先例。想一想，38 岁的人能够吸烟，而 37 岁的人却不被允许这样做，这当然会有点奇怪。

英国政府没有理睬这个提议，到目前为止，没有哪个国家试图实施这类前所未有的立法。由于上述所讨论的各种政策，吸烟人数持续减少，也许这种立法并不是必要的。这个世界最终会成为一个无烟世界，香烟会在历史的烟灰缸上被捻灭，我们对此充满期待。

# 第 21 章

# 任何速度都不安全

直到 20 世纪，陆地交通还是靠走路，或者你如果幸运的话，可以用马代替人力。当然，用马运输现在已经很大程度上被机动车代替了。尽管从每英里路程的死亡率来看，车辆要比马匹更安全，但过去 100 年交通的巨大增长意味着机动车已经成为主要的杀手。

就像许多其他的发明一样，汽车的研发是一个渐进的过程，许多人为此做出了重要的贡献。不过，最大的功劳可以归于卡尔·本茨和贝尔塔·本茨。他们于 1885 年在德国的曼海姆制造了第一辆三轮两座汽车，汽车由他们自己设计的内燃发动机驱动。本茨提交了一系列的专利申请，数量多到惊人，包括速度调节系统、电池火花点火、火花塞、汽化器、离合器、变速器、水散热器。这些专利都在卡尔的名下，尽管其中有些是他与妻子贝尔塔合作发明的，当时德国不允许已婚妇女的名字被列在专利上。1888 年，在没有告知卡尔的情况下，勇敢的贝尔塔进行了一次长途驾驶测试，她带着她 10 多岁的儿子们，驾驶着他们的新发明去看望她在普福尔茨海姆的母亲，还在路上停下来顺便发明了刹车板。旅途中，贝尔塔使用了她的一个帽子别针清理堵塞的燃料管，还用一条袜带确保某条电线绝缘。她停在小城维斯洛赫的一家药店购买汽油。这家店外面现在有一座纪念碑，用于纪念她的成就和世界上第一座加油站。这次 180 千米的旅程给车子带来了广受欢迎的大名，也使得奔驰公司获得成功。

尽管第一批商用车制造商和引擎制造商出现在法国和德国，但汽车的真正起飞还是在美国，因此我们会聚焦于美国。让人们高速驾驶1吨重的金属盒子，美国人是如何处理随之而来的严重风险的呢？一开始，汽车是昂贵的奢侈品，制造出来的数量很少。亨利·福特改变了这种状况，他在1908年率先引入了福特T型车。T型车容易驾驶，价格便宜，实际上价格每年都在降。福特在密歇根州底特律市有一块围地——海兰帕克，他在这里的汽车工厂安装了第一条传送带装配线。流水线生产大幅减少了制造T型车的时间。[1]高工资和更短的工时吸引了最优秀的工人，并且使他们可以通过买一辆自己正在制造的车，将一部分工资返还给公司。在流水线上一遍遍重复同一劳动任务会造成令人头脑麻木的厌倦感，而良好的工作条件和报酬有助于对此做出补偿。1913年，福特成为世界上最大的汽车制造商，到1918年，美国有一半的车是T型车。到1927年，即生产T型车的最后一年，累计生产了1 500万辆T型车——这个纪录一直保持到1972年。

1950年，美国登记的汽车有2 500万辆，它们大部分是在“二战”之前制造的。到1958年，美国已经有6 700万辆汽车，这个数字实现了亨利·福特的目标，即任何有良好工作的人都能够买起一辆车。到20世纪50年代末，有1/6的在职美国人受雇于汽车行业。不仅有钱人有车，中产阶级也能有车，汽车变成了美国文化的核心部分，比在任何其他国家都重要。人们创造了新型企业以支持20世纪50年代基于汽车的生活方式，这些企业包括大型购物中心、汽车穿梭餐厅和汽车电影院。汽车企业在音乐、电视节目、书籍和无数关于汽车追逐的电影中扮演了主角。自1956年开始发展起来的新的州际高速，加速了汽车的使用，正如图14所示。

尽管在过去的100年中，汽车在道路上行驶的里程数稳步增长，但同一时期的死亡率却展现出不同的模式。图15展现了美国在1921年到

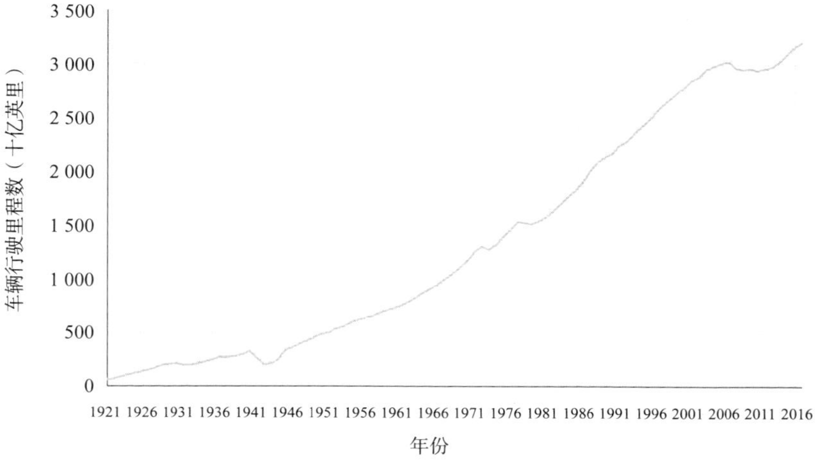


图 14　1921 年到 2017 年间美国的车辆行驶里程数 [2, 3]

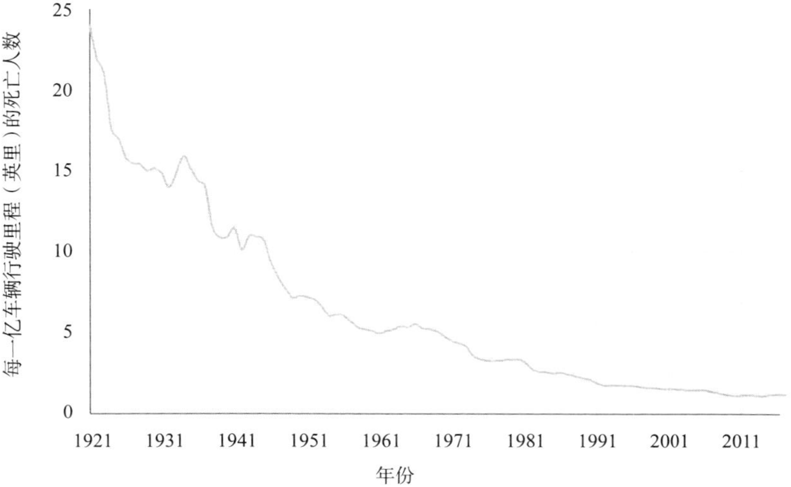


图 15　1921 年到 2017 年间美国每一亿车辆行驶里程（英里）的车祸死亡人数 [4, 5]

2017 年每一亿车辆行驶里程的车祸死亡人数。1921 年是我们有此数据的第一年，数值是 24.09 人，2017 年，只有 1.16 人，死亡人数惊人地减少到原来的约 5%。这是怎么做到的呢？

福特 T 型车是第一款畅销车，但这款车也非常危险。它有很多危险的特征：后轮刹车不起作用而又没有前轮刹车，手摇启动器在发动机卡住的时候可能会折断人的胳膊；铸铁的转向柱指向人的心脏位置，在撞车事故中正好插到人身上；油箱被放在座位下，这是把人活活烧死的绝妙安排；灯光也很糟糕；一块平的风挡玻璃，在事故中人一旦前冲就会被其划伤。没有安全带，没有转向信号灯，没有风挡玻璃雨刮器，没有速度表，没有后视镜，当然也没有安全气囊、杯托、立体声系统、空调和卫星导航系统。在翻车这种有可能发生的情形中，你会头着地而车会压在你上面。还好它的行驶速度不超过每小时 45 英里。

对大多数汽车制造商来说，安全并非首要的考虑对象，许多安全措施是可有可无的，在这个问题上也没有多少研究。情况在 1965 年发生了改变。来自康涅狄格州的一位名叫拉尔夫·纳德的 32 岁律师对世界上最大的汽车公司——美国通用汽车公司——宣战了。

纳德于 1934 年出生，是黎巴嫩移民的儿子，在普林斯顿和哈佛法学院念的书。因为在青年时代搭便车环游美国的过程中曾目睹了无数的车祸，纳德对汽车安全（或者说缺乏安全）向来感兴趣。有件事让他一直耿耿于怀：在一场车速仅为每小时 15 英里的撞车事故中，汽车前座的小孩被甩到弹开的杂物盒盖子上。结果小孩的脑袋被切掉了。在哈佛法学院的时候，纳德回到这个案例上来考虑这起事故的责任。公认的观点是驾驶员应该为撞车负责。纳德表示反对，他认为汽车的设计者负有责任。[6] 是因为缺少可靠的弹簧锁，还有杂物盒盖子的糟糕设计，才使得盖子可以像一把尖利的武器一样，致使一个孩子夭亡。

纳德的第一篇文章题为《美国汽车：死亡设计》，发表在《哈佛法律评论》（*Harvard Law Review*）上，读者可以从中一窥其坚决不妥协的方法，文章猛烈抨击汽车制造商优先考虑汽车风格而不是安全问题的做派。1964 年，他的著作吸引了劳工部副部长丹尼尔·P. 莫伊尼汉的注意，莫伊尼汉对汽车安全有相似的兴趣，并在 1959 年也写了一篇文章，名为《公路传染病》[7]。1965 年，莫伊尼汉雇用了纳德作为劳工部的兼职顾问，让他撰写一份报告，为加强联邦公路安全监管提供建议。然而这并无多大效果。

纳德对于自己未能产生影响感到沮丧，他辞去了工作，开始撰写他那本令人震撼的著作《任何速度都不安全：美国汽车设计埋下的危险》[8]。当他写出了提纲和完成了几章之后，他就开始将这些内容发给有潜力的出版商。反响总体是很冷淡的，因为没几个人觉得这样的书会好卖。有一个人告诉纳德说，这本书可能会"主要吸引保险代理"。最终，纽约出版商理查德·格罗斯曼（Richard Grossman）因为对纳德之前的关于汽车安全的一篇文章印象深刻，前去找到了他。格罗斯曼想要出版这本书，但是没把握能卖出多少册。正如他在 2007 年所说的那样："这本书在营销上的问题一直就是这样，即便书上说的都是真的，而且一切就像作者说的那样令人义愤填膺，但人们想要读到这样的内容吗？"[9]

"在超过半个世纪的时间里，"纳德的书开头写道，"汽车给数百万人带来了死亡、伤害和最无法估量的悲伤与剥夺。"他主张说，让汽车更安全的技术是存在的，但是汽车制造商却不会采用这些技术，因为它们会侵蚀利润。《任何速度都不安全：美国汽车设计埋下的危险》对许多制造商明知道的危险车辆特征进行了重点论述，这些特征包括：

1. 广泛使用铬合金的雨刮器、方向盘、前引擎盖、保险杠和仪表板这类会将阳光反射到司机眼睛里的东西。
2. 车灯从某些方向上是看不见的，因为它们被嵌入保险杠里面或者被车身的其他部分遮挡了。

3. 有色的风挡玻璃，使夜间驾驶困难。
4. 缺少传动装置的安装标准，特别是自动挡汽车。当驾驶者买到一部新车，他们经常会把车挂到“前进”而不是“后退”，或者反过来，因为他们过去习惯于不同的模式。
5. 在仪表板设计中不考虑是否会使驾驶者产生误解。有一起事故发生的原因是驾驶者想要打开汽车里的点烟器，结果关掉了车大灯。两个控制钮是一样的，而且相邻。
6. 很差的制造工艺，缺乏质量控制。纳德列出了 1963 年 32 种新车的测试结果。每一种都有缺陷，主要包括以下方面：漏雨，一扇车窗从槽中脱落，多个车门把手掉落，一个分电器盖破损，一个车速里程表指针掉回 0 刻度不走了，一个座椅调节器破损，一个点火闩故障，一扇车门锁不上，发动机漏油，方向信号取消不了，一个油表非常不准，前轮不对齐，车头灯如美国消费者联盟已故成员米尔德雷·布雷迪（Mildred Brady）所批评的那样：“朝着地面，或者朝着开过来的汽车司机，或者对着树上的鸟。”
7. 车体外部尖锐的突出物可能会伤害乘客，比如 1959 年的凯迪拉克汽车的尾翼，它的样子“与剑龙的尾巴有种不可思议的相似之处”。在纽约 25% 的乘客死亡事例中，车辆仅以每小时 14 英里或者更低的速度行驶—纳德这本书的书名就来源于此。受害者的身体被装饰物、保险杠边缘、车翼还有其他的尖利部位刺穿。保险杠的形状会将受害者推倒在地，使其遭到汽车碾压，而不是将人顶到一边。
8. 仪表板的边缘尖利、坚硬，按钮和控制键突起没有软材料包裹。
9. 安全带只是作为可选的额外配置存在。通用汽车公司的首席安全工程师霍华德·甘德洛特认为安全带几乎没有什么用处，他是这么说的：我很相信安全带比起安全型方向盘能为驾驶提供更多的保护，只要驾驶者的手放在方向盘上，足够紧地握住了其边缘以利用其吸收能量的特性的话。[10]

他声称“开汽车的公众实际上对使用安全带并无多大兴趣”[11]。此外，安全带限制了他够到一些车辆控制器，弄乱了他的衣服，还会让他疼痛。

尽管这些汽车问题中的每一项都能够得到纠正，但纳德的主要目标是汽车制造商的态度。他们想出了各种理由证明他们为何不应该让车更加安全：事故从来不是因为设计不良的汽车造成的，而是“握着方向盘的傻子”干的。[12]如果机械故障造成了事故，那是因为开汽车的人没有很好地维护他们的车。设计决策属于造型设计师，而造型设计师只是依从顾客的需要。防止阳光照到驾驶者眼中的无炫光饰面是无法引入市场的，因为它们会引起顾客的反感。有时候在车祸中被车子弹出来比留在车里面更安全。无论做多少设计改进，或者使用普通驾驶者愿意使用的任何约束装置，都不可能在冲撞发生时提供安全保护。[13]

纳德声称，医疗、警务、行政、法律、保险、汽车维修和丧葬服务等产业依靠事故维持生计，过得欣欣向荣，但是预防伤亡这行当赚得很少。利润总是第一位的，即便利润最大化意味着每年千千万万人的死亡和受伤。简而言之，汽车制造商谋财害命。“但是一个人道社会的真正标志一定是它在防止事故伤害上有所作为，而不是在事后的收拾打扫工作。”

汽车制造商的高管们被纳德的书激怒了，尤其是许多人被点了名还遭到羞辱。他们有几种选择进行回应。他们可以：

—— 不理会此书。一开始的销售势头并不强劲，所以坏名声可能就那么消失了。

——承认犯了错误，从错误中吸取教训，开始制造更安全的汽车。

——基于该书所包含的诸多错误以及不准确和夸张的说法，破坏该书的名声。

——设法毁掉拉尔夫·纳德的信誉。他们可以窃听他的电话，雇用私家侦探调查他的财务和私生活，向他的朋友和家庭打去威胁电话，或者设法雇用妓女，尝试抓他的把柄，让他陷入不体面的境地。所有这些方法都能够抹黑他的名声，破坏他的形象和声誉，也可以当作对任何其他想要找通用汽车公司麻烦的人的警告。

他们选择了最后一招。

在书出版后不久，纳德作为不领薪水的顾问为民主党参议员阿贝·里比科夫工作。他告诉里比科夫他怀疑自己被跟踪了。里比科夫对这件事情严肃对待，就骚扰发起了一场调查会。调查在美国参议院一个委员会房间进行，面对着电视镜头，还有很多的记者。通用汽车公司的首席执行官詹姆斯·罗奇被传为证人。经过宣誓，罗奇被迫承认通用汽车公司雇用了私家侦探调查纳德。里比科夫生气地说："于是你们［通用汽车公司］雇用了私家侦探来设法中伤这个年轻人，抹黑他的形象，因为他抨击了你们不安全的汽车？"里比科夫将通用汽车公司的报告摔在桌面上，喊道："可你们什么都没找到！"随后，纳德便出现在三大全国电视频道的新闻节目和全国新闻报纸的头版上。[14]

这场宣传的结果是，《任何速度都不安全：美国汽车设计埋下的危险》的销量直冲云霄。这下，纳德曾试图合作的格罗斯曼和其他的出版商全部判断错误，他们曾说他的书缺少商业潜力——幸亏有通用汽车公司在推广方面的慷慨帮助，《任何速度都不安全：美国汽车设计埋下的危险》成了 1966 年美国非虚构类畅销书。

纳德起诉通用汽车公司侵犯隐私权，两年后赢得了425 000美元，这是隐私权法历史上最大的一笔庭外和解费用。他用这些钱创立了回应型法研究中心，[15]这家机构仍在为消费者问题而战斗。

纳德的书出版的时机很好，因为有读者愿意倾听，而政治家也终于准备采取措施。尽管在20世纪60年代车祸害死的人不如心脏病发作、癌症和中风害死的人多，但在美国44岁以下青年的死因中它们却仍然排名第一。[16]

还有一个聪明的点子花了50年才得以完全落实，那就是让车主人通过一场驾驶测验，然后才允许其上路。新车主经常只看销售员演示如何驾驶汽车，销售员是不太可能说因为你驾驶车辆的技术不好所以他们不能卖车给你这种话的。罗得岛是第一个要求在发放驾照前要通过驾驶测试的州，时间在1908年，这正是T型车进入市场的同一年。到1930年，有24个州要求车主获得驾照，尽管只有15个州有强制的驾驶测验。1959年，南达科他州成为最后一个要求驾驶员参加考试的州，尽管一开始测试并不是特别具有挑战性。

到了1960年汽车设计有了很多的改进，有了雨刮器、后视镜、转向指示灯、防止过度屈伸造成伤害的头枕、可折叠转向柱、水压刹车、软包仪表板，全部依有标准。1927年，安全玻璃首次被用作风挡玻璃，以避免风挡玻璃在冲力下破碎。20世纪30年代，通用汽车公司开始进行撞车实验，以研究在不同速度下冲撞会确切导致什么情况。后来又纳入了撞车测试假人。更好的车辆设计、更好的道路和驾驶员培训带来的好处非常明显，这体现在到了1960年交通事故死亡率急剧下降。（正如图15所示）

20世纪50年代，汽车安全技术中有许多进步的安全设计被发明出来，其中包括安全气囊、吸收碰撞能量的缓冲区和盘式制动器。沃尔沃在1959年发明了带有对角肩带的三点式安全带，但一开始它们是可选的额外安全带，很少有车主支付额外的钱来安装它们。因此，纳德并没有抱怨汽车设计师需要设计新的安全功能；相反，他指出，虽然这些技术存在，但公司并没有使用它们。

第一次关于交通安全的国会听证会于 1956 年 7 月举行，但在接下来的 10 年，立法和管制方面没有多大进展。[17]但在《任何速度都不安全：美国汽车设计埋下的危险》出版以及通用汽车公司的恶劣行为曝光之后，国会很快就意识到公众舆论现在坚定地站在了对战邪恶巨头通用汽车公司的孤胆英雄拉尔夫·纳德那一边。

1966 年，《国家交通及机动车安全法》（The National Traffic and Motor Vehicle Safety Act）[18]在美国国会通过，经林登·约翰逊总统签署后生效。它要求汽车制造商使用安全标准，以减少由汽车设计、制造或操作不良所引发的事故给公众带来的风险。同时国会还通过了另一部相关的就公路设计的立法——《公路安全法》（Highway Safety Act），并设立了全国公路安全局，以施行新的规则。一系列强制性的安全性要求接踵而至，包括软包的方向盘和仪表板、安全带、安全玻璃、后倒车灯和紧急闪光灯。接着是安全气囊、防抱死制动器、电子稳定性控制系统、倒车镜和自动制动。强制执行这些规定意味着没有哪家制造商会陷入竞争劣势。在大约相同的时间段，其他国家也实行了相似的措施。

过去的 50 年见证了汽车制造商方面对汽车安全所做的持续改进，这是消费者需求和法律共同驱动的。新的发明包括了惯性卷轴式安全带、间歇式雨刮器、保持抓力的循迹控制系统、头部限制器、车载电子设备、电脑辅助设计和模拟、用于分散冲击力的冲击防护系统、更强硬的钢和其他材料、防止停车碰撞的使用摄像头和运动传感器的盲点信息系统、保持行车对齐的自行转向系统、侧撞气囊、防滑和行人探测系统。全世界的新法律都强制要求前后座使用安全带，驾照考试的要求也更加严格。[19]政府机关开始对所有的车辆进行撞车测试，公布测试结果并对车辆进行安全评分。有可能撞到行人的风险也与驾驶者和乘客面临的风险一同被纳入考量。可能下一步就是相互分享信息，甚至会查证驾驶者是否清醒的自动驾驶汽车，以及行人探测系统。[20]

纳德的书被批评为内容不准确、不公平且充满错误，这不能说毫无道理。它包含了大量的工程信息，可能超出了读者的理解能力，它所批评的汽车类型甚至都已不再被制造了，而他的这本书读起来也根本不像一部文学作品，常常有检察官在庭审中朗读文件的那种味道。但这些都不重要。纳德的目标是让汽车制造商开始认真对待安全问题，停止制造自己明知有危险的汽车。自我监管不起作用，所以必须通过法律来实现此事。在这一点上《任何速度都不安全：美国汽车设计埋下的危险》取得了巨大的成功。自这本书出版以来，在拉尔夫·纳德的启发下，新法律和政府机构在大概 50 年的时间里已经阻止了约 350 万起死亡事件。[21]

纳德继续为维护消费者权益而努力，成立了其他的消费者行动组织，包括公共利益研究团体、汽车安全中心和清洁水行动项目。他竞选了 4 次总统，2000 年获得 2.7% 的选票，这是他的最佳纪录。尽管有这些成就，但纳德仍然被许多人厌恶。2005 年，一个由 15 名保守派学者和公共政策领袖组成的小组将《任何速度都不安全：美国汽车设计埋下的危险》票选为 19 世纪和 20 世纪第 22 本最有害的著作。[22] 我怀疑他会在意。

醉酒驾驶入罪自汽车发明之初就出现了。1897 年 9 月 10 日，25 岁的伦敦人乔治·史密斯获得了一个不光彩的名声，在他把出租车撞到墙上之后，他竟成为因为醉酒驾驶而被捕的第一人。1910 年，美国第一部禁止在酒精影响下驾驶机动车辆的法律在纽约出台。一开始并没有办法测量醉酒状态，所以是由每个抓人的警官来决定被捕者是否醉到无法驾驶。尽管大家知道血液测试是一种可靠的量化醉酒状态的方式，但在路边检测血液却没有可操作性。不过，1927 年人们发现呼吸中的酒精水平与血液中的酒精水平相关，这指向了呼吸分析仪的价值，这个东西一开始被叫作醉度测量器。尽管醉酒驾驶是非法的，而且现在使用能与呼吸中的酒精发生反应的化学物质，也能够直接加以测定，但被定罪的人却不多。如果有醉酒案被提交到陪审团那里裁决，被告几乎总会被释放，因为一般公众很少将醉酒驾驶视为定罪后需要严厉惩处的犯罪行为。被人们视为不公正的法律是无法实施的。在 20 世纪 60 年代，甚至还有一场辩论是关于醉酒驾驶是否真会造成危险。[23]

1980 年 5 月 3 日，在加利福尼亚州的费尔奥克斯,13 岁的卡丽·莱特纳正和一个朋友走路去参加教堂联欢会，就被后面驶来的汽车撞了，驾车的人是喝醉酒的克拉伦斯·布施。卡丽被撞掉了鞋子，身体被抛出 125 英尺，死在街道上。布施没有停下车来救助卡丽，而是回了家，告诉他的老婆“不要去看车”，然后就失去意识了。布施在害死卡丽的两天前才出过车祸，因为酒驾肇事后逃逸，当时还在保释中。在过去的 4 年中，他已有 3 次醉驾的前科。所有这些加起来都没能吊销他的加州驾驶证。[24]

警官告诉卡丽的妈妈坎达丝（坎迪），驾驶者最近所犯的罪行可能不会受到多少惩罚。怒火中烧、悲痛不已的坎迪发起了“妈妈们反对醉驾”（Mothers Against Drunk Driving，MADD）运动以反对酒驾。坎迪放弃了工作，将自己的积蓄投到这个项目。她的目标是推动更严厉的法律出台，结束对醉驾的包容，按她的说法，醉驾是“唯一得到社会允许的杀人方式”，她要提高公众对此的意识。[25] 这是一个转变公众对酒驾容忍度的转折点。

美国公众对在酒精和其他成瘾物影响下驾驶汽车的态度，是在坎迪在 MADD 运动中所做的工作以及加州州长杰里·布朗和罗纳德·里根总统的促使下扭转的。[26] 结果，在法定标准中，血液中的最低酒精含量被降低。最低的酒精消费法定年龄提高了，现在美国各州的最低饮酒年龄是 21 岁。醉驾者不再被释放而是会被判罪并接受惩罚。他们要服刑和缴纳罚金，会被吊销驾照，购买的保险也更贵。还可以强制安装酒精点火联锁装置，即将一个传感器连到仪表板，这样在呼吸测试成功完成之前汽车发动机就无法启动。尽管有公众的关注、反对和严厉的处罚，醉驾依然是一个严重的问题。2017 年，美国有 10 874 人被醉驾者害死，占到机动车致死人数的 20% 左右。[27]

幸亏有上面这么多的改进措施，还有对撞车伤员实行的更好的医护措施，现在车辆的每英里安全系数要高得多，尽管如此，公路交通事故依然是主要的死亡原因，车辆使用量的持续增长确保了这一点。图 16 展示了自 1921 年到 2017 年美国的机动车致死总人数。1972 年是最糟糕的，在这之后由美国政府实行的改革开始带来了真正的变化。自 1972 年开始，车辆行驶总里程增加了 2.5 倍，而死亡率有所下降。在更好的医护措施之外，应急服务部门也改进了对公路交通事故的处理。

尽管在美国公路交通事故死亡率一直都很高，但还有更糟糕的情况。去过印度和非洲的人经常评论那里的人对待交通规则的轻松态度。

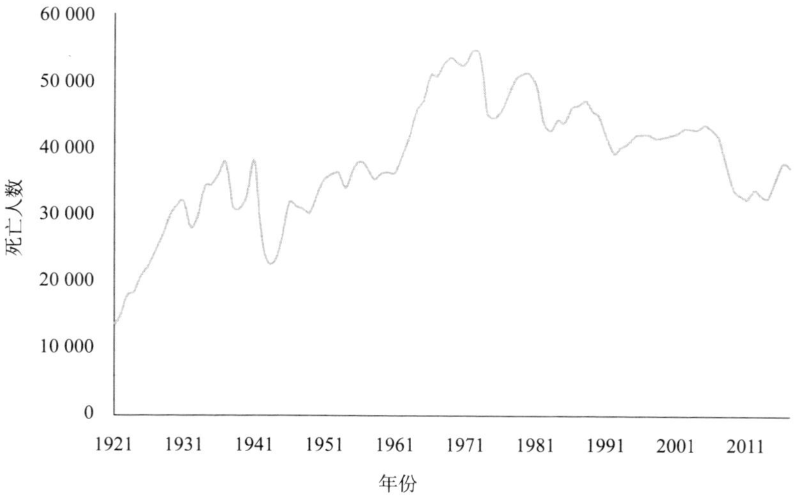


图 16　1921 年到 2017 年美国的机动车致死总人数 [29, 30]

2016年，西非国家利比里亚在公路交通事故死亡率榜单上排名第一，每年每10万人中有35.9人因公路交通事故死亡。垫底的是圣马力诺，数字为0。圣马力诺的排名位置是统计学上的一次偶然，因为它的国土面积太小了。数据第二低的是马尔代夫和密克罗尼西亚，这两个国家是由小岛组成的，驾车不多远就到达海边了。[28] 西欧国家的道路安全得分很高，而其中美国排名居中。那些最近才获得足够财富，继而有车族变得到处都是的国家，它们的道路是最危险的。这些新手司机需要接受漫长的驾驶培训并进行心态调整。

20多岁的人不会患痴呆，也不会因为心脏病、癌症、中风、肺部疾病或者糖尿病而面对迫在眉睫的死亡威胁。对于那些十几岁到二三十岁的人来说，道路伤害一直是死亡的首要原因。

# 结　语

# 光明的未来？

生命中的一切都无须畏惧，只是有待了解。现在正是获得更多了解的时候，这样我们就会无所畏惧。

——玛丽·居里，

《我们危险的栖息地》（*Our Precarious Habitat*）[1]

在过去的 10 000 年中人类死亡的原因发生了深刻的变化。解剖学意义上最古老的现代人类——骨架与当代人一致，已有 20 万年的历史。[2] 在这段岁月中至少有 95% 的时间，人们过着狩猎采集的生活，饮食健康而且有很积极的生活方式。许多常见的传染病像麻疹、天花、鼠疫和伤寒在那时也几乎默默无闻。但世界仍然是一个危险的地方。经常会有事故发生，特别是在狩猎过程中。许多人被大型猛兽杀死——不是人类被狩猎就是猎物在反击——或者被其他人类干掉。放弃游牧生活，居住在长期定居点，种植庄稼和驯养动物，使我们有了更多的食物，也使得暴力行为减少了，但代价也很大。依靠少数植物作为主食来源而生存下来，引起了营养不良，一旦收成不好，还会有饥荒的风险。打猎和战斗的快乐被留给了精英，而对大多数人而言，在田地里劳作是一种悲催的生活。（理想状态下）作为回报，统治者提供了公正与安全，保护城市居民不受野蛮人的袭扰。而在更长的时期里，在大型定居点的聚居生活导致了地方传染病的积累，这些疾病大部分是从动物身上或者经由脏水传染给人的，它们已经成了人类生活的一部分。当人类还是游牧民的时候，一旦从一种动物那里感染上疾病，比如经由啮齿类动物传来的鼠疫，一整个部落的人就很有可能因此死亡。但是，这样一来一切也就结束了，因为病原体也会与受害者一道死去。由于人口数如此之低，族群间的接触很少，疾病也无法在人类群体中维持下去。对比之下，高密度的人口和病原体在城市中相互适应，最终导致了许多经常感染儿童的疾病，如水痘、猩红热和风疹不断暴发。这下传染病变成了导致死亡的头号诱因。

一些人类到目前为止所发明的最智慧和最重要的理念促使人类战胜传染病。这些理念现在看起来非常显而易见，但令人难以置信的是，人类历史上竟然还有过这么一个时代，当时上述观念曾经不被广泛接受。首先是收集并分析数据。在开始系统记录死亡信息——以 17 世纪前后伦敦的死亡记录表为起点——之前，对疾病原因的分析大多不过是猜测。对比之下，当格朗特研究了死亡记录表中的数据之后，他就能得出结论说住在城市比住在乡下更不卫生，因为他有数字可以佐证其观点。与之相似的是，约翰·斯诺只有在不辞劳苦地访问了苏豪区的诸多染疫家庭，发现他们都曾用过布罗德街的水泵之后，才能够说服表示怀疑的当局相信是被污染的水引起了霍乱。

医学思想上最大的革命是细菌学说，这种学说认为肉眼不可见的微生物是主要的致病因素。细菌学说论证了为什么应该饮用干净的水、洗澡、洗衣服、打扫生活空间、食用新鲜食物、在消过毒的环境中做手术，等等。保持清洁意味着医院成为康复的安全地点，而不是感染的温床。用更多和质量更高的食物战胜饥荒和营养不良，也造就了能够抵御疾病的更好的身体。很自然，识别特定致病有机体的工作将先驱者引向了对新方法的探索，目标是杀死病菌或将其转化为疫苗。要搞清楚一种药是否有效，就需要进行临床试验。而这就要组织对照组，使不同小组的差异只在于所调查的潜在病因或者治疗方法，这正像詹姆斯·林德安排成对的水手测试各种食物对坏血病的疗效时的做法一样。

所有这些措施都使用了科学方法，它是发现关于自然界的可靠信息的最佳方式。科学研究方式中的一个重要但有时会被忽略的部分就是，一项发现只有在发表之后才能够得到认可。如果无人知晓，新的发明几乎毫无用处，就像难产中所使用的产钳这个实例所展现的那样，这种工具的秘密被保守了 100 年之久。知识应当人人可获得，这样才能得到应用、证实和积累。科学的存在是我们能够生活在人类历史上最健康和最富有的时代的主要原因。

战胜暴力、饥荒、营养不良和传染病让人类的预期寿命从 19 世纪晚期开始飙升，这就引来了癌症、糖尿病、中风和心力衰竭，它们成了人类的主要死亡原因。尽管年龄是这些非传染性疾病的最重要的风险因子，但普遍的过度肥胖、吸烟、喝酒和免除运动加重了这些问题。此外，遗传基因对健康一直都有着很深刻的影响。

像麻疹、产褥感染和霍乱这类疾病是有像疫苗接种、洗手和保持卫生这些明确的解决方案的，而与之形成鲜明对比的是，我们需要采用大量复杂的措施，像更好的诊断、预防、手术和药物，才能降低非传染性疾病的死亡率。尽管面临着这些挑战，但人类还是再一次地取得了可圈可点的进步。图 17 和图 18 展示了 2000 年到 2019 年英国（一个典型的工业化国家）男性和女性的主要死亡原因。这些是死亡率数据，所以它们提供的是在作为代表样本的 10 万人中，每种致死原因每年所导致的死亡人数。

缺血性心脏病和中风造成的死亡是 2000 年最大的死因，由于在预防、管理和治疗方面取得的巨大进步，现在这两种疾病的死亡率已经大体上减半了。大部分主要的癌症也在减少，最突出的是乳腺癌、结肠癌和直肠癌。肺癌致死率的变化在男性和女性中有着重大的区别：在男性

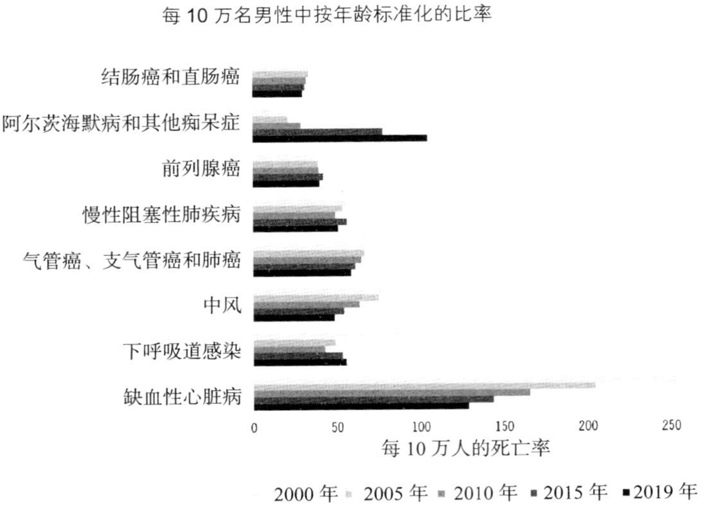


图 17　2000 年到 2019 年英国男性的主要死因 [3]

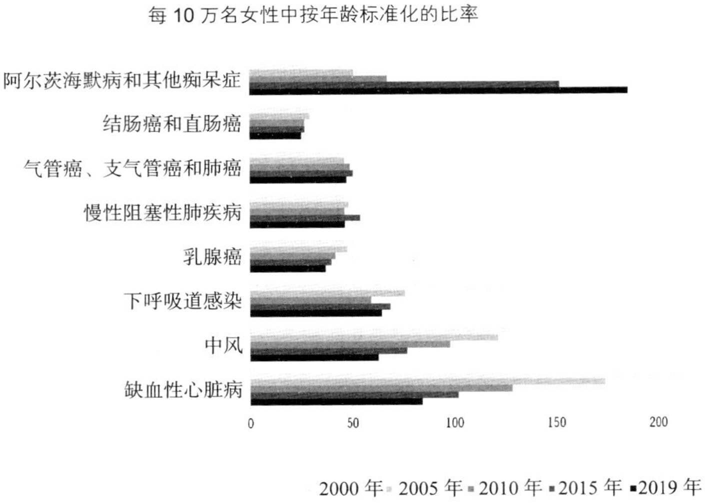


图 18  2000 年到 2019 年英国女性的主要死因 [4]

中在下降，但在女性中却没有。这是因为吸烟一开始在多数情况下是一种男性习惯，女性只是在后来才染上烟瘾。因此染上烟瘾和戒烟的健康后果先在男性中显现出来，之后才会在女性中显现。新型冠状病毒的致死率在未来的图表中一定会出现，但是我们尚无这一数据。

随着我们在预防、检测和治疗非传染性疾病上做得越来越好，人类的预期寿命持续增加，其他死因便取代了它们的位置。最重要的一个是，我们正在见证痴呆死亡率的大幅上升，而且不仅在西方国家是这样。像印度和中国这类经历人口转型的国家，也有更多的老年人，所以在痴呆的患病率上有特别大的增幅。阿尔茨海默病现在是世界上最昂贵的病。它不仅常见，而且经常要求家庭成员放弃工作来照料他们所爱之人，这些人以后可能需要在看护中心接受多年的照料。与之相比，突然致命的疾病，像心脏病发作或者中风对于健康看护的提供者来说并不是多大的负担。目前还没有有效治疗阿尔茨海默病的药物。现有的那些治疗方法只能减轻症状，延缓时间还不足一年。随着老年人的数量和比例的增加，我们迫切需要新药以预防、治疗甚至只是延缓阿尔茨海默病的侵袭。因此我们似乎正在走向一个身体正常但是大脑痴呆的老人们的世界。

一旦我们理解了疾病背后的科学原理，我们就可以研发解决方案。不是一定要很贵的成本或者高科技。疫苗、水过滤器、肥皂和补水液这类措施花费不多，因此人人可用。干净的饮用水和卫生设施一如既往是至关重要的。国家边界是人类想象的产物，传染性微生物可不会在乎。要战胜小儿麻痹症、几内亚龙线虫病、疟疾和许多其他疾病，只有所有国家都参与进来才能实现。举例来说，如果 20 世纪 70 年代人们忽视了索马里和孟加拉国，那么现在可能还有天花。医疗工作者无法进入的失败国家和战争地区构成了对所有人的威胁，因为它们可能成为疾病的蓄水池。在尼日利亚、巴基斯坦和阿富汗，小儿麻痹症肆虐不灭就是这种情况的悲惨实例。与之相似的是，当有的人类群体拒绝接种疫苗或者拒绝其他意在消灭疾病的措施的时候，他们就为该疾病留在人间打下了包票。幸运的是，20 世纪 70 年代的时候没有针对天花疫苗的反疫苗接种运动。如果你真的觉得孩子们不应当接种麻疹、流行性腮腺炎、风疹疫苗，那么看上去有点矛盾的是，你应该大力倡导全球范围的免疫预防接种才对。然后，当这三种疾病被根除之后，就再也没有必要使用 MMR 疫苗（麻疹、腮腺炎和风疹联合病毒活疫苗）了。小儿麻痹症、几内亚龙线虫病、象皮肿、雅司病、淋巴丝虫病、麻疹、流行性腮腺炎、风疹、河盲症、梅毒、钩虫病都是当下要完全根除的目标。[5]更具有挑战性的也更重要的任务是根除疟疾、艾滋病和结核病。

对付流行病、饥荒和其他的灾难不仅需要国际合作，还需要在潜在灾害出现的时候尽快拉响警报。当收成不好或者新型疾病出现的时候，全世界应该收到警报，这样问题在演变为重大灾害之前，就能得到快速的应对。各国政府总是倾向于否认问题存在，不愿意警示邻国，因为他们不想表现出败象。媒体在这里也负有责任。他们必须公正地报道问题，而不是不论一帮政客做了什么，都选择上前维护。不过，从长远来看，尽管有持续发生的结核病、艾滋病、疟疾，还有突发的新冠疫情等，但传染病自 19 世纪以来一直在消退。如果我们继续这一过程，一起努力，我们就能让更多的国家经过人口转型，达到一个人人都健康长寿的境界。

人类是最大的毁灭者。我们为了自己的目的使用了地球上的绝大部分土地，给其他物种没留下多少宝贵的空间。我们传播了少量的物种（比如水稻和鸡），却将许多其他的物种逼向灭绝。我们造成环境破坏的终极理由是人口太多。如果我们要减少人口数量和我们所做的破坏，那么有两种方式可以实现这一目标。第一种方式是大灾难，我们的文明因为核战争、不可阻挡的气候变化、破坏性极大的流行病（最有可能是某种新型流感病毒，比新冠病毒致命得多）、流星袭击或者某些其他的灾害而崩溃。如果一块 10 英里宽的石块从空中正朝着我们高速冲过来，人类就无能为力了。如果发生这种情况，十大死亡原因的表单就需要快速改写了。

另一种方式就是减少我们施加给这颗星球的压力，生更少的孩子，最终转向一个与我们的世界和谐相处的稳定状态。如果人们的寿命延长，特别是如果儿童的死亡率下降到可以忽略的水平，女孩接受教育且避孕措施方便易行，出生率就会下降，人口也会开始减少，当然这可能与我们的直觉有些相反。[6]稳步的人口下降是我们避免毁灭的最大希望。全球范围的出生率下降给实现这一目标带来了希望。

在未来的数十年里，人类死亡原因会有怎样的变化呢？我们满心希望新冠疫情很快消失。用外推法对其他疾病的当前趋势做些推演，至少在几年的时间范围里，看起来还是合理的，所以我们可以预计心脏病、肺部疾病和中风将呈持续下降趋势，而 2 型糖尿病与痴呆将呈上升趋势。癌症则是一个更加复杂的情形，因为这类疾病的趋势取决于受到癌症影响的器官。随着其他疾病被克服，更多的人患上癌症，但是我们正在寻找更好的化疗、诊断和治疗方法。药物的发现、医疗的进步和整体的科学会持续推进。即使是痴呆，也有些许希望之光在闪烁，也许人类最终能够研发出药物，阻止它的发展或者防止它的侵袭。[7]

更令人感兴趣的问题是，是否有某种新的医学突破会发生，从而改变人类死亡的方式。我们当今的死亡原因会在很大程度上被克服，就像分娩并发症、麻疹和鼠疫那样消失不见吗？如果是这样的话，怎么才能实现呢？

遗传疾病一直都离我们不远，既然 DNA 复制从来都不是完美的，那么突变便是不可避免的。到目前为止人类能够就基因问题采取的措施就是筛查并治疗其症状。但是现在，我们正处于下一场医疗保健革命的边缘，通过消除致病的基因突变，我们能够从源头上彻底战胜遗传疾病，就像我们在第16章中所看到的那样。由单个不良突变导致的严重疾病，像血友病、囊性纤维化、早发型阿尔茨海默病和延胡索酸酶缺乏症，是主要的被消灭对象。更复杂的多基因病会随后得到治疗，甚至衰老本身也会得到延缓。

据称，有数以百计的单核苷酸多态性会影响衰老和预期寿命。举例来说，有一项研究调查了801位新英格兰的百岁老人（中位数年龄为104岁）的基因突变情况，并将他们与914名和他们同一种族的对照组成员进行对比。[8]研究人员在他们中间发现了130个基因中的281个单核苷酸多态性，它们似乎会影响寿命。这些基因中有许多都是已知的，与衰老过程中会发生的疾病如阿尔茨海默病、糖尿病、心脏病、癌症和高血压相关。有2个单核苷酸多态性特别突出，即载脂蛋白E和FOXO3。载脂蛋白E的突变已知会严重影响罹患阿尔茨海默病的可能性。[9]由FOXO3基因所编码的蛋白可以在许多细胞活动过程中打开和关闭各种基因，这些活动包括细胞死亡、免疫系统和心血管疾病、干细胞生成和癌症等。[10]似乎百岁老人们拥有某些能够延缓许多由于衰老产生的常规问题的单核苷酸多态性。通过将这些变化引入我们的DNA，我们就能够开启延长寿命的潜能。

了解一个人天生的DNA序列有可能预测出这个人一生的患病倾向。此外，我们还能逐日追踪自己身体的表现，密切关注自身健康。生物分子的浓度可以通过定期取少量的血液、唾液、粪便、尿液或者呼出的气体样本来检测。粪便特别有用，因为它展示了哪些细菌生活在我们肠道内。要对器官工作状况做一个精准简要的说明，就需要专门测量一个组织内甚至单个细胞中的DNA、RNA、蛋白质和其他化学物质的浓度、顺序和结构，来搞清楚里面发生了什么情况。[11]当调节细胞生长的基因表达失控时，功能存在障碍的细胞会偏离其生物分子的常规水平，或者是发生突变，特别是当我们出现新的感染或者当这些突变是癌变性质时。我们可以佩戴传感器来追踪身体的状态，测量脑部活动以及我们说话、行走和运动的方式，检测我们是处在警醒状态还是睡眠状态。智能手表就是朝这个方向迈出的一小步。

追踪所有这些数据可以得到数以百万计的数字，用于描述身体的状态。这些数字将由运行复杂机器学习算法的计算机来解析。这些计算机经过识别模式的训练，以最佳的方式利用数据做出预测。通过注意到警告信号，计算机能够远在任何症状明显表现出来之前，探测到健康问题的来袭。监测身体状态的潜力，加上使用基于数十亿人的数据进行训练的人工智能系统，会让我们在疾病的最初阶段就有能力进行干预。癌症、神经系统问题和代谢紊乱的查出时间会比现在早上很多年。治疗会是个性化的，能够针对疾病的确切性质，例如我们的肿瘤中存在的变异究竟是哪一种，而不是将所有人一股脑归到同一类诊断中。

当前移植器官的供应已经远远少于需求。需要肾移植的病人可能需要忍受多年，他们经常被定期与透析机连接在一起，等待一个可能永远到不了的器官。随着寿命的增加，情况变得日益糟糕。

与其等待捐献者，不如将其从我们自身细胞中培植出来，这样很快我们就能够满足对新器官的需求了。干细胞有潜力生长并分化成新的细胞类型。我们已经知道怎样提取皮肤细胞，将其转变为干细胞，放在培养液中培植，然后使之转变为我们所选择的细胞类型。既然我们是用自己的细胞开始的，那么由此获得的器官在基因上就会与我们自己相同，也就不会被我们的免疫系统排异。举例来说，我们可以制造新的胰岛细胞来分泌胰岛素，帮助糖尿病患者。或者，我们也可以在我们处在高峰状态的时刻，比如在 20 岁的时候从自己的体内收集细胞，加以深冻，以备数十年后使用。诱导细胞形成足够大并且功能足够好的结构以替代整个器官，这并不容易，[12] 但是用 3D 打印机制作与我们想要替换的器官形状完全匹配的模子或者框架可能会有所帮助。也许我们会用 3D 打印制造细胞，将它们一层一层排列，塑造成新的器官。器官衰竭导致的死亡到那时就可能会成为往事。更大胆一点说，如果某个器官由于年龄关系逐渐出现功能减退，我们会用新的器官加以替代，即便它还没有衰亡。也许 60 岁的时候跑去医院更换新的心、肝、胰、肺、肾会成为常规做法。[13]

此外，在从干细胞中培植一个新的器官之前，我们还可以改变其 DNA。如果我们要培育一个新的肝脏，我们可以植入一套已知的可以优化肝功能和消灭任何基因问题的 DNA 序列。举例来说，在将干细胞放入骨髓中之前，已经有人对其进行过编辑，尝试使其对艾滋病病毒具有抵抗力，或者使其可以治疗镰状细胞贫血病。[14] 经过基因编辑的肝脏也已经被用在了一些活体猴子身上，以降低它们的胆固醇水平。[15] 目前，我们每个细胞中的 DNA 是一样的，而这是一个弱点，因为一个对心脏有益的基因序列可能对胰腺就没那么有益了。将 DNA 编辑作为基于干细胞培养的器官替代治疗的一部分，可以使我们赋予每个器官功能最优化的 DNA。那么我们就可以拥有尤塞恩 · 博尔特那样的心脏和塞雷娜 · 威廉姆斯那样的肺。① 鉴于其他的一切都会得到升级，我们当中更多的人将只会在大脑功能无法持续的情况下才会死亡。在患有慢性残疾的情况下生活多年，这种现象将会消失。

这里所描述的所有科学进步和许多其他的进展 [16, 17] 都已经在发展中。看起来没有什么不能克服的障碍会阻止将它们用在人类身上，所以很快我们就需要解决各种伦理上的问题，并就要不要应用这些技术做出选择。

---

① 尤塞恩 · 博尔特，牙买加田径运动员；塞雷娜 · 威廉姆斯，美国女子职业网球运动员。——编者注

# 附　录

# 生命表数据

表 A1 显示了英国的生命表数据，展现出 2014 年到 2016 年从 0 岁到 100 岁有多少人死亡。生命表是呈现死亡年龄的标准方法，也是公共健康、保险和政府等各种领域中的基本工具。在表格的左上方以 100 000 名新生儿为起点。“幸存人数”一栏展示了多少人会活到左栏的这个年龄（x）。“x 岁的死亡人数”展示了有多少人会在那个年龄死亡。举例来说，在 100 000 个新生儿中有约 423 名男性和 352 名女性会在 1 岁生日前死去，这就将男女幸存者的人数分别拉低至 99 578 和 99 649——已分别四舍五入为最近的整数值。[①]“自 x 岁起的预期寿命”一栏展示了某人自左栏的某岁起预期寿命的平均值。使用表中所有的数据得出预期寿命是一项复杂的计算任务，因为我们需要知道每个年龄段有多少人，还有他们在该年龄段死亡的可能性有多大。

此处最大的假设前提就是在下一个 100 年中，一切都不会变。举例来说，如果科学家发现了癌症的治愈方法，那么表上每个年龄段死亡的人数就会下降，而最受癌症影响的年龄段会显示出最大的变化值。

① 原书所列官方统计数据如此，保留原样。——编者注

表 A1 英国 2014 年到 2016 年平均生命表（数据来自英国国家统计局[24]）

| 年龄 | 男性 | | | 女性 | | |
|---|---|---|---|---|---|---|
| X | 幸存人数 / 人 | x 岁的死亡人数 / 人 | 自 x 岁起的预期寿命 / 年 | 幸存人数 / 人 | x 岁的死亡人数 / 人 | 自 x 岁起的预期寿命 / 年 |
| 0 | 100 000 | 423 | 79.2 | 100 000 | 352 | 82.9 |
| 1 | 99 578 | 31 | 78.5 | 99 649 | 25 | 82.2 |
| 2 | 99 547 | 16 | 77.5 | 99 624 | 14 | 81.2 |
| 3 | 99 531 | 13 | 76.5 | 99 610 | 10 | 80.2 |
| 4 | 99 518 | 9 | 75.6 | 99 600 | 8 | 79.2 |
| 5 | 99 509 | 9 | 74.6 | 99 592 | 7 | 78.2 |
| 6 | 99 500 | 9 | 73.6 | 99 585 | 7 | 77.2 |
| 7 | 99 491 | 9 | 72.6 | 99 578 | 7 | 76.2 |
| 8 | 99 483 | 7 | 71.6 | 99 570 | 6 | 75.2 |
| 9 | 99 476 | 9 | 70.6 | 99 564 | 7 | 74.2 |
| 10 | 99 468 | 9 | 69.6 | 99 558 | 6 | 73.2 |
| 11 | 99 458 | 10 | 68.6 | 99 552 | 6 | 72.2 |
| 12 | 99 448 | 10 | 67.6 | 99 546 | 6 | 71.2 |
| 13 | 99 439 | 10 | 66.6 | 99 540 | 11 | 70.2 |
| 14 | 99 429 | 12 | 65.6 | 99 529 | 11 | 69.2 |
| 15 | 99 416 | 16 | 64.6 | 99 518 | 14 | 68.3 |
| 16 | 99 401 | 21 | 63.6 | 99 504 | 16 | 67.3 |
| 17 | 99 380 | 29 | 62.7 | 99 488 | 15 | 66.3 |
| 18 | 99 350 | 41 | 61.7 | 99 473 | 21 | 65.3 |
| 19 | 99 309 | 45 | 60.7 | 99 452 | 21 | 64.3 |
| 20 | 99 264 | 47 | 59.7 | 99 431 | 20 | 63.3 |
| 21 | 99 217 | 50 | 58.8 | 99 411 | 22 | 62.3 |

（续表）

| 年龄 | 男性 | | | 女性 | | |
|---|---|---|---|---|---|---|
| X | 幸存人数 / 人 | x 岁的死亡人数 / 人 | 自 x 岁起的预期寿命 / 年 | 幸存人数 / 人 | x 岁的死亡人数 / 人 | 自 x 岁起的预期寿命 / 年 |
| 22 | 99 167 | 50 | 57.8 | 99 389 | 22 | 61.3 |
| 23 | 99 117 | 55 | 56.8 | 99 367 | 23 | 60.4 |
| 24 | 99 062 | 54 | 55.8 | 99 344 | 23 | 59.4 |
| 25 | 99 008 | 58 | 54.9 | 99 321 | 25 | 58.4 |
| 26 | 98 950 | 62 | 53.9 | 99 297 | 27 | 57.4 |
| 27 | 98 888 | 62 | 52.9 | 99 269 | 27 | 56.4 |
| 28 | 98 825 | 66 | 52.0 | 99 243 | 33 | 55.4 |
| 29 | 98 760 | 69 | 51.0 | 99 210 | 35 | 54.4 |
| 30 | 98 691 | 73 | 50.0 | 99 175 | 38 | 53.5 |
| 31 | 98 617 | 75 | 49.1 | 99 137 | 41 | 52.5 |
| 32 | 98 542 | 89 | 48.1 | 99 096 | 46 | 51.5 |
| 33 | 98 453 | 87 | 47.2 | 99 050 | 49 | 50.5 |
| 34 | 98 366 | 95 | 46.2 | 99 001 | 53 | 49.6 |
| 35 | 98 271 | 101 | 45.2 | 98 949 | 58 | 48.6 |
| 36 | 98 170 | 108 | 44.3 | 98 890 | 65 | 47.6 |
| 37 | 98 063 | 112 | 43.3 | 98 826 | 67 | 46.6 |
| 38 | 97 950 | 130 | 42.4 | 98 759 | 75 | 45.7 |
| 39 | 97 821 | 134 | 41.4 | 98 684 | 80 | 44.7 |
| 40 | 97 687 | 153 | 40.5 | 98 604 | 93 | 43.7 |
| 41 | 97 534 | 165 | 39.6 | 98 511 | 96 | 42.8 |
| 42 | 97 369 | 170 | 38.6 | 98 415 | 107 | 41.8 |
| 43 | 97 199 | 186 | 37.7 | 98 308 | 114 | 40.9 |

（续表）

| 年龄 | 男性 | | | 女性 | | |
|---|---|---|---|---|---|---|
| X | 幸存人数 / 人 | x 岁的死亡人数 / 人 | 自 x 岁起的预期寿命 / 年 | 幸存人数 / 人 | x 岁的死亡人数 / 人 | 自 x 岁起的预期寿命 / 年 |
| 44 | 97 013 | 207 | 36.8 | 98 194 | 126 | 39.9 |
| 45 | 96 806 | 215 | 35.8 | 98 068 | 144 | 39.0 |
| 46 | 96 591 | 231 | 34.9 | 97 924 | 150 | 38.0 |
| 47 | 96 361 | 256 | 34.0 | 97 774 | 160 | 37.1 |
| 48 | 96 105 | 263 | 33.1 | 97 614 | 173 | 36.1 |
| 49 | 95 842 | 289 | 32.2 | 97 441 | 183 | 35.2 |
| 50 | 95 553 | 320 | 31.3 | 97 259 | 208 | 34.3 |
| 51 | 95 233 | 331 | 30.4 | 97 051 | 228 | 33.3 |
| 52 | 94 902 | 354 | 29.5 | 96 823 | 246 | 32.4 |
| 53 | 94 548 | 378 | 28.6 | 96 577 | 269 | 31.5 |
| 54 | 94 170 | 415 | 27.7 | 96 308 | 289 | 30.6 |
| 55 | 93 755 | 467 | 26.8 | 96 020 | 322 | 29.7 |
| 56 | 93 288 | 501 | 26.0 | 95 698 | 347 | 28.8 |
| 57 | 92 787 | 542 | 25.1 | 95 351 | 380 | 27.9 |
| 58 | 92 245 | 597 | 24.2 | 94 971 | 403 | 27.0 |
| 59 | 91 649 | 654 | 23.4 | 94 568 | 454 | 26.1 |
| 60 | 90 995 | 726 | 22.6 | 94 115 | 495 | 25.2 |
| 61 | 90 269 | 786 | 21.7 | 93 620 | 529 | 24.4 |
| 62 | 89 483 | 844 | 20.9 | 93 090 | 586 | 23.5 |
| 63 | 88 639 | 931 | 20.1 | 92 504 | 629 | 22.6 |
| 64 | 87 708 | 1 005 | 19.3 | 91 876 | 676 | 21.8 |
| 65 | 86 703 | 1 070 | 18.5 | 91 200 | 721 | 20.9 |
| 66 | 85 633 | 1 137 | 17.8 | 90 479 | 790 | 20.1 |

（续表）

| 年龄 | 男性 | | | 女性 | | |
|---|---|---|---|---|---|---|
| X | 幸存人数 / 人 | x 岁的死亡人数 / 人 | 自 x 岁起的预期寿命 / 年 | 幸存人数 / 人 | x 岁的死亡人数 / 人 | 自 x 岁起的预期寿命 / 年 |
| 67 | 84 496 | 1 208 | 17.0 | 89 689 | 840 | 19.3 |
| 68 | 83 288 | 1 310 | 16.2 | 88 849 | 935 | 18.5 |
| 69 | 81 978 | 1 433 | 15.5 | 87 915 | 1 012 | 17.6 |
| 70 | 80 545 | 1 558 | 14.8 | 86 903 | 1 131 | 16.8 |
| 71 | 78 987 | 1 702 | 14.0 | 85 772 | 1 236 | 16.1 |
| 72 | 77 284 | 1 844 | 13.3 | 84 536 | 1 356 | 15.3 |
| 73 | 75 441 | 1 986 | 12.7 | 83 180 | 1 502 | 14.5 |
| 74 | 73 455 | 2 202 | 12.0 | 81 677 | 1 628 | 13.8 |
| 75 | 71 253 | 2 350 | 11.3 | 80 049 | 1 780 | 13.1 |
| 76 | 68 903 | 2 478 | 10.7 | 78 269 | 1 968 | 12.3 |
| 77 | 66 425 | 2 651 | 10.1 | 76 301 | 2 104 | 11.6 |
| 78 | 63 774 | 2 822 | 9.5 | 74 197 | 2 291 | 11.0 |
| 79 | 60 953 | 2 994 | 8.9 | 71 906 | 2 496 | 10.3 |
| 80 | 57 959 | 3 220 | 8.3 | 69 409 | 2 775 | 9.7 |
| 81 | 54 739 | 3 365 | 7.8 | 66 634 | 2 988 | 9.0 |
| 82 | 51 374 | 3 577 | 7.3 | 63 646 | 3 256 | 8.4 |
| 83 | 47 797 | 3 759 | 6.8 | 60 389 | 3 530 | 7.9 |
| 84 | 44 038 | 3 859 | 6.3 | 56 860 | 3 775 | 7.3 |
| 85 | 40 179 | 3 966 | 5.9 | 53 085 | 3 963 | 6.8 |
| 86 | 36 213 | 3 961 | 5.5 | 49 121 | 4 176 | 6.3 |
| 87 | 32 252 | 3 943 | 5.1 | 44 946 | 4 330 | 5.8 |
| 88 | 28 310 | 3 890 | 4.7 | 40 616 | 4 396 | 5.4 |
| 89 | 24 420 | 3 684 | 4.4 | 36 219 | 4 435 | 5.0 |

（续表）

| 年龄 | 男性 | | | 女性 | | |
|---|---|---|---|---|---|---|
| X | 幸存人数 / 人 | x 岁的死亡人数 / 人 | 自 x 岁起的预期寿命 / 年 | 幸存人数 / 人 | x 岁的死亡人数 / 人 | 自 x 岁起的预期寿命 / 年 |
| 90 | 20 737 | 3 482 | 4.0 | 31 785 | 4 398 | 4.6 |
| 91 | 17 255 | 3 143 | 3.8 | 27 387 | 4 144 | 4.3 |
| 92 | 14 112 | 2 829 | 3.5 | 23 243 | 3 915 | 4.0 |
| 93 | 11 283 | 2 502 | 3.2 | 19 329 | 3 580 | 3.7 |
| 94 | 8 782 | 2 146 | 3.0 | 15 749 | 3 296 | 3.4 |
| 95 | 6 636 | 1 742 | 2.8 | 12 453 | 2 822 | 3.2 |
| 96 | 4 894 | 1 384 | 2.6 | 9 631 | 2 361 | 3.0 |
| 97 | 3 510 | 1 030 | 2.5 | 7 270 | 1 898 | 2.8 |
| 98 | 2 480 | 807 | 2.3 | 5 372 | 1 538 | 2.6 |
| 99 | 1 673 | 574 | 2.2 | 3 834 | 1 198 | 2.4 |
| 100 | 1 099 | 410 | 2.1 | 2 636 | 871 | 2.2 |

我们可以使用这一数据并根据人口数算出各种统计数字。举例而言，8 岁儿童是最不太可能死亡的，这个年龄的 100 000 人中只有 7 个男孩和 6 个女孩会死亡。从这个年龄开始，死亡率稳步攀升，男性在 85 岁而女性在 89 岁时死亡率会达到峰值。这两个都是死亡的众数年龄—— 一个人最有可能死亡的年龄。迄今最危险的童年期是出生后的第一年。一旦来到 1 岁，死亡率会急剧下降，直到男性达到 55 岁，女性达到 57 岁时才会回升到这一水平。遗传疾病对婴儿来说是特别危险的，他们可能会遭遇早产，可能罹患与分娩有关的疾病或者死于仍然神秘的婴儿猝死综合征。

从表 A1 可知，男性自 54 岁起的预期寿命是 27.7 年。一名 54 岁的男性在下一年死亡的概率是：

$$男性死于 55 岁的概率 =1-\frac{55\ 岁男性的数量}{54\ 岁男性的数量}=1-\frac{93\ 755}{94\ 170}\approx 0.4\%$$

0.4% 的年均死亡概率仍然是很低的。但如果该名男性时年 90 岁，该年死亡概率就会跃升至 16.8%，而预期寿命则仅有 4 年。那 54 岁的人活到 90 岁的概率会是多少呢？

$$54\ 岁男性活到\ 90\ 岁的概率=\frac{90\ 岁男性的数量}{54\ 岁男性的数量}=\frac{20\ 737}{94\ 170}\approx 22\%$$

女性更容易活到 90 岁：

$$54\ 岁女性活到\ 90\ 岁的概率=\frac{90\ 岁女性的数量}{54\ 岁女性的数量}=\frac{31\ 785}{96\ 308}\approx 33\%$$

33/22=1.5，因此相较于男性，一个女性活到 90 岁的可能性要高出 50%，而且这种差距会随着年龄增长而扩大。因此最长寿的人大部分是女性。男性在 54 岁之前死亡的概率是：

$$男性在\ 54\ 岁之前死亡的概率 =1-\frac{94\ 170}{100\ 000}\approx 6\%$$

所以大约有 6% 的男性在 54 岁前就死了，而大约有 4% 的女性会在 54 岁前死亡。这么说来，我们就可以相对容易地算出一个人的预期寿命。当然这些数据是整个英国人口的平均值。通过保持好习惯（跑步、保持健康的体重、良好的膳食……）或者坏习惯（吸烟、吃太多的垃圾食品、使用快克可卡因……），一个人的生存概率是可以改变的。

# 致　谢

1981 年，我看了一部科学和历史方面的杰作——由天文学家卡尔·萨根（Carl Sagan）撰写并呈现的科普连续剧《宇宙》（*Cosmos*），那年我 14 岁。在该剧配套的书中，有一节谈到占星术，我在其中读到了下面这段话：

> 约翰·格朗特编纂了 1632 年伦敦金融城的死亡统计数字。在婴幼儿疾病和儿童疾病，以及像“肺涌”和“国王疬”一类古怪疾病所造成的可怕损失中，我们发现在总共 9 535 例死亡当中，有 13 人因“星运”不治而亡，这比癌症造成的死亡人数还多。我颇想知道其症状是什么样子的。[1]

我也想知道。于是这寥寥数语就在我的头脑中种下了一颗种子，种子最终发芽生长，变成了这本书。

当我最初构思想要写一本关于死亡原因是如何变迁的书的时候，我以为它的内容是应该关于医学的。然而，令我意外的是，我不断发现人类解决自身许多重大问题的方法竟与医疗卫生没多大关系。而进步经常缘于良好的法律、政治、工程、统计、经济，或者直接来自一些奋发有为的人才，他们怀抱一些特别好的想法，而且会迎着很大阻力努力加以推进，使这些想法被世人接受。这就意味着当我想要书写死亡诱因的历史的时候，我需要认真对待许多其他领域，这超出了我最初的预期。没关系……我从来也不喜欢人为的对知识所做的畛域分明的划分。这个世界是许多彼此不同的力量彼此互动的产物，只有某些方面来自人类决策的影响。

《人类死亡史：从瘟疫到癌症》是我40年阅读、思考，以及与许多的朋友、同事、学生讨论的结果。我从许多人给予的鼓励和批评（两者都是极其宝贵的）中受益受教。我必须特别感谢我的代理人卡罗琳·哈德曼（Caroline Hardman）给一位新手作者尝试的机会，还有她对本书的支持、专业见解、建议和付出的时间。感谢我在布卢姆斯伯里出版社的优秀编辑们：贾丝明·霍西（Jasmine Horsey）、比尔·斯温森（Bill Swainson）、亚历克西斯·基施鲍姆（Alexis Kirschbaum）、劳伦·怀布罗（Lauren Whybrow）和凯特·夸里（Kate Quarry）。他们提供了巨大的帮助，从让我添写全新章节到纠正大写字母的使用，种种对文本的改进意见不一而足。还要感谢布卢姆斯伯里优秀团队的其他成员：凯瑟琳·贝斯特（Catherine Best）、斯蒂芬妮·拉思伯恩（Stephanie Rathbone）、埃米·王（Amy Wong）、阿克瓦·博滕（Akua Boateng）和安娜·马萨尔迪（Anna Massardi）。他们提供了校勘、美工、制作、营销和推广方面的协助。感谢马修·科布（Matthew Cobb）和丹·戴维斯（Dan Davis）不厌其烦地向我详细讲解了如何出版的事情（并不是像我一开始很天真地以为的那样，只要写了本书，然后把它发给出版商就行）。感谢埃米尔·本博（Emyr Benbow）亲切地解释了用于死因归类的医学和法律体系的程序。感谢苏珊·巴克（Susan Barker）、阿利斯泰尔·麦克唐纳（Alistair MacDonald）、保罗·雷德曼（Paul Redman）、露西·多伊格（Lucy Doig）、彭妮·多伊格（Penny Doig）、萨拉·多伊格（Sarah Doig）、彼得·塔拉克（Peter Tallack）、安德鲁·劳尼（Andrew Lownie）、丹·戴维斯、海伦·斯图尔特（Helen Stuart）、埃米尔·本博、穆罕默德·侯赛因（Mohammad Husain）、约翰·卡迪斯（John Caddis）、萨沙·戈洛瓦诺夫（Sasha Golovanov）、玛丽娜·戈洛瓦诺娃（Marina Golovanova）、杰夫·胡珀（Geoff Hooper）、希瓦妮·考拉（Shivani Kaura）、阿曼达·多尔顿（Amanda Dalton）、杰里米·德里克（Jeremy Derrick）、珍·麦克布赖德（Jen McBride）、西蒙·皮尔斯（Simon Pearce）、阿里·阿什卡纳尼（Ali Ashkanani）、安娜·梅奥尔（Anna Mayall）和史蒂夫·迪恩（Steve Deane），上述诸位都对文稿提出了极其宝贵的反馈意见。特别感谢萨拉·多德（Sarah Dowd）费心阅读和核对全书。感谢安东尼·亚当森（Antony Adamson）向我介绍了 CRISPR 基因编辑术的进展情况。感谢撒玛利亚人的媒体主管洛娜·弗雷泽（Lorna Fraser）、撒玛利亚人的媒体顾问莫妮卡·霍利（Monica Hawley），还有所有撒玛利亚人哈德斯菲尔德分部的工作人员，关于自杀的问题我从他们那里受教良多，是他们帮助我以负责任的方式创作了这一章节。

我的雇主单位曼彻斯特大学令我感激不尽，它允许我在应该撰写拨款项目论文的时候，在这个项目上花费了超过预期的时间。如有对书中过于简化和疏略之处的批评意见，我承认的确是这样，请包涵我只有这些文字可写。所有可能出现的错误责任都在我。

# 注　释

## 导言　锡耶纳的天启四骑士

1　W.M. Bowsky, 'The Plague in Siena: An Italian Chronicle, Agnolo di Tura del Grasso, Cronica Maggiore', in *The Black Death: A Turning Point in History?*, Holt, Rinehart & Winston: 1971, pp. 13–14.

2　同上。

3　A. White, 'The Four Horsemen', in *Plague and Pleasure. The Renaissance World of Pius II*, Catholic University of America Press: Washington DC, 2014, pp. 21–47.

4　同上。

5　同 1。

## 第一篇　死亡原因

1　J. Graunt, 'Natural and Political Observations Mentioned in a Following Index, and Made Upon the Bills of Mortality', in *Mathematical Demography*, Vol. 6, *Biomathematics*, Springer: Berlin, Heidelberg, 1977.

## 第 1 章　何为死亡？

1　N. Browne-Wilkinson, 'Airedale National Health Service Trust v Bland [1993] AC 789', 1993, https://lucidlaw.co.uk/criminal-law/homicidemurder/unlawful-killing/airedale-nhs-trust-v-bland/ (accessed 11 May 2021).

2　M. Cascella, 'Taphophobia and "life preserving coffins" in the nineteenth century', *History of Psychiatry*, 27, 2016, 345–9.

3　L. Davies, '"Dead" man turns up at own funeral in Brazil', *Guardian*, 24 October 2012.

4　A.K. Goila and M. Pawar, 'The diagnosis of brain death', *Indian Journal of Critical Care*

*Medicine* 13, 2009, 7–11.
5 J. Clark, 'Do You Really Stay Conscious After Being Decapitated?', 2011, https://science.howstuffworks.com/science-vs-myth/extrasen soryperceptions/lucid-decapitation.htm (accessed 25 June 2021).
6 L. Volicer et al., 'Persistent vegetative state in Alzheimer disease-Does it exist?', *Archives of Neurology* 54, 1997, 1382–4.
7 H. Arnts et al., 'Awakening after a sleeping pill: Restoring functional brain networks after severe brain injury', *Cortex* 132, 2020, 135–46.

## 第 2 章 “死亡记录表”提供的洞见

1 N. Boyce, 'Bills of Mortality: tracking disease in early modern London', *The Lancet* 395, 2020, 1186–7.
2 R. Munkhoff, 'Searchers of the Dead: Authority, Marginality, and the Interpretation of Plague in England, 1574–1665', *Gender & History* 11, 1999, 1–29.
3 L. Barroll, *Politics, Plague, and Shakespeare's Theater: The Stuart Years*, Cornell University Press: Ithaca, New York, 1991.
4 同 1。
5 N. Cummins et al., 'Living standards and plague in London, 1560–1665', *Economic History Review* 69, 2016, 3–34.
6 J. Graunt, 'Natural and Political Observations Mentioned in a Following Index, and Made Upon the Bills of Mortality', *Mathematical Demography*, Vol. 6, *Biomathematics*, Springer: Berlin, Heidelberg, 1977.
7 同上。
8 同上。
9 同上。
10 同上。
11 J. Aubrey, 'John Graunt: A Brief Life', in *Brief Lives and Other Selected Writings*, ed. A. Powell, Charles Scribner's Sons: New York, 1949.
12 W. Farr, in 'Annual Report of the Registrar-General for England and Wales', HMSO: 1842, p. 92.
13 World Health Organization, 'History of the development of the ICD', http://www.who.int/classifi cations/icd/en/HistoryOfICD.pdf.
14 World Health Organization, 'ICD-11 for Mortality and Morbidity Statistics (Version: 05/2021)', 2021, https://icd.who.int/browse11/l-m/en (accessed 6 July 2021).
15 World Health Organization, 'International Statistical Classification of Diseases and Related Health Problems (ICD)', 2021, https://www. who.int/standards/classifications/classification-of-diseases (accessed 6 July 2021).
16 同 14。
17 R. Rajasingham and D.R. Boulware, 'Cryptococcosis', 2019, https://bestpractice.bmj.com/

topics/en-gb/917 (accessed 6 July 2021).

18 World Health Organization, 'The top 10 causes of death', 2020, https://www.who.int/news-room/fact-sheets/detail/the-top-10-causes-ofdeath (accessed 6 July 2021).

## 第3章 福寿绵长

1 World Health Organization, 'World health statistics 2016: monitoring health for the SDGs, sustainable development goals, Annex B: tables of health statistics by country, WHO region and globally', 2016.

2 Office for National Statistics, 'National life tables, UK: 2014 to 2016', 2017, https://www.ons.gov.uk/releases/nationallifetablesuk2014to2016 (accessed 6 July 2021).

3 J.L. Angel, 'The Bases of Paleodemography', *American Journal of Physical Anthropology*, 30, 1969, 427–38.

4 J. Whitley, 'Gender and hierarchy in early Athens: The strange case of the disappearance of the rich female grave', *Mètis. Anthropologie des mondes grecs anciens*, 1996, 209–32.

5 B.W. Frier, 'Demography', in *The Cambridge Ancient History XI: The High Empire, A.D. 70–192*, ed. Peter Garnsey, Alan K. Bowman and Dominic Rathbone, Cambridge University Press: Cambridge, 2000, pp. 787–816.

6 R.S. Bagnall and B.W. Frier, *The Demography of Roman Egypt*, Cambridge University Press: Cambridge, 2006.

7 B.W. Frier, 'Roman Life Expectancy: Ulpian's Evidence', *Harvard Studies in Classical Philology*, 86, 1982, 213–51.

8 P. Pflaumer, 'A Demometric Analysis of Ulpian's Table', *JSM Proceedings*, 2014, 405–19.

9 R. Duncan-Jones, *Structure and Scale in the Roman Economy*, Cambridge University Press: Cambridge, 1990, pp. 100–1.

10 同5。

11 M. Morris, *A Great and Terrible King: Edward I and the Forging of Britain*, Windmill Books: London, 2008.

12 S.N. DeWitte, 'Setting the Stage for Medieval Plague: Pre-Black DeathTrends in Survival and Mortality', *American Journal of Physical Anthropology* 158, 2015, 441–51.

13 The Human Mortality Database, 2018,https://www.mortality.org/hmd/FRATNP/STATS/E0per.txt.

14 L. Alkema et al., 'Probabilistic projections of the total fertility rate for all countries', *Demography*, 48, 2011, 815–39.

15 S. Harper, *How Population Change Will Transform Our World*, Oxford University Press: Oxford, 2016.

16 The World Bank, 'DataBank', 2019, https://databank.worldbank.org/home.aspx.

17 UNICEF, 'Child Mortality Estimates', 2019, https://childmortality.org/data.

18 J.S.N. Anderson and S. Schneider, 'Brazilian Demographic Transition and the Strategic Role of Youth', *Espace Populations Sociétés* [Online], 2015, http://eps.revues.org/.

19 Causes_of_Death, 'Leading Causes of death in Ethiopia', 2017, http://causesofdeathin.com/causes-of-death-in-ethiopia/2 (accessed 6 July 2021).
20 同 16。
21 同 17。
22 S.E. Vollset et al., 'Fertility, mortality, migration, and population scenarios for 195 countries and territories from 2017 to 2100: a forecasting analysis for the Global Burden of Disease Study', *The Lancet* 2020, 396, 1285–1306.
23 TES_Educational_Resources, 'World Statistics: GDP and Life Expectancy', 2013, https://www.tes.com/teaching-resource/worldstatistics-gdp-and-life-expectancy-6143776# (accessed 6 July 2021).
24 E.C. Schneider, 'Health Care as an Ongoing Policy Project', *New England Journal of Medicine*, 383, 2020, 405–8.
25 J.A. Schoenman, 'The Concentration of Health Care Spending', *NIHCM Foundation Brief* [Online], 2012.
26 OECD, 'Life expectancy at birth', OECD Publishing: Paris, 2015.
27 S.H. Preston, 'The changing relation between mortality and level of economic development (Reprinted from Population Studies, Vol. 29, July 1975)', *International Journal of Epidemiology*, 36, 2007, 484–90.
28 D.E. Bloom and D. Canning, 'Commentary: The Preston Curve 30 years on: still sparking fires', *International Journal of Epidemiology*, 36, 2007, 498–9.
29 M.J. Husain, 'Revisiting the Preston Curve: An Analysis of the Joint Evolution of Income and Life Expectancy in the 20th Century', 2011, https://www.keele.ac.uk/media/keeleuniversity/ri/risocsci/docs/economics/workingpapers/LeY_KeeleEconWP_JamiHusain.pdf.
30 同 27。
31 J.W. Lynch et al., 'Income inequality and mortality: importance to health of individual income, psychosocial environment, or material conditions', *British Medical Journal*, 320, 2000, 1, 200–4.
32 P. Martikainen et al., 'Psychosocial determinants of health in social epidemiology', *International Journal of Epidemiology*, 31, 2002, 1,091–3.
33 R. Wilkinson and K. Pickett, *The Spirit Level: Why Equality is Better for Everyone*, Penguin, 2010.

## 第二篇　传染病

1 J. Snow, 'On the Mode of Communication of Cholera', *J. Churchill* 1849.

## 第 4 章　黑死病

1 World Health Organization, 'Global Health Observatory (GHO) data', 2019, https://www.

who.int/gho/mortality_burden_disease/life_tables/ situation_trends/en/ (accessed 6 July 2021).
2 A.M.T. Moore et al., *Village on the Euphrates: From Foraging to Farming at Abu Hureyra*, Oxford University Press: Oxford, 2000.
3 同上。
4 A. Mummert et al., 'Stature and robusticity during the agricultural transition: Evidence from the bioarchaeological record', *Economics & Human Biology*, 9, 2011, 284–301.
5 J.C. Scott, *Against the Grain*, Yale University Press: Yale, CT, 2017.
6 L.H. Taylor et al., 'Risk factors for human disease emergence', *Philosophical Transactions of the Royal Society B: Biological Sciences*, 356, 2001, 983–9.
7 W. Farber, 'Health Care and Epidemics in Antiquity: The Example of Ancient Mesopotamia', in *Health Care and Epidemics in Antiquity: The Example of Ancient Mesopotamia*, Oriental Institute, 2006.
8 同 5。
9 W.R. Thompson, 'Complexity, Diminishing Marginal Returns, and Serial Mesopotamian Fragmentation', *Journal of World-Systems Research*, 3, 2004, 613–52.
10 K.R. Nemet-Nejat, *Daily Life in Ancient Mesopotamia*, Hendrickson: Peabody, MA, 1998.
11 D.C. Stathakopoulos, *Famine and Pestilence in the late Roman and early Byzantine Empire*, Routledge: Abingdon, 2004.
12 E. Burke and K. Pomeranz, *The Environment and World History*, University of California Press: Oakland, CA, 2009.
13 同 5。
14 G.J. Armelagos et al., 'The Origins of Agriculture-Population-Growth During a Period of Declining Health', *Population and Environment*, 13, 1991, 9–22.
15 J.M. Diamond, 'The Worst Mistake in the History of the Human Race', 1999, https://www.discovermagazine.com/planet-earth/the-worstmist ake-in-the-history-of-the-human-race (accessed 6 July 2021).
16 N.P. Evans et al., 'Quantification of drought during the collapse of the classic Maya civilization', *Science*, 361, 2018, 498–501.
17 W.T. Treadgold, *A Concise History of Byzantium*, Palgrave: Basingstoke, 2001.
18 A. Hashemi Shahraki et al., 'Plague in Iran: its history and current status', *Journal of Epidemiology and Community Health*, 38, 2016, e2016033-e2016033.
19 W. Naphy and A. Spicer, *The Black Death. A History of Plagues 1345–1730*, Tempus Publishing: Stroud, UK, 2000.
20 G.D. Sussman, 'Was the black death in India and China?', *Bulletin of the History of Medicine*, 85, 2011, 319–55.
21 L. Wade, 'Did Black Death strike sub-Saharan Africa?', *Science*, 363, 2019, 1022.
22 M. Wheelis, 'Biological warfare at the 1346 Siege of Caffa', *Emerging Infectious Diseases*, 8, 2002, 971–5.
23 同上。

24 R. Horrox, *The Black Death*, Manchester University Press, 1994, pp. 14–26.
25 L.H. Nelson, 'The Great Famine (1315–1317) and the Black Death (1346–1351)', 2017, http://www.vlib.us/medieval/lectures/black_death. html (accessed 6 July 2021).
25 O.J. Benedictow, 'The Black Death: The Greatest Catastrophe Ever', *History Today*, 55, 2005.
26 P. Daileader, *The Late Middle Ages*, The Teaching Company, 2007.
27 S. Cohn, 'Patterns of Plague in Late Medieval and Early-Modern Europe', in *The Routledge History of Disease*, Routledge: Abingdon, UK and New York, 2017, pp. 165–82.
28 W. Jewell, *Historical Sketches of Quarantine*, T.K. and P.G. Collins: Philadelphia, 1857.
29 S.M. Stuard, *A State of Deference: Ragusa/Dubrovnik in the Medieval Centuries*, Philadelphia: University of Pennsylvania Press, 1992.
30 P.A. Mackowiak and P.S. Sehdev, 'The Origin of Quarantine', *Clinical Infectious Diseases*, 35, 2002, 1071–2.
31 K.I. Bos et al., 'Eighteenth century Yersinia pestis genomes reveal the long-term persistence of an historical plague focus', *Elife*, 5, 2016.
32 C.A. Devaux, 'Small oversights that led to the Great Plague of Marseille (1720–1723): Lessons from the past', *Infection Genetics and Evolution*, 14, 2013, 169–85.
33 同 19。
34 D.J. Grimes, 'Koch's Postulates-Then and Now', *Microbe*, 1, 2006, 223–8.
35 E. Marriott, *Plague*, Metropolitan Books/Henry Holt & Co: New York, 2003.
36 M. Simond et al., 'Paul-Louis Simond and his discovery of plague transmission by rat fleas: a centenary', *Journal of the Royal Society of Medicine*, 91, 1998, 101–4.
37 D. Wootton, *Bad Medicine: Doctors Doing Harm Since Hippocrates*, Oxford University Press, 2007, p. 127.
38 C. Demeure et al., 'Yersinia pestis and plague: an updated view on evolution, virulence determinants, immune subversion, vaccination and diagnostics', *Microbes and Infection*, 21, 2019, 202–12.
39 G. Alfani and C. Ó Gráda, 'The timing and causes of famines in Europe', *Nature Sustainability* 1, 2018, 283–8.
40 D.M. Wagner et al., 'Yersinia pestis and the Plague of Justinian 541–543 AD: a genomic analysis', *Lancet Infectious Diseases*, 14, 2014, 319–26.
41 G.A. Eroshenko et al., 'Yersinia pestis strains of ancient phylogenetic branch 0.ANT are widely spread in the high-mountain plague foci of Kyrgyzstan', *PLoS One*, 12, 2017, e0187230-e0187230.
42 P.D. Damgaard et al., '137 ancient human genomes from across the Eurasian steppes', *Nature*, 557, 2018, 369–74.
43 D.W. Anthony, *The horse, the wheel, and language: How Bronze-Age riders from the Eurasian steppes shaped the modern world*, Princeton University Press, 2007.
44 N. Rascovan et al., 'Emergence and Spread of Basal Lineages of Yersinia pestis during the Neolithic Decline', *Cell*, 176, 2019, 1–11.

45 S. Rasmussen et al., 'Early Divergent Strains of Yersinia pestis in Eurasia 5,000 Years Ago', *Cell*, 163, 2015, 571–82.
46 J. Manco, *Ancestral Journeys: The Peopling of Europe from the First Venturers to the Vikings*, Thames and Hudson: London, 2015.
47 同 45。
48 同 45。
49 S.K. Verma and U. Tuteja, 'Plague Vaccine Development: Current Research and Future Trends', *Frontiers in Immunology*, 7, 2016.
50 A. Guiyoule et al., 'Transferable plasmid-mediated resistance to streptomycin in a clinical isolate of Yersinia pestis', *Emerging Infectious Diseases*, 7, 2001, 43–8.
51 T.J. Welch et al., 'Multiple Antimicrobial Resistance in Plague: An Emerging Public Health Risk', *PLoS One*, 2, 2007, e309.

## 第 5 章　挤奶女工的手

1 N. Barquet and P. Domingo, 'Smallpox: The triumph over the most terrible of the ministers of death', *Annals of Internal Medicine*, 127, 1997, 635–42.
2 S. Riedel, 'Edward Jenner and the history of smallpox and vaccination', *Proceedings (Baylor University Medical Center)*, 18, 2005, 21–5.
3 A.S. Lyons and R.J. Petrucelli, *Medicine-An Illustrated History*, Abradale Press, Harry N. Abrams Inc: New York, 1987.
4 A.G. Carmichael and A.G. Silverstein, 'Smallpox in Europe before the Seventeenth Century: Virulent Killer or Benign Disease?', *Journal of the History of Medicine and Allied Sciences*, 42, 1987, 147–68.
5 同 2。
6 同 2。
7 同 2。
8 R. Ganev, 'Milkmaids, ploughmen, and sex in eighteenth-century Britain', *Journal of the History of Sexuality*, 16, 2007, 40–67.
9 E. Jenner, *An Inquiry into the Causes and Effects of Variolæ Vaccinæ*, Samuel Cooley, 1798.
10 同上。
11 J.F. Hammarsten et al., 'Who discovered smallpox vaccination? Edward Jenner or Benjamin Jesty?', *Transactions of the American Climatological Association*, 90, 1979, 44–55.
12 P.J. Pead, 'Benjamin Jesty: new light in the dawn of vaccination', *The Lancet*, 362, 2003, 2,104–9.
13 The_Jenner_Trust, 'Dr Jenner's House Museum and Gardens', 2020, https://jennermuseum.com/ (accessed 22 June 2020).
14 J. Romeo, 'How Children Took the Smallpox Vaccine around the World', 2020, https://daily.jstor.org/how-children-took-the-smallpox vaccine-around-the-world/ (accessed 22 June 2020).

15 C. Mark and J.G. Rigau-Pérez, 'The World's First Immunization Campaign: The Spanish Smallpox Vaccine Expedition, 1803–1813', *Bulletin of the History of Medicine*, 83, 2009, 63–94.

16 Editorial, 'The spectre of smallpox lingers', *Nature*, 560, 2018, 281.

17 World Health Organization, 'Global polio eradication initiative applauds WHO African region for wild polio-free certification', 2020, https://www.who.int/news/item/25-08-2020-global-polio-eradicatio ninitiative-applauds-who-african-region-for-wild-polio-freecertification(accessed 6 July 2021).

18 F. Godlee et al., 'Wakefield's article linking MMR vaccine and autism was fraudulent', *British Medical Journal (BMJ)*, 342, 2011.

19 R. Dobson, 'Media misled the public over the MMR vaccine, study says', *BMJ*, 326, 2003, 1,107.

20 US Food and Drug Administration, 'First FDA-approved vaccine for the prevention of Ebola virus disease, marking a critical milestone in public health preparedness and response', 2019, https://www.fda.gov/news-events/press-announcements/first-fda-approved-vaccinepre vention-ebola-virus-disease-marking-critical-milestone-publichealth (accessed 6 July 2021).

21 Centers for Disease Control and Prevention, 'Historical Comparisons of Vaccine-Preventable Disease Morbidity in the U.S. -Comparison of 20th Century Annual Morbidity and Current Morbidity: Vaccine Preventable Diseases', 2018, https://stacks.cdc.gov/view/cdc/58586 (accessed 4 August 2021).

22 A. Gagnon et al., 'Age-Specific Mortality During the 1918 Influenza Pandemic: Unravelling the Mystery of High Young Adult Mortality', *PLoS One*, 8, 2013, e69586.

23 M. Worobey et al., 'Genesis and pathogenesis of the 1918 pandemic H1N1 influenza A virus', *Proceedings of the National Academy of Sciences of the USA*, 111, 2014, 8,107–12.

24 C.H. Ross, 'Maurice Ralph Hilleman (1919–2005)', *The Embryo Project Encyclopedia* [Online], 2017.

25 A.E. Jerse et al., 'Vaccines against gonorrhea: Current status and future challenges', *Vaccine*, 32, 2014, 1,579–87.

## 第6章 死于贫民窟

1 H. Southall, 'A Vision of Britain Through Time: 1801 Census', 2017, http://www.visionofbritain.org.uk/census/GB1801ABS_1/1 (accessed 6 July 2021).

2 Anon., *The Economist*, 1848.

3 S. Halliday, 'Duncan of Liverpool: Britain's first Medical Officer', *Journal of Medical Biography*, 11, 2003, 142–9.

4 W. Gratzer, *Terrors of the Table: The Curious History of Nutrition*, Oxford University Press: Oxford, 2005.

5 E. Chadwick, *Report on the Sanitary Conditions of the Labouring Poor of Great Britain*, W.

Clowes & Son: London, 1843, p. 661.
6 S. Halliday, *The Great Filth: The War Against Disease in Victorian England*, Sutton Publishing: Stroud, Gloucestershire, UK, 2007.
7 ONS, 'How has life expectancy changed over time?', 2015, https://www.ons.gov.uk/peoplepopulationandcommunity/birthsdeathsandma rriages/lifeexpectancies/articles/howhaslifeexpectancychangedovert ime/2015-09-09 (accessed 6 July 2021).
8 S. Bance, 'The "hospital and cemetery of Ireland": The Irish and Disease in Nineteenth-Century Liverpool', 2014, https://warwick.ac.uk/fac/arts/history/chm/outreach/migration/backgroundreading/disease (accessed 6 July 2021).
9 A. Karlins, 'Kitty Wilkinson-"Saint of the Slums"', 2015, http://www. theheroinecollective.com/kitty-wilkinson-saint-of-the-slums/ (accessed 6 July 2021).
10 K. Youngdahl, 'Typhus, War, and Vaccines', 2016, https://www.historyofvaccines. org/content/blog/typhus-war-and-vaccines (accessed 6 July 2021).
11 A. Allen, *The Fantastic Laboratory of Dr. Weigl: How Two Brave Scientists Battled Typhus and Sabotaged the Nazis*, W.W. Norton: London, 2015.
12 H.R. Cox and E.J. Bell, 'Epidemic and Endemic Typhus: Protective Value for Guinea Pigs of Vaccines Prepared from Infected Tissues of the Developing Chick Embryo', *Public Health Reports (1896–1970)*, 55, 1940, 110–15.
13 同 6。
14 B.E. Mahon et al., 'Effectiveness of typhoid vaccination in US travelers', *Vaccine*, 32, 2014, 3,577–9.

## 第 7 章 蓝死病

1 Centers for Disease Control and Prevention, 'Cholera in Haiti', 2021, https://www.cdc.gov/cholera/haiti/ (accessed 6 July 2021).
2 S.J. Snow, 'Commentary: Sutherland, Snow and water: the transmission of cholera in the nineteenth century', *International Journal of Epidemiology*, 31, 2002, 908–11.
3 S. Almagro-Moreno et al., 'Intestinal Colonization Dynamics of Vibrio cholerae', *PLoS Pathogens*, 11, 2015.
4 S.N. De et al., 'An experimental study of the action of cholera toxin', *Journal of Pathology and Bacteriology*, 63, 1951, 707–17.
5 S.N. De and D.N. Chatterje, 'An experimental study of the mechanism of action of Vibriod cholerae on the intestinal mucous membrane', *Journal of Pathology and Bacteriology*, 66, 1953, 559–62.
6 K. Bharati and N.K. Ganguly, 'Cholera toxin: A paradigm of a multifunctional protein', *Indian Journal of Medical Research*, 133, 2011, 179–87.
7 P.K. Gilbert, 'On Cholera in Nineteenth-Century England', *BRANCH:Britain, Representation and Nineteenth-Century History* [Online], 2012, http://www.branchcollective.org/?ps_

articles=pam ela-k-gilberton-cholera-in-nineteenth-century-england (accessed 24 November 2020).

8 M. Pelling, *Cholera, Fever and English Medicine, 1825–1865*, Clarendon Press: Wotton-under-Edge, 1978, pp. 4–5.

9 同 2。

10 Royal College of Physicians of London, ‘Report of the General Board of Health on the Epidemic Cholera of 1848 and 1849’, *British and Foreign Medico-Chirurgical Review*, 1851, 1–40.

11 同 2。

12 J. Snow, *On the Mode of Communication of Cholera*, John Churchill: London, 1849.

13 同 2。

14 S. Garfield, *On the Map*, Profile Books: London, 2012.

15 同 12。

16 同 12。

17 R.R. Frerichs, ‘Reverend Henry Whitehead’, 2019, https://www.ph.ucla. edu/epi/snow/whitehead.html (accessed 6 July 2021).

18 H. Whitehead, *Special investigation of Broad Street*, 1854.

19 R.R. Frerichs, ‘Birth and Death Cerificates of Index Case’, 2019, https://www.ph.ucla.edu/epi/snow/indexcase2.html (accessed 6 July 2021).

20 F. Pacini, ‘Osservazioni microscopiche e deduzioni patologiche sul cholera asiatico’, *Gazzetta Medica Italiana: Toscana*, 4, 1854, 397–401, 405–12.

21 M. Bentivoglio and P. Pacini, ‘Filippo Pacini: A Determined Observer’, *Brain Research Bulletin*, 38, 1995, 161–5.

22 N. Howard-Jones, ‘Robert Koch and the cholera vibrio: a centenary’, *BMJ*, 288, 1984, 379–81.

23 同上。

24 Centers for Disease Control and Prevention, ‘Cholera-Vibrio cholerae infection. Treatment’, 2018.

## 第 8 章　分娩

1 C. Niemitz, ‘The evolution of the upright posture and gait-a review and a new synthesis’, *Naturwissenschaften*, 97, 2010, 241–63.

2 L. Brock, ‘Newborn horse stands up for the first time’, 2011, https://www.youtube.com/watch?v=g1Qc28PfKpU (accessed 6 July 2021).

3 P.M. Dunn, ‘The Chamberlen family (1560–1728) and obstetric forceps’, *Archives of Disease in Childhood – Fetal and Neonatal Edition*, 81, 1999, F232–F234.

4 D. Pearce, ‘Charles Delucena Meigs (1792–1869)’, 2018, https://www. general-anaesthesia.com/people/charlesdelucenameigs.html (accessed 6 July 2021).

5 I. Loudon, *The Tragedy of Childbed Fever*, Oxford University Press: Oxford, 2000.

6 P.M. Dunn, 'Dr Alexander Gordon (1752–99) and contagious puerperal fever', *Archives of Disease in Childhood*, 78, 1998, F232–F233.

7 O. Holmes, 'On the contagiousness of puerperal fever', *New England Quarterly Journal of Medicine and Surgery*, 1, 1842, 503–30.

8 E.P. Hoyt, *Improper Bostonian: Dr. Oliver Wendell Holmes*, William Morrow & Co: New York, 1979.

9 I. Semmelweis, *The Etiology, Concept, and Prophylaxis of Childbed Fever*, 1861.

10 同 5。

11 S. Halliday, *The Great Filth: The War Against Disease in Victorian England*, Sutton Publishing: Stroud, Gloucestershire, 2007.

## 第 9 章　致命的动物

1 CBS News, 'The 20 Deadliest Animals on Earth', 2020, https://www. cbsnews.com/pictures/the-20-deadliest-animals-on-earth-ranked/(accessed 15 June 2020).

2 H. Ritchie and M. Roser, 'Our World in Data: Deaths by Animal', 2018, https://ourworldindata.org/causes-of-death#deaths-by-animal (accessed 15 June 2020).

3 J. Flegr et al., 'Toxoplasmosis-a global threat: Correlation of latent toxoplasmosis with specific disease burden in a set of 88 countries', *PLoS One*, 9, 2014, e90203.

4 G. Desmonts and J. Couvreur, 'Congenital toxoplasmosis: A prospective study of 378 pregnancies', *New England Journal of Medicine*, 290, 1974, 1,110–16.

5 Centers for Disease Control and Prevention, 'Parasites-Guinea Worm: Biology', 2015, https://www.cdc.gov/parasites/guineaworm/biology.html (accessed 6 July 2021).

6 The Carter Center, 'Guinea Worm Eradication Program', 2021, https://www.cartercenter.org/health/guinea_worm/index.html (accessed 6 July 2021).

7 World Health Organization, 'Dracunculiasis eradication: global surveillance summary, 2020', 2021, https://www.who.int/dracunculia sis/eradication/en (accessed 6 July 2021).

8 同上。

9 World Health Organization, 'Dengue and severe dengue', 2021, https://www.who.int/news-room/fact-sheets/detail/dengue-and-severedengue (accessed 6 July 2021).

10 Centers for Disease Control and Prevention, 'Yellow Fever', 2018, https://www.cdc.gov/globalhealth/newsroom/topics/yellowfever/index.html (accessed 16 June 2020).

11 World Health Organization, 'Yellow Fever', 2019, https://www.who.int/news-room/fact-sheets/detail/yellow-fever (accessed 6 July 2021).

12 P.H. Futcher, 'Notes on Insect Contagion', *Bulletin of the Institute of the History of Medicine*, 4, 1936, 536–58.

13 B.S. Kakkilaya, 'Malaria Site. Journey of Scientific Discoveries', 2015, https://www.malariasite.com/history-science/ (accessed 26 June 2020).

14 E. Pongponratn et al., 'An ultrastructural study of the brain in fatal Plasmodium falciparum malaria', *American Journal of Tropical Medicine and Hygiene*, 69, 2003, 345–59.

15 Institute of Medicine (US) Committee on the Economics of Antimalarial Drugs, 'The Parasite, the Mosquito, and the Disease', in *Saving Lives, Buying Time: Economics of Malaria Drugs in an Age of Resistance*, ed. K.J. Arrow, C. Panosian and H. Gelband, National Academies Press: Washington, DC, 2004, pp. 136–67.

16 Centers for Disease Control and Prevention, 'Malaria Disease', 2019, https://www.cdc.gov/malaria/about/disease.html (accessed 18 June 2020).

17 F.E.G. Cox, 'History of the discovery of the malaria parasites and their vectors', *Parasites & Vectors*, 3, 2010, 5.

18 Institute of Medicine (US) Committee on the Economics of Antimalarial Drugs, 'A Brief History of Malaria', in *Saving Lives, Buying Time*, pp. 136–67.

19 E. Faerstein and W. Winkelstein, Jr., 'Carlos Juan Finlay: Rejected, Respected, and Right', *Epidemiology*, 21, 2010.

20 UNESCO, 'Biography of Carlos J. Finlay', 2017, http://www.unesco. org/new/en/natural-sciences/science-technology/basic-sciences/lifesciences/carlos-j-finlay-unesco-prize-for-microbiology/biography/(accessed 24 June 2020).

21 A.N. Clements and R.E. Harbach, 'History of the discovery of the mode of transmission of yellow fever virus', *Journal of Vector Ecology*, 2017, 42, 208–22.

22 同上。

23 同上。

24 W. Reed et al., 'Experimental yellow fever', *Transactions of the Association of American Physicians*, 1901, 16, 45–71.

25 W.L. Craddock, 'The Achievements of William Crawford Gorgas', *Military Medicine*, 1997, 162, 325–7.

26 D. McCullough, *The Path Between the Seas: The Creation of the Panama Canal, 1870–1914*, Simon & Schuster: New York, 1977.

27 P.D. Curtin, *Death by Migration: Europe's Encounter with the Tropical World in the Nineteenth Century*, Cambridge University Press: Cambridge, 2008.

28 R. Carter and K.N. Mendis, 'Evolutionary and historical aspects of the burden of malaria', *Clinical Microbiology Reviews*, 2002, 15, 564–94.

29 J. Whitfield, 'Portrait of a serial killer', *Nature* [Online], 2002. https://doi.org/10.1038/news021001-6 (accessed 3 October 2002).

30 C. Shiff, 'Integrated approach to malaria control', *Clinical Microbiology Reviews*, 2002, 15, 278–93.

31 B. Greenwood and T. Mutabingwa, 'Malaria in 2002', *Nature*, 2002, 415, 670–2.

32 同上。

33 同 18。

34 同 18。

35 R.L. Miller et al., 'Diagnosis of Plasmodium Falciparum Infections in Mummies Using the Rapid Manual Parasight (TM)-F Test', *Transactions of the Royal Society of Tropical Medicine and Hygiene*, 1994, 88, 31–2.

36 同 28。

37 W. Liu et al., 'Origin of the human malaria parasite Plasmodium falciparum in gorillas', *Nature*, 2010, 467, 420–5.

38 D.E. Loy et al., 'Out of Africa: origins and evolution of the human malaria parasites Plasmodium falciparum and Plasmodium vivax', *International Journal for Parasitology*, 2017, 47, 87–97.

39 G. Höher et al., 'Molecular basis of the Duffy blood group system', *Blood Transfusion*, 2018, 16, 93–100.

40 G.B. de Carvalho and G.B. de Carvalho, 'Duffy Blood Group System and the malaria adaptation process in humans', *Revista Brasileira de Hematologia e Hemoterapia*, 2011, 33, 55–64.

41 R.E. Howes et al., 'The global distribution of the Duffy blood group', *Nature Communications*, 2011, 2, 266.

42 同上。

42 M.T. Hamblin and A. Di Rienzo, 'Detection of the signature of natural selection in humans: evidence from the Duffy blood group locus', *American Journal of Human Genetics*, 2000, 66, 1,669–79.

43 W. Liu et al., 'African origin of the malaria parasite Plasmodium vivax', *Nature Communications*, 2014, 5, 3,346.

44 F. Prugnolle et al., 'Diversity, host switching and evolution of *Plasmodium vivax* infecting African great apes', *Proceedings of the National Academy of Sciences of the USA*, 2013, 110, 8,123–8.

45 A. Demogines et al., 'Species-specific features of DARC, the primate receptor for Plasmodium vivax and Plasmodium knowlesi', *Molecular Biology and Evolution*, 2012, 29, 445–9.

46 A. Zijlstra and J.P. Quigley, 'The DARC side of metastasis: Shining a light on KAI1-mediated metastasis suppression in the vascular tunnel', *Cancer Cell*, 2006, 10, 177–8.

47 X.-F. Liu et al., 'Correlation between Duffy blood group phenotype and breast cancer incidence', *BMC Cancer*, 2012, 12, 374–9.

48 K. Horne and I.J. Woolley, 'Shedding light on DARC: the role of the Duffy antigen/receptor for chemokines in inflammation, infection and malignancy', *Inflammation Research*, 2009, 58, 431–5.

49 G.J. Kato et al., 'Sickle cell disease', *Nature Reviews Disease Primers*, 2018, 4, 18,010.

50 Centers for Disease Control and Prevention, 'Elimination of Malaria in the United States (1947–1951)', 2018, https://www.cdc.gov/malaria/about/history/elimination_us.html (accessed 6 July 2021).

51 Centers for Disease Control and Prevention, 'Malaria's Impact Worldwide', 2021, https://

www.cdc.gov/malaria/malaria_worldwide/impact.html (accessed 6 July 2021).

52 M. Wadman, 'Malaria vaccine achieves striking early success', *Science*, 2021, 372, 448.

53 M. Scudellari, 'Self-destructing mosquitoes and sterilized rodents: the promise of gene drives', *Nature*, 2019, 571, 160–2.

54 S. James et al., 'Pathway to Deployment of Gene Drive Mosquitoes as a Potential Biocontrol Tool for Elimination of Malaria in Sub-Saharan Africa: Recommendations of a Scientific Working Group', *American Journal of Tropical Medicine and Hygiene* 2018, 98, 1–49.

55 E. Waltz, 'First genetically modified mosquitoes released in the United States', *Nature*, 2021, 593, 175–6.

56 R.G.A. Feachem et al., 'Malaria eradication within a generation: ambitious, achievable, and necessary', *The Lancet*, 2019, 394, 1,056–112.

## 第 10 章　魔弹

1 R. Woods and P.R.A. Hinde, 'Mortality in Victorian England: Models and Patterns', *Journal of Interdisciplinary History*, 1987, 18, 27–54.

2 R.W. Fogel, *The Escape from Hunger and Premature Death, 1700–2100: Europe, America, and the Third World*, Cambridge University Press: Cambridge, 2004.

3 F. Bosch and L. Rosich, 'The contributions of Paul Ehrlich to pharmacology: A tribute on the occasion of the centenary of his Nobel Prize', *Pharmacology*, 2008, 82, 171–9.

4 S. Riethmiller, 'From Atoxyl to Salvarsan: Searching for the magic bullet', *Chemotherapy*, 2005, 51, 234–42.

5 F.R. Schaudinn and E. Hoffmann, 'Vorläufiger Bericht über das Vorkommen von Spirochaeten in syphilitischen Krankheitsprodukten und bei Papillomen' [Preliminary report on the occurrence of Spirochaetes in syphilitic chancres and papillomas], *Arbeiten aus dem Kaiserlichen Gesundheitsamte*, 1905, 22, 527–34.

6 同 4。

7 J. Mann, *The Elusive Magic Bullet: The Search for the Perfect Drug*, Oxford University Press: New York, 1999.

## 第三篇　人如其食

1 E. Jenner, 'An Inquiry into the Causes and Effects of Variolæ Vaccinæ ', Samuel Cooley, 1798.

## 第 11 章　汉塞尔与格蕾特

1 T.R. Malthus, 'An Essay on the Principle of Population As It Affects the Future Improvement of Society, with Remarks on the Speculations of Mr. Goodwin, M. Condorcet and Other

Writers', 1st edn, J. Johnson in St. Paul's Churchyard: London, 1798.

2 G. Alfani and C. Ó Gráda, 'The timing and causes of famines in Europe', *Nature Sustainability*, 2018, 1, 283–8.

3 同上。

4 同上。

5 W. Rosen, *The Third Horseman: A Story of Weather, War, and the Famine History Forgot*, Penguin, 2015.

6 C.S. Witham and C. Oppenheimer, 'Mortality in England during the 1783–4 Laki Craters eruption', *Bulletin of Volcanology*, 2004, 67, 15–26.

7 T. Thordarson and S. Self, 'The Laki (Skaftar-Fires) and Grimsvotn Eruptions in 1783–1785', *Bulletin of Volcanology*, 1993, 55, 233–63.

8 T. Thordarson and S. Self, 'Atmospheric and environmental effects of the 1783–1784 Laki eruption: A review and reassessment', *Journal of Geophysical Research: Atmospheres*, 2003, 108.

9 L. Oman et al., 'High-latitude eruptions cast shadow over the African monsoon and the flow of the Nile', *Geophysical Research Letters*, 2006, 33, L18711.

10 C. Ó Gráda, *Famine: A Short History*, Princeton University Press: Princeton, USA, 2009.

11 T. Vorstenbosch et al., 'Famine food of vegetal origin consumed in the Netherlands during World War II', *Journal of Ethnobiology and Ethnomedicine*, 2017, 13.

12 W.W. Farris, *Japan to 1600: A Social and Economic History*, University of Hawaii Press, 2009.

13 J. Aberth, *From the Brink of the Apocalypse: Confronting Famine, War, Plague, and Death in the Later Middle Ages*, Routledge, 2000.

14 A. Keys et al., *The Biology of Human Starvation*, University of Minnesota Press, 1950.

15 L.M. Kalm and R.D. Semba, 'They Starved So That Others Be Better Fed: Remembering Ancel Keys and the Minnesota Experiment', *The Journal of Nutrition*, 2005, 135, 1,347–52.

16 同上。

17 同 11。

18 D.R. Curtis and J. Dijkman, 'The escape from famine in the Northern Netherlands: a reconsideration using the 1690s harvest failures and a broader Northwest European perspective', *The Seventeenth Century*, 2017, 1–30.

19 J. Hearfield, 'Roads in the 18th Century', 2012, http://www.johnhearfi eld.com/History/Roads.htm.

20 Anon, 'Friendly advice to the industrious poor: Receipts for making soups', s.n.: England, 1790.

21 A. Smith, 'An Inquiry into the Nature and Causes of the Wealth of Nations', Strahan & Cadell: London, 1776.

22 A. Sen, *Poverty and Famines: An Essay on Entitlement and Depravation*, Oxford University Press: USA, 1990.

23 A. Sen, *Development as Freedom*, Alfred Knopf: New York, 1999.
24 W.L.S. Churchill, in *The World Crisis*, New York Free Press, 1931, p. 686.
25 G. Kennedy, 'Intelligence and the Blockade, 1914–17: A Study in Administration, Friction and Command', *Intelligence and National Security*, 2007, 22, 699–721.
26 D.A. Janicki, 'The British Blockade During World War I: The Weapon of Deprivation', *Inquiries Journal/Student Pulse* [Online], 2014. http://www.inquiriesjournal.com/a?id=899 (accessed 11 May 2018).
27 I. Zweiniger-Bargielowska et al., *Food and War in Twentieth Century Europe*, Burlington: Ashgate Publishing Limited, 2001, p. 15.
28 I. Materna and W. Gottschalk, *Geschichte Berlins von den Anfängen bis 1945*, Dietz Verlag Berlin, 1987, p. 540.
29 W. Philpott, *War of Attrition: Fighting the First World War*, Overlook Press, 2014.
30 W. Van Der Kloot, 'Ernst Starling's Analysis of the Energy Balance of the German People During the Blockade 1914–1919', *Notes and Records of the Royal Society of London*, 2003, 57, 189–90.
31 H. Strachan, 'The First World War', in *The First World War*, Penguin: New York, 2005, p. 215.
32 C.P. Vincent, *The Politics of Hunger: The Allied Blockade of Germany, 1915–1919*, Ohio University Press, 1986.
33 L. Grebler, 'The Cost of the World War to Germany and Austria-Hungary', in *The Cost of the World War to Germany and Austria-Hungary*, Yale University Press, 1940, p. 78.
34 M.E. Cox, 'Hunger games: or how the Allied blockade in the First World War deprived German children of nutrition, and Allied food aid subsequently saved them', *Economic History Review*, 2015, 68, 600–31.
35 C.E. Strickland, 'American aid to Germany, 1919 to 1921', *Wisconsin Magazine of History*, 1962, 45, 256–70.
36 V.J.B. Martins et al., 'Long-Lasting Effects of Undernutrition', *International Journal of Environmental Research and Public Health*, 2011, 8, 1,817–46.
37 D.J.P. Barker, 'Maternal nutrition, fetal nutrition, and disease in later life', *Nutrition*, 1997, 13, 807–13.
38 L.H. Lumey et al., 'Association between type 2 diabetes and prenatal exposure to the Ukraine famine of 1932–33: a retrospective cohort study', *Lancet Diabetes & Endocrinology*, 2015, 3, 787–94.
39 L.H. Lumey et al., 'Prenatal Famine and Adult Health', in *Annual Review of Public Health*, Vol. 32, ed. J.E. Fielding, R.C. Brownson and L.W. Green, Annual Reviews: Palo Alto, 2011, pp. 237–62.
40 D. Wiesmann, 'A global hunger index: measurement concept, ranking of countries, and trends', *FCND discussion papers*, International Food Policy Research Institute (IFPRI), 2006, 212.
41 A. Rice, 'The Peanut Solution', *New York Times Magazine*, 2010.

## 第12章 大航海时代的发现


1 R.W. Fogel, *The Escape from Hunger and Premature Death, 1700–2100: Europe, America, and the Third World*, Cambridge University Press: Cambridge, 2004.

2 同上。

3 G.J. Mulder, 'Ueber die Zusammensetzung einiger thierischen Substanzen', *Journal für praktische Chemie*, 1839, 16, 129.

4 J.F. von Liebig and W. Gregory, *Researches on the chemistry of food, and the motion of the juices in the animal body*, Taylor & Wharton: London, 1848.

5 J. Sire de Joinville, *Histoire de Saint-Louis écrite par son compagnon d'armes le Sire de Joinville*, Paris, 2006.

6 W. Gratzer, *Terrors of the Table: The Curious History of Nutrition*, Oxford University Press: Oxford, 2005.

7 J. Lind, *A Treatise on the Scurvy in Three Parts*, Sands, Murray and Cochran for A. Kincaid and A. Donaldson: Edinburgh, 1753.

8 同上。

9 同上。

10 M. Bartholomew, 'James Lind's Treatise of the Scurvy (1753)', *Postgraduate Medical Journal*, 2002, 78, 695–6.

11 D.I. Harvie, *Limey: The Conquest of Scurvy*, Sutton Publishing: Stroud, 2002.

12 K.J. Carpenter, 'The Discovery of Vitamin C', *Annals of Nutrition & Metabolism*, 2012, 61, 259–64.

13 A. Cherry-Garrard, *The Worst Journey in the World*, Vintage: London, 2010.

14 K.J. Carpenter et al., 'Experiments That Changed Nutritional Thinking', *Nutrition*, 1997, 127, 1017S–1053S.

15 L.R. McDowell, *Vitamin History, the Early Years*, First Edition Design Publishing: Sarasota, FL, 2013.

16 Y. Sugiyama and A. Seita, 'Kanehiro Takaki and the control of beriberi in the Japanese Navy', *Journal of the Royal Society of Medicine*, 2013, 106, 332–4.

17 同 12。

18 A. Holst and T. Frolich, 'Experimental studies relating to ship-beri-beri and scurvy', *Journal of Hygiene*, 1907, 7, 634–71.

19 G. Drouin et al., 'The Genetics of Vitamin C Loss in Vertebrates', *Current Genomics*, 2011, 12, 371–8.

20 同 15。

21 World Health Organization, 'Investing in the future: A united call to action on vitamin and mineral deficiencies', 2009. https://www. who.int/vmnis/publications/investing_in_the_future.pdf (accessed 17 Sept 2021).

22 H. Ritchie and M. Roser, 'Micronutrient Deficiency', 2019. https://ourworldindata.org.

23 Centers for Disease Control and Prevention, 'Micronutrients', 2021, https://www.cdc.gov/nutrition/micronutrient-malnutrition/index.html (accessed 6 July 2021).

## 第13章 维纳斯的身体

1 World Health Organization, 'Overweight and Obesity', 2019. https://www.who.int/gho/ncd/risk_factors/overweight/en/.
2 R.W. Fogel, *The Escape from Hunger and Premature Death, 1700–2100: Europe, America, and the Third World*, Cambridge University Press: Cambridge, 2004.
3 G. Eknoyan, 'A history of obesity, or how what was good became ugly and then bad', *Advances in Chronic Kidney Disease*, 2006, 13, 421–7.
4 C.Y. Ye et al., 'Decreased Bone Mineral Density Is an Independent Predictor for the Development of Atherosclerosis: A Systematic Review and Meta-Analysis', *PLoS One*, 2016, 11.
5 同 1。
6 World Population Review, 'Kuwait Population 2019', 2019. http://worldpopulationreview.com/countries/kuwait-population (accessed 6 July 2021).
7 S. Al Sabah et al., 'Results from the first Kuwait National Bariatric Surgery Report', *BMC Surgery*, 2020, 20, 292.
8 H. Leow, 'Kuwait', 2019. https://www.everyculture.com/Ja-Ma/Kuw ait.html.
9 World Health Organization, 'Obesity', 2021. https://www.who.int/topics/obesity/en/ (accessed 6 July 2021).
10 A.J. Zemski et al., 'Body composition characteristics of elite Australian rugby union athletes according to playing position and ethnicity', *Journal of Sports Sciences*, 2015, 33, 970–8.
11 A.J. Zemski et al., 'Differences in visceral adipose tissue and biochemical cardiometabolic risk markers in elite rugby union athletes of Caucasian and Polynesian descent', *European Journal of Sport Science*, 2020, 20, 691–702.
12 J.S. Friedlaender et al., 'The genetic structure of Pacific islanders', *PLoS Genetics*, 2008, 4.
13 J.M. Diamond, 'The double puzzle of diabetes', *Nature*, 2003, 423, 599–602.
14 J.V. Neel, 'Diabetes Mellitus-A Thrifty Genotype Rendered Detrimental by Progress', *American Journal of Human Genetics*, 1962, 14, 353–362.
15 J.R. Speakman, 'Thrifty genes for obesity, an attractive but flawed idea, and an alternative perspective: the "drifty gene" hypothesis', *International Journal of Obesity*, 2008, 32, 1,611–17.
16 A. Qasim et al., 'On the origin of obesity: identifying the biological, environmental and cultural drivers of genetic risk among human populations', *Obesity Reviews*, 2018, 19, 121–49.
17 R.L. Minster et al., 'A thrifty variant in CREBRF strongly influences body mass index in Samoans', *Nature Genetics*, 2016, 48, 1,049–54.

18 D. Hart and R.W. Sussman, 'Man the Hunted: Primates, Predators, and Human Evolution', Westview Press: Boulder, CO, 2002.
19 Minstero Della Cultura, 'Neanderthal, dalla Grotta Guattari al Circeo nuove incredibili scoperte', 2021. https://cultura.gov.it/neanderthal (accessed 17 May 2021).
20 同 16。
21 M. Pigeyre et al., 'Recent progress in genetics, epigenetics and metagenomics unveils the pathophysiology of human obesity', *Clinical Science*, 2016, 130, 943–86.
22 C.W. Kuzawa, 'Adipose tissue in human infancy and childhood: An evolutionary perspective', in *Yearbook of Physical Anthropology*, Vol.41, ed. C. Ruff, 1998, Wiley-Liss, Inc: New York, 1998, pp. 177–209.
23 C.M. Kitahara et al., 'Association between Class III Obesity (BMI of 40–59 kg/m(2)) and Mortality: A Pooled Analysis of 20 Prospective Studies', *Plos Medicine*, 2014, 11.
24 B. Lauby-Secretan et al., 'Body Fatness and Cancer-Viewpoint of the IARC Working Group', *New England Journal of Medicine*, 2016, 375, 794–8.
25 C.P. Kovesdy et al., 'Obesity and Kidney Disease: Hidden Consequences of the Epidemic', *Canadian Journal of Kidney Health and Disease*, 2017, 4, 2054358117698669-2054358117698669.
26 W.L. Xu et al., 'Midlife overweight and obesity increase late-life dementia risk: A population-based twin study', *Neurology*, 2011, 76, 1,568–74.
27 N.H. Lents, 'Maladaptive By-Product Hypothesis', in *Encyclopedia of Evolutionary Psychological Science*, ed. T.K. Shackelford and V.A. Weekes-Shackelford, Springer International Publishing: Cham, Switzerland, 2019, pp. 1–6.
28 P.A.S. Breslin, 'An Evolutionary Perspective on Food and Human Taste', *Current Biology*, 2013, 23, R409–R418.
29 P.L. Balaresque et al., 'Challenges in human genetic diversity: demographic history and adaptation', *Human Molecular Genetics*, 2007, 16, R134–R139.
30 E. McFadden et al., 'The Relationship Between Obesity and Exposure to Light at Night: Cross-Sectional Analyses of Over 100,000 Women in the Breakthrough Generations Study', *American Journal of Epidemiology*, 2014, 180, 245–50.
31 J. Theorell-Haglow et al., 'Both habitual short sleepers and long sleepers are at greater risk of obesity: a population-based 10-year follow-up in women', *Sleep Medicine*, 2014, 15, 1204–11.
32 J. Wheelwright, 'From Diabetes to Athlete's Foot, Our Bodies Are Maladapted for Modern Life', 2015. https://www.discovermagazine. com/the-sciences/from-diabetes-to-athletes-foot-our-bodies-aremal adapted-for-modern-life (accessed 6 July 2021).
33 New England Centenarian Study, 'Why Study Centenarians? An Overview', 2019. https://www.bumc.bu.edu/centenarian/overview/(accessed 6 July 2021).
34 B.J. Willcox et al., 'Demographic, phenotypic, and genetic characteristics of centenarians in Okinawa and Japan: Part 1-centenarians in Okinawa', *Mechanisms of Ageing and Development*, 2017, 165, 75–9.
35 Okinawa Research Center for Longevity Science, 'The Okinawa Centenarian Study', 2019.

https://www.orcls.net/ocs.
36 B. Schumacher et al., 'The central role of DNA damage in the ageing process', *Nature*, 2021, 592, 695–703.
37 B.J. Willcox et al., 'Caloric restriction, the traditional Okinawan diet, and healthy aging-The diet of the world's longest-lived people and its potential impact on morbidity and life span', in *Healthy Aging and Longevity*, Vol. 1,114, ed. N.J. Weller and S.I.S. Rattan, Wiley-Blackwell: Malden, 2007, pp. 434–55.
38 L. Fontana et al., 'Extending Healthy Life Span-From Yeast to Humans', *Science*, 2010, 328, 321–6.
39 S.Z. Yanovski and J.A. Yanovski, 'Long-term Drug Treatment for Obesity: A Systematic and Clinical Review', *Journal of the American Medical Association*, 2014, 311, 74–86.
40 National Institute of Diabetes and Digestive and Kidney Diseases, 'Prescription Medications to Treat Overweight and Obesity', 2021. https://www.niddk.nih.gov/healthinformation/weight-management/prescription-medications-treatoverweight-obesity (accessed 17 February 2021).
41 J.P.H. Wilding et al., 'Once-Weekly Semaglutide in Adults with Overweight or Obesity', *New England Journal of Medicine*, 2021.

## 第四篇　致命的遗传

1 L. Pasteur, 'Germ Theory and Its Applications to Medicine and Surgery', *Comptes Rendus de l' Academie des Sciences* 1878, 86, 1037–43.

## 第 14 章　伍迪 · 格思里和委内瑞拉的金发天使

1 A. Lange and G.B. Müller, 'Polydactyly in Development, Inheritance, and Evolution', *Quarterly Review of Biology*, 2017, 92, 1–38.
2 J. Klein, *Woody Guthrie: A Life*, Dell Publishing/Random House, Inc.: New York, 1980.
3 Woody Guthrie, 'This Land is Your Land', 1944, https://www.youtube. com/watch?v=wxiMrvDbq3s (accessed 6 July 2021).
4 K.B. Bhattacharyya, 'The story of George Huntington and his disease', *Annals of Indian Academy of Neurology*, 2016, 19, 25–8.
5 G. Huntington 'On Chorea', *Medical and Surgical Reporter of Philadelphia*, 1872, 26, 317–21.
6 J. Huddleston and E.E. Eichler, 'An Incomplete Understanding of Human Genetic Variation', *Genetics*, 2016, 202, 1,251–4.
7 Genomes Project Consortium, 'A global reference for human genetic variation', *Nature*, 2015, 526, 68–74.
8 G. Mendel, 'Versuche über Pflanzenhybriden', *Verhandlungen des naturforschenden Vereines in Brünn*, 1866, IV, 3–47.

9 R. Marantz Henig, *The Monk in the Garden: The Lost and Found Genius of Gregor Mendel, the Father of Genetics*, Houghton Mifflin: Boston, 2001.

10 E.W. Crow and J.F. Crow, '100 Years Ago: Walter Sutton and the Chromosome Theory of Heredity', *Genetics*, 2002, 160, 1–4.

11 C.D. Darlington, 'Meiosis in perspective', *Philosophical Transactions of the Royal Society of London*, 1977, B277, 185–9.

12 N.S. Wexler, 'Huntington's Disease: Advocacy Driving Science', in *Annual Review of Medicine*, Vol. 63, ed. C.T. Caskey, C.P. Austin and J.A. Hoxie, 2012, pp. 1–22.

13 J.F. Gusella et al., 'A Polymorphic DNA Marker Genetically Linked to Huntington's Disease', *Nature*, 1983, 306, 234–8.

14 同 12。

15 F. Saudou and S. Humbert, 'The Biology of Huntingtin', *Neuron*, 2016, 89, 910–26.

16 H. Paulson, 'Repeat expansion diseases', *Handbook of clinical neurology*, 2018, 147, 105–23.

17 M. Jimenez-Sanchez et al., 'Huntington's Disease: Mechanisms of Pathogenesis and Therapeutic Strategies', *Cold Spring Harbor Perspectives in Medicine*, 2017, 7.

18 I. Ionis Pharmaceuticals, 'Ionis Pharmaceuticals Licenses IONIS-HTT Rx to Partner Following Successful Phase 1/2a Study in Patients with Huntington's Disease', 2017. http://ir.ionispharma.com/news-releases/news-release-details/ionis-pharmaceuticals-licenses-ionis-htt-rxpart ner-following (accessed 6 July 2021).

19 D. Kwon, 'Failure of genetic therapies for Huntington's devastates community', *Nature*, 2021, 180, 593.

20 Z. Li et al., 'Allele-selective lowering of mutant HTT protein by HTT–LC3 linker compounds', *Nature*, 2019, 575, 203–9.

21 D. Grady, 'Haunted by a Gene', *New York Times* [Online], 2020. https://www.nytimes.com/2020/03/10/health/huntingtons-disease-wexler.html.

## 第15章 国王的女儿们

1 Genetics Home Reference, 'Fumarase deficiency', 2020. https://ghr.nlm. nih.gov/condition/fumarase-deficiency (accessed 6 July 2021).

2 J. Dougherty, 'Forbidden Fruit', *Phoenix New Times* [Online], 2005. https://www.phoenixnewtimes.com/news/forbidden-fruit-6438448.

3 同上。

4 M. Oswaks, 'Tiny Tombstones: Inside the FLDS Graveyard for Babies Born from Incest', *Vice.com* [Online], 2016. https://www.vice.com/en_us/article/qkgymp/tiny-tombstones-inside-the-flds-graveyard-forbabies-born-from-incest (accessed 17 Sept 2021).

5 同 2。

6 R. Sanchez, 'Fort Knox has nothing on polygamist compound', *Anderson Cooper Blog 360°* [Online], 2006. http://edition.cnn.com/CNN/Programs/anderson.cooper.360/blog/2006/05/

fort-knox-has-nothingon-polygamist.html (accessed 17 Sept 2021).

7 J. Hollenhorst, 'Sex banned until Warren Jeffs' prison walls crumble, FLDS relatives say', 2011. https://www.deseret.com/2011/12/30/20391030/sex-ban ned-until-warren-jeffs-prison-walls-crum ble-flds-relatives-say (accessed 5 July 2021).

8 T.K. Danovich, 'The Forest Hidden Behind the Canyons', 2019. https://www.theringer.com/2019/6/24/18692816/fl ds-short-creek-polygamyfeature (accessed 5 July 2021).

9 L. Yengo et al., 'Extreme inbreeding in a European ancestry sample from the contemporary UK population', *Nature Communications*, 2019, 10.

10 H. Hamamy, 'Consanguineous marriages: Preconception consultation in primary health care settings', *Journal of Community Genetics*, 2012, 3, 185–92.

11 N. Al-Dewik et al., 'Clinical genetics and genomic medicine in Qatar', *Molecular Genetics and Genomic Medicine*, 2018, 6, 702–12.

12 P.K. Joshi et al., 'Directional dominance on stature and cognition in diverse human populations', *Nature*, 2015, 523, 459–62.

13 C.R. Scriver, 'Human genetics: Lessons from Quebec populations', *Annual Review of Genomics and Human Genetics*, 2001, 2, 69–101.

14 A.M. Laberge et al., 'A "Fille du Roy" introduced the T14484C Leber hereditary optic neuropathy mutation in French Canadians', *American Journal of Human Genetics*, 2005, 77, 313–17.

15 N.J.R. Fagundes et al., 'How strong was the bottleneck associated to the peopling of the Americas? New insights from multilocus sequence data', *Genetics and Molecular Biology*, 2018, 41, 206–14.

16 M.N. Leathlobhair et al., 'The evolutionary history of dogs in the Americas', *Science*, 2018, 361, 81–5.

17 Z.Y. Gao et al., 'An Estimate of the Average Number of Recessive Lethal Mutations Carried by Humans', *Genetics*, 2015, 199, 1,243–54.

18 V. Grech et al., 'Unexplained differences in sex ratios at birth in Europe and North America', *British Medical Journal*, 2002, 324, 1,010–11.

19 E.I. Rogaev et al., 'Genotype Analysis Identifies the Cause of the "Royal Disease" ', *Science*, 2009, 326, 817.

20 S.M. Carr, 'Hemophilia in Victoria pedigree', 2012. https://www.mun. ca/biology/scarr/Hemophilia_in_Victoria_pedigree.jpg (accessed 27 May 2020).

21 E.I. Rogaev et al., 'Genomic identification in the historical case of the Nicholas II royal family', *Proceedings of the National Academy of Sciences of the USA*, 2009, 106, 5,258–63.

22 同 19。

## 第 16 章　奥古斯特 · D 的大脑

1 K. Maurer et al., 'Auguste D and Alzheimer's disease', *The Lancet*, 1997, 349, 1,546–9.

2 T.G. Beach, 'The History of Alzheimer's Disease-3 Debates', *Journal of the History of Medicine and Allied Sciences*, 1987, 42, 327–49.
3 同上。
4 R. Katzman, 'Prevalence and Malignancy of Alzheimer Disease-A Major Killer', *Archives of Neurology*, 1976, 33, 217–18.
5 R.H. Swerdlow, 'Pathogenesis of Alzheimer's disease', *Clinical Interventions in Aging*, 2007, 2, 347–59.
6 G.G. Glenner and C.W. Wong, 'Alzheimer's disease: Initial report of the purification and characterization of a novel cerebrovascular amyloid protein', *Biochemical and Biophysical Research Communications*, 1984, 120, 885–90.
7 S.N. Chen and G. Parmigiani, 'Meta-analysis of BRCA1 and BRCA2 penetrance', *Journal of Clinical Oncology*, 2007, 25, 1,329–33.
8 M.N. Braskie et al., 'Common Alzheimer's Disease Risk Variant within the CLU Gene Affects White Matter Microstructure in Young Adults', *Journal of Neuroscience*, 2011, 31, 6,764–70.
9 C.C. Liu et al., 'Apolipoprotein E and Alzheimer disease: risk, mechanisms and therapy', *Nature Reviews Neurology*, 2013, 9, 106–18.
10 C.J. Smith et al., 'Putative Survival Advantages in Young Apolipoprotein ε4 Carriers are Associated with Increased Neural Stress', *Journal of Alzheimer's Disease*, 2019, 68, 885–923.
11 M. Wadman, 'James Watson's genome sequenced at high speed', *Nature*, 2008, 452, 788.
12 K.A. Wetterstrand, 'The Cost of Sequencing a Human Genome', 2020. https://www.genome.gov/about-genomics/fact-sheets/Sequencing-Human-Genome-cost (accessed 6 July 2021).
13 M.J. Owen et al., 'Rapid Sequencing-Based Diagnosis of Thiamine Metabolism Dysfunction Syndrome', *New England Journal of Medicine*, 2021, 384, 2,159–61.
14 D. Dimmock et al., 'Project Baby Bear: Rapid precision care incorporating rWGS in 5 California children's hospitals demonstrates improved clinical outcomes and reduced costs of care', *American Journal of Human Genetics*, 2021, 108, 1231–1238.
15 Human Fertilisation and Embryology Authority, 'Pre-implantation genetic diagnosis (PGD)', 2019. https://www.hfea.gov.uk/treatments/embryo-testing-and-treatments-for-disease/pre-implantation-genetic testing-for-monogenic-disorders-pgt-m/ (accessed 6 July 2021).
16 T. Jonsson et al., 'A mutation in APP protects against Alzheimer's disease and age-related cognitive decline', *Nature*, 2012, 488, 96–9.
17 L.S. Wang et al., 'Rarity of the Alzheimer Disease-Protective APP A673T Variant in the United States', *JAMA Neurology*, 2015, 72, 209–16.
18 S.J. van der Lee et al., 'A nonsynonymous mutation in PLCG2 reduces the risk of Alzheimer's disease, dementia with Lewy bodies and frontotemporal dementia, and increases the likelihood of longevity', *Acta Neuropathologica*, 2019, 138, 237–50.
19 E. Evangelou et al., 'Genetic analysis of over 1 million people identifies 535 new loci associated with blood pressure traits', *Nature Genetics*, 2018, 50, 1,412–25.
20 R. Ray et al., 'Nicotine Dependence Pharmacogenetics: Role of Genetic Variation in Nicotine-

Metabolizing Enzymes', *Journal of Neurogenetics*, 2009, 23, 252–61.
21 G. Alanis-Lobato et al., 'Frequent loss-of-heterozygosity in CRISPRCas9-edited early human embryos', *Proceedings of the National Academy of Sciences*, 2021, 202004832.
22 D. Cyranoski, 'Russian "CRISPR-baby" scientist has started editing genes in human eggs with goal of altering deaf gene', *Nature*, 2019, 574, 465–6.
23 R. Stein, 'Gene-Edited "Supercells" Make Progress in Fight Against Sickle Cell Disease', *Shots: Health News from NPR* [Online], 2019. https://www.npr.org/sections/health-shots/2019/11/19/780510277/ geneedited-supercells-make-progress-in-fight-against-sickle-cell-disease.
24 McKusick-Nathans Institute of Genetic Medicine, 'Online Mendelian Inheritance in Man, OMIM®', 2021. https://www.omim.org (accessed 6 July 2021).
25 L. Yengo et al., 'Meta-analysis of genome-wide association studies for height and body mass index in ~700,000 individuals of European ancestry', *Human Molecular Genetics* 2018, 27, 3,641–9.
26 J.E. Savage et al., 'Genome-wide association meta-analysis in 269,867 individuals identifies new genetic and functional links to intelligence', *Nature Genetics*, 2018, 50, 912–19.

## 第 17 章　未生已逝

1 J.L.H. Down, 'Observations on an ethnic classification of idiots', *Clinical Lecture Reports, London Hospital*, 1866, 3, 259–62.
2 N. Howard-Jones, 'On the diagnostic term "Down's disease"', *Medical History*, 1979, 23, 102–4.
3 G. Allen et al., '"MONGOLISM" ', *The Lancet*, 1961, 277, 775.
4 T. Cavazza et al., 'Parental genome unification is highly error-prone in mammalian embryos', *Cell*, 2021, 2,860–77.
5 P. Cerruti Mainardi, 'Cri du Chat syndrome', *Orphanet Journal of Rare Diseases*, 2006, 1, 33.
6 Five P-Society, 'Five P-Society Home Page', 2020. https://fivepminus. org (accessed 6 July 2021).
7 M. Medina et al., 'Hemizygosity of delta-catenin (CTNND2) is associated with severe mental retardation in cri-du-chat syndrome', *Genomics*, 2000, 63, 157–64.
8 K. Bender, 'Cri du Chat Syndrome (Cry of the Cat)', 2009. http://ji-criduchat.blogspot.com/ (accessed 5 July 2021).
9 K. Oktay et al., 'Fertility Preservation in Women with Turner Syndrome: A Comprehensive Review and Practical Guidelines', *Journal of Pediatric and Adolescent Gynecology*, 2016, 29, 409–16.

## 第五篇 行诸恶行

1 Martin Luther King, *Stride Toward Freedom: The Montgomery Story*, Harper & Brothers: New York, 1958.

## 第 18 章 你不应杀戮

1 'In Africa: The role of East Africa in the evolution of human diversity', 2021. http://in-africa.org/in-africa-project/ (accessed 6 July 2021).
2 M.M. Lahr et al., 'Inter-group violence among early Holocene hunter-gatherers of West Turkana, Kenya', *Nature*, 2016, 529, 394.
3 M.M. Lahr, 'Finding a hunter-gatherer massacre scene that may change history of human warfare', 2016. https://theconversation.com/findinga-hunter-gatherer-massacre-scene-that-may-change-history-of-human warfare-53397 (accessed 6 July 2021).
4 C. Boehm, *Moral Origins: The Evolution of Virtue, Altruism, and Shame*, Basic Books: New York, 2012.
5 同上。
6 L.H. Keeley, *War Before Civilization: The Myth of the Peaceful Savage*, Oxford University Press: Oxford, 1997.
7 M. Roser, 'Ethnographic and Archaeological Evidence on Violent Deaths', 2013. https://ourworldindata.org/ethnographic-and-archaeologicalevidence-on-violent-deaths (accessed 6 July 2021).
8 D.P. Fry and P. Soderberg, 'Lethal Aggression in Mobile Forager Bands and Implications for the Origins of War', *Science*, 2013, 341, 270–3.
9 J.M. Diamond, 'A Longer Chapter, About Many Wars', in *The World Until Yesterday*, Penguin: London, 2012, pp. 129–70.
10 L.W. King, 'The Code of Hammurabi', 2008. http://avalon.law.yale.edu/ancient/hamframe.asp (accessed 6 July 2021).
11 T. Delany, *Social Deviance*, Rowman & Littlefield: Lanham, Maryland, 2017.
12 同上。
13 T. Hobbes, *Leviathan*, 1651.
14 M.K.E. Weber, 'Politik als Beruf', in *Gesammelte Politische Schriften*, Duncker & Humblot: München, 1921, pp. 396–450.
15 J.-J. Rousseau, *The Social Contract*, Penguin: London, 1968.
16 C. Tilly, *Coercion, Capital, and European States, AD 990–1992*, Basil Blackwell: Cambridge, MA, 1992.
17 L. Wade, 'Feeding the gods: Hundreds of skulls reveal massive scale of human sacrifice in Aztec capital', *Science*, 2018, 360, 1,288–92.
18 The World Bank, 'Intentional homicides (per 100 000 people)', 2016. https://data.worldbank.

org/indicator/vc.ihr.psrc.p5.
19 M. Kaldor, *New and Old Wars: Organized Violence in a Global Era*, Polity Press: Cambridge, 2012.
20 World Health Organization, 'Suicide rate estimates, age-standardized Estimates by country', 2021. https://apps.who.int/gho/data/node.main. MHSUICIDEASDR?lang=en (accessed 6 July 2021).
21 World Health Organization, 'Suicide', 2021, https://www.who.int/news-room/fact-sheets/detail/suicide (accessed 6 July 2021).
22 R.H. Seiden, 'Where are they now? A follow-up study of suicide attempters from the Golden Gate Bridge', *Suicide and Life-Threatening Behavior*, 1978, 8, 203–16.
23 同上。
24 Samaritans, 'Our History', 2019. https://www.samaritans.org/aboutsamaritans/our-history/ (accessed 6 July 2021).
25 'Rev. Dr Chad Varah Obituary', *Guardian*, 8 November 2007.
26 Science Museum, 'Telephones Save Lives: The History of the Samaritans', 2018. https://www.sciencemuseum.org.uk/objects-and-stories/telephonessave-lives-history-samaritans.

## 第 19 章 酒精和上瘾

1 M. Moreton, 'The Death of the Russian Village', 2012. https://www. opendemocracy.net/en/odr/death-of-russian-village/ (accessed 7 July 2012).
2 D. Zaridze et al., 'Alcohol and mortality in Russia: prospective observational study of 151 000 adults', *Lancet*, 2014, 383, 1,465–73.
3 L. Harding, 'No country for old men', *Guardian*, 11 February 2008.
4 P. McGovern et al., 'Early Neolithic wine of Georgia in the South Caucasus', *Proceedings of the National Academy of Sciences*, 2017, 114, E10309–E10318.
5 A.G. Reynolds, 'The Grapevine, Viticulture, and Winemaking: A Brief Introduction', in *Grapevine Viruses: Molecular Biology, Diagnostics and Management*, ed. B. Meng, G. Martelli, D. Golino and M. Fuchs, Springer: Cham, Switzerland, 2017.
6 D. Tanasia et al., '1H-1H NMR 2D-TOCSY, ATR FT-IR and SEMEDX for the identification of organic residues on Sicilian prehistoric pottery', *Microchemical Journal* 2017, 135, 140–7.
7 H. Barnard et al., 'Chemical evidence for wine production around 4000 BCE in the Late Chalcolithic Near Eastern highlands', *Journal of Archaeological Science*, 2011, 38, 977–84.
8 M. Cartwright, 'Wine in the Ancient Mediterranean', *Ancient History Encyclopedia* [Online], 2016. https://www.ancient.eu/article/944/.
9 H. Li et al., 'The worlds of wine: Old, new and ancient', *Wine Economics and Policy*, 2018, 7, 178–82.
10 L. Liu et al., 'Fermented beverage and food storage in 13,000 y-old stone mortars at Raqefet Cave, Israel: Investigating Natufian ritual feasting', *Journal of Archaeological Science:*

*Reports*, 2018, 21, 783–93.

11 J.J. Mark, 'Beer', *Ancient History Encyclopedia* [Online], 2018. https://www.ancient.eu/Beer/.

12 M. Denny, *Froth! The Science of Beer*, Johns Hopkins University Press, 2009.

13 Tacitus, *Annals*, New English Library, 1966, p. 19.

14 Velleius Paterculus, *Compendium of Roman History: Res Gestae Divi Augusti*, Vol. II, Loeb, 1924, p. 118.

15 World Population Review, 'Beer Consumption by Country 2020', 2020. https://worldpopulationreview.com/countries/beer-consumption-bycountry/ (accessed April 2020).

16 N. McCarthy, 'Which Countries Drink the Most Wine?', 2020. https://www.statista.com/chart/6402/which-countries-drink-the-most-wine/ (accessed April 2020).

17 J. Conway, 'Global consumption of distilled spirits worldwide by country 2015', 2018 (accessed April 2020).

18 A. Nemtsov, *A Contemporary History of Alcohol in Russia*, Södertörn University: Sweden, 2011.

19 S. Sebag Montefiore, *Stalin: The Court of the Red Tsar*, Orion Publishing Co.: London, 2003.

20 Z. Medvedev, 'Russians dying for a drink', *Times Higher Education*, 1996. https://www.timeshighereducation.com/news/russians-dying-for-a-drink/99996.article (accessed 17 Sept 2019).

21 World Health Organization, 'Alcohol Consumption 2014'. https://www.who.int/substance_abuse/publications/global_alcohol_report/msb_gsr_2014_3.pdf.

22 M.A. Carrigan et al., 'Hominids adapted to metabolize ethanol long before human-directed fermentation', *Proceedings of the National Academy of Sciences of the USA*, 2015, 112, 458–63.

23 H.J. Edenberg, 'The genetics of alcohol metabolism-Role of alcohol dehydrogenase and aldehyde dehydrogenase variants', *Alcohol Research & Health*, 2007, 30, 5–13.

24 T.V. Morozova et al., 'Genetics and genomics of alcohol sensitivity', *Molecular Genetics and Genomics*, 2014, 289, 253–69.

25 Mayo Clinic Staff, 'Alcohol: Weighing risks and potential benefits', 2018. https://www.mayoclinic.org/healthy-lifestyle/nutrition-and-healthyeating/in-depth/alcohol/art-20044551 (accessed 7 July 2021).

26 T. Marugame et al., 'Patterns of alcohol drinking and all-cause mortality: Results from a large-scale population-based cohort study in Japan', *American Journal of Epidemiology*, 2007, 165, 1, 39–46.

27 Alzforum, 'AlzRisk Risk Factor Overview. Alcohol', 2013. http://www. alzrisk.org/riskfactorview.aspx?rfi d=12 (accessed 7 July 2021).

28 J. Case, 'Hubris and the Serpent: The Truth About Rattlesnake Bite Victims', 2019. https://www.territorysupply.com/hubris-truth-about rattlesnake-bite-victims (accessed 7 July 2021).

29 J.P. Bohnsack et al., 'The lncRNA BDNF-AS is an epigenetic regulator in the human amygdala in early onset alcohol use disorders', *Alcoholism: Clinical and Experimental Research*, 2018, 42, 86A.

30 National Cancer Institute, 'Alcohol and Cancer Risk', 2018. https://www.cancer.gov/about-cancer/causes-prevention/risk/alcohol/alcoholfact-sheet (accessed 7 July 2021).
31 World Health Organization, 'Global action plan on alcohol: 1st draft', 2021. https://www.who.int/substance_abuse/facts/alcohol/en (accessed 7 July 2021).
32 M.G. Griswold et al., 'Alcohol use and burden for 195 countries and territories, 1990–2016: a systematic analysis for the Global Burden of Disease Study 2016', *Lancet*, 2018, 392, 1, 15–35.
33 G. Maté, *In the Realm of Hungry Ghosts*, Vermilion: London, 2010.
34 HelpGuide, 'Understanding Addiction', 2021. https://www.helpgu ide.org/harvard/how-addiction-hijacks-the-brain.htm (accessed 7 July 2021).
35 R.A. Wise and M.A. Robble, 'Dopamine and Addiction', *Annual Review of Psychology*, 2020, 71, 79–106.
36 D.J. Nutt et al., 'The dopamine theory of addiction: 40 years of highs and lows', *Nature Reviews Neuroscience*, 2015, 16, 305–12.
37 J.M. Mitchell et al., 'Alcohol consumption induces endogenous opioid release in the human orbitofrontal cortex and nucleus accumbens', *Science Translational Medicine*, 2012, 4, 116ra6.
38 同 33。
39 C.M. Anderson et al., 'Abnormal T2 relaxation time in the cerebellar vermis of adults sexually abused in childhood: potential role of the vermis in stress-enhanced risk for drug abuse', *Psychoneuroendocrinology*, 2002, 27, 231–44.
40 S. Levine and H. Ursin, 'What is Stress?', in *Stress, Neurobiology and Neuroendocrinology*, ed. M.R. Brown, C. Rivier and G. Koob, Marcel Decker: New York, 1991, pp. 3–21.
41 H. Ritchie and M. Roser, 'Drug Use', 2019. https://ourworldindata.org/drug-use (accessed 15 May 2021).
42 D.J. Nutt et al., 'Drug harms in the UK: a multicriteria decision analysis', *Lancet*, 2010, 376, 1,558–65.
43 A. Travis, 'Alcohol worse than ecstasy – drugs chief', *Guardian*, 29 October 2009.
44 M. Tran, 'Government drug adviser David Nutt sacked', *Guardian*, 30 October 2009.
45 同 42。
46 K. Kupferschmidt, 'The Dangerous Professor', *Science*, 2014, 343, 478–81.

## 第 20 章　黑烟熏人

1 C.C. Mann, *1493: Uncovering the New World Columbus Created*, Knopf: New York, 2011.
2 L. Newman et al., 'Global Estimates of the Prevalence and Incidence of Four Curable Sexually Transmitted Infections in 2012 Based on Systematic Review and Global Reporting', *PLoS One*, 2015, 10.
3 R. Lozano et al., 'Global and regional mortality from 235 causes of death for 20 age groups in 1990 and 2010: a systematic analysis for the Global Burden of Disease Study 2010', *Lancet*, 2012, 380, 2,095–128.

4 R.S. Lewis and J.S. Nicholson, 'Aspects of the evolution of Nicotiana tabacum L. and the status of the United States Nicotiana Germplasm Collection', *Genetic Resources and Crop Evolution*, 2007, 54, 727–40.

5 S.J. Henley et al., 'Association between exclusive pipe smoking and mortality from cancer and other diseases', *JNCI: Journal of the National Cancer Institute*, 2004, 96, 853–61.

6 M.C. Stöppler and C.P. Davis, 'Chewing Tobacco (Smokeless Tobacco, Snuff) Center', *MedicineNet* [Online], 2019. https://www.medicinenet. com/smokeless_tobacco/article.htm.

7 CompaniesHistory.com, 'British American Tobacco', 2021. https://www. companieshistory. com/british-american-tobacco/ (accessed 7 July 2021).

8 M. Hilton, *Smoking in British Popular Culture 1800–2000*, Manchester University Press: Manchester, UK, 2000, pp. 1–2.

9 P.M. Fischer et al., 'Brand Logo Recognition by Children Aged 3 to 6 Years-Mickey Mouse and Old Joe the Camel', *JAMA: Journal of the American Medical Association*, 1991, 266, 3,145–8.

10 Associated Press, 'Reynolds will pay $10 million in Joe Camel lawsuit', 1997. https:// usatoday30.usatoday.com/news/smoke/smoke50.htm (accessed 7 July 2021).

11 S. Elliott, 'Joe Camel, a Giant in Tobacco Marketing, Is Dead at 23', *New York Times*, 11 July 1997.

12 I. Gately, *Tobacco: A Cultural History of How an Exotic Plant Seduced Civilization*, Grove Press: New York, 2001.

13 J.A. Dani and D.J.K. Balfour, 'Historical and current perspective on tobacco use and nicotine addiction', *Trends in Neurosciences*, 2011, 34, 383–92.

14 N.L. Benowitz, 'Nicotine Addiction', *New England Journal of Medicine*, 2010, 362, 2,295–303.

15 R. Ray et al., 'Nicotine Dependence Pharmacogenetics: Role of Genetic Variation in Nicotine-Metabolizing Enzymes', *Journal of Neurogenetics*, 2009, 23, 252–61.

16 N. Monardes, *Medicinall historie of things brought from the West Indies*, London, 1580.

17 G. Everard, *Panacea; or the universal medicine, being a discovery of the wonderfull vertues of tobacco*, London, 1659.

18 E. Duncon, *Rules for the preservation of health*, London, 1606.

19 T. Venner, *A briefe and accurate treatise concerning the taking of tobacco*, London, 1637.

20 J. Lizars, *Practical observations on the use and abuse of tobacco*, Edinburgh, 1868.

21 M. Jackson, '"Divine stramonium": the rise and fall of smoking for asthma', *Medical History*, 2010, 54, 171–94.

22 R. Doll and A. Bradford Hill, 'The Mortality of Doctors in Relation to their Smoking Habits: A Preliminary Report', *British Medical Journal*, 1952, 1, 1,451–5.

23 G.P. Pfeifer et al., 'Tobacco smoke carcinogens, DNA damage and p53 mutations in smoking-associated cancers', *Oncogene* 2002, 21, 7,435–51.

24 R. Doll and A. Bradford Hill, 'Smoking and Carcinoma of the Lung-Preliminary Report', *British Medical Journal* 1950, 2, 739–48.

25 D. Wootton, *Bad Medicine: Doctors Doing Harm Since Hippocrates*, Oxford University Press: 2007, p. 127.
26 A.J. Alberg et al., 'The 2014 Surgeon General's Report: Commemorating the 50th Anniversary of the 1964 Report of the Advisory Committee to the US Surgeon General and Updating the Evidence on the Health Consequences of Cigarette Smoking', *American Journal of Epidemiology*, 2014, 179, 403–12.
27 C. Bates and A. Rowell, 'Tobacco Explained: The truth about the tobacco industry... in its own words', Center for Tobacco Control Research and Education, UC San Francisco: 2004.
28 World Health Organization, 'Prevalence of Tobacco Smoking', 2016. http://gamapserver.who.int/gho/interactive_charts/tobacco/use/atlas. html (accessed 7 July 2021).
29 World Health Organization, 'Tobacco', 2021. https://www.who.int/health-topics/tobacco#tab=tab_1 (accessed 7 July 2021).
30 同 27。
31 G. Iacobucci, 'BMA annual meeting: doctors vote to ban sale of tobacco to anyone born after 2000', *British Medical Journal*, 2014, 348.

## 第 21 章　任何速度都不安全

1 Ford Motor Company, 'Highland Park', 2020. https://corporate.ford. com/articles/history/highland-park.html (accessed 7 July 2021).
2 'Motor Vehicle Traffic Fatalities and Fatality Rates, 1899–2015', *Traffic Safety Facts Annual Report* [Online], 2017. https://cdan. nhtsa.gov/TSFTables/Fatalities%20and%20Fatality%20Rates%20 (1899–2015).pdf.
3 National Highway Traffic Safety Administration, 'National Statistics', 2019, https://www-fars.nhtsa.dot.gov/Main/index.aspx (accessed 7 July 2021).
4 同 2。
5 同 3。
6 J. Doyle, 'GM and Ralph Nader, 1965–1971', 2013. https://www.pophistorydig. com/topics/g-m-ralph-nader1965-1971/ (accessed 7 July 2021).
7 D.P. Moynihan, 'Epidemic on the Highways', *The Reporter*, 1959, 16–22.
8 R. Nader, *Unsafe at Any Speed: The Designed-In Dangers of the American Automobile*, Grossman: New York, 1965.
9 C. Jensen, '50 Years Ago, "Unsafe at Any Speed" Shook the Auto World', *New York Times*, 2015.
10 同 8。
11 同 8。
12 同 8。
13 同 8。
14 同 6。

15 M. Green, 'How Ralph Nader Changed America', 2015. https://www. thenation.com/article/how-ralph-nader-changed-america/ (accessed 7 July 2021).
16 A.D. Branch, 'National Traffic and Motor Vehicle Safety Act', 2019. https://www.britannica.com/topic/National-Traffic-and-Motor-Vehicle-Safety-Act (accessed 7 July 2021).
17 'Congress Acts on Traffic and Auto Safety', in *CQ Almanac 1966*, Congressional Quarterly: Washington, DC, 1967, pp. 266–8.
18 同 16。
19 Automobile Association, 'The Evolution of Car Safety Features: From windscreen wipers to crash tests and pedestrian protection', 2019. https://www.theaa.com/breakdown-cover/advice/evolution-of-carsafety-features (accessed 7 July 2021).
20 E. Dyer, 'Why Cars Are Safer Than They've Ever Been', 2014. https://www.popularmechanics.com/cars/a11201/why-cars-are-safer-thantheyve-ever-been-17194116/ (accessed 7 July 2021).
21 Press Room, 'On 50th Anniversary of Ralph Nader's "Unsafe at Any Speed", Safety Group Reports Auto Safety Regulation Has Saved 3.5 Million Lives', 2015. https://www.thenation.com/article/on-50th anniversary-of-ralph-naders-unsafe-at-any-speed-safety-group-reportsauto-safety-regulation-has-saved-3-5-million-lives/ (accessed 7 July 2021).
22 I.M. Cheong, 'Ten Most Harmful Books of the 19th and 20th Centuries', 2005. https://humanevents.com/2005/05/31/ten-most-harmful-booksof-the-19th-and-20th-centuries/ (accessed July 7 2021).
23 M. Novak, 'Drunk Driving and The Pre-History of Breathalyzers', 2013, https://paleofuture.gizmodo.com/drunk-driving-and-the-pre-historyof-breathalyzers-1474504117 (accessed 7 July 2021).
24 C. Lightner, 'Cari's Story', 2017. https://wesavelives.org/caris-story/ (accessed 7 July 2021).
25 Biography.com Editors, 'Candy Lightner Biography', 2019. https://www.biography.com/activist/candy-lightner (accessed 7 July 2021).
26 同上。
27 National Highway Traffic Safety Administration, 'Drunk Driving', 2018. https://www.nhtsa.gov/risky-driving/drunk-driving (accessed 7 July 2021).
28 World Health Organization, 'Road Safety', 2016. http://gamapserver. who.int/gho/interactive_charts/road_safety/road_traffic_deaths2/atlas. html (accessed 7 July 2021).
29 同 2。
30 同 3。

## 结语　光明的未来?

1 M.A. Benarde, *Our Precarious Habitat*, Norton, 1973.
2 A.S. Hammond et al., 'The Omo-Kibish I pelvis', *Journal of Human Evolution*, 2017, 108, 199–219.

3 World Health Organization, 'Global health estimates: Leading causes of death', 2021, https://www.who.int/data/gho/data/themes/mortality-and-global-health-estimates/ghe-leading-causes-of-death (accessed 16 Aug 2021).
4 同上。
5 D.R. Hopkins, 'Disease Eradication', *New England Journal of Medicine*, 2013, 368, 54–63.
6 S.E. Vollset et al., 'Fertility, mortality, migration, and population scenarios for 195 countries and territories from 2017 to 2100: a forecasting analysis for the Global Burden of Disease Study', *The Lancet*, 2020, 396, 1285–1306.
7 J. Cummings et al., 'Alzheimer's disease drug development pipeline: 2020', *Alzheimer's and Dementia: Translational Research and Clinical Interventions*, 2020, 6, e12050.
8 P. Sebastiani et al., 'Genetic Signatures of Exceptional Longevity in Humans', *PLoS One*, 2012, 7.
9 A.D. Roses, 'Apolipoprotein E affects the rate of Alzheimer's disease expression: β-amyloid burden is a secondary consequence dependent on APOE genotype and duration of disease', *Journal of Neuropathology and Experimental Neurology*, 1994, 53, 429–37.
10 B.J. Morris et al., 'FOXO3: A Major Gene for Human Longevity-A Mini-Review', *Gerontology*, 2015, 61, 515–25.
11 E. Pennisi, 'Biologists revel in pinpointing active genes in tissue samples', *Science*, 2021, 371, 1,192–3.
12 J.L. Platt and M. Cascalho, 'New and old technologies for organ replacement', *Current Opinion in Organ Transplantation*, 2013, 18, 179–85.
13 M. Cascalho and J.L. Platt, 'The future of organ replacement: needs, potential applications, and obstacles to application', *Transplantation Proceedings*, 2006, 38, 362–4.
14 L. Xu et al., 'CRISPR-Edited Stem Cells in a Patient with HIV and Acute Lymphocytic Leukemia', *New England Journal of Medicine*, 2019, 381, 1,240–7.
15 K. Musunuru et al., 'In vivo CRISPR base editing of PCSK9 durably lowers cholesterol in primates', *Nature*, 2021, 593, 429–34.
16 M.H. Porteus, 'A New Class of Medicines through DNA Editing', *New England Journal of Medicine*, 2019, 380, 947–59.
17 H. Li et al., 'Applications of genome editing technology in the targeted therapy of human diseases: mechanisms, advances and prospects', *Signal Transduction and Targeted Therapy*, 2020, 5, 1

## 致谢

1 C. Sagan, *Cosmos*, Random House, 1980.

# 图表来源

图 1和图 2，“死亡记录表”, Wellcome Collection, Public Domain Mark。

图 8，古代鼠疫耶尔森菌菌株，复制自 *Cell* 2019, 176, Rascovan, N., et al., ‘Emergence and Spread of Basal Lineages of Yersinia pestis during the Neolithic Decline’, 1–11, with permission from Elsevier。

图 10，自 2000 年到 2021 年的全球饥饿指数数据，von Grebmer, K., J. Bernstein, C. Delgado, D. Smith, M. Wiemers, T. Schiffer, A. Hanano, O. Towey, R. Ni Chéilleachair, C. Foley, S. Gitter, K. Ekstrom, and H. Fritschel. 2021. “Figure 1: Global and Regional 2000, 2006, 2012, and 2021 Global Hunger Index scores, and their components.” In 2021 Global Hunger Index Synopsis: Hunger and Food Systems in Conflict Settings. Bonn: Welthungerhilfe; Dublin: Concern Worldwide。

图 11，人类染色体，KATERYNA KON/SCIENCE PHOTO LIBRARY, © Getty Images。

图 12，维多利亚女王后代中的血友病患者, material © Steven Carr。

图 13，成瘾物造成的伤害，© David Nutt.Graphs by Philip Beresford, data by Andrew Doig。